吕 舟 主编
清华大学国家遗产中心·博士文库
文化遗产保护实践研究系列

石窟环境监测模拟及整体性分析研究

安 程 著

科学出版社
北 京

内 容 简 介

本书针对石窟本体与环境的监测与模拟，提出进行面向定量分析的空间划分方法，并对划分的每一区块的特点、假设与近似，进行了初步探索；从现有的石质文物岩石材料劣化现象统计分类、劣化机理研究出发，初步梳理了由劣化现象到最终可测、可控的参数之间的联系，为实现病害劣化溯源与预测；从现状监测、理论分析以及计算机模拟三个方面，对石窟文物与环境相互作用的半定量分析进行了探索，对传统的文物环境半定量分析方法进行了整合与完善，并以广元千佛崖摩崖造像为例，体现了半定量分析在现状评估、趋势预测、保护建筑评估等方面的应用。

本书适合建筑历史、文化遗产保护与管理等领域的专业人员以及高等院校相关专业的师生参考阅读，也可供文物保护爱好者阅读。

图书在版编目（CIP）数据

石窟环境监测模拟及整体性分析研究 / 安程著. —北京：科学出版社. 2019. 6

（清华大学国家遗产中心 • 博士文库 / 吕舟主编. 文化遗产保护实践研究系列）

ISBN 978-7-03-061366-0

Ⅰ. ①石… Ⅱ. ①安… Ⅲ. ①石窟—古建筑—环境监测—研究—中国 Ⅳ. ① K879.2

中国版本图书馆 CIP 数据核字（2019）第 109138 号

责任编辑：吴书雷 / 责任校对：邹慧卿
责任印制：张　伟 / 封面设计：张　放

科学出版社出版
北京东黄城根北街 16 号
邮政编码：100717
http://www.sciencep.com

北京厚诚则铭印刷科技有限公司 印刷

科学出版社发行　各地新华书店经销

*

2019 年 6 月第　一　版　开本：720 × 1000　B5
2020 年 1 月第二次印刷　印张：19
字数：360 000

定价：188.00 元

（如有印装质量问题，我社负责调换）

序　言

文化遗产保护在当代社会中作为社会文明的反映，从可持续发展、经济、社会、政治、文化、道德等各个层面越来越深刻地影响着人们精神的成长、社会和自然环境的演化，也成为不同文明、文化间对话、沟通、理解和相互尊重的纽带。遗产保护是人类文明成长的一个成果。

回顾文化遗产保护发展的历史，关于保护对象价值的认识构成了文化遗产保护的基础。价值认识的发展和变化是推动文化遗产保护发展的动力。遗产价值认识在深度和广度两个层面不断变化，影响了文化遗产保护理论的生长和演化。价值认识是遗产保护理论的基石。从对艺术价值的认知，到对历史价值的关注，再到当今对于文化价值的理解，价值认知对文化遗产保护理论发展的作用，得到了清晰地展现。

遗产保护是一项人类的实践活动，它基于人类对于自身文明成果的珍视和文化的自觉，其本身也是人类文明的重要方面。文化遗产保护的实践展示了特定文化环境中对特定对象的保护在观念和方法上的丰富和多样性，这些实践又促使人们进一步思考文化遗产的价值、保护方法和所要实现的目标。文化遗产的保护正是在这样一个实践和理论交织推动的过程中不断发展和成长。

清华大学国家遗产中心致力于遗产保护理论研究和实践。在这样的研究和实践过程中形成了大量具有学术价值和实践意义的研究成果，这些研究成果又进一步在相关实践中被应用、检验和深化。在科学出版社文物考古分社的支持下，我们在清华大学国家遗产中心相关博士论文的基础上选择相关的研究成果，编辑形成文化遗产保护理论研究、文化遗产保护实践研究、文化线路三个系列学术著作，希望这些成果能够在更大程度上促进和推动文化遗产保护的发展。

石窟保护是中国文化遗产保护中一个重要的内容，它涉及岩土、结构、建筑、艺术史、化学等多学科的内容。石窟又由于大多位于露天山野环境，风化问题严重威胁石窟的安全。减缓包括石窟寺在内的石质文物的风化问题，是一个世界性的课题。

位于四川广元的千佛崖石窟开凿于南北朝，历经隋、唐、宋、元、明各代，在沿嘉陵江的崖壁上形成了南北长超过200米的佛教石刻造像群。据咸丰四年（1854年）的题记记载，千佛崖共有造像一万七千余尊，是川渝地区具有代表性的石窟群。千佛崖石窟窟龛较浅，大部分造像直接雕凿在崖壁上，这种特征造成了千佛崖石窟的造像严重风化问题。在减缓石刻文物风化速度上有两种基本的措施，一种是化学的方法，用化学药剂对石刻表层进行加固。这种方法可能存在的问题是化学药剂的不可逆性，一旦实施就不可去除。另外一种用是物理的方法，对石窟进行遮蔽，通过改变对其石刻造成风化的主要因素，如阳光、水、风速等来减缓风化的速度。相对于化学的方法，物理的方法是可逆的，当有更好的方法时可以拆除或改造。物理方法存在的问题是需要建造较大的建筑设施，可能对原有环境景观产生一定的影响。从对文物本体的影响和千佛崖石窟本身的特点，物理方法更为有效。

通过物理遮蔽即建设保护建筑的方法对千佛崖石窟的日照、湿度、空气流动速度进行控制，改变引发风化的条件，但建设保护建筑之后会产生什么样的环境改变，是否能够达到预想的减缓风化的效果，则需要进行科学的模拟，并通过建设实验性保护设施对模拟的结果进行复核。这是一个复杂的科学研究和文物保护的过程。安程在千佛崖石窟的保护过程中，承担了环境变化和影响评估的研究，他的著作《石窟环境监测模拟及整体性分析研究》完整、清晰地展现了这个研究过程。这一研究反映了文物保护与保护性建筑设计的复杂性和功能性，展示了从保护的角度需要研究、分析、评估的问题，更反映了这一过程的科学性。这一研究对于类似保护设施的设计具有启发性，填补了文化遗产保护微环境研究方面的空白。

清华大学国家遗产中心主任　吕　舟

2019年5月

目　录
Contents

第一章
中国石窟与环境

一、中国石窟的基本情况与复杂性

（一）中国石窟概况

1. 中国石窟的重要地位

石窟作为人类文化活动与建筑活动的结晶，一直被看作一种极为重要的文化遗产类型。在世界范围内，一般将石窟界定为多种岩石构筑或艺术的统称。如世界遗产委员会认为岩穴、石质遮蔽物、壁画雕塑和石刻的场所等都属于遗产的十四种类型之中的岩石艺术，而国内惯称的石窟即包含在这一类型之内。

不论从数量、类型还是从代表性、独特性上来看，中国石窟相较于世界其他石窟类型均应是予以单独研究探讨的一种重要文化遗产。以目前在国际范围内具有极为重要影响力的世界遗产框架为例，亚太地区占有着绝大多数的石窟类型世界遗产，而中国更是其中主体（图 1.1）。

恰与中国石窟得到的国际认可相呼应的是，长期以来，中国石窟在国内被赋予了无可取代的重要性。石窟寺石刻在我国的不可移动文物分级框架中属于基本文物类型之一，石窟类型文物保护单位数量众多，且大量石窟文物为全国重点文物保护单位或省级重点文物保护单位（图 1.2）。

2. 中国石窟的历史与发展

石窟也被称为石窟寺，起源于印度并随着佛教东渐而见于我国。顾名思义，其有着“在山崖或峭壁上开凿而成”与“和佛教活动紧密相关”两重属性。由于石窟的开凿肇因于宣扬佛教、便于开展宗教活动等目的，因此在中国石窟中实际上包含着多种可能的艺术形式，如

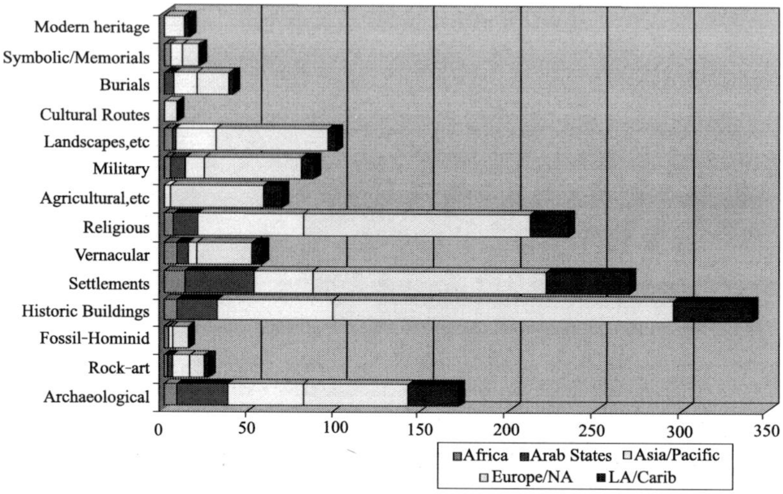

图 1.1　世界遗产名录中的各类型遗产数量与分布 [1]

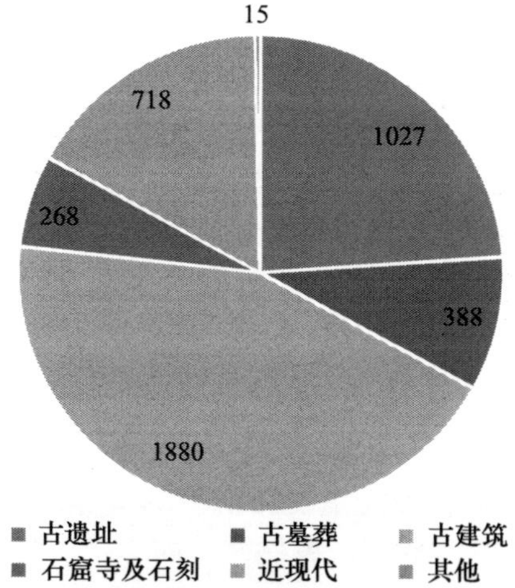

图 1.2　国家重点文物保护单位分类与数量

窟龛中的雕像、塑像、壁画，山体上的石刻、雕像，以及介于石刻与窟龛之间的造像龛、浅窟等。换言之，中国石窟总体而言是上述多种类型宗教文物的综合体。

中国石窟开凿年代“始于汉代一直延续到明清”[2]，最为兴盛的时期为魏晋至隋唐时代。我国石窟的开凿也往往不是一蹴而就的，同一石窟群内不同窟龛开凿时间可能有着数百年跨度[3]。而从空间分布上看，中国石窟在西至新疆、东至山东、北越辽宁、南逾长江的广袤地域上均可得见，集中分布在丝绸之路沿线、黄河流域、长江流域。

经过长期研究总结，以宿白先生为代表的学者认为可以根据我国石窟的窟型、造像特征等，从发展历史与艺术风格角度将中国石窟分为新疆地区石窟、中原北方地区石窟、南方地区石窟以及西藏地区石窟四个基本类型。

3. 中国石窟岩体地质概况

我国幅员辽阔，岩体地质条件复杂。分布于广袤地域中的石窟也有着复杂的岩体地质现状。简略而言，可以从共性与特性两方面，对我国石窟的岩体地质进行概述。

对于我国石窟岩体地质的共性，黄克忠先生认为我国存留至今的石窟在岩体地质层面有着两个方面的共同点：现存石窟大多开凿在较为完整、厚度较大、成分较为均一、稳定性较好的岩层中——只有如此石窟才能具有较高的结构安全性、才能为今人所见；现存石窟所在岩层往往硬度适中——只有如此才能兼顾“易于开凿”与“具有一定强度”。

在上述共性特点的基础上，不同地区的中国石窟有着不同的岩体地质情况，简要而言可以归结为表 1.1。

表 1.1　中国石窟及摩崖造像岩体地质概况 ①

岩类	岩性	常见区域	代表石窟
沉积岩	砂岩	西南地区	四川乐山大佛 大足石刻北山造像
		西北地区	甘肃泾川南石窟寺 甘肃庆阳北石窟寺 陕西彬县大佛
		中原地区	山西大同云冈石窟 山西太原天龙山石窟
	碳酸盐岩	中原地区	河南洛阳龙门石窟 河北邯郸南响堂石窟
		南方地区	江苏南京栖霞山造像 浙江杭州飞来峰造像
	火山碎屑岩	东北地区	辽宁义县万佛堂石窟
岩浆岩	侵入岩 （花冈岩）	在我国石窟文物中极少见， 但多见于其他石质文物	
	喷出岩	在我国石质文物中极少见， 偶见于某些单独的石刻、造像中	

---

① 表格中的统计数据来自李宏松《文物岩石材料劣化特征及评价方法》一文。

续表

岩类	岩性	常见区域	代表石窟
变质岩	大理岩	在我国石窟文物中不多见，但常见于其他石质文物中	河南安阳灵泉寺石窟
	混合花岗岩	在我国石窟文物中极少见，亦少见于其他石质文物	
	片麻岩	在我国石窟文物中极少见，亦少见于其他石质文物	

从上表可以看出，我国石窟最为常见的岩类为沉积岩，其中砂岩最为常见、碳酸盐岩也较为常见。我国川渝石窟、西北石窟中常见砂岩类石窟，而中原石窟则常见砂岩类石窟与碳酸盐岩类石窟。其余类型岩种在石窟中相对较为少见。

4. 中国石窟气候环境概况

我国石窟从空间上的广泛分布不仅决定了其岩体地质特点，也决定了石窟的气候环境特点。总的来说，中国石窟的气候环境情况可以分成“地区气候尺度”与“区域环境尺度”。

从地区气候尺度来看，我国石窟分布集中区域分布于不同的气候区中（表 1.2）。

表 1.2　中国石窟及摩崖造像气候环境概况

石窟分布区域	代表石窟	所属气候类型	气候特点
南方地区	大足石刻	亚热带季风气候	夏季高温多雨，冬季温和湿润
西北地区	敦煌莫高窟	温带大陆性气候	夏季炎热湿润，冬季寒冷干燥
中原北方地区	云冈石窟	温带季风气候	夏季炎热多雨，冬季寒冷干燥

而对于更为细化的区域环境尺度而言，我国石窟的具体情况则极为复杂多样，需要针对具体案例进行针对性的分析。举例而言，如炳灵寺石窟、天梯山石窟等由于水库建设等原因被大面积水体包围的环境，也有如乐山大佛般天然位于江水附近的环境，还有如胜金口石窟、广元千佛崖石窟等位于山谷、河谷地形中的石窟，以及如安岳卧佛院等位于半封闭性盆地中的石窟。

可以说，中国石窟的气候环境从整体上按照石窟所在区域具有一定的共性，而又随着其具体的山形地貌而有各自的特殊之处。

（二）中国石窟保护工作的复杂性

正是由于我国石窟在时间和空间两个层面分布均极为广泛，故而不同年代、不同地域开凿的石窟不论从其所使用的材质，还是所处自然环境、经由漫长岁月所发生的物质变迁，均有其各自特征。[4]

而除了自然因素之外，人文的因素也增加了中国石窟的复杂性、石窟保护工作的复杂性。具体来说，在石窟开凿时，不同地区、不同时代石窟的开凿工艺、壁画塑像等附属文物的制作工艺都可能有所不同，如新疆地区由于岩体地质原因多用夯土辅助石窟建造，而四川地区则以直接开凿山体为主；由开凿直至新中国的漫长时间中，城市发展、宗教兴衰等影响着石窟的使用、维护乃至荒废、毁弃，如敦煌莫高窟近代由于收容沙俄流亡人士而带来的破坏、由于西方探险家而带来的壁画文物自窟龛中流失等；新中国成立后文物保护政策的变化、理念的革新，以及石窟文物区域内的水利工程、路桥施工、矿产作业等也影响着石窟文物的保护，如天梯山石窟由于水库建设后产生的环境变化、广元千佛崖由于川陕公路改道而得到的环境改善等。

本书主要讨论的是我国石窟文物物质遗存的安全问题，上述历史的、当代的、自然的、人文的因素，主要对应着两个方面的威胁：岩体地质层面的结构失稳，以及文物表面与浅层发生的表面病害和劣化，本书涉及内容主要针对后者。限于笔者水平与专业背景，研究主要着眼于：从石窟物质遗存与赋存环境相互作用的视角，看待石窟浅表层的劣化与表面病害问题。研究涉及石窟物质遗存与环境中的主要自然因素，也牵涉与此有较为紧密联系的部分人文社会因素，基本不涉及政策法规、保护理念等意义上的非物质范畴。对于石窟岩体失稳等岩体力学、结构力学问题的环境因素探讨，有待之后的研究补充、完善。

1. 石窟物质遗存的复杂性

从材质上看，我国石窟使用的主要建筑材料为木材、石材与土、泥，一般木材多为构建石窟窟檐以及外部建筑所用，石材则构成石窟的主要结构，而土或泥部分用于石窟内造像，如新疆部分石窟则以夯土作为石质的重要补充共同构成石窟主体结构[5]。上述三种材质各自有其独特的物理、化学性质，且不同类型的木材、石材等彼此之间性状也有巨大差异，正因如此，对木质、石质和土质文物风化机理与保护技术的研究均为文物保护领域的重点、难点课题。而在石窟这一文物类型中，木、石、土三者杂糅，使得石窟文物从材质角度上复杂性明显超过单独由一种材质构成的文物[6]。

石窟使用的工艺可以视作石窟建造者对上述三种主要材质的利用方式。从工艺上看，我国石窟根据其开凿时期、所处地域以及开凿时的社会背景等因素各有不同，这在如《中国石窟图文志》等概览性书籍中极为鲜明可见[7]。除此之外，我国不同时期不同地域的石窟在造像与彩绘壁画工艺上也有所不同。就造像而言，如纯系原岩雕琢而成，其性状与赋存岩体相近[8]；而若在原岩之外另赋木骨泥构则其物理化学性状将又有不同；至于造像表面是否妆彩、贴金，同样也会改变其自身性状[9]。对石窟壁画而言同样如此，是否有地仗层、地仗层如何敷设、是否有壁画叠压等情况随石窟而异，甚至同一石窟的不同窟龛都可能有所不同。由此可见，我国石窟建造工艺受多方面因素影响而复杂多样。

此外，我国石窟保护的复杂性不但体现在其物质遗存构成的复杂多变，亦体现在其包含的文物类型的多样性上。

2. 石窟赋存环境的复杂性

石窟的材质与工艺在很大程度上决定了石窟物质遗存的内在性状，而石窟现状是其内在性状与所处的外部环境相互作用的结果[2]。

第一，前文已经提到，区域自然、地理环境的差异是造成我国石窟赋存环境复杂性的重要原因。

如处于昼夜温差巨大而干燥区域的克孜尔石窟群，处于湿润多雨的川渝地区的大足石窟群，位于受大陆气候与季风气候双重影响的中原区域的大同云冈石窟等。虽然地质条件并非本书讨论的重点，但同样的，上述石窟所处的岩土地质环境也是各不相同的。

第二，石窟类文物暴露于自然环境下这一特点，使得我国石窟赋存环境问题相比可移动文物赋存环境问题更显复杂[2]。

对于大气环境而言，众所周知，随着科学技术的发展，在一定范围内、一定程度上影响甚至改变文物的赋存环境，这已经在很多遗产地、博物馆变成了现实。但对于暴露于自然环境之下的石窟而言，其空气环境更复杂多变而牵一发动全身，故而自然环境相比于人工、半人工环境所具有的极度复杂性，也是石窟赋存环境问题复杂性的一个重要层面[10]。

对于地质环境来说，石窟文物不同于其他石质文物，其与广袤的山体、岩层浑然为一，内部裂隙、暗河、地下水纵横，水理条件、热工条件远远复杂于成分单一的其他石质文物。也就是说，石窟文物受到地质环境影响，远较单独置于展柜、库房中的可移动文物更为复杂。

第三，前文所述的石窟物质遗存复杂性、多样性，与上述赋存环境的复杂性、多样性相结合，使得每个石窟都由于其内因、外因两方面的特点而最终产生与众不同的石窟环境相互作用机制，并在常年的相互影响中达到了某种动态平衡。因此，若从内因外因综合的角度考虑，中国石窟赋存环境问题的复杂性还体现在，每个石窟都有着自身独特的动态平衡系统。

二、我国对石窟环境问题认识的发展历程

1. 先人对石窟环境问题有初步认识

中国有悠久的石窟开凿历史，古代工匠对于暴露于自然环境中的石窟可能受到的环境侵害也有着基本的认识。从朴素的遮风避雨目的出发，我国大量石窟建有“洞口遮蔽物”[11]——窟檐以缓解可能的环境问题。窟檐或在开凿时就进行了考虑，或在后世加盖。

虽然没有古人针对石窟环境问题的系统阐释传世，但从现存的窟檐等相关文物可以进行初步推测：古人对于造像、壁画长久留存所面临的环境考验，如风吹、日晒、雨淋等，已有了较为朴素而基本的认知。

不过目前大量的保护实践与研究发现，传统的窟檐在保护效果上来看有诸多不足之处。北京大学陈筱将其总结为如下三个方面：其一，窟檐的建设过程会对石窟、崖壁造成破坏；其二，部分窟檐营造出的微环境反而不利于石窟的保存；其三，窟檐的保护范围有限[11]。以上三个方面实际上体现出，先人对于石窟面临的环境问题有了初步认识，但在对环境问题的复杂性、解决环境问题的有效手段等方面上存在局限。

2. 新中国成立后到改革开放前保护工程初步涉及环境问题

新中国成立后，考虑到大量石窟保存状况不容乐观，我国进行了一批石窟保护实践，并在石窟环境问题上开始了初步尝试。

以敦煌莫高窟为例。20 世纪 60 年代初的敦煌莫高窟保护工作中，就莫高窟治沙问题曾经形成过两种观点。治沙背景的学者认为应以植草、建立沙障的方式阻止流沙侵袭窟龛区域；而地理学科背景的学者则认为上述人工障碍物将导致风速下降，进而加剧沙丘堆积。通过对莫高窟区域风环境的考量，最终认为后者符合地理学“不堆积”理论，遂决定以定期清理洞窟前积沙的方式处理莫高窟防沙问题[1]。

从上述历史资料中可以看出，新中国成立后开展的部分石窟保护工程中已经注意到了环境对石窟保护的重要意义。虽然此时尚未从文物保护专业出发构建专门的文物环境理论，但已经通过借鉴地理学等相关学科的研究成果对保护策略进行较为科学的分析，并在考虑保护策略时着意于评估保护策略对石窟环境的影响。

3. 改革开放后石窟环境研究与实践快速发展

改革开放后，我国文物保护国际合作不断涌现，国际保护理念、保护技术影响着我国保护实践的同时，也促进了我国文物保护自主研究的进一步深化。在石窟环境问题的研究与实践中，以敦煌、云冈等为代表的一批重要石窟开始向着科学与深入探索石窟环境问题的方向快速发展。

20世纪末，敦煌莫高窟与盖蒂中心开展了持续而成功的合作，并在石窟环境问题的保护实践中获得了巨大突破。从前期准备工作来看，敦煌研究院与盖蒂中心前期投入大量同时代先进的技术手段，积累了数量巨大的窟龛内外环境数据；从理念来看，其与《中国文物古迹保护准则》的相关要求若合符节，以窟龛表面病害为出发点，以丰富而成熟的实验手段考察病害机理，通过理论分析与实地考察确定影响病害机理的关键因素，进而抓住上述关键因素设定合理的防控措施；从实践来看，敦煌研究院丰富而翔实的基础资料与盖蒂中心成熟的技术手段、充足的实践经验相结合[12]。

4. 近年来石窟环境研究与实践呈现出多学科参与的趋势

随着文物保护研究的深入，以文物保护需求为核心，以多学科参与为重要辅助手段的研究与实践正在成为文物保护领域一个新的发展趋势。

石窟环境问题的研究与实践既包括文物的物质遗存又包括其物质环境，近年来已有数量众多的多学科合作学术论文、多学科合作保护工程产生。粗略而言，环境、地质、化学等学科均在石窟环境问题研究中发挥着越来越重要的作用。而依托不同学科的研究思路、成熟技术，对石窟环境问题的认识也在逐渐深化，如针对具体石窟材质、针对具体环境参数、引入新的数理模型、适用新的探查手段等。

从古至今，我们对中国石窟环境问题的认识由粗浅至深入，对石窟环境问题的分析方法由主观至科学，对石窟环境问题的分析视角由单一至多元，可以说，深入、科学而多元地认识并研究石窟环境问题，既是石窟保护未来的发展方向，也是切实达成保护需求的必然选择。

三、当前石窟及环境相关研究简介

为便于查阅，笔者将本书简要介绍的当前石窟及环境相关研究归纳为以下六个类型：

（1）我国石窟概况的综合性论述，及针对具体石窟的全面研究成果。

（2）关于石窟、石质文物与环境相互作用过程中所涉及的各种相关概念的界定研究。

（3）涉及石质文物与环境相互作用的综合性论著，主要包括侧重于石质文物物质遗存自身的综合性研究和侧重于环境的综合性研究。

（4）针对石质文物的具体研究，针对具体石材、劣化及其机理、技术手段、独特视角，特定石窟文物对象等。

（5）涉及石窟与赋存环境关系的保护实践。

（6）其他涉及石窟或其他石质文物与赋存关系研究的学科、领域的相关研究成果，主要包括建筑环境学科——侧重石窟与环境的环境侧，以及岩土、岩体力学学科——侧重石窟与环境的石窟侧。

（一）关于中国石窟的综合性论著

中日合作完成的《中国石窟》丛书以中国石窟这一文物类群为对象且影响深远具有代表性。该丛书为中国文物出版社与日本平凡社合作出版，编辑委员会囊括了中日两国在历史、考古等领域一批老一辈杰出专家如夏鼐、宿白、长广敏雄、冈崎敬、东山健吾等。丛书内容以论文集合而成，由中日两国学者分别撰写论文。《中国石窟》一书自 1980 年 12 月中日双语出版始即受到两国学界好评。该书以敦煌莫高窟、巩县石窟寺、克孜尔石窟、库木吐石窟、永靖炳灵寺、天水麦积山、龙门石窟、云冈石窟、安西榆林窟等九个中国典型石窟为主要研究对象，各石窟群用一卷或多卷予以论述，有丰富翔实的图版，包括照片与测绘图、图版说明、大事记等内容[15]。除此之外，如《中国石窟图文志・石窟志编》等著作与《中国石窟》丛书相类而各有侧重，由于仅作为本文研究内容的背景性资料故不再赘述。

在以具体某一石窟为研究对象的综合性论著中，以针对敦煌莫高窟、龙门石窟、云冈石窟、大足石刻等知名石窟的论著为多。针对敦煌莫高窟的综合性论著以敦煌研究院著名保护工作者孙儒僩所著《敦煌石窟保护与建筑》一书较为典型。该书分别讨论了敦煌石窟的保护与敦煌建筑的研究两个主要问题，并记述了可与敦煌石窟相类比的甘肃其他石窟、可与敦煌建筑相类比的日本古代建筑等相关内容。对于敦煌石窟保护这一论题，《敦煌石窟保护与建筑》一书主要讨论了敦煌壁画的保护、石窟的病害与加固等方面的具体问题。而对于敦煌建筑这一论题，该书则着眼于敦煌壁画中的唐代建筑，对塔和其他建筑形式的总体情况、细部和民族形式等问题进行了探讨[16]。

（二）概念定义的相关研究

作为石质文物保护研究与交流的基础，石质文物劣化、病害等常用概念定义的研究一直是文物保护领域的重点研究方向之一。

石质文物保存现状的刻画及统一的术语标准，已经过国内外多年的讨论与完善。从目前来看，概念界定较完善细致且已被广泛接受的是 ICOMOS-ISCS 所完成的 Illustrated glossary on stone deterioration patterns，或翻译为“石质恶化特征术语表”，也有翻译为“岩石劣化现象术语表”。该术语表首先对常用的六个关键词进行了界定，即 alteration（可译为改变），damage（可译为破坏），decay（可译为衰退），degradation（可译为退化），deterioration（可译为劣化），weathering（可译为风化）。

ICOMOS-ISCS 术语表进一步对劣化进行了分类与界定如图 1.3 所示。

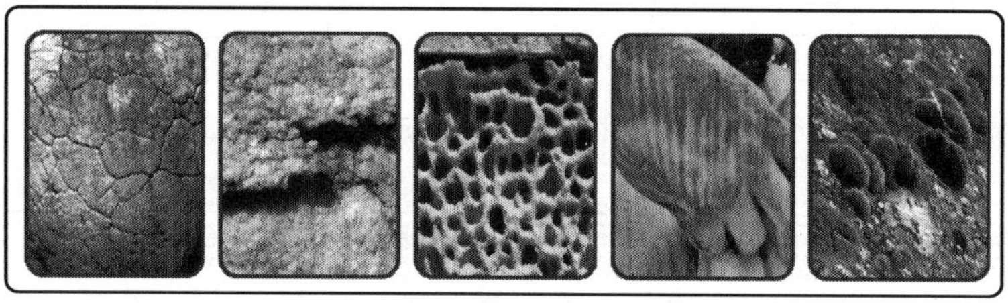

开裂和变形 (Crack & Deformation)	脱离 (detachment)	缺失 (materialloss)	褪色&沉积 (discoloration & deposit)	生物病害 (biological colonization)
·断裂 (Fractur) ·星状开裂 (star crack) ·发状开裂 (Hair crack) ·纹状开裂 (Craquele) ·爆裂 (Splitting) ·变形 deformation	·疱疹 (blistering) ·爆裂 (bursting) ·崩裂 disintegration ·粉状崩解 crumbling ·粒状崩解 granular disintegration ·破碎 fragmentation ·脱落 (peeling) ·剥落 (scaling)	·表面凹窝缺失 alveolization ·侵蚀 (erosion) ·机械性破坏 (mechanical damage) ·撞击破坏 (impactdamage) ·切割 (cut) ·拉伸 (scratch) ·磨损 (abrasion) ·钻或凿 (keying) ·部分丢失 (missing) ·空白(gap) ·微型卡斯特 (microkarst) ·穿孔 (perforation) ·点蚀 (pitting)	·壳 (crust) ·黑壳 ·盐壳 ·沉积 (deposit) ·褪色 ·染色 (coloration) ·漂白 (Bleaching) ·湿润区域 ·腐蚀 (staining) ·风化 (efflorescence) ·结壳 (encrustation) ·凝固 (concretion) ·生成薄膜 (film) ·对光泽的影响 ·刻划 (graffiti) ·绿锈 (patina) ·污渍 (soiling) ·亚层外观褪色 subflores-cence	·水藻 ·地衣 ·苔藓 ·霉菌 ·植物

图 1.3　恶化特征术语[1]

近年来，针对中国石质文物工作的特点和文物保护行业的研究习惯，国内开展了大量对劣化的分类、定义的研究工作。其中以“石质文物岩石材料典型劣化类型界定”较为具有代表性。李宏松在综合了大量具体石质文物材料的劣化类型总结、分类工作后，在对我国华北、西北、西南和华南等地的二十余处石质文物进行了调查的基础上，完成了“石质文物岩石材料典型劣化类型界定”，如表 1.3 所示。

表 1.3　石质文物岩石材料典型劣化类型界定说明表[17]

序号	典型劣化类型
1	第一类群组：表层完整性破坏类
1-1	缺损（Loss）
1-2	剥落（Exfoliation）
1-3	溶蚀（Solution）
2	第二类群组：表层完整性破坏类
2-1	分离（Detachment）
2-2	空鼓（Hollowing）
2-3	皲裂（Chapping）
2-4	划痕（Nick）
3	第三类群组：表层形态改造类
3-1	结垢（Encrustation）
3-2	结壳（Crust）
4	第四类群组：表颜色变化类
4-1	锈变（Patina）
4-2	附积（Soiling）
4-3	斑迹（Spot mark）
4-4	晶析（Efflorescence）
5	第五类群组：生物寄生类
5-1	低等植物
5-2	高等植物
5-3	低等动物痕迹
5-4	微生物

（三）涉及石窟或其他石质文物环境的综合性研究

在涉及石质文物与环境关系的综合性研究中，欧美文化遗产保护领域已经取得了丰富而成系统的成果。美国盖蒂中心对于石质文物的保护研究出版了多版文献综述类书籍，即《Stone Conservation, An Overview of Current Research》。在该书第一章中，就当前欧美石质文物保护领域关于石质文物病害的研究进行了分类记述，从石质文物特点、病害的描述、病害程度的刻画、病害主要成因等方面对石质文物在与环境相互作用时所发生的各种物理、化学、生物过程的相关研究进行了概述[18]。

《Stone in Architecture: Properties, Durability》为欧美石质文物领域最主流的综合性书目之一，为大量国内外业界专家所推崇。该书现已第四次出版，前三版为E.M.Winkler主编，在Winkler过世后目前最新的第四版为S.Siegesmund主编。该书前三版以传统的石材学和相关实验技术为主要技术支撑，侧重于从业人员对岩石材料在建筑中使用时可能遇到的各类型问题，对岩石受环境影响的宏观过程、宏观结果等问题较为重视并占据了全书较多的篇幅。虽然该书在业内有极为广泛的影响力，但前三版仍存在一定的不尽如人意之处：其一，在内容的整理上以工程实践为指导，虽然贴近于实践但从理论层面上内容系统性略显不足，部分章节内容交叉；其二，在援引的参数、测试技术以及对技术的理论诠释上根植于传统石材学研究成果，对近年来新理论、新技术引入后的新成果涉及较少，而且并没有建构包容传统研究与新成果的理论系统[14]。有鉴于此，S.Siegesmund等人编著的第四版《Stone in Architecture: Properties, Durability》在保持该书原有优势的基础上，对章节编制进行了较大幅度地调整，并全面引入了近年来的新研究成果，将前三版中内容分类、合并至不同的话题中，并新加入了岩石矿物经济分析等新方向和近年来新研究成果等补充内容。不论是前三版还是第四版，该书均以同样的显著特点而著称，收纳尽量全面而丰富的内容，以简单易懂的语言对大量研究成果进行概述并给出大量典型性研究结果的出处，既方便常规阅读，又便于以此为基础深入查阅；重视石质文物受环境影响下产生的各种过程的物理、化学机制的刻画。

《Conservation of Stone and other materials》为RILEM（International Union of Testing and Research Laboratories for Materials and Structures）和UNESCO合作编纂的论文集形式综合性著作，收录了来自于ICCROM、EUREK/EUROCARE、ICOM、ICOMOS以及盖蒂保护中心等研究机构及各高校相关专业近年来的大量相关论文。该书分上下两分册，上册包括“污染与化学作用”“物理作用”“生物作用”“成像技术”四部分，下册包括“结构问题与解决”“预防与表面处理”两部分。《Conservation of Stone and Other Materials》一书由于其论文集的形式，囊括了来自各学科背景研究者的研究成果，其中不乏将其他学科中专业性极强的研究思路或研究成果应用于石质文物保护相关问题中的尝试。例如德国亚琛科技大学的 B.Meng 从近现代数学的重要理论成果——分形理论出发，对使用不同孔隙率检测手段得到的结果略有不同的数理原因进行了半定量分析 [19]。

类似于《Conservation of Stone and Other Materials》的论文集性质书籍在国际石质文物保护领域数量较多，如侧重于石质文物的实验室或实地检测技术的《Recent advances in field and laboratory studies of rock weathering》等 [20]。该类型书目多为学术研究组织或国际非政府组织编纂，分专题收录近年来相关课题的研究成果，在此不再赘述。

侧重于石质文物的风化过程，文化遗产保护领域也有一定数量的综合性专著对其进行讨论。如 Francis G. Dimes 编著的《Conservation of building and decorative stone》，该书以岩石种类（火成岩、沉积岩、变质岩）所决定的石质文物内在性质出发，在讨论不同类型石质文物的保护过程中涉及了大量不同类型石质文物与环境作用中相同、相异的特质 [21]。而 Giovanni G. Amoroso 编著的《Stone decay and conservation: atmospheric pollution, cleaning, consolidation, and protection》则更侧重病害形成之后的保护实践，同时包括更多的实际案例，囊括从西欧、中欧、北非等多个国家和地区实践中选取的典型案例 [22]。

改革开放后随着文物保护行业国际交流、不同学科间交流的增多，国内涉及石窟、石质文物与环境相关问题的综合性论著逐渐增多。针对这些综合性文献所指出的中国石窟相比一般石质文物的特点，已经有一定数量的研究开始就中国石窟与环境关系的独特性问题这一角度展开。在该类型论著中刘强所著《石质文物保护》一书较为具有典型性。《石质文物保护》一书于 2012 年出版发行，内容既有石质文物的定义、价值、分类、岩石种类等基本信息，也大量涉及石质文物保护的原则、概念、常用方法与材料及其评价等内容。该书从章节划分上与前文所述西方石质文物综合性论著较为接近，但在石质文物的保护技术与实践上内容更为细致翔实。一方面集成了国内近年来大量保护实践所获得的宝贵经验，另一方面系统诠释了近年来国内自主研发或国际合作的多个尖端领域的研究成果，开国内外综合性论著之先河 [23]。

李宏松所著《石质文物岩石材料劣化特征及评价方法》一书，也是国内近年来设计石窟、石质文物与环境相关问题的典型综合性论著。《石质文物岩石材料劣化特征及评价方法》实验数据积累丰富，不论是所选取的石材样本还是所使用的检测或实验室模拟技术，其丰富性与严谨性均在国内处于较领先的地位[17]。实际上，相较于欧美开展上百年的保护行业石材性能与检测方法数据积累，国内在文物石材性能的技术储备、数据储备层面尚有不尽如人意之处，该书则在一定程度上填补了这一研究空缺。但不容忽视的是，该书部分内容尚未能达到尽善尽美的地步，部分实验结果难以区分规律性与随机误差；在实验数据的处理上也较依赖于线图的直观感受，而非借助数学工具进行数据分析；评价体系的普适性与通用性暂未得到足够的实践验证。

上述综合性论著除了各自特点与侧重点之外，其共性在于作为综合性著作，其着眼点在于讨论的系统性，而于每个具体细节问题则一般限于篇幅或不进行详细论述或只给出相关研究出处。目前欧美石质文物的综合性论著和研究具体细节的学术论文、专项研究间已经形成了良性的相互补充关系，而对于中国石窟而言这一关系也正在成熟完善中。

除此之外，上述著作的一个普遍现象，即均将侧重点放在石窟物质遗存本身上，而将石窟赋存环境看作静态的背景。但实际上，不仅石窟物质遗存会受到赋存环境影响，赋存环境反过来也会被石窟物质遗存改造，两者之间形成有多个平衡点的动态平衡。因此，如果将石窟赋存环境与该区域内其他环境一般无二地对待，则将在很大程度上忽视了石窟对赋存环境的反向作用，未能全面真实地刻画石窟物质遗存与赋存环境间的相互作用关系。

目前文物保护领域将侧重点放在赋存环境以及环境与本体相互作用上而非文物本体上的综合性论著以《Microclimate for Cultural Heritage: Conservation, Restoration, and Maintenance of Indoor and Outdoor Monuments》一书为代表。该书由 Dario Camuffo 编著，于 1998 年出版，现已于 2014 年再版。与上述所有综合性论著均不同的是，《Microclimate for Cultural Heritage》一书将研究重点放在了文物的赋存环境上，并首次系统、深入地论述了文物赋存环境的特点与各相关专业理论[24]。值得注意的是，该书作者 Camuffo 为物理学博士出身，并和文物保护领域有数十年广泛的合作。正是因为作者这一独特的学科背景，该书在最大程度上兼顾了论述逻辑严密、推导缜密坚实的科学性，和与文物保护需求紧密结合的实用性，是文物赋存环境领域极为重要的综合性论著。该书丰富而严谨扎实的物理学基础既是其突出的优点，但也不可避免地带来了不利影响，全书物理专业领域名词、公式以及推导篇幅巨大，如非物理专业背景的学者或多年浸淫该领域的工作者，将有大量篇幅晦涩难懂。而若不能读懂作者的理论推导，则难以对作者提出的结论根据我国保护工作特点进行有取舍地吸收。

除上述类型著作外，《Building Pathology: Deterioration, Diagnostics, and Intervention》一书值得专门关注，Pathology一词可翻译为病理学。该书并不以石质文物或石材为主要研究对象，而是将关注点放在建筑整体上[25]。由于石材为传统建筑最为常见的建筑材料之一，而该书又以欧美传统建筑的保护与防护为主要着眼点，故对我国的石质文物保护研究而言可作为他山之石。《建筑病理学》一书最为值得借鉴之处在于其从多种材质、多种机理复合的视角系统地看待建筑病害，将整个系统作为研究对象而非单独看待其中的某一部分。该书在上述大量综合性论著中独树一帜，罗列的公式少之又少，对数理概念的阐释深入浅出；对于各类型参数的使用不再单纯偏向于工程实践，而是以相关参数、理论为依据进行定量分析，再通过定量分析转而实现更有指导意义的定性分析。通过简便的半定量分析，该书希望帮助读者构建病害或劣化发生时系统的物理情景，进而掌握具体案例分析所需的基本技能。如前文所述，相较于一般的石刻或雕塑，石窟所具有的特点决定了其也需要进行与该书相似的整体性分析，不过《建筑病理学》一书并未涉及类似石窟寺类型的建筑或构筑物。

（四）关于石质文物与赋存环境关系的具体针对性研究

1. 针对具体石材

以刘芸《Effect of the Brownstone Moisture Content at Application Time of a Water Repellent Treatment》研究为例。如前文“综合性论著”部分所述，欧美国家的石质文物研究不论是其理论框架还是数据积累都已相对完善，目前的石质文物与环境作用研究中有较大部分是遵循已有的成熟模式。该研究阐述了研究所用石材的基本特点、所研究的防水处理的基本特点；对未经防水处理的试块分别进行了ASTM（American Society for Testing and Materials）标准化的矿物组成显微照片分析、X射线衍射成分分析、ESEM（环境扫描电子显微镜）微观形貌分析、晶体尺寸分布分析、试块毛细吸水试验、试块干燥试验以刻画其原始性状；对经过数种不同防水处理的试块进行环境扫描电镜微观分析，以掌握其经过处理后微观形貌层面的变化；对未经处理的试块和经不同防水处理后的试块进行水蒸气吸附、水蒸气透过等试验，通过比较吸附等值线（Sorption Isotherms）、吸附线膨胀率（Hygric Linear Expansion）和水蒸气透过率（Water Vapor Trans-mission) 分析其防水性能的差异[26]。

值得注意的是，在S.Bugani就莱切石（Lecce，特定类型的石灰岩）进行的类似研究中，其《Investigation on porosity changes of Lecce stone due to conservation treatments by means of X-ray nano- and improved micro-computed tomography: preliminary results》一文，就这种石灰岩的数个样块的孔隙率用多种方式进行了考察，对其平均孔隙率、孔隙几何形态系数（SMI）等进行了细致地阐述[27]。该文章作为典型的针对具体石材的研究文献，以了解某种石材的具体性状为目的，而并不针对病害或风化过程，可以认为是前文所述综合性框架研究的细节补充与数据支撑。值得注意的是，该文章就CT和MIP两种方法的检测结果进行了比较，并对检测结果不同的原因进行了深入分析，该问题将于“以具体技术手段或观察视角出发”一节中详述。

在国内相近类型的研究中，王世杰等所著《碳酸盐岩风化成土作用的初步研究》较为独特。该文选择了与欧美常见的以范式化的理论、实验体系刻画石材性状的思路不尽相同的研究路线，对国内特定样本的碳酸盐岩在从风化至最终酥粉成土的过程进行了研究，对特定碳酸盐岩在风化不同阶段的性状进行了对比[28]。这一研究对于充实相关的数据积累有着重要作用，对于国内碳酸盐岩类型的石质文物保护而言，可以从该研究中对照某一石质文物处于风化的哪一阶段并获得具有参考性的性状指标。

2. 针对具体劣化过程或某种劣化机理

（1）针对具体劣化

A.G.Nord 在其《Chemical analysis of thin black layers on building stone》一文中，就黑壳这一病害进行了具体分析。该研究通过大量获取主要位于瑞典的不同石质文物表面的黑壳层，并采用扫描电子显微镜观察、能量色散X射线照相（EDX）、电子能谱化学分析、光谱色相质谱分析（GC-MS）等多种观测手段对照、结合，对黑层的物质组成、组分、比例进行了详细分析。其研究表面，黑层的主要物质组成包括多种金属氧化物及络合物、金属氧化物氢氧化物、硫酸盐、煤烟、硅酸盐矿物、金属、橡胶、沥青颗粒、微量有机物[29]。这一结果进一步证实了空气污染物和岩石内部矿物成分是黑层的主要形成源头这一观点。

（2）针对具体物理过程

“应力差”是目前刻画病害劣化具体物理过程的常用体系，其核心思路在于将干湿循环、黏土膨胀、湿应力差以及多孔材质膨胀系数差别等各种物理过程造成的影响统一视为“产生应力不均”。这一思路适用范围广、使用便利，通过将各种不同物理过程在石质文物上造成的反应简化统一，实现病害劣化刻画中多种物理过程的耦合。

大量研究发现，石质文物对水的吸收与释放和水的物态变化有着极为紧密的联系。正如 J.Straube 在其《Moisture and Materials. Building Science Digets》一文中所总结的：由于石质文物的多孔介质特性以及风化情况的差异性，水以液态形式进出石质文物、水以气态形式进出石质文物、水在进出石质文物过程中存在相变这三种可能的模式有着各自不同的特点，甚至在很大程度上被完全不同的物理规律所支配[30]。正因为如此，对于石质文物水理问题的研究可以大致分为"hydric"——可以被考虑为纯液态过程，以及"hygric"——可以被考虑为非纯液态过程，以上两种基本类型[14]。

对于液态水进出石质文物的过程以及其可能导致的劣化问题的相关研究可以从侧重理论与侧重实践两个方面进行简述。前者以多孔介质领域的基本理论"平方根定律"[31]及在此基础上的修正理论为基础，经过多年来石材学、土壤学、混凝土专业等学科的不断丰富与完善，形成了较为完备的理论体系。而后者即侧重实践的研究则以在石质文物、建筑中常见的"Rising damp"[25]（可以翻译为潮气上升）现象为主要关注点。潮气上升现象在砖石质地的文物中极为常见，国内外均有大量实例并有悠久的防治史。对于这一问题 C. Hall 与 W.D. Hoff 在其《Rising damp: capillary rise dynamics in walls》一文中给出了理论模型以及估算上升高度的简化公式[32]，为该类型研究中最为简单实用的研究成果。而 Giovanni 与 I.Massari 合著的《Damp Buildings: old and new》一书则极为系统地论述了相关物理过程的分析、测量问题，并有大量翔实的实际案例作为支撑[33]，是目前该类型研究中较为详尽与权威的著作。

与纯液态过程相比，包含水蒸气以及物态变化因素的石质文物水理过程更为复杂。现有应力差体系内的研究不断地印证着，空气对石材的热作用与湿作用是彼此耦合的。对这一问题的研究依然以岩体的多孔介质模型为理论基础。不论是多孔介质吸水，还是多孔介质孔隙内存有的有机物质变化——后者在 GCI 和 IHAH 2006 年报告中已证实在大多数情况下效果比前者显著，抑或不均匀受热——见于 Weiss 等人 2004 年关于石材部分区域受到短时间阴影笼罩而暂时降温所产生的热应力问题的研究[18]，上述研究都体现了温湿度①复合作用的复杂性。因此，大量相关理论研究都以温湿度控制下的石材吸湿实验为基础[34, 35]，

① 由于湿度概念的多样性，后文在提及"温湿度"时，如未加专门界定即指干球温度、相对湿度。

通过绘制比较不同试块的吸附曲线（Sorption Isotherms），刻画不同研究对象在不同温湿度条件下的吸湿特性（图 1.4）。

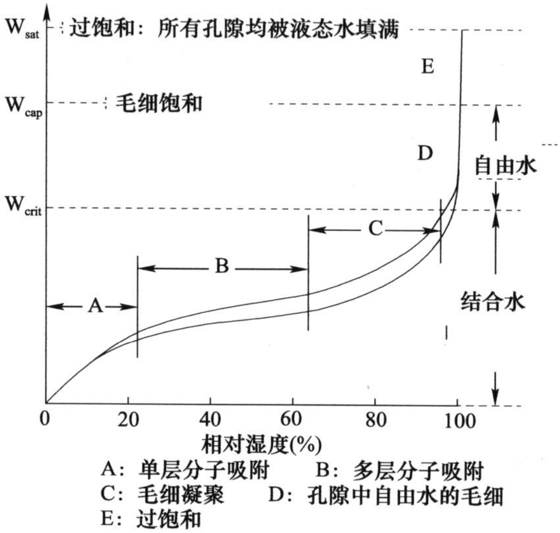

图 1.4　吸附曲线示意图 [30, 36]①

为了对上述恒定温湿度实验条件下的研究予以补充，从 20 世纪 90 年代开始，以气候室（climate chamber）为工具的气候环境对石材影响研究逐步开展。Warke 和 Smith 在 1998 年对这一研究方法作出了负面评价 [18]，Warke 认为气候室的模拟条件完全没有考虑辐射换热，尤其是太阳辐射问题，故而将其作为一般室外条件的简化是没有典型性的 [18]。对于这一看法，笔者认为气候室的实验室模拟存在着上述问题这是不争的事实。但这并不妨碍将类似的区域气候模拟手段引入石质文物保护。从实际模拟来看，在 ASTM 总结发布的《Durability 2000: Accelerated and Outdoor Weathering Testing》资料中，D.Ketola 对现有的加速风化的理论与手段进行了总结，给出了评断环境模拟手段或加速风化手段是否合理的判断标准 [37]。在此基础上，欧美国家已有大量较为成熟的石材实验室环境模拟服务，或为具体保护项目专门设计实验或直接使用符合要求的相应型号设备。

除了实验室模拟之外，计算机模拟同样是一种可能的途径。在《Microclimate for Cultural Heritage》一书中，Camuffo 已经罗列了部分针对建筑室内空间、文物展柜等环境的计算机模拟成果 [24]。事实证明，从 1998 年至今的十余年中，环境模拟技术日益成熟，辐射等在实验室

① 图片经过笔者翻译。

条件中难以模拟的因素在计算机模拟中的引入并无任何问题。但是需要注意的是，正如 Sarah Kosmann 在使用非稳态热湿耦合模拟技术的《The Gate Hall of Lorsch-comprehensive assessment methods to calibrate simulation models and adapt conservation strategies》一文中所认为的，计算机模拟并不能直接给出石质文物的劣化情况，而需要通过间接分析得到[38]。但总体而言，计算机模拟软件利用的日渐深入将会使应力差体系下的石质文物物理过程分析取得更进一步的发展。

S. Macabe 等人在《The use and meanings of ‘time of wetness’ in understanding building stone decay》中将着眼点放在了石材的特定表面过程中，并提出“湿润时间”（time of wetness）概念。通过提出这一概念，该研究进一步细化了对于各物态水进入石材的过程。该研究认为，在石材干湿变化的过程中，湿润时间与石材吸水性能的关系将决定石材内部是否存在“常湿”的部分，而是否有常湿部分对石材在湿润状态下物理、化学性能的劣化程度有着极为重要的影响[39]。也就是说，石质文物在上一次降雨湿润后逐渐干燥而又在下一次降雨过程中被浸湿，该研究可以很好地揭示上述过程中石质文物完全干燥或部分干燥两种不同情况下石质文物物理、化学性能变化情况。

（3）针对具体酸性物质相关化学过程

除了关注石质文物与环境间的物理过程外，还有大量研究着眼于构成病害的化学过程。就空气污染这一问题而言，目前研究集中于硫氧化物、氮氧化物（SOx、NOx）对于石质文物影响及其相关问题[40]。如 Kirkitsos 与 Sikiotis 进行了大量关于 SOx 与 NOx 对于石质文物影响情况的研究。其研究结果初步表明，在干燥条件下氮氧化物对于二氧化硫对石质文物的侵蚀将起到一定催化作用。但在湿润条件甚至溶液条件下，根据 Bai 等人于 2006 年进行的研究表明，上述催化作用将不再存在[18]。

总体而言，根据 Gruber 和 Galloway 等人最新研究成果表明，目前对于氮元素对石质文物影响的整个生物化学循环的了解尚十分有限，还存在部分盲点。目前这一研究方向中的一个重点问题是二氧化硫的氧化过程。如我们所熟知，二氧化硫需经过氧化过程才能转化为酸性显著的酸酐或硫酸根离子。但在无其他辅助条件的情况下，这一氧化过程是极为缓慢的。故现已有很多学者对这一过程提出了自己的猜想，如臭氧、氮氧化物或柴油机产生的碳烟等具有强氧化性物质影响等[41]。但上述猜想虽各自有其证据，却并未得到彻底认同。而最早于 1975 年 P.Tiano 在其《Research on the presence of sulphurcycle bacteria in the stone of some historical buildings in Florence》一文中所做猜测——硫细菌在其中发挥了重要作用，于近几年也得到了部分验证。

诸如上述二氧化硫氧化成酸酐过程等问题表明，空气污染物对石质文物影响这一课题的研究近年来得到了较快速度的发展，不论是理论研究还是数据支撑均日益丰富。但目前在该领域中尚有较多问题并未能得到解决，有待进一步研究分析。

（4）针对盐类溶解与结晶过程

盐风化领域著名学者 Heather Viles 与 Andrew Goudie 合著的《Salt weathering hazards》一书，在针对盐类结晶过程的研究中具有一定的代表性。该书首先基本的介绍了与盐相关的病害问题，之后分为“案例研究”、“盐类与湿源在盐有关风化中的作用”、“材料敏感性与实验室模拟”、“盐类侵蚀的机理”、“盐风化对地貌的影响”、“盐风化相关病害的解决与防治” 等章节[42]。《Salt weathering hazards》一书案例翔实、图片丰富，最为突出的特点是从地理、地貌演化的高度全面而系统地刻画了盐相关化学过程与风化间的联系，给读者提供了从更开阔的时间与空间双重尺度上看待盐风化过程的视角，并以此为出发点论述了相关病害的形成机理、解决方式等，兼具较强的理论性系统性与实用性。

不论其具体引入方式怎样，盐类对石质文物造成损害的主要途径为结晶作用。Doehne、E.Marzal 以及 Scherer 从 2003 年至 2008 年的研究表明，最具代表性的结晶循环为硫酸钠离子与十水硫酸钠（芒硝）间的相互转化[18]。Doehne 等人的研究中最具深远影响力的结果是，在石质文物保护问题中印证了以下普适性化学规律：结晶过程中盐类的晶格结构变化的必要前提，是初始的溶解与之后的重结晶过程。这一研究表面，只要能防止盐类对石质文物作用过程中的水化，结晶造成的病害在很大程度上将得到控制。

除了对于结晶过程本身的研究外，盐类对石质文物影响的研究近年来最主要的发展方向及重要研究成果还从单一成分的盐类分析扩展到了多种盐类的石质文物影响分析。含一种以上盐的盐溶液对石质文物的影响，相比单一成分盐溶液的分析困难许多，而这也是石质文物、石窟保护实践中最常出现的情况。目前 Steiger 于 1996 年、2006 年分别进行的研究，以及 Franzen 等人于 2009 年进行的研究分别在不同的方向取得了进展。上述研究结果表明，盐的种类是是否会导致石质文物损坏的主要因素。而 Steiger 近年来在位于 Angkor Wat 的石柱试样研究的成果中，又得出了盐的种类、所导致的损害与温度、湿度间的紧密联系。在这一研究中，Steiger 发现受损严重的区域与保存较完好的区域含盐的浓度基本一致，唯一的区别在吸湿性（hygroscopic）强而一般保持离子态不易结晶的盐多发现于保存较完好的区域，而出现反复结晶的盐类则多出现在受损严重的区域[18]。

Hanna、C.R-Navarro 等人曾就室内环境中的盐类相关病害机理与室外条件下的异同进行了比较。在此基础上产生了诸多富有创造性的研究成果，如 Hall 与 Hoff 在 2007 年的研究中发现，石质文物可以不断从土壤中获得富含盐离子的液态水，由此石质文物中的盐类可以在“蒸发点”（蒸发作用显著开始的温度）以上温度不断累积，对于盐的水溶液而言，甚至可以认为这一累积是一直存在的只不过速率有所变化[18]。这一研究成果及其定量化，在很大程度上得益于意大利工程师 Edgardo Pinto Guerra 所做的《Restoration of Damp and Deteriorated Masonry Walls》中的相关工作。可以说，这一研究成果是文化遗产保护领域借鉴其他相关领域研究成功以推动本领域研究的成功范例。

在上述研究的基础上，欧盟委员会在其“欧洲文化遗产保护与修复技术”专项研究中专门组织专家开展了系统而深入的研究，相关成果总结为《An Expert Chemical Model for Determining the Environmental Conditions Needed to Prevent Salt Damage in Porous Materials》一书（后文简称为《chemical model》）。该研究历时五年，主要目标为“针对多种离子存在的盐溶液，判断其在某一温湿度条件下是否会发生盐析，并计算各盐类分子析出量”[43]。在其最终版报告即《chemical model》一书中，编撰者 Clifford Price 对该研究的理论基础、计算机模拟所使用的算法编写以及最终软件成果进行了详细介绍，并对世界范围内研究者对相关成果尤其是软件成果 ECOS 的借鉴与应用持欢迎态度。随着 ECOS 等软件的发布，各相关领域学者对盐析软件的完善与改进工作一直在持续进行。如 Steiger、Kiekbusch 和 Nicolai 2008 年的研究中，对石质文物盐析过程的计算机模拟方式进行了优化，极大提高了其便利性。目前在世界范围内可直接下载使用的文物盐析软件为 Runsalt。该软件为 Davide Bionda 开发，实际上是 ECOS 软件的图形化平台，国内网络条件即可下载使用。从目前来看，以软件模拟手段分析判断给定环境条件从盐析角度上是否满足某一石质文物安全的需要已经具备了初步的可行性，国内外相关研究也正在逐步开展，相关内容将于后文“石窟表层及表面热湿变化对赋存状态影响评估的可能方向”一节中详细分析论述。

（5）针对具体生物参与过程

上文已经提到，《influence of Substrate Mineralogy on Bacterial Mineralization of Calcium Carbonate: Implications for Stone Conservation》、《Biodiversity of photosynthetic micro-organisms dwelling on stone monuments》

等研究石质文物表面微生物影响的工作已经得到了广泛开展。

实际上，对于生物、微生物对石质文物的影响研究，Schaffer 早在 1932 年就已经进行了令人瞩目的奠基工作。在其《The Weathering of Natural Building Stones》报告中，Schaffer 提到“相比于其他我们认为作用显著的病害，生物体的作用也许重要性稍逊。但生物体活动的影响仍吸引了很多研究者的目光。某些有机体，如细菌，其作用效果仍然是一个有争议性的问题；而其他诸如常春藤的生长，其效果则通常被认为是有害的”[18]。Schaffer 报告中的两个主要观点，至今仍是石质文物生物活动影响研究的主要探索方向。即对细菌作用利弊及具体影响的争论，和对生物影响和其他病害影响力的比较。

在《Stone Conservation, An Overview of Current Research》一书中，盖蒂中心研究者对石质文物受生物活动影响这一课题复杂性的论述非常透彻。该书认为，不论是细菌的作用还是生物活动影响水平的评估，其困难的根本都在于生物活动对石质文物利弊并存，而权衡利弊取得妥善平衡点又因时因地而异，甚至不同研究者间也见仁见智。生物活动在一些情况下的确会导致石材劣化，但在另一些情况下，一则其对于保持石质文物的纪念性、沧桑感及历史信息真实性有着一定意义，二则更可能对石材物理、化学性状有利。值得注意的是，后者在实验室环境中已经得到了证实。Davis 和 Luttge 2005 年发表的研究成果表明，在实验室条件下，生物膜的存在使得方解石的溶解率下降了 40%～70%[18]。

关于生物活动与石质文物关系的研究正在以较快的速度发展，针对特定石材、特定微生物类型、特定环境条件的研究成果不断推陈出新。但至今为止，尚没有决定性的研究能够解决上文中提到的核心问题，即如何平衡生物活动的利弊。可以认为，生物活动与石质文物关系研究尚处于发展期，还需要大量进一步研究才能得到具有综合性的指导性结论。

3. 技术手段、独特视角的应用

随着科学技术发展，将其他专业的成熟理论、成熟技术引入文化遗产保护的研究体系中，已经成为了业界研究的常态。虽然目前绝大多数新文献都或多或少地应用着新理论、新技术，但笔者认为其中部分文献在学科交叉的借鉴过程中有着特殊的意义。故虽然这些研究或案例就其整体而言，在数量繁多的新技术、新理论探索中并不突出，但仍将其中几个代表性在此进行简要分析。

前文中已经提到了 S.Bugani 所著《Investigation on porosity changes of Lecce stone due to conservation treatments by means of X-ray nano and improved micro-computed tomography: pre-liminary results》一文。实际上，使用X射线对石材孔隙情况进行CT检测并非该文首创，就应用水准而言该文也难称杰出。但该文章中提出了几个值得注意的问题：

其一，研究进行了CT和MIP实际效果的对比。该文章对同一样块分别进行了CT和MPI两种方式的孔隙率测量。在此前，大量研究已经从理论上阐述了CT和MPI由于原理不同故而适合不同孔隙大小的多孔介质这一情况。而该文章通过实验，定量地给出了两者间区分的阈值——10微米数量级。同时，该研究通过CT的图像还原特点对同样大小的孔隙进行了几何形态层面的进一步细分，通过几何形态系数（SMI）刻画了同样大小的孔隙的不同几何形态特征，如更接近盘状（SMI=MIN=0）或更接近缸形（SMI=MAX=3）。

其二，研究说明了采样定理对CT技术的限制。采样定理，即奈奎斯特（Nyquist）定理[27]。而在该文所讨论的CT检测过程中，作者从反方向使用采样定理，即当采样频率小于信号中最高频率2倍时，数字信号将无法完全保留，这也是在CT技术应用于多孔介质时的限制因素所在。该部分研究成果与《Characterization of pore structure for the interpretation of moisture transport》一文中B.Meng应用分形数学理论给出的结果相互呼应，分别从数学原理和实际因素两个不同方向对不同的孔隙率测量方式进行了分析比较[19]。

该文从在上述两方面都体现了石质文物在新技术引入方面的发展方向，即知其然也应知其所以然。众所周知，任何技术受其原理、实现过程所限，必定有其长处也有其不足。只有从原理、实现过程上更好地认识所欲引进的技术，方能对该技术进行更好地利用。

而在国内，闫玲与王旭东所著《洞窟壁画等温吸湿、放湿数理模型》一文则在引用新理论方面具有创新性。该研究将建筑环境、建材散发等研究成果借鉴到了石窟与环境关系的刻画中。通过借鉴建材散发的数理模型，该研究将石窟抽象化为空气、颜料层、地仗层、洞窟围岩三个各自物理性质均匀的介质层，并以传质系数刻画分子态的水在空气与石窟间的扩散过程[44]。通过引入这一数理模型，该研究更好地利用了现有环境温湿度监测数据，并尝试了利用该模型进行定性分析。

（五）我国石窟与赋存环境关系和石质文物的异同

1. 我国石窟与赋存环境的具体案例

美国盖蒂基金会与中国敦煌研究院在莫高窟第85窟进行了由监

测、分析再到保护、修复、开放等一系列富有成效的工作。盖蒂基金会在《A Systematic Methodology for Sustaina-ble Visitation at the Mogao Grottoes》文件中，详细阐述了85窟中涉及石窟与环境关系的研究与工作成果。在这一具体对象研究中，研究者从病害调查为出发点开展了体系化的研究工作。通过病害调查，该报告称85窟最为严重的病害为壁画表面盐析。通过参考相关研究并进行实验后，该报告得出初步结论，“第85窟酥碱壁画的产生原因主要是在水的作用下，由潮湿环境造成崖体及壁画地仗中大量的氯化钠聚积，受相对湿度、温度的影响，不断地溶解，结晶，进行恶性循环，从而产生了严重的返碱、酥碱病害。研究结果证明，当相对湿度达到67%时，氯化钠就潮解，降低时即重新结晶聚积”。

值得注意的是，在对85窟室内相对湿度控制研究时，其相对湿度阈值并未设定为上述结晶拐点67%，而是设定为了略低一些的63%或62%。对于这一情况报告中提到，这是由于85窟由于其相对封闭的环境，使得窟内形成了类似于室内空间的环境。在这种室内空间条件下，壁面温度将可预见地低于主流空气温度。在这种情况下，对结晶产生决定性作用的壁面表层空气的相对湿度与主流空气的相对湿度也将不同（忽略室内其他湿源的影响），即若控制主流相对湿度67%则壁面附近相对湿度将高于67%，故此将主流相对湿度阈值设为63%左右。

实际上，通过与上文文献综述中部分内容可以相互比照，可以发现针对85窟的研究体现了石窟与石质文物在与环境关系上的相似性与差异性：与Hall与Hoff在2007年的研究类似，盐类的聚集过程是伴随着盐溶液的渗透与蒸发不断进行的，只不过在85窟这一具体对象中，盐类的源头成为了整个山体，而富集的位置则石材表面转变到了壁画的内、外两个界面。在这一点上，85窟和其他石质文物在理论层面符合较为接近的规律，但在客观体现上则略有不同。而与Sawdy和Price 2005年的研究相类似，85窟盐类造成的结晶问题在很大程度上受环境温湿度影响，而当假定的环境温度25℃时，相对湿度层面结晶的拐点也必然可通过实验直接获得。在这一点上85窟与其他石质文物符合相同的规律。

另外，相对湿度阈值的设定也体现出85窟与其他石质文物的不同之处。上文中讨论的大量关于石质文物与环境关系的研究，其预设对象大多为雕像、纪念碑或露天墙体等。而85窟作为围合性极好的室内环境，其具有营造属于自身的、受外界影响但在一定程度上区别于外界的物理、化学环境的能力。故而，在考虑85窟时不能将环境简单视为恒定不变，而应视为与石窟紧密关联的动态环境。除此之外，敦煌还开展了一系列以病害为出发点的风化机理研究，分别从地质、气候层面探索了病害发生的原因与防治方向[45, 46]。

同为我国最重要石窟群之一的云冈石窟也进行了大量富有针对性的案例研究。云冈五华柱近年来以肉眼可见的速度风化，部分学者已经开始了对其结构强度的研究[47]。而在结构强度减退原因的分析中，学界很早就已经较为明确地将环境因素作为云冈石窟风化的重要诱因之一[48]。在《云冈石窟温湿度变化规律及对石窟保存的影响》一文中，黄继忠以云冈石窟数十年来积累的温湿度监测数据，对云冈石窟的温湿度变化规律进行了分析。分析结果表明，以云冈石窟岩体内部暗河为岩体内部温度的表征，以窟龛内监测数据为表层岩体温度表征，以窟龛外监测数据为区域空气温湿度表征，岩体内部波动幅度小全年不超过 6℃，而越向空气侧波动越明显[49]。这一研究结果在很大程度上体现出了云冈石窟与其他石质文物相比的一个重要特点：体量巨大、内部结构复杂多样，是一个完整而庞大的热力学系统。对于这样的包含从基本恒温到温度剧烈变化的巨大系统，很多在其他石质文物分析中可以使用的简化模式都变得不再适用，很难用一套物理规律、化学规律来刻画这整个巨大系统中的全部问题。在这一前提下，使用监测数据作为理论分析的补充和修正就显得尤为重要。

大足石刻分布广泛，实际上早在著名的千手观音保护工程开始前，针对大足石刻的监测就已经得到了初步开展[50]。清华大学环境学院张彭义教授作为大足千手观音抢救性保护项目组的成员之一，通过五年时间的微环境监测对大足石刻的环境化学层面特点进行了较为详细的剖析，具体内容可见于《不可移动文物保存环境研究——以千手观音造像环境监测与维护方案为例》等文。张彭义教授及其课题组的研究已经证实，大足石刻明显地受到了贵阳、重庆一线酸雨带的影响。但与监测前的预期不同的是，清华大学环境学院的监测工作指出，构成大足石刻酸性环境的因素除直接的酸雨形式即湿沉降外，颗粒物沉降后再遇水即干沉降同样不容忽视[51]。

中国地质大学方云教授为大足石刻所做《大足石刻千手观音抢救性保护工程凝结水病害专项研究报告》则针对大足千手观音的水文地质条件已经凝结水形成规律进行了系统研究，展现了千手观音造像区水文地质的极度复杂性。正是由于该石窟对象在该层面上的复杂性，因而上文石质文物文献综述中以多孔介质为模型对石材进行半匀质简化的模型在千手观音案例上无法实现，而该报告在多孔介质等基本模型的基础上，构建了专门应用于千手观音的岩土体、第四系覆盖层、基岩三类介质与地下水流动结合的水文地质模型[52]。

以四川广元千佛崖为例。在清华大学建筑设计研究院所做《四川省广元千佛崖摩崖造像保护建筑设计》工作中，通过前期病害调查与踏勘以及参考西北大学《四川广元千佛崖石窟造像表面风化的环境地质问题分析》等相关研究，保护工作者对环境与千佛崖病害间的关系初步确立了如下认识：千佛崖处于嘉陵江山谷中，裹挟沙砾的强风对造像的磨蚀是赋存环境中对造像安全危害最大的因素[8, 13, 53]。

有鉴于此，该设计以遮挡强风、暴雨为主要目标设计了石窟保护建筑。通过计算机模拟，保护建筑设计在很大程度上起到了降低窟龛区域风速的目的。但随着风速的降低，窟龛通风量随之降低；通风量的降低大大增加了窟龛内湿度剧增的可能。由于在这一案例中，风速、湿度、温度、降雨之间两两存在耦合关系，因此如何在减少磨蚀和防止激发严重的潮湿相关病害之间取得平衡，如何在温度、风速、降雨对湿度的共同作用下评断究竟哪一因素是湿度变化的核心影响因子，成为了该实践案例中最为困难的问题。

在笔者《四川广元千佛崖造像表面微元模型与空气环境因素探讨》一文中，笔者认为针对千佛崖案例中上述难题，可以根据风速大小对其效果进行评估。通过监测数据分析，笔者认为对于千佛崖而言，存在着一个风速阈值："当环境风速超过这一阈值时，风速超越其他因素成为核心影响因子，此时可以忽略其他因素对湿度的影响；当风速小于这一阈值时，温湿度耦合关系以及湿源（降雨、江水蒸发）起主导作用，风速影响可以忽略"[53]。

但上述分析几乎仅限于在千佛崖案例自身成立，根据目前在巴中南龛石窟、安岳卧佛院石窟、新疆克孜尔石窟以及甘肃武威天梯山石窟进行的环境监测成果，石窟赋存环境的实践条件千差万别，因其自然地理条件、人为因素等多方面原因而各有不同。如对于安岳卧佛院石窟而言，报告中认为"由于石窟位于小型盆地中且植被丰茂，故而整体区域与外界的空气交换较少，尤其是夏季其空气湿度长时间处于过饱和状态"。在此情况下，借鉴自盖蒂中心与敦煌研究院85窟相关研究的以通风控制湿度的经验，在安岳的实践中被证实是不适用的：通风对于降低相对湿度几乎毫无作用，甚至会使部分窟龛内湿度上升。

《克孜尔石窟环境监测一期报告》认为，地处新疆的该石窟大其温湿度呈反向相关关系，降雨总量非常稀少。笔者认为，这一结果体现了克孜尔石窟由于降雨少、无大型水体故受湿源影响较小，空气温度和相对湿度呈现出明显的耦合关系，故实际上主导克孜尔石窟赋存环境变化的是该区域巨大的昼夜温差。虽然相关监测报告已经得出了上述结论，不过在《克孜尔石窟综合信息监测及预警系统方案》中，龟兹研究院与西北大学主要根据游客活动作为控制窟龛内温湿度的主要手段，其实际效果如何还有待进一步验证。

除了石窟所处自然环境因素之外，石窟赋存环境相关实践中也体现了人类活动对石窟环境的巨大影响。甘肃武威天梯山石窟的环境监测工作以及地勘报告表明，由于临水库仅一坝之隔、十余米之遥，故实际上石窟环境的核心要素是环绕在其周边的水库这一巨型水体。

2. 石窟、石质文物之于赋存环境的异同

在上述保护实践或环境工作相关报告中，对比石窟与其他石质文物，两者既有普遍联系又有本质区别。

两者的主要联系体现在，我国石窟与赋存环境关系，在很多层面上与其他石质文物与赋存环境关系接近，或受同样形式的规律支配。不论是热力学系统、应力差体系还是多孔介质的模型，由于石材是我国石窟的主要构成材料，因此大部分理论都可以很好地辅助石窟与赋存环境关系的研究。

两者的主要区别体现在两个方面。其一，地仗层、彩绘层的特殊性使得其表面过程与其他石质文物有一定区别，巨大的体量与复杂的内部结构使得刻画其受环境影响变得更困难，半封闭窟龛空间赋予了石窟相比其他石质文物更为强大的微环境营造能力。其二，目前不论是针对病害还是诱发病害的物理或化学过程，现有研究多基于控制变量法，即当多个影响因素同时作用时，控制其他因素不变只考虑其中某一因素，从而排除干扰项得到这一因素的影响结果。但在复杂自然环境中的石窟保护语境下，人力有时而穷，很多情况下需面对多个因素耦合的复杂局面。

换言之，在石窟与赋存环境关系这一问题上，实践对研究的需求是不仅关注理想状态下求得最优解或者提供优质解，更应考虑多种影响因素共同作用下平衡点的选择。正因为如此，当复杂条件下实践工作欲借鉴研究成果时，正如《Stone Conservation, An Overview of Current Research》在讨论生物对石窟等野外石质文物作用时所提到的，“将各种因素的影响以统一的模式进行比较，进而实现取舍、平衡，将成为无法忽视的课题。”

（六）相关领域研究

上文曾提到，欧美国家对于石质文物受物理过程如热、湿影响后产生的变化多通过“应力差”体系来综合分析。而弹性力学即为相关力学分析，尤其是热应力、湿应力分析的理论基础[54]。国内弹性力学领域较为权威的综合性论著以徐芝纶主编的《弹性力学》为代表，该书现已第四次出版，内容分为上下两册。除弹性力学之外，有鉴于石窟岩体多裂隙的客观情况，裂隙岩体损伤力学也是石窟文物安全研究的重要理论参照。在该领域中，易顺民所著《裂隙岩体损伤力学导论》为较为权威性的综合性论著，全面介绍了裂隙岩体损伤、断裂的机制，并论述了判定裂隙岩体破坏与否的定量分析方法[55]。除此之外，陈卫忠等所著《低温及冻融环境下岩体热、水、力特性研究进展与思考》、王贤能所著《边坡岩体浅层破坏的热应力效应研究》、王书法等所著《节理岩体热应力问题的非连续变形分析方法》、唐世斌所著《热应力作用下的岩石破裂过程分析》为该领域最新相关研究成果，对辅助遗产保护学科增进对石窟在环境影响下的变化情况也有着重要借鉴意义[56-59]。

J.Bell 著李竞生、陈崇希译《多孔介质流体动力学》为其同名专业的经典著作，所涉及的理论模型及其应用是研究所有石窟或其他石质文物内部液态水迁移问题的基本理论依据[60]。在人造环境与微环境领域，近年来清华大学朱颖心教授主编的《建筑环境学》、张寅平教授主编的《建筑环境传质学》、赵荣义先生主编的《空气调节》等著作全面总结了该领域基础研究成果，对于辅助遗产保护学科增进对石窟环境认识刻画有着重要借鉴意义[61-63]。W.M.Somerton 所著《Thermal properties and temperature-related behavior of rock/fluid systems》一书与 H.Oelkers 与 J.Schott 合著的《Thermodynamics and kinetics of water-rock interaction》均为液-岩作用方面的综合性论著[64, 65]。本文中部分借鉴了该书内容作为理论模型构建的理论补充与半定量分析的数据补充。

第二章
中国石窟环境问题的分析思路

一、石窟与环境是紧密联系的整体

石窟文物与其他石质文物在物质组成上有很多相同之处，但又由于其处于自然状态下的气候环境、地质环境之中而有所不同。为了更为全面客观地分析中国石窟，笔者认为应改变传统的、将文物本体与赋存环境分离的视角，转而将石窟文物与环境视为相互作用的有机整体。

中国石窟与环境的相互作用，可以归结为如下的基本模式：

作为价值的载体，人工开凿为一定形状的浅层岩体形成的窟龛、人工雕凿为一定造型的浅层岩体形成的造像、依附于窟龛或造像之上的壁画泥塑彩绘等附属文物等，都是石窟文物物质遗存的主要组成部分。而上述石窟文物一侧为空气，接连气候环境；另一侧为更深层与窟龛范围外的岩体，接连地质环境。石窟保护工作中常说的“环境对石窟的影响”，实际上可以理解为：夹在气候环境与地质环境之间的石窟文物，随着环境变化而处于不断变化的动态平衡之中。

以热量与温度变化为例阐述上述石窟与环境间的动态平衡：

一天之中随着太阳照射角度的变化，空气温度由凌晨时的低温逐渐升至午后的高温；

与此同时，岩体表面由于太阳辐射与空气温度因素，温度也在逐渐升高；

但深远的地层作为强大的蓄热体，岩体表面得到的热量只能带来极为有限深度的温度升高；

如果无其他扰动，那么在地层深处直至岩体表面，再到空气，将在漫长的时间后形成温度由低到高的平衡；

但实际情况下，随着太阳辐射由午后至夜间的不断减少，未及形成上述平衡前，岩体表面就开始降温了；

上述变化周而复始地发生，再伴随着以年为周期的四季温度差异，最终导致石窟文物处于变化不息的动态平衡之中（图 2.1）。

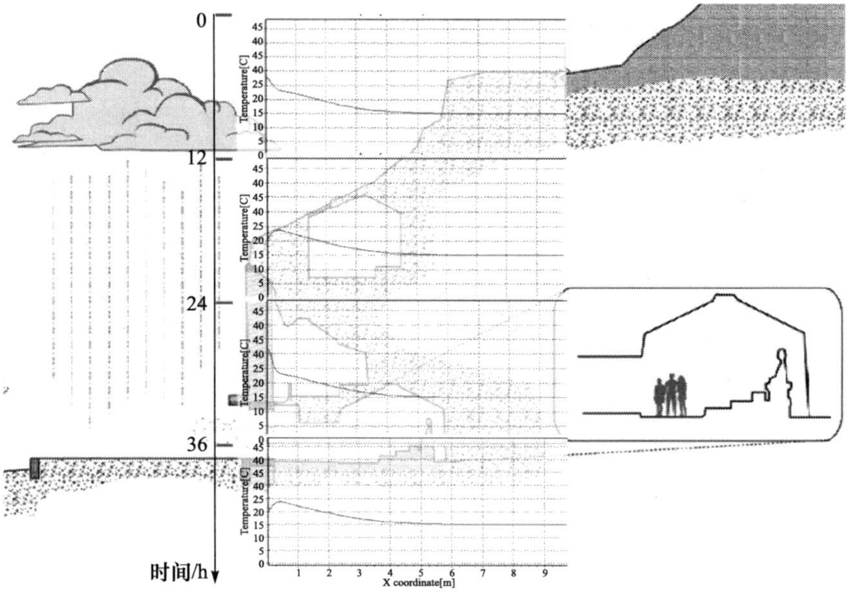

图 2.1 石窟文物温度动态平衡示意图

二、从劣化现象逐层深入到关键参数

从病害劣化到可测、可控的参数可以粗略分为四个层次。

其一，劣化、表面病害等直接观察到的现象。以常规观察手段（如肉眼或较低倍数的光学器材）考察石质文物时，可以较为直观发现各类病害劣化现象。有鉴于我们将观察对象视作文物而非单纯的普通物体，故而在使用劣化、表面病害等概念刻画我们所观察到的文物现状时，必然与其价值的损益存亡相联系。

其二，作为劣化、表面病害等现象发生的机理。风化在很大程度上可以视作石质文物与环境相互作用后在文物物质遗存上留下的痕迹与产生的结果，而石窟风化的过程也就是石窟与赋存环境相互作用的过程。当然，实际情况下很多风化机理由于时间或空间尺度的原因，是不可能被我们直接“看”到的；而在用“情景”或“场景”想象风化机理的过程中，同样也有许多概念是便于思考的假设而只存在于我们的思维过程中，如以宏观的球体来刻画分子等。可以说，这一层面实际上是我们对复杂的客观现实进行过简化、模型化之后的结果，是用以解释上一层面中被观察到的劣化、表面病害具体的发生过程的。这一层面并不是直接可观察的，甚至很多情况下也许并不是真实存在的，但同时又是石窟环境问题中文物保护学科与自然科学的交汇点。

其三，构成病害劣化机理的基本物理、化学、生物过程。为了更好地研究风化过程，研究者构建了各种风化机理对风化过程进行解释，而具体的某种风化机理则由一种或多种物理、化学或生物等自然科学中的基本过程作为其科学依据与理论支撑。

其四，决定物理、化学、生物过程发生与否、进展快慢的参数、条件。举例而言，盖蒂保护中心在敦煌 85 窟的研究表明，该窟大量表面病害都与壁画内盐类的潮解这一机理有关。那么对于 85 窟取样得到的物质成分而言，各分子的比例、空气的温湿度决定了是否会发生明显的潮解过程。于是在之后的保护工作中，选取了窟内的空气温湿度作为是否会发生潮解这一机理的判断标准，进而作为预判是否会加速表面病害发生的指标与对外开放控制标准。物质的成分与比例、空气的温湿度都是来自其他自然科学学科的参数或条件。以文物保护领域适用的尺度而言，可以认为通过参数或条件的监测能判断风化机理的发生情况，进而预判对于劣化或病害的影响。正因为如此，上述参数或条件虽然从直观上不能直接通过感官准确感知，但却可以通过自然科学手段较为精确的测得，可以作为文物现状监测的重要方向。

在敦煌的案例中还可以发现，上述参数化条件既有存在于石窟物质遗存内的，也有存在于赋存环境中的；既有利于测得与控制的，也有难于测得与控制的：盐离子的多少与温湿度的高低同样决定着潮解的发生与否，但随时将盐离子的浓度控制在某一标准以下并时时监控其浓度，显然不如随时监控空气温湿度并加以控制更为简便实用。

因此，上述四个层面的区分体现了我们构建劣化与参数间桥梁的基本思路：一方面，劣化或病害现状背后存在着相关的风化机理，而某一机理可以分解为同时发生的多个基本的物理、化学、生物过程，并落实到可控、可测的参数或条件上。另一方面，通过检测、监测等手段获取关键参数或条件的数据后，可以据此判断基本过程的发生、演变，进而分析未来病害劣化的可能发展。简言之，从现象到机理、过程，再到参数，体现了劣化或病害发生的关键因素所在，同时提供了防治的方向；由参数到机理到现象，则是对改变后的赋存环境对文物安全的评估。

需要注意的是，虽然理论上劣化现象、相应的风化机理和自然科学层面的参数、条件之间存在着对应关系，但目前的研究和实践水平尚不能完全达到这一目标。

三、宏观与微观的区分与兼顾

在目前的石质文物保护研究，尤其是引入了先进技术手段部分研究中，“微观”是经常被提及的概念。但对于如何定义微观与宏观、可否直接将其他学科的定义引入文物保护领域，目前尚无定论。

从现有研究来看，国内研究提到的“微观”、“宏观”多指研究问题的尺度。而欧美国家的研究中则不经常使用明确的两极分化性的“微观”或“宏观”说法，更多地采用具体研究方法的专有名词。

众所周知，自然科学领域中宏观与微观概念存在相对性：客观世界大至星系小至夸克，存在着尺度上的巨大差异，如果只将整个客观世界的尺度粗略地二分为微观与宏观，势必不能满足科学研究的需要。对于气象科学而言，石窟窟龛内的环境属于微观范畴，而对于传热传质学而言其又是宏观范畴。正因为如此，各学科在提及“微观”与“宏观”时，其实际上所指代的客观尺度很可能是不同的。

正因如此，石质文物保护工作不能忽略石质文物的具体背景而直接引入其他学科对微观、宏观视角的定义。举例而言，量子力学作为物理学科的“微观视角”，其所考虑的电子云概率波、薛定谔函数的坍缩、不确定性原理等对于文物保护而言一般来说意义不大——当我们考虑空气裹挟着包含酸性物质的颗粒物冲击石质文物表面时，忧虑是否会因为测量了颗粒物的速度而导致无法确知其空间位置上是否会撞击到文物表面，这显然是奇诡而荒谬的。

故而，对于石质文物保护问题，尤其是石窟与其赋存环境问题，应在怎样的尺度上建立理论、该尺度下宏观与微观间的区别与联系如何等问题，都应在参考但非照搬自然科学领域研究的基础上，根据文物保护研究内容、研究对象决定。为更清晰地阐述这一问题，举文物保护领域极为常见的“密度”概念为例进行说明。

密度是石质文物保护领域极为常用的物理概念，如石材的密度、水的密度都是在保护研究与实践中经常使用的物理量。正如我们所一般认知的，石材的密度定义为“质量除以体积”。对于一个较为均匀的石材样块而言，不论体积的取值是一立方米还是十立方米，其所得到的密度都应基本接近；对于一个不均匀的石材样块而言，当体积的取值较小时，在不同位置求得的密度值就可能存在着一定的差别。但不论是何种石材，当所取的体积不断缩小直至达到分子数量级时，通过上述方式得到的密度就会出现严重的问题：由于分子间存在着一定的间隙，故而当所取体积与分子大小相当时，所取范围内是否包含了分子、包含了分子的多大比例，都会在很大程度上影响所求得的密度值。形象化地比喻这一情况，就类似于给球场中散布的足球无数拍照，可以定义“照片中出现的足球数量”和“照片拍摄的场景的大小”的比值作为“足球密度”；但当照片取景缩小至足球大小时，上述定义方式就显得不能适应了。这一问题中所体现的，正是在部分学科中由于研究尺度从米数量级的对象细化至分子数量级时，由于分子的空间结构特点、分子作用导致的原有概念不适用。

从图 2.2 可以发现，在 ΔV 逐步缩小的过程中，密度一度趋近于 ρ，但当其越过 ΔV_0 时由于分子作用，密度值出现剧烈波动。针对这一问题，《多孔介质流体动力学》认为可以在沿用常用的密度概念的前提下，对某一点、某一较小空间范围内的密度定义进行如下修改：

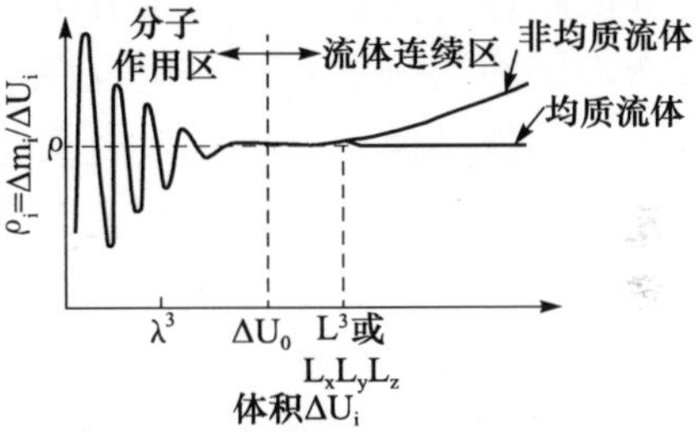

图 2.2　由宏观至微观密度概念的变化[60]

$$\rho(P)=\lim_{\Delta V_i\to\Delta V_0}\rho_i=\lim_{\Delta V_i\to\Delta V_0}(\Delta m_i/\Delta V_i) \tag{2-1}$$

而区隔了分子作用区与流体连续区的空间尺度 ΔV_0 则可以视作该领域研究中宏观与微观尺度间的分水岭。有鉴于石材都是由大量分子组成，故而上述“分子尺度”问题的解决方式同样可以作为定义石质文物研究问题中宏观、微观分界的依据。借鉴多孔介质流体动力学中对流体密度的定义方法，我们可以认为石窟与赋存环境研究的语境中，宏观与微观通过“随着空间尺度的变化，分子作用是否可以被忽略、是否会导致常用概念出现变异”来进行区分，分子作用可以被忽略不计的尺度均可以认为是石窟赋存环境研究中的宏观视角，分子作用不能被忽略的尺度则视为石窟赋存环境研究中的微观视角。

实际上，上述情况在诸如涉及石材孔隙率等概念时尤为明显。当研究石质文物的微观形貌问题时，一般将石材看作多孔介质，也就是认为石材是由孔隙与致密的骨架（矿物晶体等）两种基本空间结构组成的；而当研究石质文物的温度变化、辐射问题时，则一般将石材看作连续介质，也就是由无数具有相同热力学性能的质点组成的单一的空间结构。显然，根据前文所提出的分类方式，前者可以是微观视角而后者则是宏观视角。

石窟与赋存环境问题中，微观与宏观视角不仅需要区分，更需要兼顾。举例而言，在欧美国家学者对石材"吸附等值线"的研究中可以看到，在某一确定温度下石材对水蒸气的吸附能力随空气相对湿度的增长并非线性，而是呈S形曲线，其原因就必须通过微观与宏观兼顾的角度进行分析。从宏观来看，水蒸气中水为气态，那么按照一般的扩散规律而言其应仅与统计层面上分子附着于石材表面的概率相关，与水的液态流动无关。但实际上，在相对湿度较低的情况下，水分子只能少量附着于石材表面，其特性以微观层面的分子作用为主。在相对湿度超过一定程度时，水分子在部分孔隙中覆盖了数层，虽然仍具有微观层面的分子特性，但也在一定程度上呈现了宏观状态中液态的特点；也就是说，由于孔隙内水分子膜曲率半径为负数，从宏观规律开尔文公式来看，将导致其表面饱和水蒸气分压力比平面时小，本来不饱和的空气此时随着饱和水蒸气分压力的变小可能变为饱和，进而形成一种特殊的凝聚过程即毛细凝聚①。在相对湿度更大时，数量更多的孔隙中出现毛细凝聚现象、毛细凝聚现象的积累导致水微观层面的分子特性越发不明显而宏观层面的流体特征越发突出，此时石材内的水将不再是结合水，而产生毛细水、自由水。

可以看出，在上述问题中，如果单纯从宏观视角出发，那么不论是水的分子特性等微观层面的情况还是毛细凝聚等微观作用与宏观作用交杂的情况都将被忽略，并最终导致理论中的吸附等值线严重偏离实际。因而，单纯从宏观视角出发显然并不适用于石窟环境问题。而如果单纯从微观视角出发，虽然可以具体而微地考量到几乎所有可能存在的现象，但在研究过程中会出现大量文物保护工作中习用的概念被弃用。如温度应改为"分子热运动的速率"等，大量宏观概念、宏观物理量需要在每次引用时申明其宏观连续层面的物理意义与微观分子层面的物理意义，不论是研究过程还是研究成果均与文物保护领域的习惯与特点背离。显然这同样也是不适宜的。

对此，笔者认为应采用微观、宏观视角混合的新视角看待石窟环境问题。具体而言，为保证最大限度地使用经典的热力学、弹性力学、裂隙岩体损伤力学研究成果——同样也是文物保护领域大部分研究的重要理论基础，故而使用与之相匹配的宏观层面理论为基础；而对于这些以微积分、连续性为数理基础的理论而言，虽然从严格的数学意义上，其研究尺度可以小到无穷小，但为了同样合理地引入微观层面的研究成果，只在数学运算中认为其连续性、可微性成立，而在分析

① 即 Capillary Condensation。

中认为其“无穷小”的微元实际上其尺度就是前文中提到的“分子作用不能忽略的界限”。故而可以据此将微观层面的研究成果作为宏观理论体系的参数来源、原理刻画以及必要的修正。

四、根据具体问题合理简化与取舍

从目前已有的研究来看，对石窟环境的石质文物与环境关系，不可能直接将所有可能的因素囊括在同一分析过程中进行包罗万象的研究，而只能将复杂的系统性问题逐步拆解、分化，待各细节研究完成后再行综合。可以说，对各要素根据空间关系与自然科学原理进行分类不仅有利于概念的梳理，同样是上述由“总”而“分”再归“分”成“总”的研究模式的必要环节。

由于客观世界的连续性，不论是从空间关系上还是从科学原理上，对石窟和环境这一整体进行拆分都会造成不可避免地与客观现实的背离。因此为了保证研究的科学性与严谨性，就首先需要在对石窟环境进行拆分的同时论证这一拆分导致的偏差是否可以接受。

具体到石窟与环境：在指定的表层岩体、石窟微环境等不同的空间层次中，哪些物理、化学、生物过程是不容忽视的，哪些过程又是可以忽略不计的；在指定的某一过程中，哪些参数和条件可以认为是恒定不变的，哪些参数和条件又是不可以忽视其变化的。除此之外，某个窟龛中认为可以忽略的过程、某个过程中认为可以忽略的参数，在另一个窟龛、另一个过程中可能又变得举足轻重而不能忽略了。为了解决以上问题，笔者提出可以采用下列几种方式对石窟与环境系统进行简化。

其一，对不同的是窟文物物质结构，综合其自身特点与待考虑问题的特殊性，将其简化为具有针对性的模型。举例而言，对于石窟表层岩体，根据其客观的空间形貌特征，应将其简化为裂隙 - 多孔介质模型。在讨论降雨后水以液态形式在其内部迁移时，由于宏观的流动基本只发生在裂隙与较大的孔隙内，故而可以将这一多孔介质模型具体设定为“水在裂隙与联通孔隙渗流，非联通的孔隙和无孔隙的纯矿物不透水”；在讨论盐析过程中水在石材内扩散时，则应先考虑空气、矿物与水各自扩散系数的大小，再决定是否应继续认为“非联通的孔隙和无孔隙的纯矿物不透水”；在讨论随着一天内空气温度、光照条件的变化而导致的石窟表层岩体温度变化时，如果依然按照孔隙与矿物骨架分离的模式分析势必事倍功半，故而应将石窟表层岩体考虑成“与实际岩体具有等效传热能力的连续介质”的多孔介质模型。

其二，对客观世界的复杂变化过程进行有针对性的简化。以温度这一参数为例，如果我们仔细考察石窟与环境系统中的温度概念，就会发现在某一时刻的石窟深层岩体温度、表层岩体温度、表面温度、表层空气温度、外界空气温度并不相同而且互相影响，而这些温度参数不仅受到彼此影响还会受到之前的温度情况的影响，再进一步考虑其还会受到水的蒸发、凝结等过程的影响。如要将上述所有温度参数均视作变量，那么一方面获实际监测工程将无比复杂，另一方面分析不同的保护措施的理论分析或模拟过程也将变得无从下手。有鉴于此，本书将借助简单的数学工具，针对不同的具体问题对上述庞大驳杂的众多参数进行简化。例如，当分析一天中不同时间的温度变化对石窟的影响时，在一天的尺度内深层岩体的温度变化极小，可以认为不变；直接暴露于阳光下的表面温度可以通过简单地数学手段拟合为三角函数形式以便于分析。而当分析短时间的太阳直射是否会对石窟造成不利影响时，则可以认为石窟表层岩体在这一过程中只受到了辐射量变化这一个主要变量的影响，热量由表面向内部以一定的速度传递，未传递至的位置温度维持不变。

第三章
石窟与环境的整体空间模型

本章节将对石窟与环境系统进行分类，对“石窟浅层岩体”与“石窟表层物质”、对“宏观空气环境”与“空气微环境”的不同特点进行区分，并根据其各自不同的特点构建有针对性的模型。

一、石窟的气象环境

（一）石窟地域气候及其简化思路

1. 实际中的地域气候

石窟所在地域的气候条件在总体上决定着石窟的冷暖干湿，而石窟所在地域的气候条件又在很大程度上可以通过地域的自然地理特征进行区划。

以吐峪沟石窟、敦煌莫高窟、乐山大佛、云冈石窟这几处我国著名石窟寺为例：吐峪沟石窟处于吐鲁番盆地中，敦煌莫高窟位于河西走廊的沙漠绿洲中，乐山大佛地处四川盆地中，云冈石窟位于黄土高原，以上不同地域在气候条件上有着较为明显的差异，主要体现在冬夏温度、风速风向、降水情况、日照水平上。而造成以上气象条件差异的原因，可以粗略地归结为纬度、海陆关系、地域整体的山形地势、地域整体的江河水系、地域整体的植被情况等。

可以说，石窟所在地域的气候环境是复杂多变的；而对于石窟文物安全来说，地域气候实际上给石窟的大气环境确定了冷热、干湿的“基调”。

2. 地域气候问题的简化

对地域气候细致、深入的研究属于气象科学领域，本身具有极大的复杂性；而实际上，地域气候因素固然与石窟环境有着巨大影响，但两者间的联系却是模糊的、大趋势上的，高温干燥的地域环境往往导致石窟本身有很大的可能也是高温而干燥的，但地域环境的温度并不能直接等同于窟龛中的温度，甚至与窟龛外温度都可能有较大差异；而石窟岩体的含水量情况也与地表径流、地下水等因素有关，无法通过地域气候环境直接确定。

正因如此，在分析石窟地域气候环境时，宜站在石窟文物保护的视角对其实际情况进行如下简化：

其一，认为地域气候环境按照自身规律变化，除大规模的地质活动如火山喷发、大范围的环境改造如三峡水利工程等之外，石窟文物以及针对文物的保护工程对地域气候环境的影响可以忽略不计。

其二，选取诸如空气温度、相对湿度、降雨量等与石窟安全有一定联系的气候参数对地域气候环境进行基本了解，将其视作开展石窟环境研究的背景而非主要研究对象，从地球气象科学等领域获取所需的研究成果而非为石窟保护开展单独的地球气象研究。

（二）石窟区域空气环境模型

为便于模型建立，将“地域气候环境与石窟所在区域的山形地貌、河流水系、森林植被等自然地理因素共同作用，产生的石窟区域独特的空气环境”定义为石窟区域空气环境，其热、湿、化学成分以及空气流动情况是关注的重点。

1. 辐射因素的简化

辐射是自然界存在的一种极为常见而普遍的现象。在本小节中仅指太阳辐射与其他相关的热辐射。日光作为自然界中最为常见的辐射现象，一般可以分为红外线、可见光与紫外线三个波段。鉴于太阳辐射的电磁波本质，其从太阳发射出后即可以认为近似以直线传播，当太阳辐射到达大气层外界时，单位面积大气层受到的辐射量基本恒定不变，称为太阳常数。

对太阳常数，也就是地球收到的太阳辐射而言，其中一部分将被大气层吸收，一部分被大气层反射回宇宙，一部分穿过大气层到达地面。而经典物理学认为，存在温度差的物体间就可能存在着热辐射。地面的温度与大气层等效的温度是不同的，因而大气与地面间同样还存在着长波辐射。而在夜间，太阳辐射基本被阻挡，由于温度的不同，地面与天空间同样还存在着辐射作用。

可以看出，辐射问题由于其种类多样且涉及广阔的空间与时间，因而较为复杂。为了简明扼要地抓住石窟保护中较为关键的辐射要素，避免在不必要的问题上过多纠缠，可以以“石窟到底受到了怎样的辐射影响”为线索，直接将上述复杂的辐射问题归结为“日间”与“夜间”两个简化状态。

日间，经过大气层的吸收、反射后剩余的太阳辐射到达地面，并根据地面对辐射的吸收率部分被地面吸收。而与此同时，由于地面与大气层温度不同，地面与大气层间同样存在辐射换热，即地表有效辐射，通常情况下地表向大气传热。地表吸收的太阳辐射与地表放射出去的有效辐射之差，决定了地表宏观上是增温还是降温。一般而言，地表吸收的太阳辐射量远大于有效辐射。地表吸收的太阳辐射可以通过各种辐射计直接测得。辐射计一般设计为黑体，其吸收太阳辐射的能力大于真实的岩石或壁画，故而为了更准确地了解石窟物质遗存所接收的太阳辐射，应对辐射计读数进行修正。夜间，太阳辐射不再存在，决定石窟辐射问题的因素只有地表有效辐射。此时地面将由于不断向夜空进行辐射而逐渐失温。

2. 湿空气模型

空气由大量不同分子组成，同时还可能裹挟更为巨大的微粒、微生物孢子等各类无机物与有机物。作为包裹石窟物质遗存的最主要介质，对空气的描述是石窟环境问题中最为重要的问题之一。

《Microclimate for Cultural Heritage》一书对文物的空气环境进行了较为全面而深入地研究。但对于石窟区域环境而言，采用具体、深入而复杂的微观物理化学机理从保护实践的角度看必要性较小，而更为宏观、工程化的“湿空气”模型更为实用。

湿空气为环境科学以及空气调节领域最为常见的空气理论模型，目前不论是可移动文物的博物馆环境控制还是不可移动文物的环境要素监测，都以该模型为理论基础。湿空气模型认为，空气由水蒸气与干燥的空气组成，可以认为是“分子之间没有作用力”“分子本身不占容积”的理想气体[66]。粗略地看，可以将空气比喻为海绵，空气可以吸收水蒸气同时有其吸收的极限，温度越高、大气压力越大其吸收的极限越大；当到达这一极限后，宏观上的蒸发与凝结达到了平衡，空气中水的含量将不再增加。

湿空气中的主要参数包括：干球温度、水蒸气分压力、饱和水蒸气分压力、密度（比容）、含湿量、相对湿度、焓、湿球温度、露点温度等。其中，干球温度即一般提到的空气温度；水蒸气分压力即在大气压力（空气压力）中水蒸气所提供的大气压，其表征了空气中水蒸气的多少；饱和水蒸气分压力即在某一空气干球温度下含水饱和了的空气中，水蒸气所提供的大气压，其表征了空气携带水蒸气的极限能力；密度与比容互为导数，即包含了水蒸气的湿空气的密度；含湿量为单位质量干空气所携带的水蒸气质量，这一参数与绝对湿度有较为紧密的联系，绝对湿度为单位质量湿空气所携带的水蒸气量，其与含湿量可以通过简单的数学变换互相推导；相对湿度为空气中绝对湿度（或含湿量、水蒸气分压力）与饱和状态下的绝对湿度的比值，体现了当前空气与饱和空气间的相对情况。

值得注意的是，在分析石窟环境时经常提到“空气湿度”，但实际上这一说法是语焉不详的。“空气湿度”可能指含湿量、绝对湿度或相对湿度，前两者体现的是空气中含水蒸气的绝对量多少，在石窟保护中与岩体吸水等问题紧密相关；后者则是空气的饱和程度，在石窟保护中与凝结等问题紧密相关；考虑到石窟所处的自然环境一般不具备恒温条件，故而绝对湿度与相对湿度变化趋势不尽相同，因此混用不同的湿度概念，如在非恒温条件下用相对湿度的变化来讨论石窟岩体吸水问题，将导致较大的谬误。露点温度体现了当前状态的空气当其温度降低至怎样时将导致凝结。湿球温度、焓等对于石窟保护工作价值不大，故而在石窟环境问题分析中不将其列为石窟区域空气环境的主要热湿参数。

上述参数只需要获取其中的任意两个即可以通过推导得出其他参数；也就是说，确定了上述参数中的任意两个即获取了唯一确定的空气状态，也就是在焓湿图上确定的点。最为常用而易于获取的参数即干球温度与相对湿度，测得这两个参数并辅以一定的理论计算就可以完全掌握石窟区域环境中空气的热湿性能。

3. 空气污染物因素的简化

我国石窟保护实践业已证明，石窟区域环境空气中携带的各种化学成分如硫氧化物、氮氧化物对石窟的安全有着极为明显的影响，例如在大足千手观音保护工程中，通过环境监测发现硫氧化物以各种形式降落到造像表面并发生化学反应。

目前国内外对空气污染物与石质文物关系的研究表明，空气中可能与石质文物安全有较为紧密关系的污染物质包括硫氧化物、氮氧化物分子以及二氧化碳分子，含硫氧化物或氮氧化物分子的颗粒物等——以上类型的污染物包括酸酐、氧化剂，可以归类为主要以化学途径影响石窟表面；含有微生物或低等植物孢子的颗粒物，其他中性颗粒物等——以上类型的污染物包括有机颗粒物和无机颗粒物，可以归类为主要以物理途径影响石窟表面。

一般而言，会与石窟表面发生相互作用的污染物对石窟安全影响更为巨大，《Chemical analysis of thin black layers on building stone》等大量国内外研究已经通过确认石质文物表面黑壳的化学成分证实了特定种类污染物与石质文物表面病害间的直接联系[29]，我国川渝地区部分石窟目前存在的如黑壳等表面病害即与之相关。

对于直接以分子形式游离在空气中的酸酐，如二氧化硫、三氧化硫、二氧化氮、二氧化碳等，以及以分子形式游离在空气中的氧化剂，如臭氧等。依照目前文物环境监测使用的技术手段，不论是以何种采集设备，采用 ppm 抑或体积浓度、质量浓度中哪一种计数方式，均建立在同样的自然科学理论基础之上。实际上，不论是现有研究，还是敦煌、云冈、大足等地开展多年的空气质量监测实践，其对空气污染物不言自明或默认的理论模型均为理想气体模型，并假设污染物——不论是颗粒还是分子，均与“洁净”的空气共同组成理想气体混合物。不论是使用摩尔浓度、ppm 还是质量浓度，均可以进行简单换算。

为与国内外主流研究、实践保持一致，本书在讨论空气污染物问题时沿用上述理想气体模型，在后文中提及空气中污染物浓度等相关概念时，如无专门注明均服从这一基本假设。对于理想气体假设下的空气而言，使用阿伏伽德罗定律与理想气体状态方程即可便利地讨论石窟区域环境中气压、呈分子态的污染物的浓度、温度、密度等物理量间的关系，即只需要掌握其某一单位的浓度即可认为了解了石窟环境问题中主要关注的要素。

对于伴随着粉尘颗粒物存在的酸酐以及微生物或孢子而言，由于其从宏观而言都可以认为是空气中的颗粒物，故而空气洁净技术领域一般将其均按照空气中的微粒处理。此时的空气可以认为是单纯的介质，上述颗粒物与空气的关系可以粗略类比为溶质与溶剂的关系。因此，单位体积空气中所含某类颗粒物的多少（或质量）即为分析石窟区域环境中该类型空气污染物情况的主要参数。

二、空气微环境

（一）空气微环境模型

1. 对微环境概念的定义

当前，国内外石质文物保护研究中大量提及类似概念。部分研究称之为“微气象”[67]，也有研究称之为“小气候环境”[68]，另有研究称其为“微环境”[69]。实际上，如果从这些合成词的英文原意来看，“微气候”、“小气象气候”即 Microclimate 更接近于本文所言的石窟区域空气环境，“微气象”主要体现窟龛外的情况，而并不指代窟龛内部、摩崖造像表面附近，并不全面。有鉴于此，本文采用“微环境”这一称呼。

从约定俗成的认识来看，微环境在广义上可以指其与石窟相互作用明显的环境范围，但对于微环境如何定义、具体应包含哪些内容，不同学者有着不同的观点。

Dario 在其《Microclimate for Cultural Heritage》一书中认为，微环境可以定义为：物理条件（例如时间和空间分布，各参数的波动值与趋势、平均值、极端值、空间梯度、振荡频率等）的合成，它包含气象参数（温度、湿度、日照、空气流动速度等），也包括与其他物体相互影响的过程（红外辐射、取暖、照明、换气等）[24]。

实际上，这并非自然科学或工程实践层面的严格定义，更接近于对微环境这一概念的描述。究其原因，很大程度上也是由于各类不同的文物的微环境概念各有异同。由此出发，我们可以认为微环境或者严谨地说，针对某一研究对象的微环境，其范围就是可以完整体现其物理条件特点的区域。更具体地说，这个范围要能够大到足够刻画上述各种参数的特点、足够刻画研究对象与其他物体相互影响的过程，又不应该大到无法研究或者各项参数特点已与周遭混同。

具体到石窟的微环境，足以刻画一个给定石窟（或单个窟龛）空气侧特征、与相关物体相互作用关系，并表征其属于自身的显著特点而不彻底蜕化为区域环境的范围，就可以认为是这一石窟（窟龛）的微环境范围。

除了“微环境应包括哪些因素”之外，另一个问题则是“微环境有多大”。显然，深窟龛极深处应被归入微环境，浅窟龛表面附近也应被归入微环境，但距离窟龛数百米之外的空旷区域并不应归入微环境。实际上，自然界中各因素从宏观来看是连续不断的，“石窟微环境有多大”这一问题的实质就是如何在“不受石窟文物影响的区域整体环境”与“与石窟文物间存在相互影响的、与石窟文物紧密相关的局部环境”间找到量变引发质变的关键点。

参考环境科学领域的相关内容，可以借用边界层理论的定义方式对“石窟微环境到底该考虑多大范围”进行如下定义：对于某一指定的物理量（如空气流速），其在石窟表面空气侧、文物侧的值 X_a、X_w 应相同，（对于空气流速而言则是 V_{aw}=0），而其在不受石窟表面影响的主流空气中的值假设为 $X_{a\infty}=X$（对于空气流速而言则是 $V_{a\infty}=V$，V 为此时的区域风速）；那么显然从石窟表面一直到主流空气存在着这一物理量随空间的分布关系（空气流速在石窟表面最小，随接近主流空气而逐渐增大），那么在这一分布中必然存在着一个位置，满足 $X_a=0.99X$（对于空气流速来说即 $V_a=0.99V$）；定义这一位置为物理量 X 的边界层边缘，从边界层边缘到石窟表面这一范围定义为物理量 X 的边界层。类比于此，除了流速边界层外，还有温度边界层、浓度边界层等。

通过初步估算可以发现，边界层基本包括了窟内空间以及窟外部一定厚度的空气，与其他从定性层面出发的定义以及对微环境的感性认知是基本重合的。

因此在之后的讨论中，对于微环境一般指“窟内部”；对于进深很小的窟龛，可以根据边界层考虑“较薄的一层空气”。

2. 微环境中的源、汇

所谓“源”、“汇”即微环境中的热源、湿源与热汇、湿汇。在石窟环境的实际情况中，石窟微环境中的热源、湿源较为常见，如照明设备、渗水点、游人等或在微环境中产生热量，或在微环境中产生湿气，或既产热又产湿，而热汇、湿汇较为少见，主要包括部分石窟中使用的除湿设备或干燥剂等。

不论是游人还是设备，其向微环境中散逸热量与湿气的能力均可以进行定量的估算。为了便于石窟环境的分析，可以将各种类型的游人、设备因素归结成统一而抽象的热湿源。简言之，对游人而言，可以认为石窟微环境中的游人属于轻微体力劳动的状态，其产热量为、产湿量可以直接查阅相关手册获知，进而将每个游人抽象为具有一定产热产湿能力的热湿源；对于各类设备而言则根据其发热量等实际参数，同样将之抽象为热湿源。

（二）微环境的分类

对于窟龛而言，可以简略地认为其存在三个空间尺度，即面宽 a、进深 b、高 h。显然，实际的窟龛形制更为复杂，以三个长度来刻画各窟龛内的空间是极为不完全的。但如果抽象地看，一个方形的假想窟龛的面宽，可以理解为体现了实际中“窟龛与外界空气联系紧密与否”；进深可以理解为体现了实际中“窟龛深入山体并因此受山体影响”；高可以理解为体现了实际中“窟龛垂直方向差异性”。

当 h/b、h/a 较大时，窟龛的竖直向各参数分布将很明显；当 b 远大于 a 时，可以认为其属于“深窟”；当 b 远小于 a 时，可以认为其属于“浅龛”；当两者较为接近时，则认为其介于深窟与浅龛之间。

诚然，上述分类是直白而粗糙的。“深”、“浅”只是没有定量基础的直观感受，虽然切合我们的直观认识，但是非常不严谨。如果要进行严谨地分类，那么势必要对所有中国石窟进行考察，设定出合理的“当量面宽、进深、高度”等，进而进行更为细致的空间分析、空间分类，这有待于今后学者开展进一步具体工作。但对于讨论石窟微环境这一语境而言，可以在上述粗浅分类的基础上，通过简单的数学手段分析不同类型微环境的特点。

当 b 趋近于无穷大而 a 为定值时，相比于趋近于无穷大的石窟壁面与窟龛内环境的交界面，外界环境与窟龛内环境的交界面为一固定值，因此可以忽略。此时，窟龛就蜕化成了一个彻底的室内环境。

当 a 趋近于无穷大而 b 为定值时，相比于趋近于无穷大的外界环境与窟龛内环境的交界面，石窟壁面与窟龛内环境的交界面为一固定值，因此可以忽略。此时，窟龛就蜕化成了一个彻底的室外环境。

显然，现实中存在的石窟均处于这两种之间，因此其内部情况也介于彻底的室内与彻底的室外之间；但我们依然可以根据监测结果、数值模拟，对现实中的窟龛进行简化，制定出以下三种基本的微环境模式：

① 外部环境可以忽略的微环境——壁面温度基本恒定，内部空气温度基本恒定，太阳辐射不能进入内部主要空间，内部空气湿度的变化主要归因于扩散作用，壁面与内部空气间的水交换可能为液态、气态，除纯液态过程外需要考虑两相扩散、凝结/自由液面蒸发。

② 和外部环境基本相同的微环境——壁面温度彻底为外界综合温度控制，微环境空气温度为外部空气温度，太阳辐射与天空背景辐射是温度变化的主因，微环境空气湿度为外部空气湿度，壁面与空气间的水交换可能为液态、气态，除纯液态过程外需要考虑对流传质扩散、凝结/自由液面蒸发。

③ 外部环境与内部环境均不能忽略的微环境——越接近内壁面微环境越接近于第一种微环境，越接近外壁面越接近第二种微环境，过渡区域情况复杂。

三、石窟文物物质遗存

石窟文物物质遗存模型化的目标：

石窟岩体研究与材料学中的石材领域，以及岩体力学中的裂隙岩体工程学联系极为紧密。按照相关研究成果，石材可以被视作多孔介质。但常规的多孔介质模型虽然能一定程度地贴合石质文物的基本情况，却不能完全契合石窟文物由天然岩体为主、混杂多种物质的实际情况——石窟岩体普遍存在的大型裂隙、裂缝使其难以满足多孔介质的研究要求。而按照裂隙岩体工程学的看法，不论是认为除裂隙以外的岩块不透水，还是认为岩块只有储水效果而不能传导水[70]，也同样不能完全契合石窟文物的实际情况。

上述问题在石窟渗水研究中尤为明显：不论是进行严密的理论分析，还是感性地经验判断，都可以直观地看出，石窟中水的存储迁移很大程度上受到裂隙的影响，因而未考虑大裂隙、缝隙的常规多孔介质模型并不适用；而对于石窟安全来说，水在岩块中的迁移、运动与胶结物质的流失、表层岩体的劣化有着紧密联系，因而将裂隙分割成的岩块简化为只有储水能力而无传导水能力、甚至不透水的裂隙岩体模型，同样不能满足石窟岩体分析的需要。

实际上，多孔介质模型与裂隙岩体模型并非是对立的，只不过在各自领域侧重点不同——作为建材的石材往往不会选择具有明显裂隙的岩体，因此模型中对裂隙的刻画较少；对裂隙岩体的研究又多以整体的结构安全性为目标，不甚关注岩块表面艺术、历史价值层面的劣化病害。

而对于石窟环境研究来说，其既遍布裂隙又关注表面劣化的实际需求，恰需要以上两种理论模型的相互结合。有鉴于此，笔者进行了本节所述的理论探索与尝试。

（一）石窟浅层岩体“裂隙-多孔介质”模型

1. 现实中的浅层岩体

观察石窟浅表层岩体可以发现，其主要由富于孔隙的岩石组成，而岩体中还可能含有肉眼可见的裂隙（图 3.1）。

对于肉眼可见的裂隙、裂缝而言，其在岩体内部延伸、扩展，并可能与后文中将提及的包气带水发生联系。这也是前文中讨论的石窟文物与其他石质文物的重要区别之一。

肉眼观察为较为完整整体的岩石同样包括缝隙，不过其往往是肉眼难见的孔隙。对于石窟浅表层岩体中的岩块，以及岩块的孔隙问题，可以参考石质文物的一般研究成果。

通过石质文物保护及相关领域大量显微层面的研究，针对石材的微观形貌特点已经有了较为朴实的描述方式。Siegesmund 对几种文物建筑中常见石材的微观照片进行了

图 3.1　石窟浅表层岩体中的肉眼可见裂隙

列举与分析，如图 3.2 所示。

上述微观情况只是对部分常见石材的一般孔隙情况进行举例，而实际上石材的微观形貌比上述微观照片所展示的还要复杂多样。为了对特性各异的石材微观形貌进行概括而综合地论述，不少学者试图抽象地将不同石材微观特征中的共性进行总结，如图 3.3 所示模型。

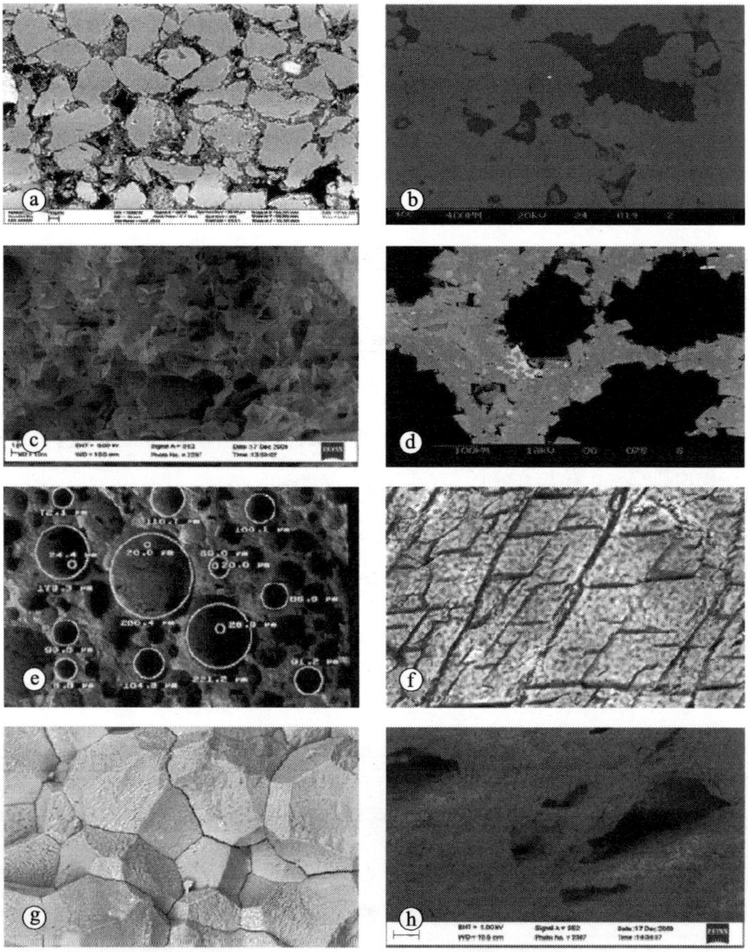

图 3.2 石质文物岩石材料复杂多变的微观形貌 [14]①

① 笔者对原文图例进行了翻译：a、b 为砂岩，显微照片显示其具有数量众多的开放孔隙；c 同样为砂岩，但其富含黏土矿物，故其孔隙由大至小具有明显的不同（原文为 heterogenous，即异质性）；d 为白云质灰岩，作为石灰石的一种常见类型，其明显可见大量由白云岩晶体围合成的类球形孔隙；e 为火山凝灰岩，可以看出其孔隙形状较为统一但大小各异；f 展现了角闪石矿物中的开放裂隙、裂缝；g 展现了大理石中开放的晶粒界限形成的缝隙；h 展现了石灰华中异质性明显的孔隙情况。

这一模型由 Fitzner 提出，涵盖了石质文物中多种常见的孔隙情况。对于这一模型而言，如果只有抽象的孔隙类型显然不足以刻画复杂的石材微观形貌，因而还应在此基础上引用石材学中常用的孔隙率、孔隙半径等参数。

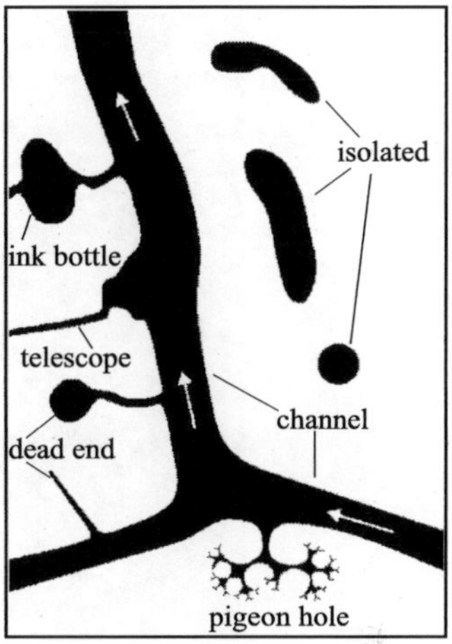

图 3.3 石材中微观孔隙的示意图[14]

2. 石窟浅层岩体的形貌特征

通过上述对石窟浅层岩体实际情况的概述，可以引申出浅层岩体的如下基本形貌特征：宏观来看，石窟浅层岩体分为中空的裂隙、裂缝，以及相对较为致密的岩块；如果从微观层面考察看似致密的岩块，可以发现其是由致密的矿物基质与肉眼难见的孔隙组成的。

具体到岩块微观形貌中的矿物基质与孔隙问题，可以参考前文 Fitzner 等学者提出的示意性模型。在 Fitzner 所绘示意图中只具有黑白两色，黑色代表“孔隙”白色代表“非孔隙”。从示意的层面看，显然“孔隙”代表“可透过”，“非孔隙”代表难以透过。但如果在此基础上更进一步，根据物理化学常识可以得出明显的推断，“非孔隙”并非真的彻底致密，如分子尺度的运动、机械波的传输、热量的传导都不仅发生在孔隙中，也同样发生在非孔隙部分内。

3. 石窟浅层岩体模型的建立过程

上述石窟浅层岩体的形貌特征，决定了其相应的数理模型应具有的特点：既能反映宏观层面裂隙与岩块之间的关系，也能反映微观层面岩块内矿物基质与孔隙之间的关系（图 3.4）。

有鉴于此，笔者尝试在石材研究中常用的多孔介质模型的同时，加入石窟浅层岩体往往具有裂隙的实际情况，形成基础的“裂隙-多孔介质模型”。

从目前国内外的研究来看，引用多孔介质模型对石质文物的示意模型在数学物理层面进行细化，是应用最为广泛而成功的解决方式。关于多孔介质模型，岩石学专业在引用过程中进行了较为严谨的定义，可为岩石问题借鉴的土壤学专业、混凝土专业同样也引用了多孔介质模型，而石质文物保护中虽一般不刻意对多孔介质模型进行定义但实际上使用也较为普遍。

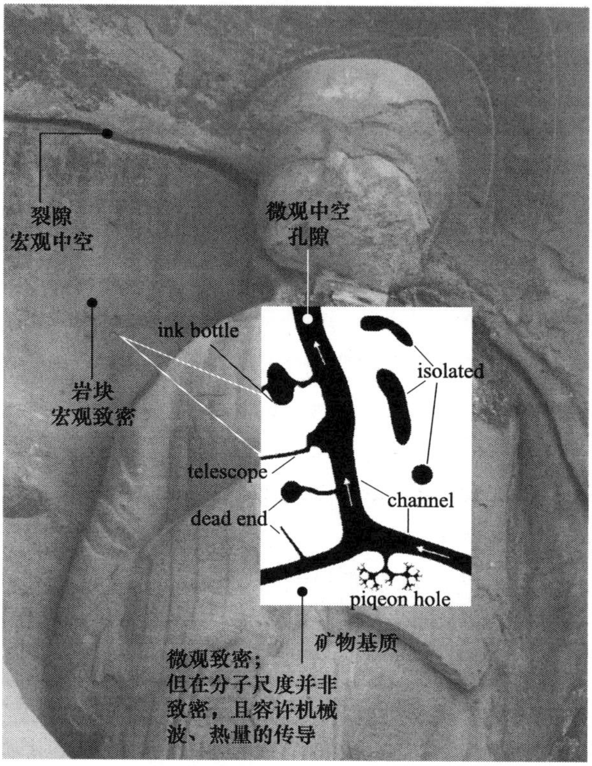

图 3.4　石窟浅层岩体形貌特征示意图

Rideal 于 1958 年为多孔介质理论奠基时就提出，要给出一个对各种多孔介质普遍使用的精确定义是很困难大。Bear 与 Zaslavsky 于 1968 年给出了多孔介质的三个基本特点，以此作为初步定义。针对于石窟表层岩体的实际问题，可以将这一初步定义与石窟文物具有裂隙的客观条件相结合，对石窟表层岩体的裂隙 - 多孔介质模型进行了初步描述：

其一，对于石窟浅层岩体而言，无肉眼可见裂隙的完整岩块可以简化为一般的多孔介质模型；但如其存在巨大孔洞、大裂隙、明显的断裂等情况，则应将其视为由宏观裂隙隔断的多个多孔介质模型。

其二，对于分隔后的每个完整岩块而言，微观上将其视为固相骨架、空隙空间构成的多孔介质。孔隙之外由较为致密的矿物构成的固体部分构成了固相骨架。空隙、微小裂隙构成了一般意义上的空隙空间。

其三，被视作多孔介质的岩块，应有一定比例的开放孔隙，而不能均是盲孔。按照多孔介质模型中的定义方法，可以将石窟表层岩体中的开放孔隙构成的空间称为“有效孔隙空间”，这实际上正是石质文物中经常提到的有效孔隙率的理论根基所在。[60]

为了尽量将不同尺度下的连续与不连续问题统合，在石窟保护问题中尽量便利地处理实际上是“非连续性介质”的石窟浅层岩体，笔者尝试引入“表征性体积单元”与连续介质假设，并对原始理论进行适当调整。

类比于前文所举的水密度问题，当研究对象体积过小时水的连续性特征逐渐减弱，即对于水而言，存在着一个体积，当小于这一体积时其微观的不连续性就无法忽略。与此相似地，对于无裂隙的岩块同样可以进行类似的分析。直观来讲，由于岩块内有孔隙的存在，当考虑一个很小的体积时，肉眼下完整的岩块就不能再被视作连续的物质。而这个极限的体积，就可以认为是“构成假想中连续的石材的最小单元”，即“表征性体积单元”。

一方面在宏观上将表征性体积单元构成的整体视作连续性物质，另一方面又于表征体元内体现多孔介质的微观特性，此即将多孔介质模型与连续性介质假设结合的模型。利用这一兼顾了连续性与不连续性的模型进行分析，实际上是一种数理上的“权宜变通”而非单纯将宏观微观生搬硬套在一起。假想如下场景：对于很大的一块石窟表层岩体A而言，粗略看去其是密实的，可以将其看成由数量极多的极小体块组成。但当放大观察时又会发现，在这每个极小体块之中又存在着复杂的孔隙、管路。

在上述常规的连续性介质假设的基础上，根据石窟浅层岩体具有宏观裂隙的特点进行调整，构成适于分析石窟环境问题的特殊非连续性介质模型，笔者称其为“有限的连续性介质假设”。具体来说，即认为石窟浅层岩体主要由裂隙和岩块组成，而岩块又主要由孔隙与矿物基质组成；认为岩块是由表征性体积单元构成的连续介质；认为裂隙本身不具有连续性介质的特性；不具有连续性的裂隙与可近似视为连续介质的岩块结合，形成了具有有限连续性的非连续介质。

以石窟浅层岩体孔隙率的定义方式为例，说明上述理论假设的特点：

按照常规的定义方式，即认为孔隙率是一定体积岩石中孔隙、裂隙等所占体积的比例，可以对一个较大体块的岩体定义其孔隙率。但对于这个体块之内，是否所有位置的孔隙率都相同呢？更进一步，当我们希望讨论岩体中某点的孔隙率时，会发现“点”的体积是无穷小的，这无穷小的体积之中甚至都已无法再按照常规方式定义孔隙率，这导致我们常言的“岩体某一位置的孔隙率”实际上成为伪命题。

而在对石窟浅层岩体这一非连续性介质进行“有限的连续性介质假设”之后，则可以较好地解决上述困境。对于较大体积范围内的孔隙率，如“某个$1m^3$的岩体的孔隙率”，仍按照原有定义方式处理；对于“$1m^3$内某点的孔隙率”，如果该位置位于肉眼可见的裂隙之中，那么很显然地这一点不存在孔隙率；如果该位置位于岩块之中，则认为包含该点的表征体元的孔隙率，就是该点的孔隙率。

上述过程的数学表达见于附录。

通过理论假设，可以将诸如孔隙率、含水量、导热系数、扩散系数等常用参数的定义在微观层面进行完善。使其由“只能研究一整块岩体”，扩展为“可以研究岩体中任何一个宏观上的点”。

4.“裂隙-多孔介质”模型

经由上述过程，可以参照裂隙渗流领域相关研究成果，为石窟浅层岩体建立如下的多级“裂隙-多孔介质”模型。

一级真实裂隙网络：对于岩体中存在的规模较大的断层、断裂和软弱夹层，将其视作容许径流、渗流的真实裂隙，并通过地质勘查完善裂隙走向、倾角、宽度、延伸长度等信息构成裂隙网络。在实际工程中，可以依托地质团队按照节点进行水量平衡，为真实裂隙网络建立基本方程，以便定量研究。

二级随机裂隙网络：对于更为细小但尚不能按等效连续介质处理的裂隙，由于此类裂隙数量较多且具有随机性，裂隙分布情况不必全部依赖实际勘查测得，可通过窗口测量资料按裂隙网络生成的Monte-Carlo模拟技术形成随机裂隙网络。在分析时，将该级裂隙中与真实裂隙网络及外界相通的视作联通裂隙，认为其容许渗流经过，并在定量分析中并入一级真实裂隙网络渗流平衡中；对于非联通裂隙，将其归入真实裂隙网络与联通裂隙网络切割成的“岩块”模型中（即下述等效连续介质），认为其在岩块总体的渗透中产生作用而不再单独考虑非联通裂隙中的渗流，定量分析中将非联通裂隙的渗流效果等效为岩块的渗透系数张量。

三级等效连续介质体系：对于比一级、二级裂隙规模更小、数量更多、分布更为密集的裂隙，如风化节理，由于此类裂隙切割的岩体表征体元小，可类比于非联通随机裂隙，按等效连续介质及渗透系数张量处理，形成三级等效连续介质体系。

四级连续介质体系：对岩块内部，将致密的矿物基质与孔隙一起，等效转化为表征体元构成的连续介质，按多孔连续介质渗流理论分析，并近似地认为在该连续介质中渗透系数各向同性，渗透系数通过完整岩块渗透试验确定。

5. 不同具体问题中模型的适当调整

通过将多孔介质模型、连续性介质假设与裂隙岩体模型初步结合，前文已经初步明确了石窟浅层岩体的基本模型。在此基础上，根据模型应用的具体问题的不同，又可以在以下两个基本问题中对模型的细节进行有针对性的调整。

其一，热量的传导问题。针对热传导问题时，石窟浅层岩体的模型主要体现其多层连续介质特性。

石窟中值得关注的热量问题，或为空气温度变化，或为空气对流情况变化，或为辐射条件变化。不论是哪种原因都是较为普遍地作用于石窟中一定区域的岩体，而非材料某一细部的微观问题。实际上石窟文物保护的大量实践经验表明，在热相关的问题里，以温度和温度的变化来刻画石窟岩体的热传导问题是完全可以达到要求的。而如敦煌、大足、云冈等我国重要石窟所在地的研究与保护实践中，也正是如此进行的。

因此，在分析热量传导问题时，认为石窟浅层岩体中的岩块是热力学性质均匀的固体连续介质，“裂隙-多孔介质”模型中的裂隙则视为空气夹层，为流体连续介质，基于连续介质传热学的定律、公式、经验规律可以在实验验证后应用。

其二，水的迁移与扩散问题。多孔介质传质问题的研究已在国内外取得较大突破，目前一般认为根据其机理的不同可以将多孔介质中的物质迁移与扩散问题分为多种不同种类（图 3.5）。

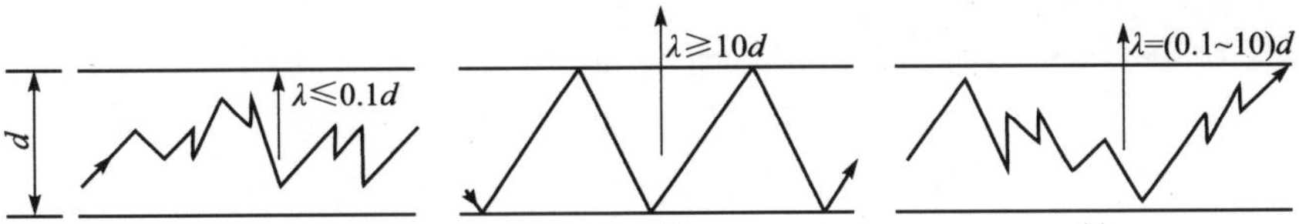

图 3.5 多孔介质中三种不同模式的扩散过程 [61]①

与前文所提到的“利用表征性体积单元实现宏观与微观间的联系”相对应，传质学领域也认为“远比整个流体区域尺寸小但又比单个孔隙空间大得多”[61] 的表征性体积单元可以作为构建扩散平衡方程的基础。通过在表征体元内建立质量扩散平衡方程可以定义出多孔介质的表观传质系数，此即“试验中测量的质量扩散系数”。

① (a) 为分子平均自由程远小于孔径时的扩散情况，即 Fick 扩散；(b) 为分子平均自由程远大于孔径时的扩散情况，即 Knudsen 扩散；(c) 为分子平均自由程与孔径大致相当时的扩散情况，即过渡扩散。

裂隙中水的渗透是裂隙岩体工程学研究的主要内容之一，目前主流的研究方式是将岩块简化为不透水或只能储水，以研究非饱和渗流的方式进行定性以及定量的研究。具体可参见倪绍虎等《裂隙岩体水力学特性研究》、荣冠等《岩石裂隙非饱和水力模型及其模拟计算》等文章。

综合多孔介质与裂隙两个层面可以得到如下初步结论：在分析石窟浅层岩体中水的迁移、扩散问题时，可以将裂隙理解为大动脉，在研究裂隙中水的传输时可以根据裂隙岩体水力学特性适当简化岩块的影响；将岩块理解为遍布毛细血管的肌体，在裂隙中水传输的基础上，进一步考虑岩块从降水、从裂隙水中吸收水分并与空气环境形成水分动态平衡。

（二）附属文物——泥塑、地仗、彩绘等

图 3.6 麦积山石窟原岩雕琢与木骨泥构结合

我国石窟文物工艺特点各异，石窟的表面可能不仅由石材构成。举例而言，天水麦积山石窟中，岩壁上为数众多的石刻造像都是在原岩上进行初步开凿后辅以木骨泥构而成（图 3.6）；敦煌莫高窟大量窟龛壁面存有壁画，而非岩体直接与空气接触，且壁画多有地仗甚至有多层地仗叠压。这表明，中国石窟与空气接触的表面以及表层部分，由于特殊的工艺问题，在物质上很可能不再是单纯的石材，而表面的石材也多可以被视作经过处理与原始的石材不尽相同。故而，前文中所提到的现有石质文物微观模型可以适用于石窟物质遗存的大部分石材中，但对于石窟的表层岩体、可能的泥塑地仗等部分则并不一定适用。

正因如此，应将石窟的表层岩体与可能的泥塑、地仗、彩绘等部分单独进行讨论，而剩余的石窟浅层岩体，则可以沿用现有的“裂隙-多孔介质”模型，并在此基础上进行分析。

1. 现实中的附属文物

石窟表层物质中可能含有岩石之外的其他物质成分。

除了图 3.7 所体现出的泥质地仗，石窟表层还可能具有彩绘、泥塑或壁画等附属文物。而对于彩绘或壁画而言，又因为其有无地仗、地仗物质组成不同等而产生多种不同的石窟表层物质组成。

实际上，不论是壁画还是贴金，附属文物都有着与岩体不同的独

特性质，国内外针对石窟中的上述附属文物的保护已经开展了为数众多的研究工作。除此之外还应注意到，随着劣化的发展，石窟浅层岩体的表面也将逐渐与表面之下的岩体产生差异（图 3.8）。

图 3.7　石窟表面残存的泥质地仗

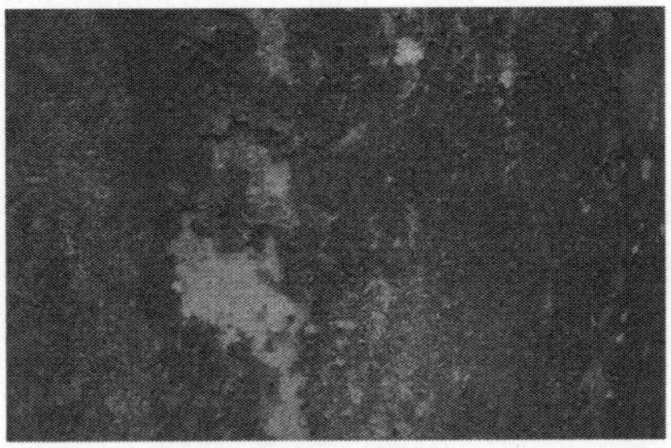

图 3.8　石窟表层岩体明显区别于其后暴露出的表层岩体

篇幅所限，上述附属文物以及物理性质明显蜕变的表层岩体，不作为本书讨论重点，仍将其视为多层各有不同性质的多孔介质。上述近似在国内外部分研究中已有类似探索，但仍有待今后更为细致、彻底的研究补充完善。

2. 石窟表面附属文物的空间模型

针对石窟文物表面的附属文物，《洞窟壁画等温吸湿、放湿数理模型》一文提出引入建筑环境领域对建筑围护结构中类似问题的处理方法，本文亦使用同一方式对附属文物进行简化，以期其能大体上纳入石窟与环境模型系统中。

对于呈现层状叠加的建筑围护结构而言，建筑环境领域一般认为可以视作多个紧密结合但具有不同性质且各有一定厚度的模型。类似于此，《洞窟壁画等温吸湿、放湿数理模型》一文认为可以将壁画视为类似的模型，即由厚度不同的表层石材、地仗、彩绘分层构成的整体，各层有各自的物质特性（图 3.9）。

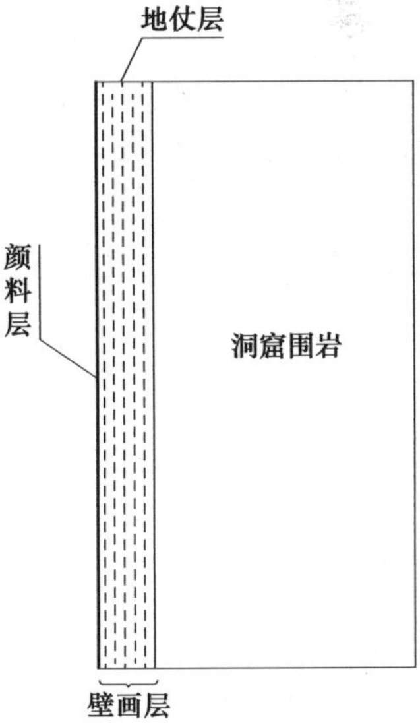

图 3.9　仿照建筑围护结构的洞窟壁画模型[44]

虽然该模型的提出是针对敦煌莫高窟，但其思路在我国石窟中可以较为普遍地借鉴。具体而言，不论石窟表层物质的特点如何，可以将其分离为分别由表层岩体、泥、土、彩绘等各种物质构成的单层，而这些单层彼此叠压构成了整个石窟表层。对于上述的每一层，应根据其物质特点建立各自的模型进行分析，参照“裂隙-多孔介质”模型，将表层岩体、泥、土、彩绘等物质简化为连续介质，并根据其各自的物质特点确定不同的模型参数。

举例而言，天水麦积山石窟的表层可以认为包括表层岩体、泥塑部分以及保护工作中喷涂的保护层；表层岩体、泥塑以及保护层均可以用与前文中石窟浅层岩体类似的多孔介质模型进行刻画，但其模型中的各项参数则是完全不同的。这些参数包括了其各方面的物理化学性质，如其力学性质、热学性质以及与水相互作用等方面的性质。

四、地质环境范围

石窟的地质环境在结构力学、热工、水力等层面与石窟文物安全有着紧密联系。

从结构力学角度看，裂隙的发育、围岩条件的变化都会影响石窟的稳定性，为裂隙岩体损伤力学范畴。本书以石窟的劣化与表面病害为主要研究对象，对于这一问题仅作提及，不展开讨论。

从热工角度看，石窟的地质环境是相对稳定的。地质环境中的温度相比于外界更为稳定，地质环境的导热能力变化也较小，这是由于地质环境中的岩石物质本身变化较小。

从水力层面看，地质环境多变而复杂。岩体工程学科经常用“包气带”来研究岩体中地下水面以上部分的水力问题，涉及水力问题时显然需要对地质环境进行单独讨论。

（一）地质环境中的岩石

1. 现实中的石窟地层岩石

对于石窟乃至所有构建于地面的石质文物而言，由于其建筑的物质基础就是地层，故而地层的地质条件对石窟的保存必然有巨大影响。根据我国石窟保护工作的一般情况，在针对其进行的地质勘察中，首先会对其所处的地层、构造单元等情况进行考察，据此了解构成石窟的主要物质组成——石材的成分、构造特点以及演化情况等基本信息，以及地层演变、地质活动等石窟稳定性层面的重要决定因素。

以我国国家重点文物保护单位中的石窟寺类型文物为研究群体，

对其地质层面信息进行汇总后可以发现，绝大多数中国石窟构建在较为单一的地质环境中，除河南安阳灵泉寺石窟等极个别案例外[17]①，大部分石窟由于其开凿深度、占地面积相比于地质尺度而言较小，因而不会出现“不同窟龛位于完全不同的地层、构造单元”，或“不同窟龛、不同位置具有截然不同的物质组成特点”等情况。因此，可以认为对于某一石窟所在区域进行地质勘查后获取的上述信息，可以在较为粗略的层面上反映这一石窟中石材的基本特性。举例而言，对广元千佛崖的地质勘查表明其处于侏罗系中层千佛崖组地层（J2q）的以灰黄色细粒长石石英砂岩为主体的第三层 J2q3[13]。那么该层中含有较大比例的伊利石、蒙脱石的特点，就可以被看作千佛崖各窟龛石材的共性特点，并进而决定了其受到溶蚀侵害的共有特性。

2. 地层自身及受外界温度变化的影响

地质勘查所涉及的地层厚度从数十米到上百米不等，覆盖面积至少以平方公里计。相比于石窟而言，地层深邃而广阔，其变化也极为缓慢而持续。因此，对于既厚且巨的地层而言，在文物以百年、千年为单位的存在时间里，除地震、火山爆发等剧烈的地质活动以及爆破等人为干预之外，地层自身的物质组成可以认为基本不变。

地层中广大区域受环境变化的影响十分有限。以温度为例：一般将温度规律性变化的一定时间，如温度随日出日落变化的一天，或温度随季节变迁的一年，可称为“温度周期”；一个温度周期中最高与最低温度间的差值可称为“温度振幅”。由于热量在地层中传导时不可避免地存在耗散，因此地表处的温度振幅与地层深处的温度振幅是不同的。将地表处温度振幅与某一深度处温度振幅的比值，称为温度波在这一深度的衰减度 V_W，用以刻画温度变化沿深度方向的衰减规律。对于地面来说，一般将衰减度小于 100 的深度范围称为显波层，将衰减度大于 100 的深度范围称为恒温层[71]；对于年波②而言，衰减度为 100 的深度一般为十余米[63]③。也就是说，一年中季节变化在地表处导致的温度变化，到了十余米深处就衰减到只有原本的百分之一了。石窟与环境问题中，地质勘查所分析的地层有很大一部分都处于显波层，举

---

① 中国遗产研究院李宏松先生调研发现，河南安阳灵泉寺由于地质学燕山期的特殊地质活动，形成了石窟西区为碳酸盐岩为主、东区为中细晶大理岩为主的特殊局面，同一石窟存在两种差别明显的地质环境。

② 全年中温度的周期性变化。

③《建筑环境学》建议一般以 15m 为恒温层的边界。

例而言，地表处一年中温差有 40℃，而在地层中的广大区域内其温差可能只有不到 0.4℃。由此可见，在石窟与环境问题的分析中，当考虑极厚、极广的地层中的地质环境时，除降水外，空气侧的环境因素的影响小到可以忽略不计。

3. 对地质环境中岩石的简化

前文提到，为了石窟环境问题分析的科学性与实用性，必然要对石窟与环境这一客观世界中存在的系统，根据一定的原则进行简化、模型化。而对于本小节中提到的石窟所处地层的岩石物质，本文综合上述分析将其简化为如下的空间区块：

将石窟所在的广大地层中除石窟自身及表层的岩体等与空气侧环境有一定联系的区域外的绝大部分区域，简称为石窟的"地质环境"。

相比于石窟本体，石窟的地质环境可以近似视作是无限深、无限广的；在石窟问题中，地质环境中的石材具有基本相同的特征；地质活动演化缓慢，故地质环境中岩石物质的成分、组成方式可以近似地视为不变；地层中温度的变化衰减至极小，故可以基本认为地质环境的温度不受其他因素影响。针对如地震、爆破等突发性地质灾害或破坏，可以单独考虑而不作为模型的一部分。

（二）地质环境中的水

包气带模型：

岩土工程学科中常用包气带模型讨论岩体中水的传输与存储，而在目前我国石窟保护领域借鉴地质科学的研究成果中，使用包气带模型分析石窟地质环境中水的问题也是最为普遍的方式。

具体来说，可以将石窟地质环境分为地下水位之下的饱水带和地下水位之上的包气带。包气带由包括毛细水带、过渡带以及土壤水带。结合石窟地质环境的实际情况，前文所述的浅层岩体范围在很大程度上与石窟地质环境的土壤水带重合，也就是变化幅度较大的、降水时大量吸水、降水后水分蒸发散失明显而地下水毛细作用较难影响的区域，也包括部分石窟表面生长植被的土壤等；石窟地质环境的毛细水带主要指地下水毛细作用能产生明显影响的部分；过渡带为毛细水带与土壤水带之间的区域。

篇幅所限，本书不对地质环境中水的问题进行更为细致的分析，仅初步利用包气带模型进行简单讨论：

从石窟文物安全来看，包气带模型所应解决的最为基本、也最为核心的问题是作为价值的主要物质载体，浅层岩体在多大程度上受到地表以下水的影响？初步借鉴包气带模型就可以发现，石窟“水患”有以下三种可能的情形。

其一，当地下水位与石窟区域存在极大高差，且过渡带中含有的水量也很小时，以土壤水带中的水为影响浅层岩体含水量的主要因素。这说明，浅层岩体的含水量随着降水而有明显变化，地质环境中的水对其补充作用有限，而地下水更难以通过毛细作用影响对浅层岩体产生影响。

其二，当地下水位与石窟区域间的高差超过毛细作用存在的范围，但过渡带中过路水、重力水较为丰沛时，浅层岩体含水量既受到土壤水带水影响，也受到过渡水带水影响。这说明，浅层岩体的含水量依然随着降水而有较明显的变化，但一定深度的岩体中仍含有一定量的水且含水量更为稳定，当浅层岩体大量失水时，更深层岩体中的水会起到补充作用。

其三，当地下水位与石窟区域高差不明显时，浅层岩体不仅受降雨、干燥过程的影响，更明显地受到地下水毛细上升的影响。更极端的情况下，如果降雨后潜水水位高于部分窟龛，窟龛中甚至可能发生岩体内水的大规模渗出。此时包气带水对石窟的影响将成为极端重要的石窟安全影响因素。

（三）石窟浅层岩体与地质环境的界限

1. 客观存在的边界

上文提到，石窟所在的地层是石窟与环境系统中的地质环境。地质环境可以简化为一个较为稳定而变化很小的模型。但很显然，离窟龛外较近的位置处，绝大多数浅层的岩体与地层中的岩体是不同的。从云冈石窟、武威天梯山石窟进行的环境监测来看，石窟所在的岩体在半米深的范围内直至表面部分，受到环境变化的影响是较为明显的[72-74]（图 3.10）。

故而，在分析石窟与环境系统时，应将基本不受环境影响的地层与受环境影响的石窟浅层岩体分开考虑。而如要进行分开考虑，就涉及如何界定两者边界的问题。对于实际存在的石窟案例而言，不同石

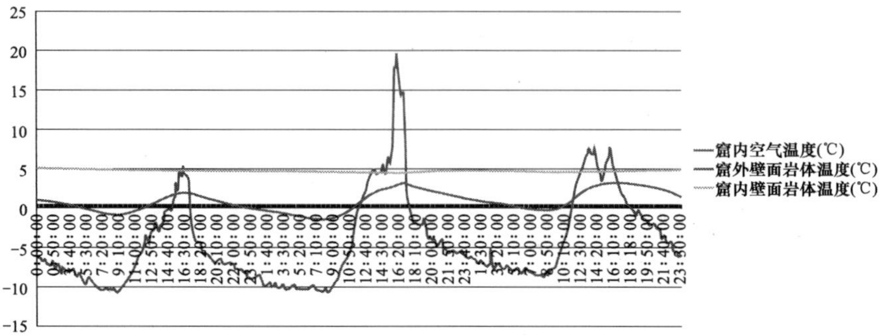

图 3.10　武威天梯山 18 号窟空气温度与内外 10cm 深处温度对比

窟群、不同窟龛客观上是存在地层与石窟浅层岩体间的边界的。其可能是某层特殊的矿物，可能是某条裂隙或暗河，也可能并没有明显的特征。在分析石窟环境问题时，固然可以通过诸如高密度电阻率法等方式对石窟所在地层进行大范围的勘查，并据此寻找上述分隔地层与石窟浅层岩体的界限。不过这种方式投入较大，且需要较长的工作周期以及大量的相关分析工作，不适用于保护措施的设计等阶段所需要的较为快捷而简便的理论分析。

2. 为简化分析而近似定义的边界

前文中已提到，本文以兼顾一定的准确性与简便实用为石窟环境问题分析的重要出发点之一。考虑到简便实用，本文认为在理论分析中可以用如下方式对石窟浅层岩体与地质环境间的界限进行近似地定义：不论是因为矿物、裂隙等物质因素，还是因为单纯环境变化幅度衰减的量变积累，石窟浅层岩体与地质环境的界限都应满足基本相同的特征，即环境变化在该处衰减至可以忽略。

对于“环境变化在该处衰减至可以忽略”这一定义方式而言，仍存在两个基本问题，即“环境变化指什么”，“衰减至怎样的程度认为可以忽略”。

对于前者，空气侧环境中存在着无数变化因素，不同因素对石窟物质遗存的影响程度、在石材内的衰减速度都可能各有不同。因而对于不同的环境因素而言，地质环境与石窟浅层岩体界限的具体位置可能也有一定程度的区别；举例而言，环境中的温度变化衰减的情况与含水量变化衰减的情况虽然不会有数量级上的差距但仍可能存在着一定区别。在综合了如温度、含水量等不同环境因素后，所谓“环境变化衰减至可以忽略”的深度实际上可能是深度范围。对于这一问题，本文为分析的简明起见，由于仅作为理论模型建立过程中近似的定义，暂以温度变化的衰减粗略地代替多种不同环境因素综合后的结果。

对于后者而言，如果从数学层面来看，衰减从有至无的这一量变引起质变的位置是较难精确定义的。但在绝大多数工程实践中，将“衰减至原先幅度的百分之几”近似为衰减为零，是岩土力学、流体力学等学科中极为常用的合理假设。前文以温度这一环境因素为例，提及了衰减度的概念。故本文以此为参考，一般地认为环境变化衰减至原先的百分之一时，近似认为其可以忽略。

综上所述，在石窟与环境系统的理论模型中，石窟浅层岩体与地质环境的界限可以通过环境变化的衰减情况来定义，其实际上反映了环境因素影响沿深度方向逐渐衰减直至可以忽略不计的这一边界，是环境对石窟以及其依存的岩体、岩层产生影响的极限。

五、石窟与环境整体空间模型

综合以上几节的叙述，可以得到如图 3.11 所示的石窟与环境系统的空间模型：由外而内分别是气象环境范围、空气微环境范围、石窟文物物质遗存、地质环境范围。

其中气象环境范围包括了地域气候环境——不受石窟影响的气候因素，以及区域空气环境——气候因素与石窟山形地貌共同作用的结果，以湿空气物理模型为主体；石窟文物物质遗存包括了石窟浅层岩体，以及附着于浅层岩体之上的各类附属文物，以“裂隙 - 多孔介质”模型为主；相对而言地质环境受石窟的影响较小，在物质组成、热工性质上较为稳定，但水力性质复杂多变，往往需要引入包气带模型，进行单独讨论。

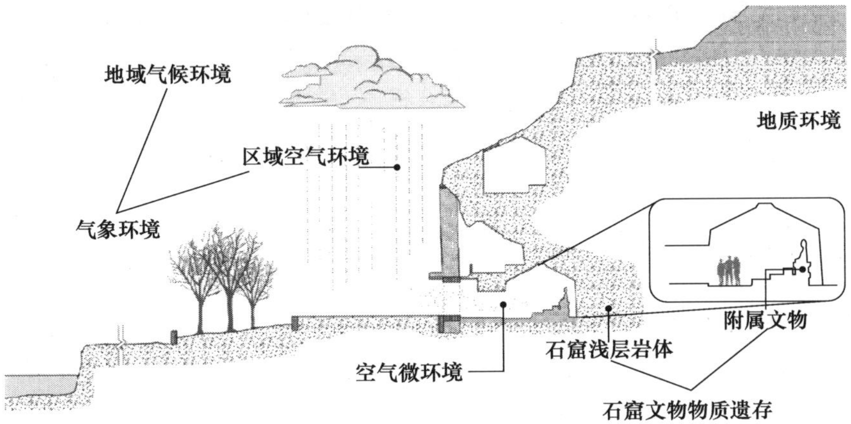

图 3.11　石窟与环境整体空间划分示意图

第四章 石窟岩石材料劣化现象、病害机理、基本过程及主要参数

一、劣化现象与其病害机理、基本过程

对石质文物劣化现象的分类、致因研究一直是国内外文物保护领域着力研究的重点问题之一。针对石窟，在参考借鉴石质文物劣化的一般性特点的基础上，国内也已有了较多富有针对性的劣化机理研究。

中国文化遗产研究院的李宏松一方面参考借鉴了来自 MDDS、ISCS 的石质文物劣化分类，一方面参考了广泛分布于我国华北、西北、西南、华南不同区域的 20 余处石质文物的实际特点，提出了符合我国石质文物特点的岩石材料典型劣化类型界定方式，见于本书表 1.1。更进一步地，李宏松对其中最为常见的几类劣化现象，即空鼓、剥落、结垢、结壳、溶蚀的机理进行了分析。本文在此基础上补充另一我国石窟中较为常见的劣化现象晶析（或称为盐析）的基本机理，并在机理分析的基础上总结各风化机理所涉及的物理、化学过程。

（一）空鼓形成机理及其相关物理化学过程

1. 形成机理

空鼓（Hollowing）或被称为“起鼓”，是在砂岩等呈一定层理状岩石材料的石质文物中较为常见的现象（图 4.1），空鼓现象在一些情况下可能进一步发育为剥落。李宏松认为，对空鼓较为严格的定义可以表述为“从表面形态上石材表层一定厚度的片板状体发生隆起变形，并在片板状体后形成空腔的现象”。

考虑到空鼓现象的结构特点为张裂破坏，因此其形成既有“岩石

自身存在张裂的物质基础”的内在原因，也有着“环境中存在引发张裂的诱因”的外在原因。具体而言，其内因主要在于以砂岩为代表的岩石中存在明显的层状结构，而在物质组成上则富含膨胀性的盐类矿物；外因主要在于岩石的温度、含水量的往复变化使盐类不断溶解-结晶，以及石质文物的开采载荷、加工破坏对应力集中的加剧。

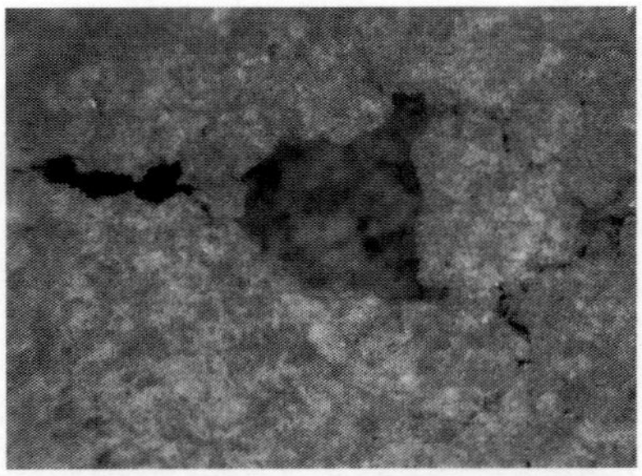

图 4.1　广元千佛崖石窟中的空鼓现象

由于环境温湿度的变化以及降雨，使得岩石含水量、温度出现频繁变化，盐类往复地迁移、结晶并在结晶时膨胀；随着岩石层与层之间抗拉强度的衰减，上述膨胀应力与温度变化带来的热应力不可避免地在层间集中直至超过其抗拉能力，进而沿着层状结构发生张裂、变形，最后形成空鼓。

2. 物理化学过程

可以看出，以上内外因综合作用导致空鼓发生的风化机理，主要涉及以下的物理与化学过程：环境温湿度变化导致表层岩体温度、含水量变化的过程，降雨导致表层岩体含水量变化的过程，石窟范围外的水经由毛细等形式进入石窟表层岩体的过程，盐类在温湿度变化下溶解-结晶的过程，不同位置的表层岩石由于温度变化的不均匀、不一致而产生热应力的过程。

（二）剥落形成机理及其相关物理化学过程

1. 形成机理

剥落是最为严重的石质文物劣化现象之一，也是导致石质文物表面大面积缺损的最主要原因。根据剥落体的厚度、形态，剥落可分为板状、片状、鳞片状、粉末状、粒状、层状等六种基本形态（图 4.2、图 4.3）。但不论哪种形态，剥落都会造成表层岩体力学性能的衰退，以及水理性能的变化。例如在周萨神庙中，“中等剥落至重度剥落区表面强度下降了 60%～80%”，“发生剥落后毛细吸水系数为新鲜岩石的 4～5 倍”[17]。因此，表层岩体随着剥落的发生，一方面抗御侵蚀的性能不断下降，一方面愈发容易为环境因素所影响，致使其更易发生包括进一步剥落在内的多种劣化，形成恶性循环。

图 4.2　广元千佛崖石窟中的片状剥落现象

图 4.3　片状剥落现象的细部

与空鼓现象相同，剥落现象从岩石力学角度上看同属于张裂破坏，也同样有着内在与外在两方面的原因。

剥落现象发生的内在原因可以从整体力学特性、化学成分以及微观结构等不同层面分析。在整体力学特性层面，如软化系数等岩体力学参数可以定性地刻画该岩石的抗风化能力，软化系数大于 0.75 为易软化岩石，大于等于 0.75 为不易软化岩石，前者较后者抗风化能力弱[75]；化学成分层面主要指岩石中不稳定化学组分的含量，含量越高则在水的作用下风化的速度越快；微观结构主要指岩体在发育过程、风化过程中产生的与进一步风化有紧密联系的特征，如西黄寺砂岩剥落岩样含有的次生片状结构及溶孔。微观结构影响着整体力学性能，化学成分则与微观结构有着紧密的联系，三个层面彼此关联、相互影响。

剥落现象发生的外因包括热、湿、生物活动三个最为常见的层面。

空气温度、日照等因素可以引起石窟浅表层岩体的温差，一方面来讲不同位置、深度的岩体发育情况并不一致，在存在温差的情况下将表现出不同的物理性质，致使岩体内部联结能力下降，进而诱发剥落现象；另一方面一天中不同时段的空气温度、日照条件也在时时变化，在部分情况下将导致石窟浅表层岩体内的温度出现骤升或骤降，致使岩体内部产生涨缩效应及热应力，进而诱发剥落现象。

水对剥落现象的发生有着巨大的影响。对于如砂岩等含有较多易溶于水成分的岩石而言，不论是经由降雨、毛细、凝结、扩散还是其他方式进入岩体的水，都可能使得浅表层岩体矿物成分发生异变、化学成分变化以及盐类物质析出，致使浅表层岩体的结构强度大幅下降，增大剥落发生的可能性；另外盐类的结晶过程与含水量的变化有很大关系，而结晶带来的膨胀将进一步促使剥落现象的发生。对于以较为致密的碳酸盐矿物如大理岩为主要物质构成的石质文物而言，水导致的直接溶解作用较为微弱，水与这一类型文物剥落现象间的关系主要体现在为酸性物质提供溶液环境，并导致白云石石膏化。

昆虫等低等动物的活动会导致空鼓现象向更为严重的剥落现象转化。空鼓形成的空间由于其适宜的温湿度与遮风避雨的特点，较为适合昆虫的生存。李宏松在吴哥遗址发现空鼓内普遍生活着蜗牛，笔者则于甘肃武威天梯山等石窟发现类似的空鼓中存在大量昆虫幼虫。以上低等生物的活动会带来物理性的破坏，其代谢产物则往往会产生化学性的腐蚀，促使空鼓更快地转化为剥落现象。

2. 物理化学过程

可以看出，上述内外因综合作用诱发剥落现象的情况，主要涉及如下的物理化学过程：环境温湿度变化导致表层岩体温度、含水量变化的过程，降雨导致表层岩体含水量变化的过程，石窟范围外的水经由毛细等形式进入石窟表层岩体的过程，盐类在温湿度变化下溶解 - 结晶的过程，酸性溶液腐蚀岩体的过程，不同位置的表层岩石由于温度变化的不均匀、不一致而产生热应力的过程。除此之外，还牵涉到生物活动所导致的特殊物理作用与化学反应，如昆虫代谢产生有机酸腐蚀岩体。

（三）溶蚀形成机理及其相关物理化学过程

1. 形成机理

溶蚀被认为是石质文物表面“造型被严重改造区域平缓的现象”。随着溶蚀现象的发生，石质文物表面孔隙增大、增多，在整体力学特性上表现为强度的明显下降。溶蚀现象的形成实际上是特定种类的矿物溶解的过程。对于砂岩即为以方解石为主的矿物溶解于水中，对于大理岩则为以白云石为主的矿物溶解于水中（图 4.4、图 4.5）。

2. 物理化学过程

考虑到溶蚀形成过程的主体在于特定矿物的溶解，其应与以下物理化学过程有着紧密的联系：环境温湿度变化导致表层含水量变化的过程，降雨导致表层岩体含水量变化的过程，石窟范围外的水经由毛细等形式进入石窟表层岩体的过程，方解石、白云石等特定类型的矿物溶解的过程。

图 4.4　广元千佛崖石窟中的溶蚀现象

图 4.5　溶蚀现象细部

（四）结垢形成机理及其相关物理化学过程

1. 形成机理

结垢指“在石材表面渗水处形成具一定厚度沉淀物质的现象”（引用李宏松）。在我国石质文物中常见的结垢物可以分为两种，第一种出现在碳酸盐岩渗水位置下方，如龙门石窟、麦积山石窟中所见的结垢物，主要为渗水中硅酸溶胶沉积形成（图 4.6）；第二种出现在砖石文物砌筑缝下方，如人民英雄纪念碑，主要为砂浆等物质溶解后沉淀、重结晶的产物（图 4.7）。由于我国石窟文物的物质构成特点，第一种结垢物在石窟中最为常见，第二种则相对少见。

图 4.6　麦积山石窟结垢物

图 4.7　人民英雄纪念碑结垢物

与溶蚀现象相关地，石窟中常见的结垢物的形成同样源于特定种类矿物溶解后的沉淀与重结晶，对于砂岩而言即为以方解石为主的矿物溶解，该溶液渗流至积水处并逐渐蒸发，溶液中成分重新结晶为以方解石为主的结垢物；对于大理岩则为以白云石为主的矿物溶解，溶液渗流至积水处并蒸发，并重结晶出以白云石为主的结垢物。

2. 物理化学过程

我国石窟结垢中最为常见的情况为岩体中特定矿物先溶解，之后重结晶的过程。因此此类结垢物形成的机理主要涉及如下的物理化学过程：环境温湿度变化导致表层含水量变化的过程，降雨导致表层岩体含水量变化的过程，石窟范围外的水经由毛细等形式进入石窟表层岩体的过程，方解石、白云石等特定类型的矿物溶解的过程，岩体渗出的水蒸发的过程。

（五）结壳形成机理及其相关物理化学过程

1. 形成机理

结壳指“外界物质在石材表面形成壳层”的现象。另外，对于厚度较小的结壳也常称为结膜。结壳现象的壳层为外界物质或外界物质与原岩结合后的产物，虽然其对于文物的宏观力学特性影响较小，但由于其大面积覆盖于文物表面，不利于文物价值的充分体现。

根据石质文物所处环境的不同，壳层的物质特点也有所区别。针对我国石质文物的研究表明，结壳物质可能包括白云石、方解石、长石、石膏[17]；而对欧洲部分地区石质文物的分析则表明，其还可能含有煤烟、金属、橡胶、沥青颗粒、微量有机物等复杂的污染物成分[76]。

结壳现象形成的基本机理为外来物质随着空气的流动附积于石材表面，其中部分物质以物理的堆积、叠压作用为主形成壳层，部分物质还会与石材自身的成分发生化学反应并形成新的物质，进而堆积成为壳层。

在上述过程中，附积于石材表面的外来物质主要以空气中颗粒物的形式存在。因此，在这些颗粒物附积的过程中存在着所谓“斯蒂芬森效应”，即正在蒸发的表面阻碍颗粒物的附积、正在凝结的表面促进颗粒物的附积。也就是说，石窟环境中存在的凝结过程除了导致各类相关病害外，还会加剧空气中颗粒物的附积，进而加速石窟表面的结壳。

国内外大量研究表明，外来物质与石材自身成分发生化学反应并形成壳层的过程中，最为常见的化学反应系列为空气中常见污染物——二氧化硫的氧化、溶液化以及其与碳酸盐的反应。在我国石窟实际存在的结壳现象中，方解石由于二氧化硫的上述作用而向石膏的转化，是壳层形成的重要原因之一。

2. 物理化学过程

结壳现象的发生与如下物理化学过程有较为紧密的联系：空气颗

粒物附积于石窟表面的过程，颗粒物中的二氧化硫等物质与石材中方解石等物质发生一系列化学反应的过程。

（六）盐析机理及其相关物理化学过程

1. 形成机理

盐析又可称为晶析，指石质文物表面“析出灰白色结晶物质”的现象。这些析出的物质以无机盐的结晶体为主，其附着强度一般不大，对文物价值呈现的影响要大于对文物安全的威胁（图 4.8）。

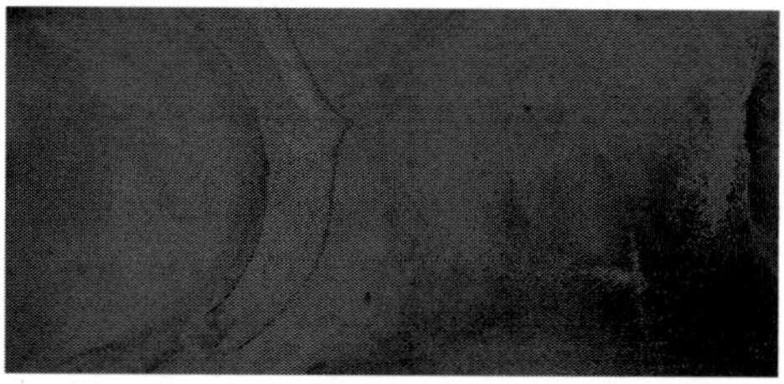

图 4.8　太原天龙山石窟 1 号窟窟顶的大面积盐析

石窟中盐析现象的发生分为“含有盐离子的水迁移至石窟表面”以及“盐溶液中的水分蒸发而离子结晶为晶体”两个主要阶段。

对前一阶段而言，岩体内的水使得胶结物质中的无机盐溶解、石窟周边土壤含有大量盐分、毛细上升至石窟区域的毛细水本身含有盐分等情况均可能存在，因此水中盐分的来源可能是多样而复杂的。

对后一阶段而言，由于水中很可能含有多种阴阳离子，故而最终析出的晶体为何也会随着外界环境的温湿度而改变。对于砖石类文物中常见的无机离子析出问题，英国、德国学者已进行过较为透彻的研究，认为可以通过各类阴阳离子的质量分数、环境温湿度条件进行判断[77]。

2. 物理化学过程

盐析现象的发生与如下物理化学过程有较为紧密的联系：水在岩体内部、石窟表层以扩散、毛细等多种方式迁移的过程，水在石窟表面蒸发并析出晶体的过程。

二、常见基本过程的主要影响参数

总结上述各常见劣化机理相关的物理、化学过程，可以发现其中较大比例的物理过程与化学反应在多个劣化机理中扮演着重要的角色。

也就是说纷繁复杂而又彼此联系的石窟表面劣化现象，可以通过适当的简化，拆解为有限数量的、最为基本的物理过程或化学反应。从这些基本而又对石窟劣化有着至关重要影响的物理、化学过程出发，分析石窟与环境互动中这些过程如何发生、受哪些参数影响，就可以初步构架起“石窟与环境中可控、可测的参数”、“与石窟劣化紧密相关而又可以通过参数刻画的物理化学过程”以及“石窟劣化的产生与发展”这三个石窟保护领域关键层面间沟通合作的桥梁。

具体来说，主要包括：

环境温湿度变化导致表层岩体温度、含水量变化的过程；

降雨导致表层岩体含水量变化的过程；

石窟范围外的水经由毛细、扩散等形式进入石窟表层岩体的过程；

不同位置的表层岩石由于温度变化的不均匀、不一致而产生热应力的过程；

方解石、白云石等特定类型的矿物溶解的过程；

盐类在温湿度变化下溶解-结晶的过程；

岩体渗出的水蒸发的过程，该过程中可能附带有水中无机盐晶体析出的过程；

空气颗粒物附积于石窟表面的过程；

颗粒物中的二氧化硫等物质氧化、溶解形成酸溶液，并与石材中方解石等物质发生一系列化学反应的过程；

生物活动所导致的特殊物理作用与化学反应，如昆虫代谢产生有机酸腐蚀岩体。

（一）常见物理过程及其相关参数

通过前文对典型劣化现象机理的梳理可以发现，与我国石窟劣化关系紧密的常见物理过程包括：环境温湿度变化导致表层岩体温度、含水量变化的过程；降雨导致表层岩体含水量变化的过程；石窟范围外的水经由毛细、扩散等形式进入石窟表层岩体的过程；不同位置的表层岩石由于温度变化的不均匀、不一致而产生热应力的过程。

石窟物质遗存与赋存环境间热量的传输发生在石窟表面与浅表层，从传热学的角度看可以分为三类物理过程：对流换热、辐射换热以及石窟浅表层内的热传导。各相关参数与石窟实际情况对石窟与环境间热量传输多寡快慢的影响如何，又如何进一步影响着石窟表面乃至浅表层温度的变化等问题，将于第五章、第六章相关章节中详细叙述。

在石质文物与水的相互作用中，水的物态变化是一个不容忽视的影响因素。众所周知，水在常温范围内既可能以气态（空气中的水蒸气）存在，也可能以液态存在。而在其进入石质文物时，显然既可能以气态形式进入，也可能以液态形式进入；现有研究中一般称前者为“非液态侵入”①，称后者为“液态侵入”②，两者间以是否与液态水直接接触为判定标准。对于水分传输过程中不发生相变的类型，可以划分为以下子类：液态水的有压力渗流、液态水的毛细、水蒸气的自由扩散、水蒸气的对流传质等不同的具体物理过程；对于存在相变的水分传输，参考我国石窟环境的实际情况可知，蒸发与凝结是分布于四川、中原等地的石窟所不能回避的，升华与凝华、融化与凝固这二者则主要对应于气候较为寒冷、霜期较长的部分石窟。

值得注意的是，以上基于宏观认识的分析实际上忽略了很多微观层面的特殊问题，且部分特殊问题对石质文物保护有着至关重要的影响。举例而言，石材孔隙中存在的毛细凝聚效应打破了我们对水物态变化条件的宏观认知，在微观层面中液态水、水蒸气之间的差别因此而变得模糊；这一效应一方面使得石质文物对空气中水的吸收能力远大于宏观分析结果，一方面使得维持石质文物含水量的工作变得更为复杂。由于上述问题牵涉到较多宏观微观的转化以及石窟物质遗存与环境的复杂互动，将于后续章节详述，此处不再赘言。

1. 石窟与空气的对流换热

石窟与环境间的对流换热，指当空气温度与石窟表面温度不同时，由于导热与对流两种传热方式共同作用，而使得热量在空气与石窟表面之间传输的过程。也就是说，对流换热既包括了单纯由于石窟表面与空气间温度不同而带来的热量传输，也包括了空气由于其流动特性而存在的热对流因素[71]。

参考类比传热学相关研究成果后，可以发现影响石窟与环境间对流换热的参数主要包括：空气流动的速度；空气的温度；空气的一系列流体性能与热性能参数，如热导率λ、密度ρ、比热容c、动力黏度系数μ；石窟表面的温度；石窟表面的几何形状、尺寸；石窟表面与空

---

① 即 Hygric。

② 即 Hydric。

气间的对流换热系数 h。

2. 石窟与环境的辐射换热

类比传热学相关研究成果可以发现，石窟表面与周边任何温度不同的物体间均存在辐射换热，甚至是与其他窟龛中温度略有不同的文物表面间也是如此。但考虑到辐射换热量很大程度上受到发生换热的两表面间温差的影响，因此在诸多涉及石窟表面的热辐射中，影响最为显著的应为太阳辐射与夜空辐射（石窟由于温度高于夜间的云层与星空，因此向云层或星空辐射出热量的现象）。

石窟接受太阳辐射这一过程的影响参数主要包括：石窟所在区域的气象参数，如云量、大气透明度；石窟窟龛或摩崖造像受遮蔽的情况，表现为辐射换热的角系数；石窟表面材料的吸收率，与石窟表面是否有壁画、颜色如何等均有关系。

石窟向夜空或云层发射长波辐射而失去热量这一过程的影响参数主要包括：石窟表面的温度；石窟表面的发射率，其与石窟表面的材质、颜色有关；有效天空温度，这一参数与云量、大气透明度等气象参数有关，而晴朗无云的夜空其有效温度极低，约合零下两百六十余摄氏度。

3. 石窟浅表层内的热传导

热传导又称导热。在石窟浅表层中，由于温度不均匀会使热量在不同深度、不同位置之间传导。在石窟表面与环境间由于温度不同等原因，以对流换热、辐射换热形式发生传热，并随之发生进一步的温度变化时，石窟表面从环境中获得的热量不会“淤积”于石窟表面，而是会通过热传导向更深处扩散，可能使石窟表面温度的升高速度变缓，进而反过来影响石窟表面从环境中进一步获得热量的多寡快慢；同样地，石窟表面向环境放出热量后，石窟浅表层内更深处的热量也会随之补充而至，也会影响石窟表面向环境释放热量的多寡快慢。由于上述两方面过程的存在，因此在环境温度在一天时间内不间断变化时，石窟浅表层内的热传导一方面会导致浅表层内存在复杂多变的温度分布情况，一方面也会影响石窟与环境间进一步的热量传输。

石窟浅表层导热的主要影响参数主要包括：石窟浅表层内的温度场；石窟浅表层的热导率。

参考传热学对温度场的一般定义，可以将“某时刻 τ 时，石窟浅表层内所有各点的温度分布”[71] 成为石窟浅表层内的温度场。也就是说，石窟浅表层内的温度场是温度关于三维空间与时间的四元函数，

即 $t=f(x,y,z,\tau)$。将上述定义落实在石窟文物保护的常见实践过程中并进行举例，如对某个窟龛内同一位置的不同深度埋设了数个温度传感器，并测得了某天正午时各深度的温度；在上述情况中，温度监测工作所获得的实际上是指定的几个三维空间点上，某一时间的温度；如将石窟浅表层温度场这一参数比喻为一张大网，上述监测工作所获取的就是这张网上的一些节点。可以说，文物保护工作对石窟内、石窟表面温度的考察研究，正是获取温度场的部分数据、并据此推知掌握温度场全面信息的过程。

热导率也称导热系数，正如第四章第二部分第“一”小节所述，其为石窟岩体侧的重要参数，主要通过试验测得。另外，由于石窟浅表层物质组成的复杂性、风化情况的复杂性等因素的影响，石窟内部不同位置传导热的能力很可能有着较为明显的差异。借助前文所述多孔材料连续性介质假设，可以认为对石窟浅表层内不同物质组成、风化程度分别进行试验，可以得到其各自相应的表观导热系数（或称作当量导热系数）；通过测得数个具有代表性的表观导热系数，就可以以其为基础初步地研究石窟浅表层内复杂的温度分布与热量传导问题了。

4. 液态水在裂隙中的非饱和流动

对于肉眼可见的明显裂隙来说，液态水在其中的迁移更类似于在特殊“管路”中的流动，而与后文中“透过岩块的渗流”、“孔隙中的毛细作用”等有所区别。实际上，液态水在裂隙中的流动在我国石窟中是较为常见的，如龙门石窟多年来研究、防止的渗漏水问题，即与水在裂隙中的流动有着较为紧密的联系。

对于这一物理过程，研究较为深入而最为切合石窟保护实际需求的专业领域当属裂隙岩体水力学。根据裂隙岩体水力学的研究成果，水在岩体裂隙中流动的主要与以下参数有关：裂隙宽度、水的运动粘度、垂直于裂隙截面的水力梯度、裂隙表面的粗糙度系数等。

5. 液态水的有压力渗流

液态水的有压力渗流在我国石窟的现实情况中并非极为常见，反而多见于水下文物等水压较大的环境中，以及石窟地下高差变化极为明显的地下水渗流中；另外当降雨伴随着极大风速时也可以参考有压力渗流进行处理。通过岩土学科百余年的试验与研究，对于这一物理过程应使用哪些参数进行刻画已经形成了行之有效的一整套工程方法。

具体来说，岩土材料中的有压力渗透过程中产生的渗流量主要与以下参数有关：过水断面 F，其代表了渗流的截面大小；渗流的水头 h 以及水头在渗流过程中的变化，水头即单位重量的水所具有的机械能，包括高度、压强以及流速三方面的作用；渗流路径的长度 L；渗透系数 K，渗透系数主要通过实验得到，如最为经典的达西渗透试验等，其由发生有压力渗流的岩体、土壤自身性质以及水的性质决定[78]。

6. 液态水的毛细作用

液态水的毛细作用有时也被称作“毛细管吸收”，与日常生活中所言的“毛细现象”不同的是，毛细作用指“液体在多孔介质中由于表面张力导致的迁移”[25]，而并不单指沿重力相反方向的毛细现象。而具体到石窟与环境间的水分传输这一问题，由于石窟石材本身的多孔介质基本特性以及液态水表面张力的客观存在，毛细作用在石窟表面、石窟物质遗存内部的持续存在是不可避免的，雨水或积水的渗入、地下水的上升、石窟不同区域间岩体水分的迁移与平衡均与毛细作用有着紧密的联系，并进而与多种劣化机理密切相关。

石窟中毛细作用的主要影响参数包括：岩体含水情况的相关参数，如刻画岩体携水能力的饱和吸水率、刻画岩体当前饱和程度的饱水系数等；毛细吸水率 S，毛细吸水率与毛细吸水系数等其他类似参数都可以作为刻画岩体毛细吸水能力的参数，彼此间只存在单位上的差异，其与岩体孔隙大小、岩体物质组分、水的温度与含盐量等有关，属于石窟岩体与水分两方面共同决定的参数。

7. 水蒸气的自由扩散与对流传质

在石质文物的风化机理研究中，空气中的“湿气”经由扩散作用进出石材是一种经常被提及的物理过程。值得注意的是，严格意义上讲，单纯的自由扩散在石窟与环境的互动中固然存在，但本应与之有所区别的对流传质也在风化机理研究中也被与其混为一谈了。在我国石窟的一般情况中，深窟龛内部空气流动较慢，水蒸气在静止的空气中进出石窟浅表层，这属于自由扩散过程；而在浅窟龛、窟龛外侧、摩崖造像表面等位置，空气流动这一传质重要影响因素的存在不应被忽略，水蒸气在自由扩散的基础上还受到空气流动的影响，在水分传输的快慢上与深窟龛内单纯的自由扩散有着明显的不同，应按对流传质处理。

石窟与环境间水分自由扩散的影响参数主要包括：空气温度 T，其对自由扩散的几乎所有相关参数都有影响；空气密度 ρ；空气中水蒸气的密度（单位体积空气中水蒸气的质量）或空气中水蒸气的摩尔浓度

（单位体积中水蒸气的物质的量）；水蒸气在石窟与空气界面上的扩散系数 D，其为空气的温湿度等情况与石窟表面的物质特点共同决定的参数，刻画了石窟表面与空气条件确定后扩散作用的基本特性，以实验获取为主要方式，也可以从欧美研究者长期实验总结的数据库中选取较为相近材料的参数[61]。

与自由扩散相比，石窟与环境间对流传质的主要影响参数在上述基础上还包括了刻画空气流动的参数，如空气的流速、流向、动力黏滞系数等，两者间的关系不论从定性地理解上还是从背后的数理基础上，都与前文所述“石窟空气间热传导”与“石窟空气间热对流”之间的关系相似。

8. 石窟表面水的蒸发与凝结

石窟文物表面的蒸发过程极为常见，如肉眼可见的积水、渗水、凝结水的蒸发，肉眼不易发现的岩体自由水的蒸发等，均属于蒸发过程。具体而言，当表层的水分子受到碰撞，并因此获得超过“克服表面束缚所需的能量”[61]时，蒸发过程就会发生；维持蒸发过程的能量来自于水的内能，因此水温会因蒸发过程而降低，即蒸发冷却效应；水的温度受到壁面温度与空气温度等因素的影响，热量的传递与蒸发的冷却效应综合并随着环境条件的变化而时刻变化着；以上即为石窟表面蒸发过程的一般情态。蒸发过程由于其常见且传输水分速度快的特点，可以被认为是石窟浅表层水分迁移以及与之相关的水盐作用的主要驱动力之一。

蒸发过程可以借助对流传质过程进行分析，主要相关参数包括：石窟表面温度；空气温湿度，空气温度与石窟表面温度影响着水分子热运动的剧烈程度，而空气绝对湿度或含湿量则体现着空气中已有水分的多少；空气流速、动力黏滞系数等流动参数；水与空气的扩散系数；水的含盐量，化学领域的基本研究表明，水中含阴阳离子的浓度影响着水分子脱离液面的能力，也因此影响着蒸发作用的强弱。

相比于蒸发过程，石窟表面的凝结过程同样较为常见，且考虑到其与劣化、表面病害间联系更为直接，受到的关注也更甚于蒸发过程。石窟表面的凝结过程并不仅限于肉眼可见的结露，实际上凝结所形成的液态水既可能留存于表面形成水膜、水珠，也可能很快地为岩体所吸收以致肉眼观察并不明显。

凝结过程的主要影响参数包括：空气温度、相对湿度，已经经由前两者可以推算得知的露点温度；石窟表面温度；大气压力。

9. 石窟表面水的融化与凝固

融化过程在石窟表面最为明显的表现即为雪、冰的融化，而凝固过程最为明显的表现则是积水、自由水结冰。相比于其传输水分的效果，以上的融化与凝固过程在石窟保护语境下更为值得关注的要点在于水在冻融过程中体积的变化，以及体积往复变化带来的应力，此即石质文物保护研究中常提到的“冻融循环”问题。

考虑到上述情况，可以认为在石窟与环境研究中，融化与凝固这一组物理过程的研究重点在于其是否发生、发生后产生的力学效应，而不在于其发生后产生的水分传输。影响水的融化与凝固是否发生的主要参数包括：温度，空气温度与石窟浅表层温度分别影响表面外侧的冻融问题与浅表层内的冻融问题；水的含盐量，其影响着水的凝固点。

10. 石窟表面水的升华与凝华

石窟表面水的凝华最常见的表现即为结霜，而升华主要表现在冰、雪直接转化为水蒸气形式。可见，升华过程在石窟保护的语境下重要性有限，从与劣化、病害的关系来看属于次要问题；而凝华或言结霜，其重要性也并不体现在这一过程所带来的水分传输上，而是其形成的霜或冰对石窟表面物理性的破坏。

考虑到上述情况，认为空气温湿度、石窟表面温度以及大气压力等参数已经可以满足石窟保护研究的需要了。

（二）常见化学反应及其相关参数

需要指出的是，对于石窟中的壁画、彩绘等来说，除了本节所提到的诸多化学反应，氧化还原反应的作用更为不容忽视。简单而言，空气中常见的氧气等氧化剂，以及由于雷电、空气污染等特殊原因而在部分情况下浓度较高的强氧化剂臭氧，对于常用的铅丹等无机颜料、所有动植物胶构成的有机材料都具有极强的破坏性。这也是我国石窟中大量存在彩绘褪色、发黑的主要原因之一。

有鉴于上述问题已由国内外大量壁画保护专家进行了研究，且本文以石窟文物的岩石部分为主要研究对象，壁画、彩绘仅在有关情况时提及，因此不再单独对上述问题进行讨论。

“以空气中的酸性物质为核心”的酸化作用对于石窟中最为重要的物质组分石材的化学风化起着极为显著的作用。从化学的层面来分类，石窟面临的酸化作用可以根据形成酸性溶液环境的酸酐或酸性物质而分为多种类型，除了位于特定化学污染排放区域等特殊情况外，石窟环境中主要的酸酐或相关物质主要包括：二氧化硫，二氧化氮，二氧化碳。

在石窟表面、浅表层发生着多样而复杂的化学反应，其中较大比例的化学反应主要体现的是矿物或其含有的盐类成分与水之间的相互作用，如水解、结晶、潮解、盐基置换等。

1. 二氧化硫与石窟表面酸化作用

二氧化硫对石窟产生明显的酸化作用，需要两个阶段的前提条件，其一为二氧化硫的氧化，其二为溶液环境。

文献综述部分已经提到，国内外针对正四价硫（二氧化硫）在文物赋存环境中如何被氧化而产生危害更为明显的正六价硫（三氧化硫）进行了大量研究。现有研究表明，空气中的尘埃、煤烟等颗粒物对二氧化硫分子起到了吸附作用，并使二氧化硫聚集利于进一步氧化反应的发生；而灰尘中的铁、锰以及空气中的氮氧化物、臭氧等会对正常情况下反应速度较慢的二氧化硫氧化起到催化作用。

$$2SO_2 + O_2 \rightleftharpoons 2SO_3 \tag{4-1}$$

现有研究表明，溶液条件下岩石中各类碳酸盐、硅酸盐被酸腐较非溶液条件下明显许多。即如以下化学反应方程式所示：

$$\begin{aligned} &2H^+ + SO_4 + CaCO_3 \rightarrow CaSO_4 + H_2O + CO_2\uparrow \\ &CaSO_4 + 2H_2O \rightarrow CaSO_4 \cdot 2H_2O \end{aligned} \tag{4-2}$$

对于上述二氧化硫的酸化作用而言，影响较为显著的条件显然应包括二氧化硫氧化的催化物质以及溶液条件，对应到参数层面则是特定化学物质的浓度、降雨量以及空气温湿度。除此之外，环境中的温度变化对化学反应的直接影响也是客观存在，而往往被文物保护研究所忽略的。考虑到上述酸化作用的关键节点——二氧化硫被氧化为三氧化硫这一反应是吸热的可逆反应，固然催化物在其中有着显著的作用，但不可忽视反应环境是处于被加热还是被冷却这一重要因素；也就是说，处于降温状态的环境将遏制二氧化硫的氧化过程，处于升温状态的环境将加速二氧化硫的氧化过程。

2. 二氧化氮与石窟表面酸化作用

与二氧化硫的酸化作用有所不同的是，我国空气污染物中常见的二氧化氮并不需要经过专门的氧化过程才能在石窟表面发生酸化作用，其最为常见的“溶解”（实际上是与水发生歧化反应）过程就可以同时完成氮元素的氧化并溶于水中成为硝酸。

$$4NO_2 + O_2 + 2H_2O \rightarrow 4HNO_3 \qquad (4\text{-}3)$$

有鉴于空气中二氧化氮的含量一般小于水蒸气，更遑论可能存在的水珠、窟龛中的渗水积水等，并不缺少上述反应发生的条件。相比于硫酸对岩体侵蚀后形成石膏壳层，壳层在一定程度上阻碍了硫酸对岩体内部的进一步侵蚀，硝酸侵蚀的产物硝酸钙溶解度极大，不易形成阻碍进一步侵蚀的壳层，因此二氧化氮酸化作用对石窟表面的威胁性甚至更甚于二氧化硫。

$$CaCO_3 + 2HNO_3 \rightarrow Ca(NO_3) + CO_2 \uparrow + H_2O \qquad (4\text{-}4)$$

对于上述二氧化氮的酸化作用而言，主要影响参数包括：降雨量；空气温湿度，其中温度除了与湿度共同影响着空气中水蒸气的多少、凝结与否之外，还影响着二氧化氮与水这一放热反应，即温度降低有利于这一反应的发生。

3. 二氧化碳与石窟表面酸化作用

和二氧化硫、二氧化氮的酸化作用不同的是，由于碳酸的酸性较弱，二氧化碳对石窟表面的酸化作用在很大程度上被文物保护研究者视作是“特殊情况下的水解”[79]。但考虑到二氧化碳在这一过程中不可或缺，同时在游人众多的窟龛中二氧化碳的浓度又往往较高，因此仍将这一系列相关化学反应归入酸化作用的大类别中。

$$CaCO_3 + CO_2 + H_2O \rightarrow Ca(HCO_3) \qquad (4\text{-}5)$$

上述化学反应体现了二氧化碳的存在，会加强水对碳酸钙的溶蚀能力。由于二氧化碳的普遍存在，弱酸性水对岩体中碳酸盐的侵蚀也是经年累月随时发生的。举例而言，岩体中孔隙、管道内由于微观层面毛细凝聚效应的存在，往往会在不具备宏观温湿度相应条件时就形成局部的液态水，此时在微观层面上依然会发生上述弱酸性腐蚀[23]。

二氧化碳形成弱酸性的碳酸并侵蚀石窟的矿物组成并不局限于碳酸盐。实际上，于硅酸盐矿物中这一作用同样存在。

$$\begin{aligned}&2KAlSi_3O_8 + 2H_2CO_3 + 9H_2O \rightarrow Al_2Si_2O_5(OH)_4 \\ &+4H_4SiO_4 + 2K^+ + 2HCO^-\end{aligned} \qquad (4\text{-}6)$$

于高岭土远较正长石疏松，因此上述化学反应的将会使得岩石表面日渐疏松。

以上述两种化学反应为例可以看出，二氧化碳对石窟表面的酸化作用是极为常见的。对于无人涉足的洞穴而言，二氧化碳酸化后的水所起到的作用是持续而缓慢的，正如今日所见的钟乳石。但在游客量巨大而又通风不畅的窟龛中，由于二氧化碳浓度长期较高，反应的速度也可能随之提升至危害文物安全的程度。有鉴于此，可以认为二氧化碳的酸化作用中最为重要的影响参数为二氧化碳浓度，除此之外降雨、空气温湿度、岩石含水率等参数也有着一定影响。

4. 水解反应

从化学反应分类的角度来看，石窟的水解作用即为部分矿物与水反应而生成氢离子或氢氧根离子的过程。考虑到盐类水解往往有着较强的可逆性，即化学反应平衡会随着环境条件的变化以及某一侧的生成物物质的量的增减而产生变化。因此石窟表面存在的水解反应是否剧烈、明显，是否会对石窟的结构安全与价值承载产生影响，与环境因素有着较为紧密的联系。

《石质文物保护》一书列举了极为常见而对石质文物安全影响巨大的正长石水解反应，此处以这一反应为例分析这一类型反应的主要环境影响因素。

$$4KAlSi_3O_8 + 6H_2O \rightarrow Al_4(Si_4O_{10})(OH)_8 + 8SiO_2 + 4KOH \qquad (4\text{-}7)$$

如果从单纯的化学反应层面来看，上述反应在很大程度上是可逆的。但在实际中普遍发生的风化过程中，这一反应却基本是不可逆的。其原因在于两方面：

其一，不少石质文物的赋存环境具有促使反应向正向持续进行的条件。根据目前的研究成果，温暖而潮湿的环境有利于正长石水解为高岭石过程的发生。也就是说，空气温湿度是这一反应的重要影响因素，适宜的温湿度环境将促使反应向正向进行，加速正长石的水解。

其二，仔细观察反应的生成物就会发现，氢氧化钾作为易溶于水的物质，很容易随着水溶液的迁移而迁移。试想如下情景：含有正长石的石窟浅表层被水所浸润，其中有溶解度小而呈固体的正长石、高岭石、二氧化硅，也有溶解度大而呈离子态的氢氧化钾，各物质的浓度随反应的缓慢进行而逐步变化；随着前文提到的渗流、毛细、扩散等物理过程的发生，上述含有氢氧化钾的溶液逐渐迁移至石窟表面，或进一步渗出、流出，或直接蒸发；以上过程导致发生水解反应的位置氢氧化钾相对其他物质的浓度不断减小，进而促使化学反应加速发生以达到化学平衡。也就是说，空气温湿度等参数的变化还会诱发其他相关的物理过程，促使水解反应以更快的速度发生，即加速原本的风化过程。

由上述分析可见，水解反应的主要影响参数包括：降雨量以及渗水相关参数；空气的温湿度与石窟浅表层的温度，它们既影响着液态水的存在问题，也影响着水解反应发生的快慢。

5. 盐类结晶

盐类的结晶析出过程在石窟文物保护与石窟环境研究中有着较为重要的地位，在诸如敦煌莫高窟等世界知名石窟的保护实践中，大量与盐类结晶相关的研究得到了开展，成为了较早且较为成功进行文物保护与环境化学学科结合的案例。

前文文献综述部分提到，目前较为全面深入的石质文物盐类结晶问题研究，应属欧盟数国联合进行的多孔材料盐类结晶与析出专项研究，其成果即为书面报告《用于多孔材料盐类病害防治所需环境因素的化学模型》[①] 以及其软件成果 ECOS、衍生软件 Runsalt。

《化学模型》一书列出了可能钠离子、钾离子、镁离子、钙离子、硫酸根离子、硝酸根离子、氯离子等数种石质文物浅表层水中最常出现的离子，并对可能并存其中数种或全部离子的溶液在任意温度与相对湿度组合的环境条件下的析出情况进行了全面的解析，包括了是否会有晶体析出、将析出哪些种类的晶体、析出晶体的多少与其导致的溶液中相应离子浓度的变化。

我国以敦煌、大足、云冈等为代表的部分石窟进行过较为全面的岩体结晶物质调查，各调查结果显示，石窟常见的结晶物质不超出《化学模型》研究所涉及的范畴。而参照该研究可以发现，影响石窟表面盐类结晶的主要参数包括：石窟浅表层液态水中包含的主要阴阳离子种类、各离子的浓度，即发生盐析的“内因”；石窟表面附近的空气温度、相对湿度，即发生盐析的“外因”。

当然，《化学模型》中的研究成果尚不足以一举实现我国石窟盐类结晶问题研究的彻底解决，仍需要通过更为广泛的石窟盐析物质调查论证其理论是否需要扩充、需要更为丰富的理论与实测对比判断其在我国石窟保护实践这一具体问题中的准确性。关于上述国际研究成果在我国石窟环境研究中的引入与应用，将于第七章相应章节中详细讨论。

6. 盐类潮解

对于以莫高窟为代表的盐类富集于表面的石窟文物而言，盐在石窟表面可能发生的潮解反应将使石窟浅表层以远大于物理过程的速度

---

① 即《An Expert Chemical Model for Determining the Environmental Conditions Needed to Prevent Salt Damage in Porous Materials》一书，笔者译。后文简称其为《化学模型》。

吸收水分，同时这一过程还与结晶、溶解等反应共同形成复杂的水盐作用，进而诱发多种相关病害。

对于石窟表面盐类水解这一问题，敦煌研究院与盖蒂基金会合作开展的保护实践对“发生水解的环境因素”研究最为详细。在《A Systematic Methodology for Sustainable Visistation at the Mogao Grottoes, China》与《Strategies for Sustainable Tourism at the Mogao Grottoes of Dunhuang, China》中提到，不论从理论还是试验上来看，当环境温度维持25℃时，从窟龛内与外侧岩体表面所取得的盐类样本，其潮解吸水速度均于67%起开始快速增加[80, 81]。固然，由于各石窟表面盐类构成的差异、恒温假设在现实环境条件中不一定成立等原因，上述温湿度参数本身不一定具有推广价值，但仍可以从上述案例中提炼出以下普适的结论：

石窟表面盐类潮解的主要影响因素一方面在于盐的种类、组分，另一方面则在于温湿度条件；对于确定了成分的盐类混合物，其在某一温湿度条件下存在着确定的潮解速度。

7. 盐基交换

在《石质文物保护》一书中将“矿物中的某些离子被水中的另外一些离子所置换”的过程统称为盐基交换。盐基交换会导致岩体化学成分的变化，往往会带来微观上晶格结构的变化与宏观上岩体力学性能的改变。

实际上“盐基交换”这一类型中包含着反应机理各异的化学反应，但不论其具体机理为何，其“需要溶液环境”、“溶液酸碱度对反应有明显影响”两个方面的特征是基本成立的。

也就是说，这一类化学反应的主要影响参数在于降雨、温湿度等“水环境影响因素”，以及水溶液的酸碱度。

（三）生物作用过程

生物作用是石窟劣化机理中最为复杂的一类过程，由于生物本身的特性，某种生物在石窟区域生存对石窟物质遗存的影响往往包括一系列彼此联系的物理与化学过程。

根据生物活动的类型与其对石窟表面产生影响的模式，可以将石窟表面可能存在的生物作用粗略分为如下几类：细菌活动、低等植物活动、高等植物活动、低等动物活动、高等动物活动。

1. 细菌活动

石窟表面的细菌活动所对应的生物种类即为原核生物（也可直接

称为细菌)。细菌活动与文物保护的联系主要在于细菌代谢的原料——细菌的活动消耗了石窟表面的哪些物质，与代谢的产物——细菌的活动在石窟表面产生了哪些物质。有鉴于此，石质文物保护研究的语境沿用了以代谢过程对细菌进行命名、分类的基本模式。

部分细菌对文物的影响主要在于其代谢产物，如硝化细菌、硫化细菌。此两种细菌顾名思义，可分别简略地理解为“通过将氮元素氧化并生成硝酸或亚硝酸的化学反应而生存”与“通过将硫元素氧化并生成硫酸的化学反应而生存”的细菌。显而易见，这两类细菌的代谢过程产生的硝酸、亚硝酸、硫酸对于石窟表面有着较强的腐蚀作用。

部分细菌对文物的影响主要在于其代谢原料，如硅酸盐细菌。硅酸盐细菌以碳酸盐、硅酸盐为主要代谢原料，也就是说，其通过分解岩体中的重要组成部分存活。显而易见，以硅酸盐细菌为代表的部分细菌对于石窟浅表层岩体也有较强的破坏作用。

不论对文物产生影响的是其代谢原料还是代谢产物，也不论这些对石窟可能产生不利影响的细菌从生物学上看种类如何繁多，但它们生存所需的环境条件——细菌活动这一过程的影响参数种类，却基本相同。细菌活动的主要影响参数包括：空气中或表层富集的水中含氧量，实际上在石窟常见的环境是不利于厌氧菌生存的；水环境的酸碱度；空气温度，大部分细菌都有其生存繁衍最为适宜的温度范围，往往可以直接参考相关的生物科学研究成果。举例而言，大多数硝化细菌喜爱含氧量高、呈弱碱性的水环境，且在25℃左右生长繁殖较快。

2. 低等植物活动

与石质文物安全联系紧密的低等植物主要包括地衣、真菌、藻类等，其中地衣最为常见且对暴露于自然环境中的石窟类型文物危害最为显著。

作为一种专化性的特殊真菌，地衣对石窟的影响既不同于细菌也不同于高等植物。第一，地衣具有较长的菌丝体可以深入岩体内部，使得其影响范围不仅限于岩体表面；第二，菌丝体从岩体的缝隙中获取钾元素、铁元素等，使得岩体内胶结物质流失；第三，地衣分泌种类极多的地衣酸，与岩体中的部分物质形成可溶性螯合物，引发并加速溶蚀。

地衣被称为“先锋植物”，其能适应多种复杂的环境条件，当环境不适宜其活动时，地衣的活动趋于缓慢，表现为颜色变化、代谢速度变化，影响着被其覆盖的石窟表面颜色、岩体被侵蚀速度。影响地衣活动的主要参数有：空气温度、相对湿度，当温湿度过低时地衣的活动趋于缓慢，当温湿度适宜时又会恢复活力；降雨量、降雨持续时间、雨水遮挡情况、渗水情况等，以上条件影响着石窟表面存在表面径流与否以及表面径流持续的时长，从对川渝石窟的实地考察来看，有表面径流区域地衣活动远较无表面径流区域旺盛、表面径流持续时间长的区域地衣活动远较持续时间短的区域旺盛（图 4.9）。

图 4.9　巴中南龛石窟有无径流区域的巨大差别

除此之外，地衣对于二氧化硫极为敏感，二氧化硫以及酸雨等石窟安全的不利因素同样也遏制着地衣的生长。也就是说空气中二氧化硫的含量、降雨 pH 值也是地衣活动的影响参数之一。

苔藓活动的影响因素与地衣基本相同。

部分藻类如硅藻，由于其将岩体中的部分化学成分作为代谢原料，也会对石质文物产生影响。其影响因素与地衣类似，包括表面是否持续存在液态水、空气温湿度是否适宜、环境酸碱度是否合适等。

除此之外，对于苔藓这一特殊情况需加以说明。虽然从生物学的分类来看，苔藓属于高等植物而与地衣、藻类不同，但以石质文物保护的视角来看其对岩体浅表层的影响、其活动相关的环境因素都与地衣有着很大的相似性，因此文物保护实践以及《石质文物保护》等国内研究将其归入“地衣苔藓等低等植物活动对石质文物的影响”一并研究，是具有科学合理性的。

3. 高等植物活动

除苔藓之外的高等植物活动对石窟的影响主要在于其根系的物理作用（图 4.10）。与苔藓、地衣相比，高等植物的根系更为发达，根系对其生长的岩体的作用以物理作用为主，化学作用相对较小。最常见的情况即为“根劈”（图 4.11）。

高等植物活动的影响因素即是高等植物生存繁衍所需的环境条件，包括降雨、空气温湿度等。

4. 低等动物活动

昆虫活动是我国石窟较为常见的低等动物活动。昆虫等低等动物由于其生长过程往往要经历变态过程，即由卵逐步发育为幼虫、成虫的过程。而石窟溶蚀产生的孔洞、空鼓形成的空间，往往成为附近昆

图 4.10　巴中南龛石窟窟顶茂密的植物

图 4.11　麻浩崖墓植物造成的根劈

虫产卵并供幼虫生存的空间。由于昆虫的正常代谢与多种有机酸有着紧密的联系，因此会导致化学层面的侵蚀；而昆虫在其成长、运动过程中也会对其寄居的石窟浅表层产生物理层面的破坏（图 4.12）。

图 4.12　天梯山石窟遍布的昆虫活动痕迹及停留其上的成虫

低等动物活动的主要影响参数为空气温湿度以及降雨量，除此之外岩体表面的盐类成分、含量也与低等动物活动情况有紧密的联系。

5. 高等动物活动

我国石窟较为常见且对石窟文物有较为明显影响的高等动物活动主要为鸟类活动。由于石窟窟龛内温湿度较为稳定，部分窟龛成为鸟类筑巢所在。筑巢本身对石窟文物有着一定的物理性破坏，而更为显著的则是鸟类排泄物、羽毛等对于石窟价值表现上的不利影响（图 4.13）。

图 4.13　天梯山石窟佛像头顶的鸟类粪便痕迹及窟内鸟羽

高等动物活动的主要影响因素除了周边区域是否有动物群落外，还包括空气温湿度；石窟周边液态水的供给，考虑到鸟类等高等动物有较强的活动能力，因此其取用水、食物不局限于石窟区域内，还可能拓展到石窟周边区域。

（四）基本过程与时间周期

需要特别注意的是，虽然各种不同过程有着相同或相近的影响参数，但同样的参数对不同过程影响的模式不同，不同过程与石窟文物安全联系的紧密程度也不同，这些差异导致了同一参数在不同过程中需要用不同的时间周期视角来看待。

1. 短时间周期（24 小时以内）

涉及温度、风速等短时间内剧烈变化参数的过程，首先应考虑其在短时间内的变化问题。短时间周期内的参数变化，包括“突发性”的过程与“周期性”的过程。

突发性的过程举例而言，阳光由被云层遮挡变为直射石窟表面，此时必然会由于辐射量的变化带来石窟表层短时间发生温度变化，这一过程的持续时间可能在 1 小时以内；类似的，一阵疾风吹过对石窟表层物质产生了摩擦应力，这一过程的持续时间更短。

而周期性的过程最为常见的例子，即随着太阳“东升西落”而存在的温度、相对湿度从零时到二十四时的周期性变化。

不论是突发性的过程还是周期性的过程，石窟物质遗存与赋存环境中在短时间周期内发生的变化，其与石窟文物安全之间的联系均可以归结为：石窟浅表层的温度、含水量在短时间内发生了变化，导致热工、水理性能发生变化，由此产生力学层面上石窟浅层岩体、表面物质上的应力应变或性能退化；如果上述变化大于石窟浅表层物质的承受能力，那么就很可能在此次变化中产生不可逆转的破坏，如果未超过承受能力，那么单就此次变化过程而言石窟文物应是基本安全的。

2. 中时间周期（数周）

应于中时间周期内考察的问题，主要指降水的影响。显而易见，一次降水持续的时间可能不到一日，也可能绵延逾周。而事实上在降水过程结束后，不论是石窟物质遗存还是其赋存环境，都还需要一段时间来“消化”降水产生的影响。降水结束后这一影响的持续时间长短，与环境的温湿度、石窟浅表层的透水性等有关。因此，对于涉及降水的物理化学过程来说，势必要以数周为单位进行考察。

如果将每次降水开始至结束后数周的时间作为一个单元，就可以发现全年由多个这样的单元组成，每个单元中表现为“石窟浅表层先吸水后逐渐失水”的过程，全年中的多个上述单元也就是多次发生上述吸水-失水的循环。

3. 长时间周期（多年）

对我国石窟文物而言，真正产生鲜明影响的是长时间周期尺度下的环境因素。实际上，不论是短时间周期内的温度骤变，还是中时间周期内的吸水失水，除极特殊的洪涝灾害、地质活动等情况之外，一次乃至数次中短时间周期内的变化过程往往都不足以对石窟文物产生破坏。真正严重而普遍威胁石窟文物安全的，是这些单独来看不甚严重的过程经年累月地、数以万计地循环往复发生。

举例而言，一日中 10℃左右的温度变化并不足以直接对石窟岩体造成破坏，但每次变化过程都会在微观层面产生细小的损坏，多年持续下来细小的损坏日积月累最终会成为巨大隐患，并最终在一次也许并不致命的温度骤变、疾风吹拂后，发生表面岩体的断裂乃至剥落。生物活动过程同理，中短时间内适宜的温湿度可以让植物开始生长，而多年持续地较适宜环境会让植物根系不断延伸、岩石不断在低等植物作用下转化为土壤。

综上所述，考察我国石窟岩石材料乃至附属文物的劣化过程、机理及相关参数时，必须从多种时间尺度出发——以短时间周期看待单次环境因素变化，以中时间周期看待环境因素变化在一段时间内形成的循环过程，以长时间周期看待环境因素经年累月、积少成多的巨大影响。

（五）基本过程与破坏效果

力学与结构层面因素是破坏真正发生的直接诱因，而环境因素则是日积月累地积蓄着威胁。两者在石窟劣化中的关系可以归结为如下模式：结构层面因素决定了石窟物质遗存承受的力学荷载，而环境因素不断削弱着物质遗存承受荷载的能力，直至其性能不足以支持需要而产生破坏的结果。

另外，环境因素除了间接削弱石窟物质遗存的性能之外，还可能引入更多的荷载。如热应力、结晶应力、冻融应力等。

上述问题可以通过弹性力学、裂隙岩体损伤力学相关研究得以较好地解决，本论文限于篇幅不再进行详细讨论。

三、基本过程与主要影响参数小结

通过简要概括国内外石质文物劣化与表面的相关研究，可以总结出我国石窟最为常见的劣化包括空鼓、剥落、溶蚀、结垢、结壳、盐析等。而分别梳理上述劣化的机理，并剖析机理中蕴含的物理化学过程，可以发现这些劣化现象的形成、发育，实际上就是以下几类物理化学过程的复杂组合：

表层岩体温度、含水量的变化，可能由环境温湿度变化、降雨、石窟范围外的水经由毛细、扩散等形式进入石窟表层岩体等多种原因构成；

不同位置的表层岩石由于温度、含水量变化的不均匀、不一致而产生热应力的过程；

方解石、白云石等特定类型的矿物，以及岩体胶结物质中的盐类在温湿度变化下溶解-结晶的过程；

岩体渗出的水蒸发并附带水中无机盐晶体析出的过程；

空气颗粒物附积于石窟表面的过程；

空气颗粒物中的二氧化硫等物质氧化、溶解形成酸溶液，并与石材中方解石等物质发生一系列化学反应的过程；

生物活动所导致的特殊物理作用与化学反应。

进一步推敲上述物理化学过程可以发现，以上过程的主要影响因素，也就是防控这些过程以规避劣化发生所应监测、控制的参数，基本不超出空气与表面温湿度、化学物质的组分与浓度、岩体自身与表面性能这几类因素的范围。

详见下表（表 4.1）：

表 4.1　石窟文物岩石材料劣化现象、过程与相关参数对照表

劣化现象	涉及过程	相关参数
空鼓	环境温湿度变化导致表层岩体温度、含水量变化	区域环境温度、相对湿度，微环境温度、相对湿度，风速，空气温度所对应的密度、比热容、黏度，岩体-空气对流传热系数，岩体-空气对流传质系数，浅表层岩体温度、含水量
	降雨导致表层岩体含水量变化	降雨量，风速，浅表层岩体渗透系数
	石窟范围外的水经由毛细等形式进入石窟表层岩体	毛细吸水系数，毛细吸水发生的时间，环境温湿度所对应的蒸发量，岩体-水蒸气二元扩散系数
	盐类在温湿度变化下溶解-结晶	微环境温度、相对湿度，各阴阳离子质量分数，各阴阳离子混合物的溶解度曲线
	不同位置的表层岩石由于温度变化的不均匀、不一致而产生热应力	浅表层岩体温度、含水量，岩体热膨胀系数，温度与含水量对应的各结构强度参数

续表

劣化现象	涉及过程	相关参数
剥落	环境温湿度变化导致表层岩体温度、含水量变化	同对应部分
	降雨导致表层岩体含水量变化	同对应部分
	石窟范围外的水经由毛细等形式进入石窟表层岩体	同对应部分
	盐类在温湿度变化下溶解-结晶	同对应部分
	酸性溶液腐蚀岩体	各类酸性物质质量分数，岩体矿物组成，不同温度对应下相关化学反应速率
	不同位置的表层岩石由于温度变化的不均匀、不一致而产生热应力	同对应部分
	生物活动所导致的特殊物理作用与化学反应	微环境温度、相对湿度
溶蚀	环境温湿度变化导致表层含水量变化	同对应部分
	降雨导致表层岩体含水量变化	同对应部分
	石窟范围外的水经由毛细等形式进入石窟表层岩体	同对应部分
	方解石、白云石等特定类型的矿物溶解	矿物种类，窟区凝结水、积水、渗漏水等液态水 pH 值，特定矿物在某 pH 值下的溶解度
结垢	环境温湿度变化导致表层含水量变化	同对应部分
	降雨导致表层岩体含水量变化	同对应部分
	石窟范围外的水经由毛细等形式进入石窟表层岩体	同对应部分
	方解石、白云石等特定类型的矿物溶解	同对应部分
	岩体渗出的水蒸发	微环境温度、相对湿度，石窟表面温度，风速，温度对应下的普朗特数、施洛特数等一系列空气物性参数
结壳	空气颗粒物附积于石窟表面	风速，各尺寸颗粒物浓度，石窟表面吸附力
	颗粒物中的二氧化硫等物质与石材中方解石等物质发生一系列化学反应	对应物质的质量分数，微环境温度、相对湿度，温度对应下各反应的化学反应速率

续表

劣化现象	涉及过程	相关参数
盐析	水在岩体内部、石窟表层以扩散、毛细等多种方式迁移	浅表层岩体温度、含水量，微环境温度、相对湿度，毛细吸水系数，岩体-水蒸气二元扩散系数
	水在石窟表面蒸发并析出晶体	微环境温度、相对湿度，石窟表面温度，风速，温度对应下的普朗特数、施洛特数等一系列空气物性参数，各阴阳离子混合物的溶解度曲线

第五章
石窟与环境相互作用的定性分析

在前文中已经建立了石窟与环境这一系统的空间模型，同时对石窟中较为常见的部分劣化或表面病害的基本机理进行了梳理，并从劣化机理中抽象出了影响显著的自然科学过程及其相关参数。

在此基础上，本节将对石窟与环境系统中各层次发生的、与石窟劣化紧密相关的问题进行定性分析。简要而言，即：

其一，分析石窟区域环境的一般特点，分析不同石窟、同一石窟群的不同片区环境特点的不同，以及造成这些不同的原因；

其二，可以进一步分析石窟区域环境在不同窟龛的影响下形成了怎样的石窟微环境，定性分析影响石窟微环境的因素有哪些，其各自如何发挥作用；

其三，分析石窟浅表层物质受上述微环境影响而与环境间产生了怎样的相互作用，这些相互作用对石窟赋存状态将产生怎样的影响。

由于我国目前气象数据的积累日渐丰厚，石窟环境监测的技术条件也已完全成熟，因此对石窟与环境这一整体定性层面的分析，其在保护实践中的实际意义更多地在于对现有数据的解读上，而非欲以单纯的定性分析实现掌握石窟环境全貌。可以说，对于石窟与环境系统的定性分析和半定量分析是彼此互为补充、互为支撑的。具体而言，根据国内外通行惯例，气象数据和监测数据的记录最少以年为单位，其数据量可谓浩如烟海。故而只有从定性层面对石窟环境的具体情境进行分析，并以定性分析得出的大方向为指引，有针对性地在定量层面进行分析的细化、纠偏，才能达成事半功倍的效果。

一、石窟区域空气环境与地质环境

从我国石窟保护工作多年积累的经验中，可以很明显地看出：石窟区域环境是石窟所在的大气候环境与石窟自身影响、改造环境能力的结合。如莫高窟的环境特点就既有甘肃敦煌地区的整体气候特点又具有一定的特殊性[82]。

在石窟劣化或病害发生的过程中，由于石窟区域环境实际上并不直接与石窟物质遗存接触①，因而除了辐射等特殊作用过程之外，绝大多数情况下石窟区域环境是作为石窟微环境的背景条件与主要影响因素而存在的。正因如此，在分析石窟与环境问题时，可以不必极为细致地研究分析石窟区域环境的特点，以相关领域工程实践中常用的"湿空气"概念辅助我们对其的理解与认识，并将"通过成熟的技术手段获取石窟区域环境中值得关注的参数"为主要目标。

从我国石窟保护工作多年开展的结果而言，可以很明显地看出：石窟区域环境是石窟所在的大气候环境和石窟所在区域②影响气候能力的结合体。但很显然，单纯讨论空气的冷热、如何被加热或冷却等问题，对于石窟保护来说意义有限。实际上，对于石窟与环境间相互作用的研究而言，石窟区域环境中空气的对流换热的主要讨论价值在于真正与石窟物质遗存相接触的是微环境，而微环境除了与窟龛本身相互作用、相互影响之外，另一个决定性影响因素就是石窟区域环境。

正因为如此，本小节中对于石窟区域环境的讨论根植于"石窟区域环境为微环境提供了怎样的大背景"这一问题。更详细地，该问题可以分为两部分：其一，什么因素导致了我国不同石窟整体上的环境差异，这些因素定性来看对石窟整体上的空气环境产生的怎样对影响；其二，什么因素导致了同一石窟内③不同空间位置、不同窟龛周围空气环境的不同，这些因素定性来看产生了怎样的影响。

（一）区域空气环境中热量传输与温度问题

在石窟区域环境中，空气内部热量的传输多以对流换热的形式进行，而空气整体加热或冷却则和与石窟间的对流换热、与太阳及天空间的辐射换热有关。总体而言，温度差异是热量传输的"动力"，热量传输是温度差异的"肇因"，两者互为表里实际上是同一个问题的不同侧面。

1. 针对不同石窟整体冷热不同的定性分析

按照前文所述的分析思路，第一个值得讨论的问题是"什么因素

---

① 石窟微环境与物质遗存直接接触。

② 如山体、水系。

③ 主要指范围较大的石窟群。

导致了我国不同石窟整体上冷热的不同”。

正如前文所言“石窟区域环境是石窟所在的大气候环境和石窟所在区域影响气候能力的结合体”，据此推断，导致我国不同石窟的热环境差异的原因也应来自这两个方面。首先，我国石窟分布广泛，因而有大量石窟分布在不同的大气候环境中。举例而言，分布于沙漠性大陆气候、温带大陆性气候的克孜尔石窟、敦煌莫高窟与大足石刻，其热环境显然是不同的。可以简单地认为，造成我国不同石窟热环境区别的一个重要因素就是其所处的地理位置。至于具体到为何不同的地理位置会存在不同的气候、不同的地理位置代表了哪些不同因素的影响[①]，皆属于气象科学的范畴，在石窟与环境问题的讨论中完全可以直接引用气候分区图、各石窟所在区域的气候数据等气象学科研究、考察成果。

其次，石窟所在区域的地形地貌、山川河流等各种因素会在上述大的气候背景基础上发生作用，使得处于同一大气候背景下的不同石窟、较大石窟群的不同片区具有不同的热环境。具体而言，石窟所在区域的山体或地形遮挡、石窟的朝向、是否处于谷地或盆地、周围的水体情况、石窟的海拔与高程等无数因素都可能影响石窟所在区域的热环境。为了便于说明，本文选用我国石窟的实际情况来对上述因素对石窟热环境的定性影响

我国新疆吐鲁番盆地区域“山南”、“山北”的热环境区别即为山体存在影响石窟所在区域热环境的典型案例。吐鲁番地区为古高昌较为核心的区域，该区域中至今留存有历经南北朝、唐、宋、元等时期开凿的多处石窟。仅以国家级文物保护单位论，就包括柏孜克里克石窟、吐峪沟石窟、雅尔湖石窟、胜金口石窟、吉木萨尔高昌回鹘佛寺石窟等（图 5.1）。固然上述石窟从大的空间地理位置而言都处于吐鲁番盆地中，但由于其与火焰山、盐山的相对位置关系不同，故而形成了大处相近小处不同的热环境。具体而言，位于火焰山北侧山口的柏孜克里克石窟、位于火焰山南侧山口的胜金口石窟[②]、位于山区西侧的雅尔湖千佛洞总的来说其温度都符合“冬季极冷、夏季很早即开始酷热、昼夜温差极大”的吐鲁番盆地基本特点。但火焰山北侧的空气温度明显低于南侧，两侧差距近 2℃，而位于山区西侧的雅尔湖千佛洞则空气温度处于“山北”“山南”之间。从火焰山、盐山对大气候的影响作用来看，固然吐鲁番区域整体的热环境有着明显的共性，但盆地火焰山以南区域夏季漫长而酷热，冬季严寒风雪相对较少；而火焰山

① 如纬度、海拔、离海岸线的距离等。

② 国保划分中附属于柏孜克里克石窟。

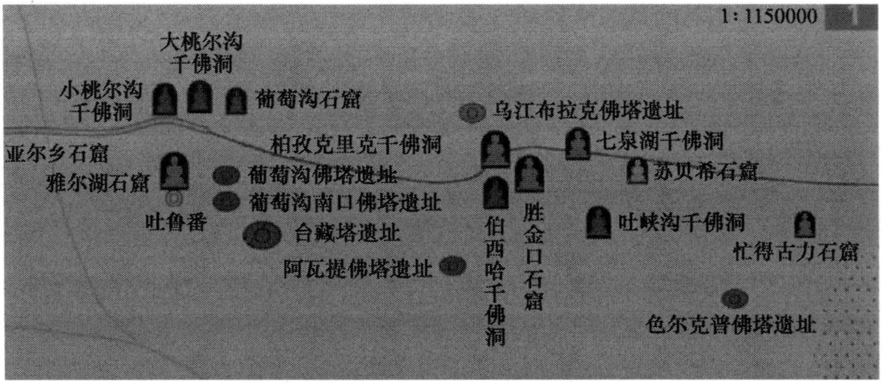

图 5.1　吐鲁番地区不同石窟所在位置

以北则相对而言四季更为分明，冬季更为寒冷，夏季也不如山南酷热，春秋两季节多年平均较山南长半个月左右。

由吐鲁番地区上述石窟的热环境中的相同点与不同点可以看出，山体的存在会在相同的大气候环境中分割出不尽相同的区域环境，而由于和山体位置关系不同而处于这些不同区域环境中的不同石窟，虽然其地理位置可能相距不远，但仍会使得彼此形成各有特点的石窟区域热环境。具体到某个石窟中山体的存在有着怎样的影响，可以根据环境监测数据、往年气象资料结合石窟具体地理条件综合进行定性分析。

不同石窟朝向的不同也对其热环境产生着较为明显的影响。从我国石窟的实际案例来看，可以通过巴中市南龛与水宁寺较为形象地说明这一问题。南龛石窟与水宁寺石窟同处于四川省巴中市，两者间仅相距数公里。但由于其朝向的不同，南龛石窟区域水宁寺石窟区日照、植被生长等情况并不相同。由于朝向影响热环境问题与太阳辐射紧密相关，故而将于本小节最后统一进行定性分析。

在平原、山地之外，我国有为数不少的石窟位于谷地或小型盆地中。这类特殊的地形也会显著影响石窟热环境。从图 5.2 可以看出，四川安岳卧佛院位于几重山峦构成的小型盆地中。虽然其与四川巴中等地区距离并不遥远，从大的气候层面来看其都属于四川盆地区域的气候环境中。但通过环境监测数据的对比可以发现，安岳卧佛院区域的环境温度更高且更为稳定。

安岳卧佛院存在的这一现象并非特殊情况，通过定性分析可以发现这种类似于谷地或小型盆地的特殊地形对石窟区域热环境的影响是有一定的规律性存在的。粗略来看，对于诸如卧佛院般小型盆地内的石窟而言，热量进入这一区域的最主要途径之一是日间的太阳辐射，热量

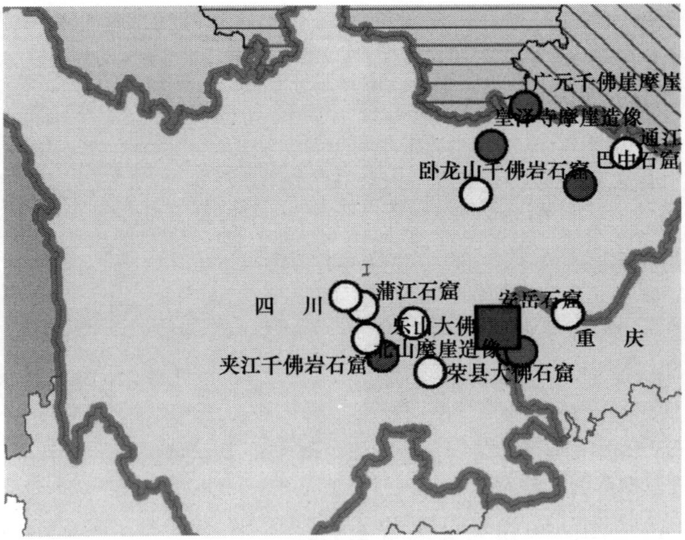

图 5.2　四川主要石窟分布

流出这一区域的最主要途径之一是夜间的长波辐射，当这一区域与外界温度不相同时则会通过空气流通的方式实现热量的传输。对于热量的流入而言，小型盆地中的石窟与其他地形中的石窟区别不大；对于热量的流出而言，小型盆地由于其普遍较为潮湿因此夜间保温能力较强；对于热量的传输而言，小型盆地由于其四周山体的阻隔，空气流动性能较差。以上三点总结来说，即小型盆地内的石窟，白天得到与其他石窟相近的热量，夜间损失更少的热量，且多余的热量更不容易通过空气流动向外传输。由此可以看出，谷地或小型盆地这种较小范围内封闭性的地理环境，会使得位于其中的石窟热环境更趋于温暖而稳定。

除了上述地形因素外，水体也是石窟区域环境的重要影响因素。从气候层面来看，大面积的自由水体，如河流、湖泊乃至海洋等，具有极为明显的蓄热能力。在我国石窟的实例中，存在数量不在少数的依傍水体而开凿的石窟。其中，前文曾多次引用的四川广元千佛崖、甘肃武威天梯山两处石窟既具有典型性，又由于其开展了一定时间的环境监测而具备了较为全面详细了解石窟区域环境的可能（图 5.3、图 5.4）。千佛崖与天梯山两者在石窟与水体的关系上存在一定的区别，前者所毗邻的是嘉陵江为自然河流，后者所毗邻的是黄羊河水库为人工湖泊（水库）。通过对比千佛崖、天梯山和广元市、武威市平均情况可以发现，不论是千佛崖还是天梯山石窟，其石窟区域温度变化情况均较其所在的行政区划平均温度变化更为和缓。

关于石窟区域中水体蓄热能力，可以脱离实际案例进行简单而抽象

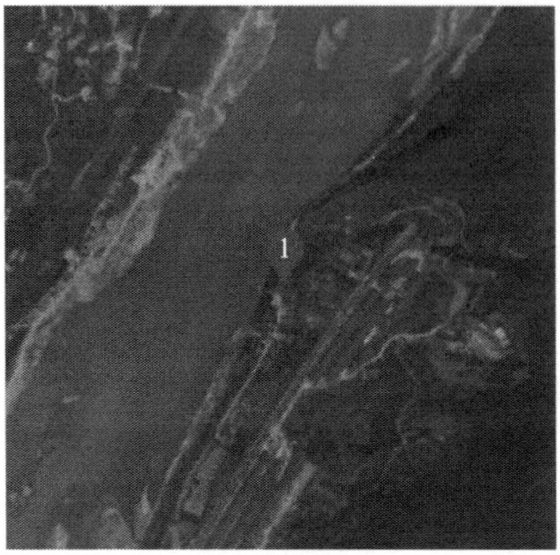

图 5.3　以广元千佛崖为中心一公里见方区域内的水系关系[①]

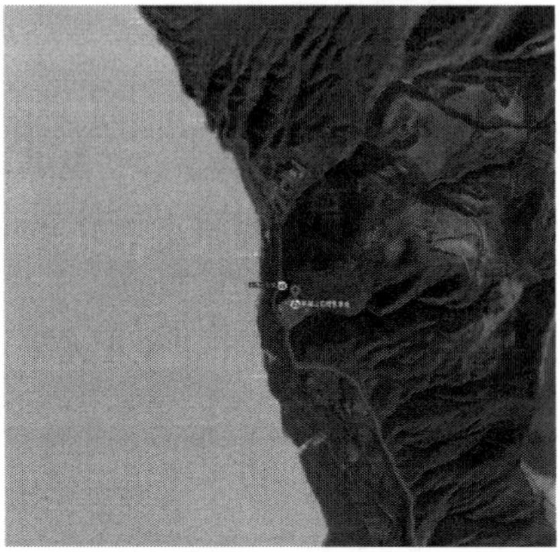

图 5.4　以武威天梯山为中心一公里见方区域内的水系关系[②]

的定性分析。众所周知，不论是岩石还是雨空气，其比热容都远小于水。基于这一基本事实，可以得到如下直接的定性推论：当日间水体可以较好地吸收热量时，能吸收比岩体、空气更多的热量而增加更少的温度。而作为热量传递的基本动力，水体温度增高不明显即意味着不会因为吸收了更多的热量而将热量释放给石窟，也就使得石窟区域在白天温度较其他区域更低。而在夜间，同样是由于水的比热容更大，水和岩体、空气虽然同样由于长波辐射快速地释出热量，但水即使丧失了更多的热量也可以维持相对较高的温度，此时若石窟温度较低，水体还会将自身日间蓄存的热量补给给石窟。这也就意味着夜间水体可以利用其热特性对其所在的石窟区域起到保温的作用。

而同样具有水体，之所以会形成如千佛崖与天梯山般蓄热能力不同的情况，可以从石窟与水体关系层面给出初步的定性解释。对于一般的河流[③]而言，其水体呈带状且能影响到河岸处某石窟的水体面积是较为有限的；但对湖泊周边的石窟而言，巨大面积的湖泊水体均位于石窟附近，在石窟区域热环境中扮演了更为具有影响力的角色。具体到千佛崖和天梯山两个典型案例，在两者周边水体的平均水深相近的前提条件下，后者所在区域内由于水体面积更大，故而可为区域提供蓄热能力的水体更多。

2. 针对同一石窟不同窟龛温度差异的定性分析

前文已经提到，除了“什么因素导致了我国不同石窟整体上冷热

① 卫星地图通过百度地图截取。
② 卫星地图通过谷歌地图截取。
③ 除长江等河面极其宽阔的河流外。

的不同”之外，第二个值得关注的问题就是“什么因素导致了同一石窟内不同空间位置、不同窟龛周围空气环境的不同”。

除了前文所述山体之外，石窟所在区域还可能存在其他类型的地形遮挡，如人工建造的建筑物或天然形成的突出岩块等。在这一问题中，甘肃武威天梯山石窟较为具有代表性。由于水利建设原因，天梯山石窟目前背靠山体面朝黄羊河水库。考虑到水库水位常年高于石窟中主要窟龛的地平，故而20世纪90年代为保护石窟免受水害，在距天梯山13号窟大佛造像十数米的距离上修建了大型围堰（图5.5）。黄羊河水库与围堰对天梯山石窟水、湿方面的影响将在后文中论述，此处只谈及其对热环境的影响。

图5.5　黄羊河水库丰水期与枯水期的天梯山与围堰

从图5.6所示环境监测结果可以看出，相对于无遮挡的窟龛片区，有围堰遮挡的区域温度变化更为平缓。从定性分析的角度看，如天梯

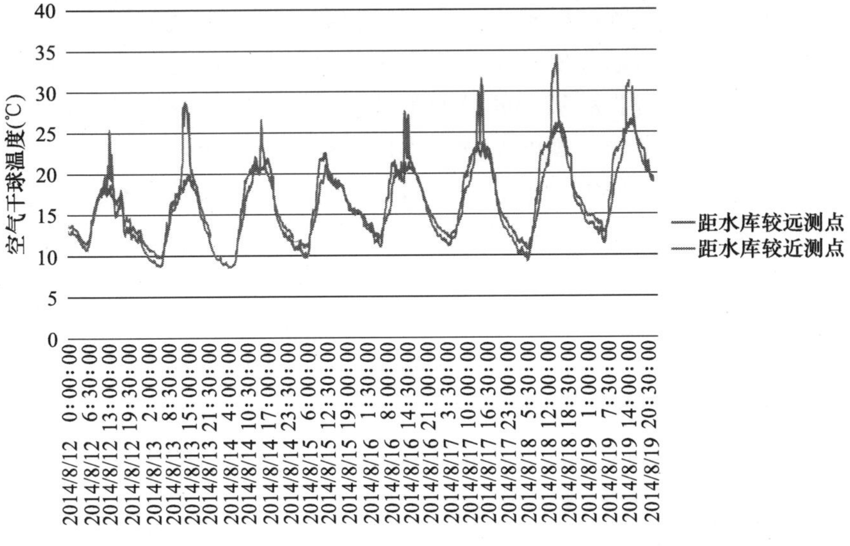

图5.6　距黄羊河水库距离对空气温度的影响

山石窟的围堰等人造遮蔽物对石窟热环境最直接的影响一方面在于其影响了热辐射，另一方面在于其影响了被遮蔽区域与外界间的空气流通。由于辐射问题的特殊性，将于本小节最后部分单独对其进行分析。而对于空气流通问题，则可以从定性的角度进行基本分析：遮蔽物内侧更靠近山体、石窟物质遗存，外侧更靠近外界空气环境，而遮蔽物则显而易见地对内外两侧间的空气流通起到了阻隔的作用。前文“石窟物质遗存的空间特点”章节已经提到，在一般情况下山体／岩体一侧的环境要素变化要远远比大气侧缓慢。故而，“阻隔内外的空气流通”实际上效果就是使得内部的环境更为稳定、变化速度更为缓慢、变化幅度衰减更为明显。

由此可以看出，在同一石窟群中，由于人为或自然形成的地形遮挡会在不同窟龛片区产生不尽相同的热环境。具体而言，遮蔽物往往由于其阻隔内外空气流动的特性，使得其内部的热环境变化趋缓。

在较大的石窟群中另一个可能存在的热环境重要影响因素是各窟龛的高度问题。对于在不同高度分布着的不同窟龛而言显然存在着不同窟龛高程上的差别，而对于单个极高的窟龛而言，位于低处的部分与位于高处的部分同样存在着高程上的差别。具体而言，如甘肃云崖寺石窟，其窟龛分布于由山脚至山顶的不同位置，山顶处窟龛片区与山脚处窟龛片区的热环境有着较为明显的区别；麦积山石窟各窟龛沿山体蜿蜒而上，位于不同高度的窟龛热环境有着一定的差别；云冈石窟中以第三窟为代表的大型窟龛，其不同高度的热环境同样存在区别。

从上述几个实例可以看出，高程对窟龛片区热环境的影响是切实存在的。但欲全面地分析“窟龛所在位置越高越冷还是越高越冷”这一基本问题，仍需要从基础的层面上分析高度影响窟龛所在区域热环境的机理。定性来看，高度对空气温度的影响有两个不同的层面。其一，除了直接从太阳辐射中吸收热量之外，空气所获得的热量有很大一部分来自于地面的加热，因此更高位置的空气其距离地面这一主要热源也就越远。故而从这一角度来看，高程的增加对空气温度有着起降低作用的一面。其二，由于空气热胀冷缩而导致热空气密度较冷空气更小，从而形成了日常生活中所常见的“热空气上升”现象。从这一角度来看，可以发现高程的增加又对空气温度有着增加作用的一面。根据建筑环境学科的相关研究成果可以发现，在较小的尺度上后者更为明显，而在较大的尺度上前者更为显著。

回到我国石窟这一具体背景下，可以将上述分析定性地借鉴为窟龛所在区域的高程对于其热环境有着双重的作用，在距地平距离较小的空间尺度内以“热空气上升”为主导，在距地平距离较大的空间尺度内则体现为“高处不胜寒”；而落实到具体案例中，究竟是两者中以哪种作用为主，则还需要根据石窟以及赋存环境进行具体分析。

从上述对石窟区域热环境中“什么因素导致了我国不同石窟整体上冷热的不同”、“什么因素导致了同一石窟内不同空间位置、不同窟龛周围空气环境的不同”两个基本问题的分析来看，由于石窟所在的自然环境复杂、多变且富于多样性，因此其影响因素也极端多样而复杂。根据石窟所在的气候条件、地形地貌条件以及窟龛片区的地理因素等，结合气候数据可以对区域热环境进行粗略的定性分析。而更为细致的分析则还涉及定量内容。

3. 辐射问题与其特殊性

除了上述两个问题之外，由于热辐射具有特殊性故而单独进行分析。在石窟区域宏观空气环境的介绍中已经提到，虽然不同石窟所在区域日照条件各异，但太阳辐射在到达所在区域大气层外缘时是基本相同的，即为太阳常数。同时，石窟受热辐射问题的直接影响表现为“日间岩体吸收太阳辐射”和“夜间岩体向夜空放出长波辐射”两个层面。

有鉴于此，辐射对石窟区域环境的影响直观地表现为如下两个问题：日间，哪些因素影响石窟区域吸收太阳辐射的多少；夜间，哪些因素影响石窟区域向夜空辐射放热多少。

在日间，基本等量的太阳辐射经过大气的吸收、反射以及地面的反射之后，被地面吸收，石窟物质遗存中直接暴露于日光下的部分将持续被加热。如果从气象科学的角度来看，被大气、云层反射最终离开地球的太阳辐射约占总量的26%，被大气与云层吸收的则约占20%，剩余到达地面的约54%中约4%为地面反射，最终约50%被地面吸收。而如果具体到石窟所在区域受太阳辐射影响这一问题上，则上述比例在基本稳定的基础上还有一定程度的变化。其一，石窟所在区域的气象环境决定了云量、大气透明度等因素，云量越大、大气透明度越低，则被大气、云层所反射与吸收的太阳辐射越多，到达地面的太阳辐射越少，石窟区域被辐射加热的程度越小。其二，到达地面的太阳辐射中只有部分被吸收产生热效应，其可能被上文提到的各种遮蔽物所阻挡，这些遮蔽物既包括山体、岩体等自然要素，也包括窟檐等人工设施，还包括朝向、仰角等问题导致的不同时间角系数差异。其三，在无遮蔽物的情况下到达石窟区域地面的太阳辐射，根据地面吸收率的不同，所能吸收的太阳辐射也有所差异，定性来看，如水面、浅色岩体等吸收率低，深色岩体吸收率高。总体而言，天空越澄澈、石窟表面材质吸收率越高、窟龛形制决定的太阳辐射角系数越大，石窟所吸收的太阳辐射越多，日间被加热的效果越明显。

在夜间，大量的热量以长波辐射的形式离开石窟表面并向夜空放射。从气象科学的角度来看，地表在夜间向天空长波辐射的多少取决于地表的黑度、温度以及有效天空温度。具体到石窟的辐射问题，石窟表面温度越高、空气温度越高、空气湿度越小、夜空云量越少，石窟夜间失热越严重。值得注意的是，干燥、清澈的夜间天气将导致石窟在夜间更快地失去热量，而云层或其他遮挡则有利于夜间保温。

（二）石窟区域空气环境、地质环境的水与湿气问题

在定性分析水与湿气问题前需要明确的是，与热量传输问题不同，石窟水与湿气问题不仅与区域空气环境相关，更与地质环境有着紧密的联系。因此在本章涉及水与湿气问题时，往往不再局限于只讨论空气环境或只讨论地质环境。

在前文的文献综述中已经提到，水作为石质文物最为关键的病害影响因素之一，对其如何进出石质文物、在文物内部如何储存与迁移的研究一直是石质文物病害机理研究的重要内容之一。而水在常温范围内的物态变化既是导致其在石质文物保护中复杂性的主要因素，也是区分不同作用机理、储存形式的主要依据。

如果我们定性地看待一个位于自然环境中的确定区域，那么这一区域中水的来源越丰富，水的迁入越迅速、迁出越缓慢，区域存储水的能力越强，区域显然就会越湿润。因而如要定性地分析石窟所在区域环境整体上湿润或干燥与否，水的来源、迁移问题与存储问题均是重要的评判依据。

1. 水的来源

对于石窟所存在的自然环境而言，水的来源可能来自降雨、河流湖泊、地下径流或渗水以及空气中以水蒸气或雾等形式存在的水。可以看出，上述水的来源既受气候问题的影响，也受地理位置、地形地貌等问题的影响。

（1）降水

具体来说，石窟所在区域的降水量多少是影响石窟区域乃至石窟本体湿润或干燥与否的最重要因素之一。而一个区域的降水量首先与

其气候情况有关，粗略而言，在目前的石窟环境监测中笔者发现，四川地区如广元、巴中、安岳以及重庆市等地的石窟所在地，监测得到的年降水量都分别在 900mm、1100mm、900mm、1100mm 以上；与之相对的，新疆的克孜尔石窟等地进行的监测显示，其降水量逐年在 40～130mm 之间变化。另外，降水情况也与石窟区域的地形地貌等因素相关，如前文提到的新疆吐鲁番地区石窟分布较多的盐山、火焰山南北两侧，南侧降水量就明显低于北侧，逐年平均结果显示，山北地区年降水量在 12.6～76.8mm，山南地区年降水量在 4.3～33.4mm。

（2）来自地表水体

前文中已经提到河流湖泊对石窟区域热环境的影响，而显然，河流湖泊地表等水体对石窟区域湿环境的影响更为不言而喻。值得注意的是，河流湖泊等大型水体对石窟区域的影响方式多样而复杂，不同的影响模式与石窟文物安全间的联系也不尽相同。总的来看，河流湖泊影响石窟区域湿环境的可能方式主要包括：其一，丰水期或突发洪水等情况下，河流湖泊中的水直接、大量而快速地流入石窟所在区域；其二，通过地下水、山体内暗河、岩体裂隙中的渗流等形式，河流湖泊中的水直接、缓慢而持续地渗入石窟所在区域；其三，河流湖泊中的液态水蒸发进入空气，以提高区域总体的湿度乃至提供云气等形式，间接影响石窟所在区域。

上述第一种情况属于我国石窟保护中极力避免的严重危害，实际上，如洪水等灾害波及至石窟，即使是短时间的冲刷、浸泡也会给石窟中的彩绘、壁画、石刻、泥塑等各类型文物带来极为严重的瞬时破坏。而洪峰退去后，大量与之相关的“次生”病害也会在石窟中不断出现。

正因如此，目前国内才规定将防范包括洪水、泥石流在内的地质灾害作为文物保护的重要内容。对于石窟与环境关系的研究而言，上述内容实际上应由合理可靠的水利工程或防范措施，在最大程度上予以避免，而不是石窟与环境相互作用的常态。

第二种情况则归并于包气带水、地下水对石窟的影响问题中。

（3）来自包气带水或地下水

虽然包气带水、地下水对石窟的影响看似不如山洪等地表径流直接，但其更为长期而潜移默化的作用决定了，其同样是国内石窟水环境分析的重中之重。由于对石窟所在区域水环境的系统探查依赖较为专业的地质学工作，因而目前我国虽已开展了多年石窟水环境地质勘查，但仍有较大数量的石窟寺文物未及开展全面的相应研究工作。不论是地下水还是包气带水，其影响因素都极为多样而复杂。或如云冈石窟、龙门石窟等，其山体暗河较为明显、地下水对石窟的影响较为突出，因而早在20世纪60年代就被文物保护工作者注意并予以监测[49]。但更多情况下山体内的裂隙与暗河通过简易而定性的方式极难判断，或如大足石刻与中国地质大学进行了较长时间的专项研究，或如广元千佛崖辅以高密度电阻率法等仪器手段进行地下裂隙探查。相应内容于后文涉及半定量分析时会进行简略介绍。

（4）来自于石窟区域内的空气

第三种情况实际上已不限于水体问题。由于空气中水蒸气的来源极为丰富多样，既有来源于石窟所在区域中的，也有来自于更远的区域并通过空气的宏观运动而进入石窟所在区域的。正如前文中所提到的湿空气模型，空气处理与调节工作经常从宏观上将空气近似地视作一种可以“容纳”水蒸气的“容器”。形象地说，由于空气这一“容器”具有流动性，因而石窟区域中的空气和区域外的空气随时存在着流动与交换；在流动的过程中，外界空气所容纳的水蒸气或悬浮于空气中雾气等形式的小液滴，也会随着空气的流入流出而进入或离开石窟所在区域；显然，空气中容纳的水和前述降雨、地面与地下水体一同，构成了石窟区域的主要水源。

可以看出，空气中的水对石窟区域的影响同样是潜移默化的，同时其受其他相关因素的影响也更多。一般而言，从目前对我国少数石窟进行的环境监测来看，诸如“大气候越湿润、石窟区域湿源越多，石窟区域空气越湿润”等常识性的认知在现实的石窟区域环境中都是基本成立的。如在安岳卧佛院的监测中，由于距离池塘、大面积积水近的窟龛片区不论从相对湿度还是绝对湿度来看均比其他区域更为湿润。不过考虑到蒸发过程、空气“容纳”水的能力等因素极为明显地受到复杂多样的条件，如空气温度、太阳辐射、风速、空气湿度等的影响，因此评断“石窟区域内空气湿润程度”以及“不同保护措施对石窟区域内空气湿润程度的影响”，最为直接的方式仍是通过监测、模拟以及一定的理论分析等定量方式；而根据大气候、湿源情况等进行定性分析只能提供较为粗略的方向性信息。

2. 水的储存

（1）水以怎样的形式储存在石窟区域中

前文对石窟与赋存环境这一整体的分类中已经提出，石窟的赋存环境既包括空气侧环境也包括岩体侧环境。而水既可以存储于空气侧，也可以存储于岩体侧，另外还可以于两者的界面处单独存在。

对于存在于空气中的水而言，其多以气态和液态存在，前者即为空气中的水蒸气，后者则表现为雾等形式的小液滴。

那么空气中容纳的水的多少又受哪些因素影响呢？

首先，作为“容器”，空气是具有一定的“容量”的，虽然其既可以“容纳”气态的水蒸气也可以“容纳”液态的小水滴，但两者均会受到各种因素的限制而有着其极限。这些内容将在下一小节“水的储存”中继续讨论。

其次，空气中的水有着极为多样化的来源，这些源头的丰沛与否也影响着空气中最终容纳的水的多少。按照本文中的空间划分，可以将空气中水蒸气、液滴的来源划分为来自石窟区域之外与来自石窟区域内。对于来自石窟区域外的部分，可以用目前石窟环境监测中最为普遍的空气相对湿度监测数据或周边气象站点对应数据作为分析的基础，可以认为，石窟区域外空气的湿度是大的气候层面上石窟湿润与否的一种体现。与之相对的，来自石窟区域内的水汽则是石窟区域地理特征对石窟湿润情况影响力的一种体现，具体而言，水体、土壤与岩石、植被的蒸发过程以及以人呼出的水汽均为石窟区域内水汽的主要来源。定性地看，水体面积越大，土壤与岩石含水量越高，植被覆盖率越大，游客量越大，补充进石窟区域内空气的水蒸气越多，空气所容纳的水也就越多。

对于存在于岩体侧的水而言，其形式则兼有气、液、固三态。气态所指仍为水蒸气，在岩石的孔隙、岩体间的裂隙以及其他地下空间中蓄有空气，而这些空气同样携带有水蒸气。在地质科学中，岩体侧的液态水有着多种分类方式[30]，在分析石材水理性质时将其按照“结合水、毛细水与重力水”的分类方式进行区分。结合水指受到固体表面的吸附作用大于自身重力的水分子，其表现为被束缚在岩体、孔隙、裂隙表面，不能自由运动；随着细小孔隙中的水分子层数的增加，一定数量的水分子在细小孔隙中构成了毛细管，这部分水称为毛细水，表现为其受到毛细力、重力的双重影响；重力水为距离固体表面更远的水分子构成，其受重力影响明显地显著于其受到的固相表面吸附力，因此表现为可以在重力作用下自由运动。上述液态水中有部分可能随着温度的降低而成为固态，岩体中水在固、液两态间的变化如果往复循环并发生在文物所在区域，就会导致石窟文物保护中一个极为受到重视的问题——冻融循环。

除上述可能外，水在石窟区域最为常见的一种储存形式就是以液态或固态单独存在于岩体侧与空气侧的交界处。在如四川省等较为湿润的地区而降雨量较大的地区，石窟区域的积水、早晚的露或霜等都存在于岩体与空气的交界处。但除了形成较大规模的水体外，这些水的存储形式多只是临时存在于降雨后或温湿度满足一定条件时。

（2）以什么标准评断石窟区域储水能力的大小

不论是存储于空气中还是存储于岩体内，目前文物保护领域都有着较为通行的对存储水多少的评断方式。对于空气中的水，前文中提到的相对湿度、绝对湿度、含湿量等物理量均可以在一个侧面刻画空气中存储了水的多少，但作为衡量空气存储水极限的因素，则应该首先选取饱和蒸气压。所谓饱和蒸气压，即空气处于饱和水蒸气在大气压力中所提供的压强，按照阿伏伽德罗定律，其可以定性地认为与饱和时的绝对湿度相近，即可以表征“空气达到饱和时单位体积（或质量）空气中含有水蒸气的绝对量”。另外，饱和蒸气压只能刻画未饱和或刚刚饱和的空气存储水的能力，而在现实生活中，如雾气等过饱和现象在如四川等区域的石窟中是较常出现的。因此，为了更全面地刻画石窟区域空气存储水的能力，还需要考虑到对象地区气象环境中雾的发生。雾的生消与监测涉及大量气象科学研究内容，在气象科学领域同样处于不断地研究深化中，我国南京信息工程大学的张文刚所著《雾的遥感监测与物理特性模拟研究》为近年来最新的研究成果。

对于岩体存储水的能力，目前较为通行的判断标准是各种不同定义方式的岩石含水物理指标。一般认为岩石的孔隙率与其储水能力间有着较为直接的关系，国内外对岩石储水能力最为常用的宏观指标是“吸水系数”（absorption）。如 ASTM 对吸水系数的检测方式，可以将这一物理量的物理背景归纳为：岩石样本在吸水达到饱和时的质量，与同一样本在彻底干燥时的质量间存在质量差；将这一质量差作为该样本存储水多少的极限，将其除以该样本的质量或体积，就得到了单位质量（或体积）岩样最多储存水的质量[83]。实际上，上述过程与我国对石材标准的评定要求 GB/T 9966.3—2001 有异曲同工之处。值得注意的是，具体到我国石窟文物，我国国标、美国 ASTM 的具体实验方式很有可能需要调整或完全行不通，如我国在地质勘测中发现部分泥岩甚至包括风化程度严重的砂岩在浸润后直接崩解。举例而言，我国乐山大佛以红砂岩为主，而在地质勘查中发现，风化情况最为严重的第三类红砂岩①在实验中浸润后崩解，故而不存在其吸水系数等水理参数。除此之外，我国石窟中可能存在的夯土、灰泥、彩绘、金箔等各种物理性质完全不同的材料与石材共同构成了石窟的物质遗存。对于

① 红砂岩依其风化情况分为三类。

上述物质而言，ASTM 与国内地质科学所倡导的上述宏观上刻画石质文物储水能力的试验途径很可能不再适用。但是，认为针对复杂的石窟物质遗存“单位质量或体积的物质由彻底干燥至饱和过程能吸收水的量”可以作为石窟区域固体侧储水能力最直观体现这一看法，如果仅在理论认知与分析层面而非实际的试验层面，依然可以认为是基本成立的。有鉴于此，笔者认为将吸水量作为石窟区域储水能力的主要评断标准之一是具有科学合理性的。

（3）影响石窟区域储水能力的主要因素

由于将饱和蒸气压、吸水量以及雾等相关因素分别作为石窟区域空气侧与岩体侧存储水多少的评判标准，故而“影响石窟区域储水的主要因素”可以进一步明晰为“影响石窟区域水蒸气饱和蒸气压、岩体吸水量的主要因素”。

定性来看，空气温度、大气压力都会影响石窟区域的平均水蒸气饱和蒸气压，粗略来看，温度越高、大气压力越大，饱和水蒸气分压力越大，空气储存水的能力越强。而其更为具体的影响机理于环境科学领域已经有较为全面而系统的研究，不作为本文讨论的重点。

南京信息工程大学的张文刚在其《雾的遥感监测与物理特性模拟研究》一文中总结，温度、气压、湿度、风速均是影响雾形成的主要因素[84]。

岩体吸水量的主要影响因素实际上有两方面，其一在于岩体在实验室条件下所能达到的极限储水量，其二在于石窟区域的岩体在真实的自然条件下能达到的储水量。对于前者，主要和岩体的孔隙情况有关，如裂隙发育情况、孔隙率、联通孔隙的多少、孔隙的大小等，总的来说，裂隙越频密、孔隙率越大、联通的孔隙越多、孔隙入口与腔体的半径越大，所能容纳的水越多，理想条件下储水的能力越强。对于后者而言，定性来看其本质可以用如下的物理图景描述：不论以什么形式、通过怎样的机理进入岩体，水进入岩体这一过程本身都是需要时间的；在实验室的理想条件下，为了求得岩体储水的极限能力，会给予样块等同于无限的时间来吸水，在 ASTM 试验中表现为吸水直至样块质量不再增加；但在现实的自然条件下，吸水的时间却是有限的，例如岩体表面的雨水可能在岩体将其完全吸收前就蒸发了部分。也就是说，在石窟文物保护的现实问题中，岩体最大的储水能力与岩体吸水速度的结合决定了最终石窟所在区域岩体侧储存水的能力。在本书第六章中，就岩体吸水速度的各种影响因素进行了梳理：定性地看，孔隙半径越大、岩体接触角越小、水表面张力与黏度的比值越大，吸水系数越大，岩体吸水速度越快。

3. 水的迁移

（1）石窟区域水的主要迁移方式

从存在形式来看，常温范围内水可以以气态、液态与固态三种形式构成。对于石窟文物保护而言，以固态形式存在的水需要与石窟物质遗存直接接触，如在窟龛表面结冰、结霜，甚至于位于岩体内部，如岩体冻融循环问题中涉及的岩体自由水。而由于固态的特点，上述直接影响石窟保护的冰或霜仍需以气态、液态迁移至或进入石窟物质遗存。举例而言，甘肃武威天梯山毗邻黄羊河水库，水库的部分水体于冬季可能结冰；结冰后的水仍可能迁移至窟龛区域，但必然要以水蒸气或融化成水的形式进行，而不可能仍以固态进行。也就是说，对于石窟区域环境中水与湿气而言，既然从石窟保护的角度出发所关注的重点在于“区域环境中的水如何进出、影响石窟”，那么在分析石窟区域环境中水的迁移问题时主要关注的对象应放在液态与气态上。

对于液态与气态这两种水的存在形式而言，虽然两者从化学成分上来看大体相同，但从宏观来看其存在形式的不同很大程度上导致了其迁移、存储模式的截然不同。从宏观来看，自然界存在的大量液态水都可以不借助其他物质而迁移。如降雨、湖泊或河流中的水，均可以通过自身的流动，从石窟所在区域迁移至或离开石窟物质遗存表面。而由于大部分石窟所处的自然界均被空气所包裹，因此与液态不同的是，水蒸气于石窟所在区域中几乎不可能脱离空气而单独存在。也就是说，水蒸气的存储、迁移是和空气的流动密切相关，而不是如液态水般很大程度上脱离空气等其他物质而单独运动的。

（2）水迁入迁出石窟区域多寡快慢的影响因素

石窟区域环境中水的迁移问题实际上可以分为两个有所区别但又紧密联系的具体问题：哪些因素影响着水迁入、迁出石窟区域的多寡快慢，石窟区域环境中水会因为哪些因素而在区域内部迁移进而产生不均匀的分布。

关于水迁入迁出石窟区域问题，如上文所说其主要以气态和液态进行。对于以水蒸气形式进行的迁入迁出，由于其完全伴随空气的流动而进行，因此对其分析应主要着眼于通风问题。

对于文物建筑而言，通风问题的考量主要在于通风量。举例而言，在故宫倦勤斋原状陈列的研究中，为了更为准确地控制文物建筑内的空气条件，需要对通风量、单位通风量能解决的热湿负荷进行计算[85]。将石窟区域环境类比为文物建筑，虽然由于石窟区域是开放性空间，因此其只能在定性层面成立，而难以进行定量的计算，针对开放的石窟所在区域难以计算其换气次数、通风量等。

因此，凡是可以影响石窟区域通风情况的因素都会对石窟区域水的迁入迁出产生影响。具体而言，如果石窟区域地形地貌等因素，如安岳卧佛院所在的小型盆地，导致石窟区域与外界的通风不畅通时，石窟区域迁出的水蒸气越少，石窟区域越湿润。

以液态形式进行的迁入迁出与地面的径流、地下径流、地下渗流等均有联系。定性来看，石窟区域地势越低，迁入的地面径流越多；但地下区域的水系、水盐作用等情况极为复杂，往往需要钻探等特殊勘测手段方能准确获知[86]。

（3）与其他因素间的关系

水的迁移受到温度变化、空气流动的影响。同时液态水作为常见的溶剂，其在迁移时可以伴随着可溶性或可悬浮于水中的不溶颗粒物运动。前者在石窟文物保护中最为常见的即水盐问题，水与盐的具体讨论将在石窟微环境章节中展开；后者则如水中携带的微生物孢子等。

（三）宏观空气流动

1. 石窟区域风环境与石窟保护间的联系

石窟区域的宏观空气流动，粗略来看可以认为其表现就是风。石窟区域的风环境既作为直接影响因素对石窟的安全产生影响，同时也作为间接因素影响石窟安全（图 5.7、图 5.8）。

图 5.7　广元千佛崖的风蚀现状

图 5.8　天安门石质文物的风蚀现状

具体而言，对于摩崖造像、石刻、浅窟龛来说，固然存在边界层效应，但实际上石窟区域的风环境还是很大程度上决定着其表面附近的风速、风向。在我国石窟和其他类似的石质文物的保护工作中已经发现，特定的风向、较大的风速再附加上空气中裹挟的颗粒物，对于摩崖造像和石刻的影响是极为明显的。

而对于有一定进深的窟龛而言，上述风的直接吹拂就不再如浅窟龛、摩崖造像般明显。此时石窟区域的风环境成为了窟龛内微环境中风环境的影响因素与背景。

另外，不论窟龛进深如何，风环境都对窟龛外的温湿度条件起着间接的影响作用，而窟龛外的温湿度条件又影响着窟龛内的温湿度条件，进而影响着石窟文物的病害劣化过程。前文在分析热量、水汽在石窟区域中的输送迁移时已提到，石窟区域中的热量固然会在空气、岩石中由于温度的不同而“静止”地进行热传导，水汽固然会在空气、岩石中由于湿度不同而“静止”地发生扩散，但实际上的自然环境中，传导、扩散与对流是同时发生的。而从传热传质的能力来看这些作用都不如热量、水汽随空气运动而传输的对流传热、对流传质更为快速。

正因如此，石窟区域风环境对空气温湿度的调节控制作用是不可忽视的。总体而言，宏观空气流动对空气温湿度的作用是倾向于使原本温湿度不同的空气趋于接近。如对流换热使温度不同的空气通过流动互相补充、融合，而规模更大的穿越石窟所在区域的地域性风更会使得整个石窟区域的温湿度与来流空气区域一致。因此，可以认为石窟区域的宏观空气流动越强烈，区域的整体的温湿度就越平均，当然，如深窟龛内部或地形遮挡下的特殊部位会形成特殊的微环境。

除此之外，在石窟区域风环境的分析中容易出现类似于“先有鸡还是先有蛋”的“先有温湿度差还是先有空气流动”的死循环，也就是说变化的风环境产生变化的温湿度，由此再产生进一步变化的风环境，如此不停地循环而使得定性分析找不到合理的起点与终点。实际上，石窟处于复杂的自然环境中，不论是温湿度还是空气流动，都是人类在认识自然的过程中用于辅助认知的概念，可以说这些概念均是互为因果，很难厘清究竟谁先谁后。而对于石窟保护相关的环境研究与实践而言，也无须彻底拆解这些复杂的关系；从定性分析的角度来看，我们只需将石窟区域当前的风环境作为客观存在的现象；而当保护实践采取如封闭窟龛或构建窟檐等影响风环境的举措时，完全可以借助建筑环境科学中分析建筑物对通风影响（此处包含风压通风与热压通风）的成熟技术手段，即可了解到此时石窟区域风环境产生了怎样的变化；在掌握风环境的变化后，即可以此为出发点，或定性地判断，或通过实地测试手段监测区域温度、湿度情况会随之产生怎样的变化。

2. 定性分析石窟区域风环境的尝试

风既有方向①也有大小，故而是三维空间中的矢量。同一时刻，石窟区域内空气侧的整个三维空间中随处都存在着这一矢量，只不过有的位置风速很小甚至为零，可以说石窟区域的风环境是一个矢量构成的场。另外，每时每刻这个场还可能发生变化，由此来看石窟区域风环境是一个三维空间中动态的矢量场（图 5.9）。

图 5.9　石窟区域环境中作为矢量场的风

正是由于石窟区域风环境具有上述的复杂性，故而对石窟区域风环境的定性分析——不论是比较不同石窟间风环境的差别，还是分析同一石窟不同高度、水平位置风环境的异同——都离不开相应的数据支撑。

与石窟区域风环境相关的参数中，目前国内最为常见的就是在石窟附近设置监测站点获取实时监测数据，或当地气象部门提供的临近气象台站数据。这些数据不论是以数字还是以风玫瑰图的形式体现，都有着共同的特点，即数据所体现的是空间中有限几个点的风速、风向，而非整个区域的风场。而通过少数几个点的情况推测整个区域中其他未设置监测设备的位置的情况，或借助理论估算，或借助计算机模拟手段，相关内容将在下章详述。

目前对我国石窟的区域风环境监测已经表明，不同石窟、同一石窟的不同窟龛、甚至巨大窟龛的不同位置，其风环境都可能各有异同。这些相同与不同之处表现为同一时间的风速、风向异同，以及风速风向随时间的脉动性变化。

① 此处的方向不仅是平面内的，而是三维空间中的。

更大的风速势必意味着风所裹挟的沙粒等物质具有了更大的动能，在其他条件相同时也就意味着更为严峻的风蚀风险；而与此同时，更大的风速也意味着区域内空气温湿度、污染物浓度等更为均衡，其对石窟保护的影响需要根据具体情况进行具体分析。

而与风速相比，风向与石窟保护间的联系更为复杂，不论是“对不同窟龛的风向进行定性分析”，还是“对不同风向对窟龛的影响情况进行分析”都是极度困难的。即使是在流体力学中，相应问题的解决也是较为困难而繁杂的，而具体到石窟风环境则更为难以实现，相比于实验室或理论研究的理想条件，石窟所在的自然条件影响因素更多，窟龛、山体的形状也更为不规则。实际上，在广元千佛崖保护建筑的设计过程中，我们发现哪怕是山体上极为细微的变动，都会对其周边一定区域的风环境产生影响。而在我国石窟中，也存在大量与此类似的实例，如朝向、位置都接近的窟龛但风蚀情况却完全不同，这显然就是由于地形地貌、山形地势中的某些因素影响了局部风环境，使得临近的窟龛甚至是同一窟龛的不同位置有着完全不同的风向的缘故。正如前文所言，我国石窟多依山而建，故而其风环境实际上是石窟所在区域的地形地貌等特征与大的气候环境共同作用的结果。固然实际中的石窟、窟龛各有不同，但不论是一年中的不同季节，还是不同地形地貌下的石窟，窟龛的风向特点均可以粗略地归为四类：其一，风向垂直于窟龛入口；其二，风向平行于入口；其三，风来自山体背后；其四，上述三种情况中某两种情况的结合。

对于第一种情况而言，此时风对石窟的影响极大，不论是其动能作用导致的风蚀，或是其通过影响石窟区域温湿度间接产生影响。而与此同时，由于风进入窟龛的阻碍较少，故而该种风向特点下石窟区域风环境对于窟龛内的影响也最为明显。

第二种情况实际上较第一种情况更为常见。不论是两山夹一谷的地形产生的峡谷风，如新疆胜金口石窟，还是风绕过山体因而掠过山侧的窟龛，如甘肃麦积山石窟，风由平行于窟龛入口的方向而来并掠过石窟都是较为常见的情况。对于平行掠过窟龛的气流而言，其在经过窟龛入口时会产生涡流，并于窟龛左右两壁处产生复杂多变的气流。这种涡流即是导致如云冈石窟五华洞前石柱、广元千佛崖窟龛入口两侧等处严重风蚀的最主要诱因（图 5.10）。

对于第三种情况而言，由于风自山体背后而来，其直接的冲击作用不会发生在位于山体上的石窟之上，故而其对于窟龛的影响极为有限。

第四种情况是前三种情况的叠加。考虑到风是矢量，故而从定性分析的角度看，可以粗略地将对应情况可能造成的结果进行叠加。如从斜向吹来的风可以分解为一定大小的垂直于窟龛入口的气流与平行于入口的气流，而斜向风的效果也可以定性地认为是两者效果的结合。

图 5.10　由于涡流影响临近位置的风蚀强度有明显不同

与风速、风向相比，风的脉动性是我国对石窟类文物乃至所有不可移动文物的环境研究中所长期忽视的一个侧面。不论是敦煌莫高窟的环境监测，还是故宫内进行的环境研究，抑或是近年来于大足千手观音、四川各国保单位开展的环境研究，其对于风环境的分析基本可以归纳为平均风速（风向）、最大风速，以及各风速、风向出现的频率。实际上，这也正是气象科学领域较为标准的风玫瑰图所能展示的主要内容，可以说我国对不可移动文物的风环境进行的分析是符合气象科学领域的通行标准的。但值得注意的是，考虑到气象科学与文物保护对风环境分析的最终诉求上的差异，并不能直接认为符合气象科学通行标准的风环境分析就达到了文物保护的要求。举例而言，一处风骤大骤停，另一处风持续一段时间较大后归于平静，从平均风速、最大风速以及不同风速出现的频率来看，两处环境看不出区别。但实际上从风荷载的情况、对空气温湿度的影响来看，两处环境是完全不同的，前者导致了频繁变化的风荷载，将比后者较为稳定的风荷载更容易使危岩体出现险情；前者可能使通风条件不断变化诱使湿度出现变化，相比于后者会带来更多变的水盐迁移过程。

上述抽象的举例所说明的，就是风速、风向的脉动性对石窟保护的影响。根据具体风环境的不同，脉动性这一因素对石窟安全影响的程度也可能或大或小。但这已可以初步说明，脉动性是刻画石窟区域风环境时必不可少的角度。

二、石窟空气微环境

正如区域空气环境是石窟所在的山形地势等大的自然地理条件与气候特征共同影响的整体环境，空气微环境在前文中也被基本确认为是为石窟文物所影响的局部环境。

之所以关注石窟的微环境，其原因与前文所述的病害机理问题紧密相关。总体而言，石窟微环境与石窟文物保护之间的关系主要体现在两个方面。其一，除了辐射等作用机制较为特殊的因素外，微环境是外界环境因素影响到石窟物质遗存的必由之路：可以说，大量的外界环境因素首先在区域整体环境中变化或产生，变化了的整体环境导致了微环境随之产生变化，进而使得石窟物质遗存产生变化。其二，微环境本身也是众多的石质文物劣化、表面病害的直接影响因素：微环境的条件是绝大多数生物病害发生的重要条件，而微环境中的温湿度与石窟物质遗存的温度、含水情况共同构成了热量、水分迁移的梯度，对石窟文物的热应力、水盐作用都有着极为重要的影响。

正因为如此，对石窟微环境的定性分析离不开与之相关的区域环境与石窟物质遗存。而在实际上“真实发生”的过程也是如此：外界因素在变化，微环境随之产生变化，进而产生了本体的变化。而值得注意的是，微环境一侧与区域环境接触，一侧与石窟物质遗存接触，区域环境产生的些微变化在导致微环境变化的同时，石窟物质本体也在随时变化——环境与石窟这一整体是一个时时在变化的动态系统。

而对于定性分析来说，可以近似地认为当微环境刚开始受区域环境影响发生变化时，石窟物质本体的变化相比于微环境的变化而言很不明显；因此可以姑且认为石窟物质本体此时尚未受到微环境变化的影响；随着时间的推移，石窟物质本体受微环境变化的影响逐渐明显，可以据此推测此时微环境、石窟物质本体在一定时间内的变化趋势。

但需要说明的是，即使针对复杂的现实情况进行了近似，单纯的定性分析仍不能完全地反映石窟微环境的全部情况。对于石窟微环境的半定量分析是对单纯定性分析的重要补充，详细内容将于下一章进行分析。

（一）边界层效应

1. 边界层效应的引入对石窟保护的意义

边界层效应最早由流体力学研究提出，主要用于描述流体[①]（图 5.11）。流经固体表面时，由于固体与流体间在热、湿、流动性等方面的区别而产生的特殊情况。如对于流动问题，流体力学定义边界层为“在雷诺数[②]较大的流动中，流体与物体交界面附近流速沿壁

---

① 流动的气体或液体均可视为流体，而在石窟环境问题中主要指空气。

② 由流体速度、密度、动力黏度系数以及流动的特征长度决定的无量纲数，是层流与紊流流态判断的依据。

面法向的变化非常急剧的一薄层流体”[87]。

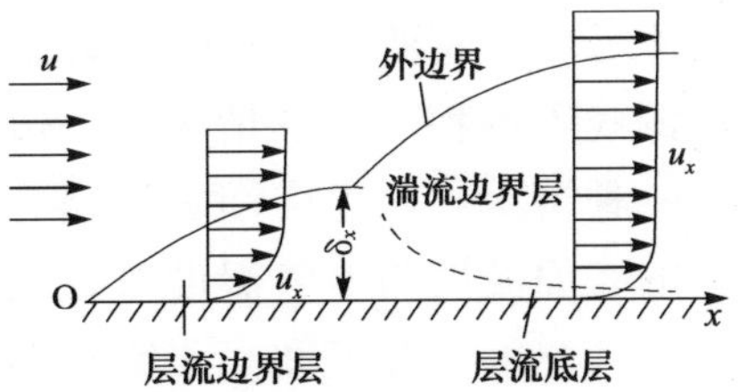

图 5.11　边界层示意图[87]

对边界层厚度的定义已于“石窟微环境”相应章节提到，简要来说，即认为空气流速为主体空气流速的 0.99 倍时就可以认为其已不再受固体表面影响，由固体表面至流速为主体空气流速 0.99 倍的位置即为边界层。类似的，还可以定义温度、湿度的边界层。

粗略而言，边界层效应所描述的就是空气、水等流体在流经岩石、木材等固体表面时，紧贴固体表面的一层空气其流速由于与固体摩擦而减慢、温湿度由于与固体传热传质而变化，进而不再与流体的主体相同而形成了一层流速、温湿度介于流体与固体之间的过渡层的现象。

实际上，对边界层效应在文物保护领域中的认识早在十年前就已经开始了。A.Warker 在其《Micro-environmental conditions and rock weathering in hot, arid regions》一文中认为，在开阔、干热的环境中，石质文物表面的温度、气象台站测得的温度有着很大的不同，而且两者均不应被视作石质文物所处的环境温度。考虑到该种地理条件下大气边界层效应的普遍存在，Warker 认为流体力学与气象科学所述的“层流边界层”才是石质文物主要的赋存环境[19]（图 5.12）。

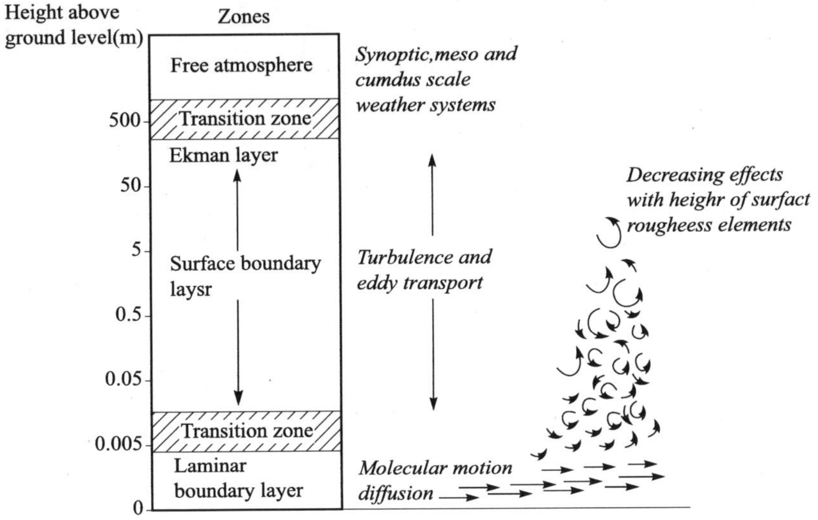

图 5.12　开阔地域文物气象尺度的边界层[19]

虽然石窟所处的自然地理条件极为多样，且还存在窟龛内外、进深深浅等各种不同的情况，但边界层效应仍是石窟微环境中不可忽视的一种情况：以巴中南龛石窟为例，在监测过程中发现，深窟龛内岩体的表面温度与空气温度有较大程度的不同；具体而言壁面在日间低于空气温度，在夜间高于空气温度，同时温度变化较空气温度有一定相位的滞后（图 5.13）。

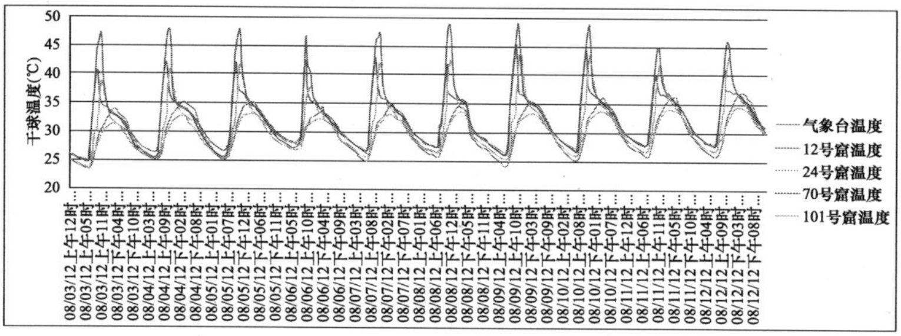

图 5.13　巴中南龛石窟不同类型微环境温度[①]

考虑到壁面与窟龛中心位置空气温度的不同，在紧邻岩体的区域势必存在着“距岩体越近温度越接近岩体温度”的渐变，温度由窟龛中主流空气到岩体表面存在着过渡。在这种情况下，岩体表面将有着一层厚度不大的“过渡层”空气，其温度、温度变化介于窟龛内主流空气温度与岩体表面温度之间。

前文已经提到，微环境之所以对石窟保护有影响，原因就在于其紧贴石窟表面的这一层空气影响着大量表面病害、劣化的发生。而在实际中，真正紧贴石窟文物表面的空气就是边界层。故而边界层的研究对于更准确、更贴近现实地分析石窟受赋存环境的影响，有着不可忽视的作用。

2. 针对我国石窟环境问题的边界层效应定性分析

流动边界层在石窟环境问题中的应用：

风蚀问题普遍存在于我国大量石窟当中。实际上，借助边界层效应可以较好地辅助石质文物的风蚀问题，而目前国内外对石窟风蚀问题的分析尚无借鉴边界层理论之先例。

简略而言，当空气流经岩体表面时，之所以会在空气中形成流动边界层，就是因为岩体表面与空气之间存在摩擦力，而摩擦力的存在

① 其中，12 号窟为进深较小的浅窟龛、24 号窟为大型仿古窟檐所覆盖之窟龛、70 与 101 号窟则为进深较大的深窟龛。

导致贴近表面的空气流速降低。而反过来，岩体表面与空气之间的摩擦力同样作用于岩体本身上，这也正是风蚀形成的动力之一。正因如此，可以利用“流经岩体表面的空气被减速的情况”推知“岩体表面在同一过程中受到的摩擦作用”。

一般来说，空气流速越大、岩体表面越起伏不平，这一摩擦效果越大，而岩体因之受到的磨蚀作用也越明显。

通过流体力学理论，可以将上述定性的简单分析转化为更为确切的定量分析，进而估算不同风速条件下岩体受到的切应力。这一内容将于第六章第三节“(二)”的第一部分中详述。

温度、浓度边界层在石窟环境问题中的应用：

在国内目前的石窟环境研究中，部分的监测与理论分析成果未充分考虑边界层的存在，以窟龛内布设的单一测点测得的温度替代窟龛内各个位置的温度，并在分析时不考虑边界层效应予以修正。这显然不利于更准确、翔实地认识分析石窟受赋存环境的影响情况。

而如盖蒂中心与敦煌研究院合作的相关工作中，边界层效应的存在已初步被纳入石窟赋存环境的考量之中。举例而言，在对 85 窟泛盐的研究中，实际上最终试验得出的壁画表面盐析问题的临界湿度为 67%；但考虑到这一湿度为紧邻壁画的空气湿度，而游客控制中所监测的湿度数据是针对窟龛中的主体空气，故而最终将所控制的阈值确定为 62%。实际上，虽然没有提及边界层概念，但上述考量中明确提出“紧邻壁画表面的空气与窟龛内主体空气湿度不同”，且体现出“影响壁画表面病害的是紧邻壁画表面的空气而非通常监测的窟龛内主体空气”的基本判断，已经实质上考虑了浓度（湿度）边界层效应；而进一步将窟龛内的控制湿度设定为略高于壁画表面空气湿度，即为在此基础上的初步定性分析（图 5.14）。

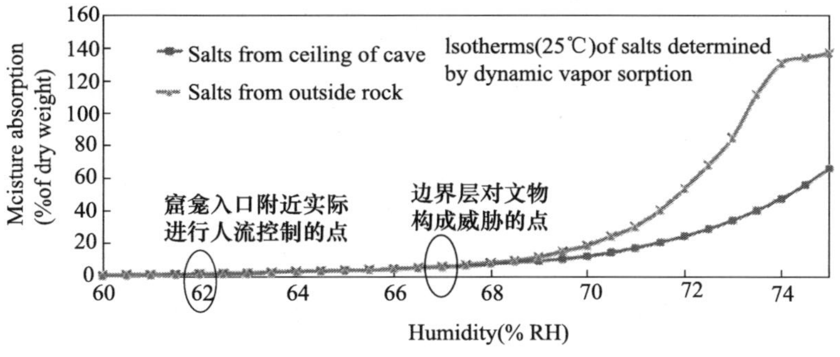

图 5.14　边界层对文物构成威胁的参数与主体空气参数的差别

当然，不论是在浅窟龛、摩崖造像、石刻表面，还是深窟龛内的岩体表面，速度、温度、浓度[①]边界层效应是同时存在的。需要注意的是，速度、温度、浓度的边界层是各自分别定义的概念，三者的厚度、物理量梯度分布可以通过一定的理论计算互相推导，但并不一定是相同的，温度、浓度边界层可能比速度边界层更厚，也可能更薄，这与空气温湿度、密度、岩体表面的物性参数相关。总体而言，根据是否有空气的流动，可以将石窟环境中面对的边界层问题分为两种情况进行定性分析：

实际上，在没有宏观空气流动的情况下，由于空气的热阻、水在空气中的扩散系数在常温范围内变化不大，因此温度和浓度在石窟文物表面附近的分布接近线性。此时可以基本忽略边界层问题，认为温度、绝对湿度由文物表面到空气主体呈线性逐渐变化（图 5.15）。

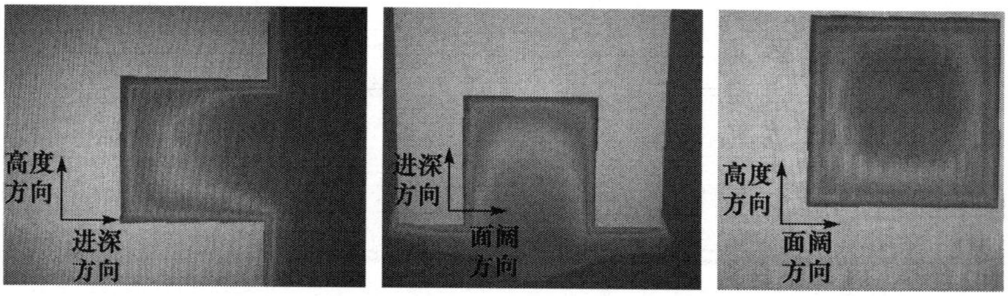

图 5.15　无风条件下窟龛微环境内的温度分布

在有空气宏观流动的情况下，根据流体力学研究成果，流速分布类似于对数形式，即越靠近岩体侧流速越小且流速减小的变化率越大。此种情况下温度和浓度的无量纲分布可以通过无量纲数普朗特数[②]、施洛特数[③]和流速边界层进行关联，因此得到了流速分布也就相当于得到了温度和浓度分布（图 5.16）。

对温度边界层进行定性分析的其中一个主要目的，是更为切实地了解窟龛表面附近空气的真实情况，进而分析微环境温度与窟龛表面病害间的直接联系。一般来说，窟龛内主流空气流速越大，速度边界层越薄，相应地温度边界层也会变薄；这说明真正与窟龛表面接触并作为大量病害发生区域的空气，与窟龛内主体的温度更接近。

① 对于石窟环境来说，所谓浓度在一般情况下指水。对于相关的污染物问题或者还可以延伸至其他分子。

② 由流体的热扩散系数、密度与运动黏度系数决定的无量纲数，对于空气而言其基本只受到温度的影响。

③ 由流体的二元扩散系数、密度与运动黏度系数决定的无量纲数，对于湿空气而言其基本只受到温度的影响。

除此之外，微环境温度还通过影响窟龛浅表层温度间接与石窟病害存在关联，而微环境发挥正是透过温度边界层发挥其影响的。根据流体力学以及对流换热研究的一般结论，窟龛内空气流速越快、空气的导热系数越大、动力黏度系数越小，温度边界层与窟龛表面间的换热系数就越大；进而边界层与窟龛表面间的传热量也就越大，即石窟表面得到或失去的热量越多；最终导致更大的窟龛表面温度变化。除空气的导热与动力黏度外，如密度、比热容等都会在一定程度上影响换热的大小，且上述参数均主要受空气温度影响；综合考虑上述各参数随空气温度的变化情况，可以定性地认为空气温度的升高将导致对流换热系数的减小，对窟龛表面温度变化起一定程度的阻碍作用。

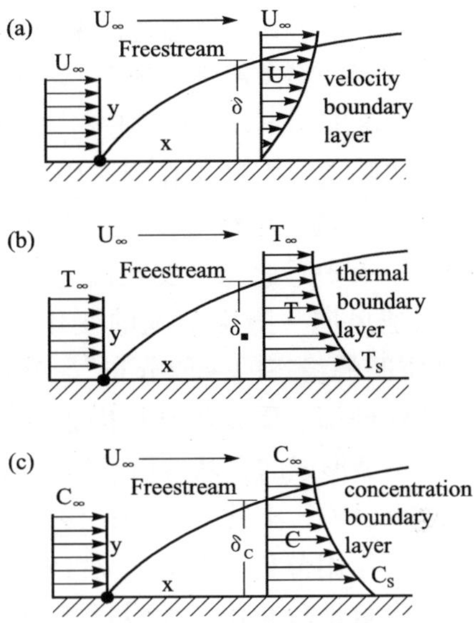

图 5.16　三种边界层的一般形式[61]

类似于温度边界层，浓度边界层的定性分析同样存在与石窟病害间直接与间接联系的两个方面。对于前者来说，窟龛内主流空气流速越大，速度边界层越薄，相应地浓度边界层也会变薄；这说明真正与窟龛表面接触并作为大量病害发生区域的空气，与窟龛内主体的绝对湿度更接近，当温度变化不大时对相对湿度也基本成立。

对于后者来说，窟龛内空气流速越快、空气与水蒸气的扩散系数越大，温度边界层与窟龛表面间的传质系数就越大；进而边界层与窟龛表面间水蒸气的扩散也就越迅速，即石窟表面得到或失去的水分越多；最终导致更大的窟龛含水量变化。其中，空气与水蒸气的扩散系数与空气的温度有关。空气温度越高的越大，对流换热系数的减大，在一定程度上对窟龛表面温度变化起促进作用。

（二）微环境空间的稳态温度分布

1.“稳态温度分布”释义

“稳态温度分布”看似对石窟保护工作来说晦涩难解，且意义不大，但实际上这一概念的本质是颇为简明的，同时在形成微环境中起着重要作用。其可以通过以下物理情景进行表述：

所谓“稳态温度分布”，就是在其他条件不变时，微环境中的空气在不同高度、不同深度温度分布的模式。

实际上，不论是在窟龛内还是在摩崖造像表面，微环境的空气温度往往不是一个统一的值。接近壁面与远离壁面处的温度可能不同，随着一天中日照条件变化同一位置的空气其温度也会随时变化，而外界风速风向、降雨情况的变化也会使微环境温度产生变化。而所谓“随空间的稳态的一般分布”，就是指在微环境空间中，综合考虑不同位置受壁面、受外界环境因素的影响后，微环境温度在外界的不断变化中不断形成的、基本稳定的状态。

可以说，上述的“稳态温度分布”是进行后续微环境与石窟浅表层相互作用分析的基础：对于确定的石窟区域环境情况，可以或定性或半定量地分析出“假设窟龛内不存在游人、渗水、凝结等具体的特殊情况时，微环境的温度如何”；从这一结果出发，就可以进一步分析“在当前的微环境一般情况下，浅表层温湿度会发生怎样的变化”、“当前的微环境情况是否会在石窟表面形成凝结”、“游人、渗水等热湿源的存在会对微环境 - 浅表层这一系统造成怎样的影响”。

2. 微环境稳态温度分布

（1）摩崖造像微环境空气温度分布的基本特点

前文在介绍微环境的概念与分类时提到，对于窟龛类微环境可以将其抽象为三个尺度构成的空间，即窟龛的进深方向、竖直方向、面阔方向；对于摩崖造像类微环境则可以将其抽象为单一尺度，即距造像表面的距离。

摩崖造像类微环境较为简单，其本质上即属于区域空气在摩崖造像表面形成的边界层，详见第五章第二节“（一）边界层效应”部分。因此此类微环境的特点也较为明确，即越靠近摩崖造像表面，空气温度越接近表面温度；越远离表面，空气温度越接近于石窟区域环境温度。

（2）窟龛微环境空气温度分布的基本特点

窟龛类微环境相比摩崖造像要复杂得多。

以长方体的抽象形式来进行简化分析，由图 5.17 可见，长方体的微环境模型按照进深方向、竖直方向、面阔方向，有三组共六个界面，每个界面都会在其表面附近形成边界层。除了界面 2 为微环境与区域环境的交界之外，其余五个界面均为微环境与窟龛表面的交界。

根据界面自身的特点，上述六个界面可以分为三类，每一类界面

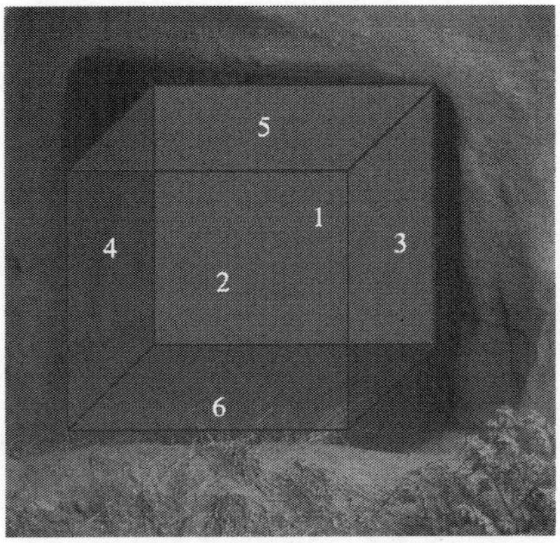

图 5.17 抽象化的窟龛

形成的边界层的特点均有所不同，而所有界面边界层相互影响、彼此融合，构成了窟龛内边界层的整体。具体而言：

界面 1 完全处于窟龛内部，只与微环境接触，外界环境的变化除了借由微环境间接影响之外基本没有其他渠道影响到该表面。正因如此，界面 1 的温度相比于微环境和其他界面都是最为稳定的。根据前文对边界层的介绍可知，界面 1 所形成的边界层，其特点就是单纯的“越靠近表面温度越接近表面温度，离表面越远温度越接近区域环境温度”。

界面 3、4、5、6 均是一边处于窟龛内部另一边与区域环境接触，可以归为一类。这一类表面的温度往往不是均衡的，越靠近窟龛内部温度越接近地温、温度变化越小，其表面温度往往体现为由区域环境温度过渡至界面 1 温度的渐变。考虑到其表面温度的复杂性，这一类界面形成的边界层也更为复杂，是“越靠近表面处温度接近表面温度，远离表面温度接近区域环境温度”与“越靠外温度越接近区域环境温度，越靠内温度越接近于窟龛内壁面温度”两个特点的叠加。

界面 2 近似于窟龛微环境与区域环境的交界面，由于其不存在其余五个界面一般的固体 - 空气交界，因而也不会形成边界层。

除了边界层效应外，构成窟龛微环境中空气温度分布的另一要素即为通常所言的“热空气上升，冷空气下降”。在石窟区域环境定性分析的第五章第二节“(一)”中，已初步对这一常见现象在石窟环境中的体现进行了讨论。而在窟龛微环境中这一现象同样存在，窟龛微环境中在边界层之外，也往往存在窟龛高处温度高、低处温度低的现象。

但实际上，所谓“热空气上升冷空气下降”这一说法并不严谨，影响“空气团”轻重、是上升还是下降的因素不仅包括温度，还包括不同位置空气压强的微小差别、含有水汽与液态水的差别等因素。定性来看，压强越大、温度越小、空气中水蒸气越少、液滴越多，则空气的密度越大，空气将下沉。综合上述因素之后，窟龛微环境中不同位置的空气密度往往也不同，进而产生对流、不同状态的空气彼此混合、形成基本稳定的状态，而随着区域环境的变化原有的平衡又会被打破，继续以上的过程。也就是说，排除边界层效应的影响后，窟龛内“高处温度高、低处温度低”的温度分布虽然是常见的，但并非绝对。

综合了边界层效应与“热空气上升冷空气下降”两方面的效应后，窟龛微环境中空气温度的分布可以定性地形容为如下模式：

在距离壁面较近的位置存在边界层效应，越靠近壁面温度越接近壁面温度。沿窟龛的进深方向，越靠内空气越接近窟龛内部壁面温度，温度变化也越小；越靠外则温度越接近区域环境温度，温度变化越大。沿窟龛的面阔方向，越靠近中央温度越接近区域环境温度。沿窟龛竖直方向，一般来说越靠上部温度越高，但其会受到边界层效应以及压强、相对湿度、空气中露珠等因素的影响，并非绝对。

（3）抽象简化的微环境与实际微环境间的区别与联系

上述分析建立在抽象化后的简化微环境模型之中，而实际中的窟龛既可能近似于长方体，也可能远较长方体复杂得多。对比实际中复杂的窟龛与抽象的长方体模型，可以发现两者之间既存在区别又具有联系。

存在区别，指从直观来看，我国石窟有大量的窟龛并非长方形，再加上中心柱等形式的窟龛存在，上述长方形模型并不能照搬到丰富多样的窟龛微环境中。

但真实的窟龛微环境与前述长方形模型之间是关联密切的，实际上，借助长方形微环境模型可以对真实窟龛微环境进行初步的定性分析。具体来说，长方形微环境模型是真实窟龛微环境的一种抽象化，真实窟龛中复杂的壁面，或可于抽象化的模型中寻找到类似的情况，或为抽象模型中数种情况的叠加。

（4）微环境空气温度分布的影响因素

对于摩崖造像微环境而言，空气温度分布的主要影响因素一方面是风，另一方面是壁面与区域环境间的温差。举例而言，高风速会“挤压”边界层使其变薄，进而令更大范围空气的温度接近于区域环境温度。而暴晒等则会导致壁面与区域环境间的温差出现剧烈变化，打破微环境中原有的平衡。

窟龛微环境的影响因素除上述两个方面之外，更涉及窟龛进深与几何形状的问题。

具体来说，进深极大的窟龛，极大面积的壁面都处于窟龛内部，因此壁面温度基本稳定，在定性分析中可以近似视其为定值。此时，外界温度影响仅限于窟龛入口附近，空气宏观流动的影响较小，窟龛内大部分区域体现为沿竖直方向的“上热下冷”与窟龛表面附近的边界层效应两方面影响的叠加。极限情况则可以类比为室内环境。

进深较小的窟龛，壁面温度变化明显，实际上其往往近似于窟龛外的壁面温度，另外其对太阳直射的遮挡作用也极为有限，极端情况就蜕变为了浅龛、摩崖造像。这种情况可以类比于摩崖造像微环境处理，即主要影响因素为风速与温差。

进深居中的窟龛介于以上两者之间，其在进深、面阔、高三个方向都有所不同，壁面温度及其变化情况也随进深而可能存在区别，此时要么通过全面的监测来了解情况，要么通过软件辅助来进行忽略了诸多因素的估算。有鉴于其复杂性，定性分析所能提供的信息有限。

另外，窟龛的曲折复杂程度也是微环境空气温度分布的重要影响因素。现有对莫高窟的软件模拟表明，“前室”的存在会很大程度上影响窟龛内的温度分布[88]。定性来看，窟龛空间越曲折复杂，其微环境温度受区域环境影响越小，越接近室内环境。

（三）微环境空间的稳态湿度分布

1. 湿度分布与温度分布的异同

（1）湿度分布与温度分布的相同点

前文第三章第一节“（二）”的第一部分已经就“湿度”这一说法涉及的多种不同概念进行了阐述。考虑到微环境中空气湿度的分布问题主要涉及扩散、对流扩散问题，故而以绝对湿度为标准进行讨论显然是更为合理的。

传热传质学的大量研究已经表明，热量的传输与水蒸气的传输在数理基础上有着很大的相似性，可以进行“边界层类比”[61]。具体到微环境中湿度分布的问题，这一相似性主要体现在边界层问题中。总体来说，微环境中湿度的边界层与温度的边界层模式基本一致，也就是“越远离壁面湿度越接近区域环境湿度”。除了湿度边界层的厚度与温度边界层不一定一致之外，上一小节中关于温度边界层的绝大多数分析与结论均适用于湿度边界层。

（2）湿度分布与温度分布的区别

微环境温度存在“上热下冷”的趋势，对于湿度而言则存在不同的机理。实际上，湿度不同的空气也会如冷热不同的空气一般导致密度的差异，进而形成对流，并在基本稳定后形成不同高度湿度略有差异的分布模式。此即上一小节中提到的“压强越大、温度越小、空气中水蒸气越少、液滴越多，则空气的密度越大，空气将下沉”这一情况。

上述情况的具体机理可以解释为对于理想气体而言，当温度、气压不变时，一定体积气体中含有分子的数量也不变，此为理想气体状态方程的简单推论。对于正在吸收水蒸气的干燥空气来说，如果其温度、气压不变，那么一定体积空气中含有的分子数也应不变，这也就意味着被吸收进入水蒸气分子取代了原本的氧分子、氮分子等。考虑到水的分子量为 18，小于空气的平均分子量[①]，因此湿度越高的空气反而越轻。

不过值得注意的是，哪怕是饱和空气中，水分子的数量也是远远少于氮、氧等分子的，因此上述由于湿度问题而导致的密度变化实质上是非常微小的。单纯由于湿度差异引起的对流是较为微弱的，也不易因此形成如“热空气上升冷空气下降”“窟龛内空气上热下冷”一般明显的现象。

而与湿度的影响效果相比，空气中的水滴、露珠、雾等液态形式存在的水，其对空气密度的影响是巨大的。粗略而言，水蒸气作为气体是“空气的一部分”，液态水则是“空气携带的其他物质”。而空气携带的液态水越多，密度就越大，最终形成雾水位于低处，随风沿地面前行的现象。这一情况在高度较小的窟龛中并不明显，而往往在乐山大佛等巨大体量的石窟、巴中南龛石窟等位于山顶与地面高差较大的石窟形成的微环境中较为多见。

2. 湿度分布与温度分布的异同

参考微环境中温度的分布情况以及湿度分布与之的异同，可以将微环境湿度的分布特点归纳如下：

摩崖造像微环境的湿度分布即为空气中水蒸气含量在摩崖造像表面附近形成的浓度边界层，距离造像表面越远湿度越接近区域环境的绝对湿度，距离造像越近则越接近空气与岩体表面含水量形成的平衡湿度。这一湿度分布的主要影响因素为风速以及对流传质相关影响参数［详见第四章第二节（一）中第二部分］。

窟龛微环境的湿度主要由两方面的因素影响：其一，是受窟龛进深、曲折情况所影响的，窟龛全部表面所形成的复杂的浓度边界层；其二，是窟龛内部由于湿度、含液态水多少的不同，而导致的竖直方

---

① 约为 28 左右。

向空气湿度的分布，具体来说，越靠上部空气湿度可能越大但含有的液态水可能更少，越靠下部空气湿度可能越小但含有的液态水可能更多。

（四）微环境内的宏观空气流动

微环境内的宏观空气流动，即摩崖造像表面附近或窟龛内的“风”，其既可能是风压的产物，也可能由热压所驱动。有鉴于微环境内的空气流动一方面受外界风速、风向的影响，但另一方面也与窟龛的布局、造像的形状位置等因素有紧密的联系，因此对微环境中空气流动的分析主要建立在实地监测与 CFD 模拟等定量手段的基础上。于定性分析的部分无法进行更深一步地分析。

需要注意的是，在微环境中的空气流动与外界的风相比有一定特殊性。具体来说，区域环境温度与窟龛微环境的温度很可能有一定区别，而当风吹入窟龛内时，很可能来自外部的气流并未能及时通过对流传热使其温度与窟龛内空气温度相一致。此时可能出现热气流的上升或冷气流的下降过程。虽然对于大多数窟龛来说，这一作用对文物安全的影响不大，但对于部分进深较大窟龛中污染物的堆积、不同位置的风蚀等而言亦存在着一定的影响。

（五）人与其他非文物热湿源对微环境的影响

在第三章中已经提到，微环境中除了文物之外，还存在有其他各种类型的热湿源，包括游人以及照明等各类设备。

对于各类设备而言，通过其功率与各项参数可以直观地判断其对于微环境热湿的定性影响，而通过 CFD 等定量手段也可以直接或估测或模拟其对文物安全的影响大小。

相比于设备，游人具有较为明显的特殊性：

其一，游人对微环境温湿度的影响能力并不恒定，往往受到运动量、衣着、季节等多方面因素的影响。目前建筑环境学领域常见的简化做法是根据人的运动量、衣着情况设定其产热产湿的推荐值。

其二，游人除了影响微环境温湿度之外，还会随着呼吸释出二氧化碳、带来灰尘等。目前对敦煌莫高窟的游客研究显示，窟龛内二氧化碳的主要来源即为游客（图 5.18）。而值得注意的是，由于短时间内巨大的游客量会大幅度提高窟龛微环境的二氧化碳浓度，甚至超出人体健康安全所容许的范围，因此这一因素并不仅与文物安全有关，更关乎游客自身健康。

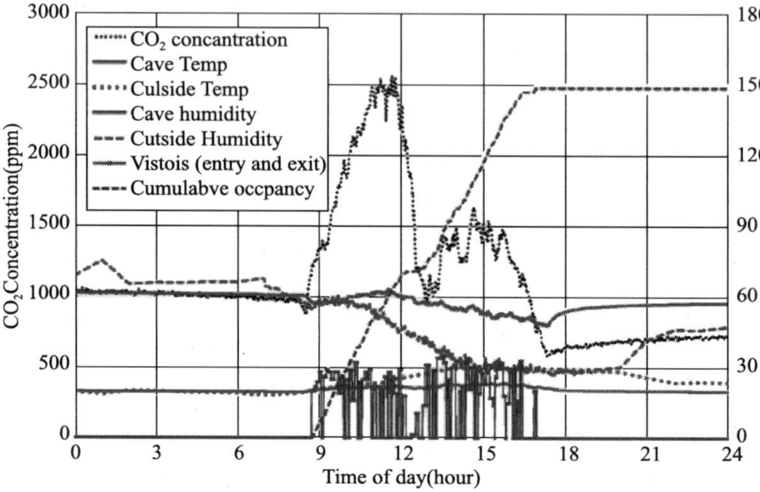

图 5.18　莫高窟 29 窟游人对微环境的影响监测[80]

三、石窟浅层岩体的动态平衡

前文已经提到，从粗略而概观的角度而言，通过将其简化为具有特定性质的多孔介质或连续介质，诸如造像、壁画、彩绘等依附于石窟浅层岩体存在的附属文物也可以与浅层岩体一道视作“浅层物质”。因此本节中的主要内容可以认为对附属文物也具有参考价值，而更为细致的内容有待后续研究完善。

（一）石窟浅表层的换热

石窟浅层与微环境之间的传热，实质上分为相互关联的两部分：微环境与石窟表面间的传热，以及石窟表面与石窟浅层之间的传热；上述传热过程从宏观角度可以通过温度的变化来刻画，微环境的热湿变化以对流换热、辐射换热的形式影响着石窟表面温度，石窟表面温度的变化又通过热传导的方式导致石窟浅层内温度分布的变化（图 5.19）。

在上述过程中，如下的物理情境是不言而喻且广为石质文物保护的研究成果与实践经验所认可的：随着区域环境温度的变化，微环境温度也出现变化，而与石窟表面间形成了温差；由于温差的存在，微环境与石窟表面之间产生了热量的传输，石窟表面得到（或失去）热量的同时也向石窟浅层内释放（或从石窟浅表层中吸收）热量，进而引起石窟表面和浅层温度的变化；随着区域环境、微环境、石窟表面与浅层温度的变化，以及彼此间热量的传输，逐步形成了平衡，如果

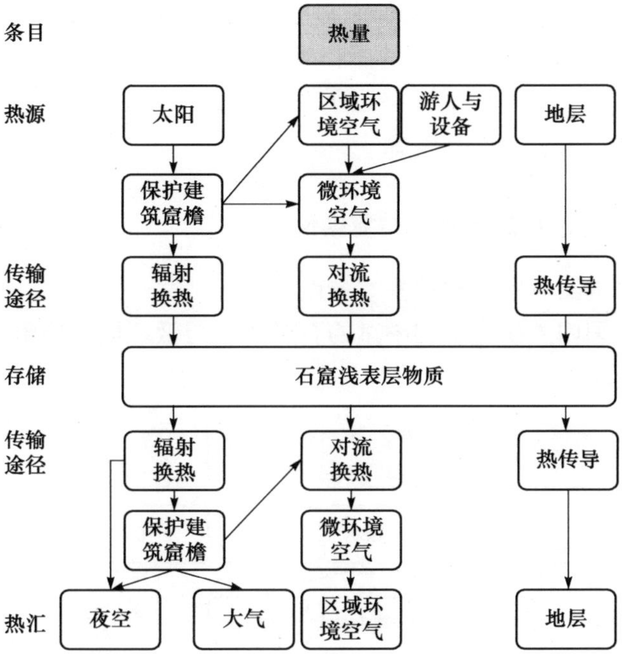

图 5.19 热量进出石窟文物的可能情况总结

其他因素不再改变则平衡将维持下去，各部分的温度也将不变；区域环境的温度或辐射因素依旧随时间变化着，因而打破了之前的平衡，并将上述过程从头进行，如此往复。

从以上物理情境可以看出，温度是对石窟浅层与微环境间传热进行分析的核心要素，除此之外还兼有空气的流动参数、石材的热力参数等作为分析的必要补充。这也正是国内外所有此类研究与实践，都将“掌握区域环境、微环境、石窟浅表层的温度”作为必不可缺的环节。实际上，只要获知了不同空间位置的温度，根据温度的高低判断热量的流动方向、大小，是非常简单明了的。而不论是根据现有条件进行理论分析，还是架设传感器对温度进行检测，或是使用 CFD、非稳态热湿耦合模拟等计算机模拟手段，由于分析的目标是明确的，以上定量分析也都得到了广泛的使用。可以说，在石窟浅表层与微环境间传热这一问题上，定量分析既是主流，也是最为有效而合理的方式，定性分析所能提供的信息有限。

可以说，石窟浅表层与环境间传热的部分定量分析成果，即可以作为具有一定推广意义的定性分析：石窟浅表层内温度的变化，从沿深度方向与随时间变化两个角度来看，都具有不断衰减的周期性特性。至于有哪些参数、以怎样的模式影响着石窟浅表层与微环境间的传热，传热又将导致石窟浅表层文物产生怎样的应力应变，则属于后续定量分析的内容。

（二）石窟浅表层的传质

1. 水进出石窟过程的特殊性与复杂性

（1）水进出石窟过程的基本特点

将目前国内外研究中列举过的石窟浅层与微环境间传质[①]，总结如图 5.20 所示：

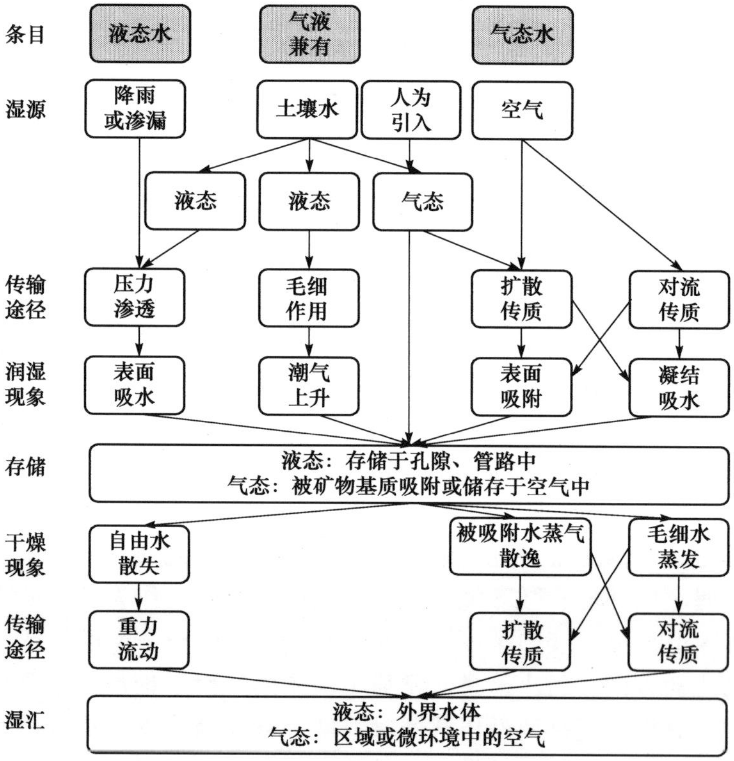

图 5.20　水进出石窟文物的可能情况总结[②]

对照上图，可以将水进出石窟文物的过程定性总结如下：

直接降雨或凝结水被岩块吸收，岩体裂隙传输而来的水也会部分被岩块吸收，空气湿度如高于岩体含水量的平衡点还会存在水蒸气的扩散作用；

① 如未进行专门说明，后文所有“传质”均指水分的传输。

② 图表思路由宾夕法尼亚大学教授 M.Henry 提出。

岩块通过上述方式吸收了的水，通过毛细作用、扩散作用逐渐散至岩块各处；

当空气热湿条件变化时，表面水分蒸发或散逸、浅层岩体内水分不断补充至表面附近，直至含水量与空气湿度间再度达到平衡。

具体而言，可以对水进出石窟的复合情况类比为如下情景：

裂隙中水的流量最大，如人体内的大动脉，其在输送水分中起最关键的作用；但大动脉只流经有限的区域，真正将水运送至石窟岩体各个角落的，是孔隙中的毛细作用、岩块内的扩散作用，它们在水进出石窟问题中扮演的角色类似于毛细血管，在运输能力上居于次要，但对岩石内各个位置最终的吸水失水起着至关重要的作用。

（2）水进出石窟文物的复杂性

与石窟浅表层和微环境间的其他相互作用相比，水进出石窟过程是特殊而复杂的，而对其进行的研究也有更为复杂。笔者认为，造成这种特殊性与复杂性的主要原因来源于两个方面：其一，水存在物态变化，气态、液态、固态的水在存留的形式、传输的过程上都有所不同，且传输过程中还可能出现物态的变化；相比而言热量的传输则不存在这一问题，“热量”虽然不是客观实在的物质，却不存在状态的变化。其二，水在以空气为实体的微环境与以固体为实体的石窟浅表层中，没有统一的含量指标；也就是说，每立方米空气中水的质量、空气中水的饱和程度，与每立方米岩体中水的质量、岩体中水的饱和程度，两方面不存在可比性——并不能因为空气中水的浓度小于岩体中水的浓度，就认为水会从岩体向空气扩散，反之亦然；相比来说，传热的指标——温度，则是统一的，空气的温度与岩体的温度可以直接比较。

除此之外，从微观层面来说，即使在同一岩体中，不同尺寸的裂隙、不同孔径的孔隙中可能发生的吸水、失水过程也有所不同。

如图 5.21 所示，在尺寸极小的微孔中，主要发生微观的毛细凝聚现象；在中等尺寸的毛细孔隙中，主要发生宏观的毛细现象以及水蒸气的扩散现象；在更大尺寸的裂隙中，除了水蒸气的扩散现象外，还可能发生液态水的渗流（非饱和渗流）。

也就是说，对于宏观层面上的一整块岩体而言，其在一定的外界环境下发生吸水或失水过程，而这一宏观的吸水、失水过程实际上是无数各不相同的裂隙、孔隙中微观吸水过程的综合效果。这也是为何岩体的裂隙、孔隙情况对于其水理性能有着巨大影响的原因。

考虑到以上因素，目前国内外针对水进出石窟（石质文物）的过程，多采用针对宏观样块的“吸附曲线”“吸水曲线”作为主要分析手

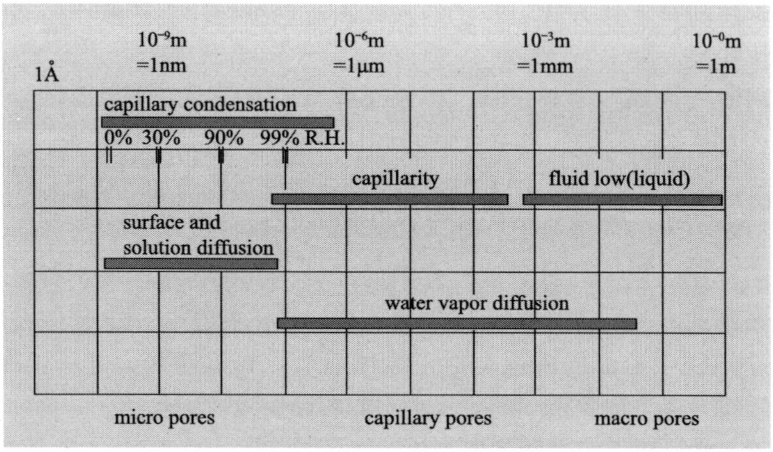

图 5.21　裂隙、孔隙尺寸与其支持的传质方式[14]

段，既可以使用抽象化后的实验曲线对石窟吸水的过程进行普适的、定性的分析，也可以针对具体的岩体通过实验测得其自身的实验曲线以进行有针对性的、定量的分析。

在本章进行的定性分析中，主要使用抽象、典型化后的实验曲线作为分析工具，如图 1.4 所示。

2. 对流传质与扩散传质

根据吸附曲线，可以很好地分析气态水通过界面进出表层的问题(图 5.22)。

总的来说，如果壁面跨越了周围空气的露点，或者有表面径流、自由液面在界面处存在，那么此时的规律应分别由凝结、液体水进入来分析，在后文中有相关内容。

而对于既没有跨越露点，也没有大量液态水活动的情况，则水在此种情况下进出界面的情况显然与空气 / 表层的水分交换直接相关。

在吸附曲线中的线代表的是“平衡点”，也就是说，从分子尺度上看，就是被界面吸附的水分子与脱离壁面的水分子数量达到了平衡，显然，这个平衡是随宏观的温度①、湿度②。值得注意的是，由于理想情况下，这一情况是决定于水蒸气分压力的，而温度一样时饱和分压也一样，于是水蒸气分压力和相对湿度是成正比的，于是图面上就可以用相对湿度来刻画了。

① 即微观下的分子热运动情况。
② 即微观下空气中水分子的多少。

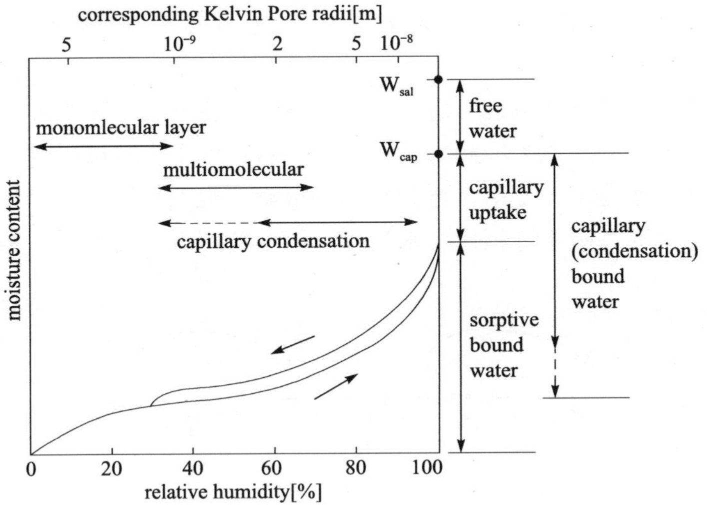

图 5.22 石材吸附曲线示意图 [14]

当相对湿度很低时，这个平衡的情况是只有单层水分子附着；而更高一点的相对湿度，情况就是双层到多层水分子附着，此时是完全的分子扩散在主导着水的进出。对于很少几层水分子来说，其是被牢牢吸附在多空介质的固体骨架上的，而附着的水分子层数多了，逐渐形成“水膜”，此时会产生毛细凝聚现象，而水膜越明显，毛细凝聚越厉害以至于占了主导，这也是为何相对湿度大了之后石材里的含水增加得很明显对原因。

（1）毛细凝聚

根据开尔文公式，空隙里面形成的水膜曲率半径是负数，于是其表面的饱和水蒸气分压力比平面小，也就是说，宏观来看，本来在周围空气中不饱和的空气，对于孔隙里面的条件来看就成了饱和甚至过饱和的空气，于是产生了快速的凝结现象。

以上这些空气中水的交换过程，和岩体形成平衡时显然都是吸附型的结合水。

（2）关于“失水延迟”

在吸附曲线中可以看出，实验中吸水过程和失水过程的曲线存在回差。这种回差的存在与开尔文公式有一定关系。对于开尔文公式来说，大液滴比小液滴表面的饱和蒸汽压小[①]，小液滴曲率半径小、曲率大、蒸气压大，液滴越大曲率半径越大、曲率越小、蒸汽压越小；直到平面达到正常蒸汽压。

① 水的液滴是凸面。

关于为何石材会存在“失水延迟”，笔者总结后发现有三种常见解释：

说法一，液滴曲率说。想象以下场景：当石材处于吸水过程时，显然是由小液滴联结成大液滴的过程；而当石材处于失水过程时，则显然是大液滴逐步变薄、变小，再分裂为小液滴。也就是说，当含有相同数量的水分子时，吸水过程比失水过程液滴的曲率大，因此饱和蒸汽压大（图 5.23）。

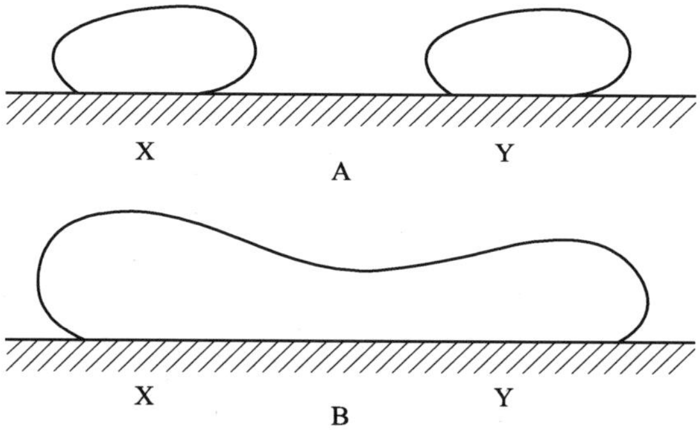

图 5.23　吸水与失水过程液滴的区别

说法二，“木桶效应”说，该说法也是为《Stone in Architecture》等权威著作所采信引用的解释。该说法认为，很多大孔隙都是靠小孔隙与外界连通[①]。和毛细凝聚同样的原理，小孔蒸气压比大孔低。于是，在吸水时，大孔隙 - 小孔隙构成的系统的平衡点是大孔的蒸气压；但在失水时，平衡点是小孔的蒸气压。这样的原理可以参考将一个套有更低位孔而容积很小的夹层有孔玻璃缸，把这个系统放水里，看内外平衡水位，进水的平衡水位是高位孔，失水的平衡水位是低位孔，因此产生了吸水与失水过程的回差。

说法三，水分子极性说。由于水分子是极性分子，可以将其类比为磁铁。因此当数量众多的小磁铁组成一体时是相对容易的，因为其间有吸引力存在；但当要将众多吸附在一起的小磁铁拆分却是相对困难的，这同样是因为引力的存在。

事实上，笔者认为上述三个说法都有其合理性，只不过其视角、学科出发点各有不同而已。更为合理的解释是上述三种因素在岩体吸水、失水的过程中都发挥着作用，实际情况是三者的综合效应。

---

① 笔者认为这一假设是成立的，因为数量上来看大孔比小孔少，因此露出表面的孔隙中有很大比例是小孔。

3. 毛细作用与裂隙渗流

当孔隙中水进一步增加时，这不是靠空气里的水蒸气能达到的，那么岩体的吸水过程就进入了毛细吸水的阶段，不过其形成的平衡还处于结合水层面。

孔隙里的水如果继续增加，那么孔隙就会达到被灌满的程度，此时毛细作用消失，水也变成了自由水。在现实情况下，当雨量过大或者大裂隙中可能就会出现这种情况，因为对于大裂隙、大流量的情况来说，其更接近饱和流了。

对于石窟浅表层中包含液态的传质，第四章中已经介绍了裂隙中的非饱和流动、透过岩块的有压力渗透和孔隙内的毛细作用三种基本模式。对于牵涉肉眼可见明显裂隙的情况来说，必须考虑裂隙中的流动问题，此时渗水速度主要与诱发流动的水力梯度、裂隙的宽度和粗糙度有关，裂隙越宽、粗糙度越小、水力梯度越大，渗流的水越多；对于高风速下的持续降雨、较深的积水等情况来说，更适用于有压力渗透的模式，此时渗透速度的快慢主要与造成渗透的压力大小、发生渗透的面积大小、岩体渗透系数大小有关；压力越大、发生渗透的面积越大、渗透系数越大，则渗透的速度越快。而对于正常的降雨、滴水、露水、地下水以及由于表面蒸发而使得岩体内的水向外迁移等情况来说，则往往更适用于毛细作用模式，此时吸水或失水的速率则主要受岩体饱水系数、表面蒸发速率以及毛细吸水系数有关；饱水系数越小、毛细吸水越大，则毛细吸水越快；蒸发速率越大、毛细吸水系数越大，则水通过毛细作用迁移至表面进而蒸发进入空气的速度越快。

上述定性分析中，横向比较各参数对传质影响作用的大小、在常见的石窟环境中哪些参数容易改变等问题将于第六章的半定量分析中说明。

4. 相变传质

第四章第二节“(一)”中第二部分中提到，从宏观角度看，除了单纯以气态、液态进行的传质之外，石窟与环境的相互作用中还涉及大量与相变有关的传质。落实到我国石窟保护的具体问题上来，则主要体现为“凝结与蒸发”和“冻融”两个实际问题。

(1) 凝结与蒸发

作为凝结相关病害极为严重的石窟文物，大足千手观音在近年来的保护修复工程开展的同时，也进行了大量国内首创、国际领先的石质文物凝结水研究与探索。

在中国地质大学、中国文化遗产研究院与大足研究院共同进行的凝结水研究中，采用了定性分析与定量监测结合的方式。具体来说，地质大学研制的凝结水定量监测设备可以较好地测定某一点位的凝结水量（该设备在使用上的局限性将在第六章分析，在此不再赘述），但除非将窟龛内装满该设备，否则这一定量测定的方法无法给出窟龛内整体、全局上的凝结情况。有鉴于此，大足凝结水研究中以定性地观察、描述来刻画窟龛内总体上的情况，明确哪些点位存在严重而值得定量测定的凝结水问题，再于这些点位上布设设备、测定具体的凝结量。

在上述过程中，针对如何定性地刻画、分析凝结水问题，地质大学提出了如下五个“凝结水等级”：干燥，即“在石刻崖壁上没有凝结水赋存，岩壁干燥，呈淡黄色”；潮湿，即“崖壁上开始产生凝结水。由于砂岩崖壁表层普遍存在一层松散的砂状风化物，刚形成的凝结水被吸附于松散表层，崖壁呈潮湿状，颜色变深。凝结水病害轻微”；有水珠，即“凝结水在崖壁的表面形成豆状水珠，凝结水病害较严重”；挂流，即“由于水珠数量增多，直径增大，最终在重力作用下，朝下流动，形成挂流，凝结水病害严重”；积水，即“沿崖壁朝下流动的凝结水流到地面并形成积水，凝结水病害非常严重”（图 5.24）。

可以看出，上述以直接观察为主要手段的定性分析主要用于直观地反映凝结量的多少，并粗略地“绘制”窟龛内的“凝结水地图”。但需要明确的是，以上的定性分析手段有着如下几个方面的不足之处：

其一，凝结水产生后可能被岩体吸收，也可能在之后蒸发，还可能形成水珠、挂流。并不能因为窟龛中某位置存在水珠、挂流，就认为这一位置凝结严重，挂流、积水说明这一位置“由于凝结水造成的

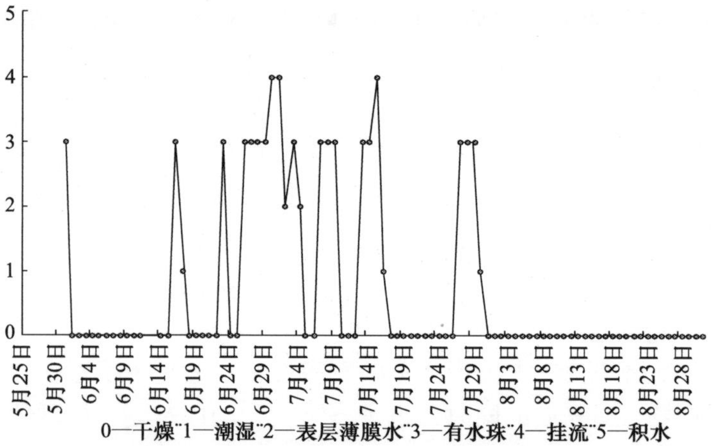

图 5.24　大足千手观音 D5 凝结水观察结果

病害问题更为严重”，而不一定是“该位置凝结量大”。也就是说，定性分析方式对于凝结水构成的表面径流、积水相关的分析是极为有效的，但对于凝结水与岩体含水量变化、水盐作用间关系的分析则价值有限。

其二，通过直观观察固然可以认知已经产生的凝结水情况，但其并非从凝结水产生的原因层面出发，也因而无法有效地分析“如何防控凝结水产生”、“某保护措施对防止凝结水发生有着怎样的效果”。

有鉴于此，观察法虽然可以起到一定的定性分析作用，但切实有效的凝结水分析仍需要定量手段的使用。相关估算、监测方式见第六章相应章节。

（2）冻融

对于冻融问题，以李宏松先生所进行的相关试验为代表，已有相当多的研究成果表明，其对于石质文物的安全构成了较大的威胁。而相应的材料处理保护技术亦层出不穷。值得注意的是，相比较于不断更新的防冻融处理技艺，反而针对某一具体石窟是否发生了冻融、冻融循环次数如何的全面调查却进展甚微。目前，除莫高窟等少数几处监测工作开展较为全面的石窟保护单位外，国保一级的石窟寺文物中仅有四川广元千佛崖、安岳卧佛院、巴中南龛以及甘肃天梯山等少数有着持续性的冻融实际情况监测。

实际上，目前掌握自然状态下的石窟冻融现状的方式种，最为科学准确而实用可靠的方式即为在岩体浅表层安置温度传感器并进行持续性的监测。只需对监测数据进行一定的处理，就可以获知该年中这一窟龛发生的冻融循环次数。除了这一定量分析途径之外，定性分析方式并不能回答石窟保护工作进一步开展所需的“横向比较不同石窟、不同窟龛冻融风险的严重程度”以及“采用某一保护措施后该石窟冻融循环次数是否减少了、减少的程度如何”等一系列问题。

有鉴于此，冻融问题的分析方式应以定量分析为主，将于第六章中进一步讨论。

5. 岩体内涉及多种传质过程的综合过程

水会以不同的状态由空气侧进出石窟的浅表层，同时水分也会从深层的岩体方向通过不同的形式进出浅表层。除此之外，在浅表层中还会由于重力、毛细作用等因素，实时进行着水分的再分配、再平衡。

正如前文图 5.19 所示，对于任意的石质文物而言，我们在实际中实时测得的文物含水情况正是上述不断进行着的动态平衡的结果。而针对中国石窟文物的基本特点，国内保护工作者已提出了对于这一动态平衡的定性模型。和玲在《彬县大佛寺岩石渗水风化研究》中提出，水在石窟中的活动包括“沿着孔隙下渗、沿内部裂缝或裂隙下迁，重力下移，水平方向平流，毛细作用上移，有些还存在某些地方积存”[89]。为了进行更为全面、系统化的定性分析，并与可能的定量分析匹配，本书在现有定性分析模型的基础上加入了多孔材料连续介质假设。

石窟物质遗存水理作用的定性分析有两个方面的要点：不同位置、不同方向岩石的性质，同一位置水分通过不同机理、源于不同原动力、沿不同方向的迁移。

石窟文物的不同位置由于其岩石种类、风化情况等方面的不同，岩石的孔隙率、孔隙半径、接触角等参数也不同。在这些参数中，孔隙率等参数影响着岩石的饱和吸水量，也就是岩体储存水的能力；孔隙半径、接触角等参数影响着岩石中水迁移的速度，也就是岩体吸收或放出水的快慢。根据国内外大量试验表明，孔隙率越大的岩种，风化程度越高，岩石储存水的能力越强，水在岩石中迁移受到的阻力也越小。

除上述因素之外，作为石质文物，石窟物质遗存一个鲜明的特征是其明显而不规则的各向异性。实际上，由于岩体边界、岩石裂隙发育、岩石节理等多方面复杂的原因，即使是同一个石窟样块，其不同方向的透水性能也会有着差别。这一差异尤其在呈层状发育的砂岩、页岩等岩种中极为明显。正因如此，单纯的定性分析或单一进行理论分析，均难以有效客观地掌握石窟文物的水理特性。这也正是本书认为应在定性分析的基础上加入理论分析、实地监测、计算机模拟三种手段综合运用的定量分析的原因。

如果说石窟文物中岩石的性质是影响最终水分分布的内因，那么不同原动力的机理沿不同方向进行的迁移则是与之对应的外因。为简化起见，以一个正方体的表征体元为研究对象：对于这一微元而言，其上下左右前后六个面实际上代表了三种类型的水分布特点，即垂直方向分布——由上至下或由下至上、水平方向分布——由左至右或由右、至左、进深方向分布——由前至后或由后至前。

（1）竖直方向的迁移与分布

从微观来看体现了表征体元内孔隙、裂隙、裂缝重力作用与毛细作用的综合结果，而将无数表征体元统合后就形成了从宏观来看的石窟沿竖直方向综合的迁移与不同高度位置含水量的不同。究其根本，石窟内的水在竖直方向的源头可以归结为降雨与地下水，前者有较大比例在石窟内由上至下迁移，后者则会在一定范围内由下至上迁移。对于降雨时段内由窟顶、山顶进入石窟区域的水而言，重力作用显然会使得水向下迁移，对于这些渗入的雨水而言，毛细作用实际上同样是存在的，在水由重力作用下由上而下迁移的过程中，毛细作用也会促使雨水向下渗透。但值得注意的是，由于降雨的持续时间是有限的，因此随着降雨的结束，由上部渗入的雨水将在一段时间内通过重力与毛细力的作用向下迁移直至汇入地下水。最终使得石窟物质遗存中的水呈上少下多的分布模式。

而对于地下水由下向上的迁移，重力作用与毛细作用是相互遏制的。一般来说，石窟地下水受自身重力的影响，其自由液面处又由于表面张力问题形成了毛细力。正如“包含液态的传质”小节中所述，当毛细力大于重力时，宏观上的毛细现象就会出现。考虑了一般石材的平均孔隙半径等主要影响因素后，石窟宏观上的毛细现象一般会影响到由液面以上数米至十数米的区域。也就是说，由于毛细作用的存在，水在竖直方向不会完全集中于底部，而是会在一定高度范围维持一定的含量。

在综合了重力作用和毛细作用之后，石窟物质遗存沿垂直方向会形成既基本稳定又动态的水分分布。其基本稳定的一面在于当重力作用与毛细作用在整个竖直方向形成平衡后，水分的分布模式将基本维持不变。一般来说，当沿竖直方向岩体的性质完全相同时，越靠近地面或其他水源处的含水量相对越高，随着高度的上升含水量将逐渐减少，直到宏观毛细现象的极限高度，这一极限实际上是微观上毛细作用、蒸发、扩散、重力影响达到平衡使得水的迁移达到平衡。在宏观毛细现象的极限高度之后，含水量不再随高度增加而有明显增减，均处于较低的水平，其含水量往往与吸附曲线中该窟龛平均湿度对应的含水量相近，结合水比例较大而毛细水、重力水比例较小。这一整体的分布受到岩体性质、降雨量多少以及地下水位等多方面因素的影响，降雨量、地下水越多，地面以上一定高度内含水量越高，但毛细现象极限高度以上的含水量受影响相对较少；岩体整体储水能力、输水能力同样主要影响距水源较近的区域，对距水源较远而超出毛细现象影响范围的区域影响不大。

与上述基本稳定的一面相对，动态的一面则主要在于降雨，降雨将使得短时间内整体含水量上升，但在降雨后随着重力作用与毛细作用的影响，水分会逐渐集中于较低的位置，毛细极限以上区域将逐步回到较低的含水量水平。

但正如前文提到，石窟文物自身的特点使得不同位置、不同方向可能有着极为不同的储水、输水特性。石窟中孔隙率较高、孔隙半径较大的部分显然含水量会高于其他区域，孔隙率较低、孔隙半径较小的部分含水量会低于其他区域。一般而言，位置较低的区域受岩石性质影响更为明显，而较高位置由于其毛细水、重力水比例较少，因此岩石性质对含水量固然也有影响，但其影响效果相比于较低位置区域岩石性质不同所能带来的影响，是相对较小的。究其原因，通过吸附曲线可以看出，不同石材的吸附曲线的差别实际上主要体现了不同石材留存结合水的能力，也就是说超过毛细作用极限后，石材特性的差别只会主要影响仅存的结合水；而在较低位置区域，石材特性差别既影响结合水也影响毛细水、重力水。

（2）垂直于岩体表面的迁移与分布

对石窟文物的关注一般集中在较浅（数米深）的深度范围内，在浅层中沿垂直于岩体表面方向水的迁移与分布，从微观上体现了表征体元内裂隙、裂缝、孔隙中的水在毛细、扩散作用影响下的迁移，而统合无数表征体元后即形成了宏观上岩体由内到外的水分分布。定性来看，这一方向上水分迁移的物理情景可以描述为如下情况：岩体内某处含水量是基本不变的，既可能其周遭具有水源因此含水量维持在较高水平，也有可能长期不与水源接触因此含水量维持在较低水平；空气也携带有水，并且在空气存留水的能力与岩体存留水的能力间会形成平衡，此即吸附曲线；空气湿度在不断变化，因此其与岩体间形成的平衡关系也处在不断“打破——再平衡”的过程中；当空气更“湿”时，水分将由空气向岩体迁移，而表现在岩体内部则是越靠外含水量越高，并在此梯度的作用下将水向岩体内搬运；当岩体更“湿”时，水分将由岩体向空气迁移，而表现在岩体内部则是越靠外含水量越低，并在此梯度的作用下将水向空气侧搬运。

上述迁移过程在微观上看涉及多种不同的物理过程。垂直于岩体表面方向的水分迁移从微观来看可以根据水的状态分为不同的形式，微观层面上呈游离的分子态的水对应宏观上的气态（水蒸气），流态的水对应宏观上的液态。分子态的水其迁移的主要途径是扩散作用，即在分子热运动的基础上由浓度高的位置向浓度低的位置迁移；扩散作用既在孔隙中发生，也在密实的矿物分子间存在，只不过前者的速度远大于后者，因而在考虑扩散作用时可以借助表征体元概念假设一个综合了孔隙与矿物扩散效果的均匀物体，认为扩散发生在这一性状均匀的表征体元中。流态的水其迁移的途径则更为多样，而较为常见的是毛细作用；毛细作用只能在密实矿物间的空隙中发生，因而在定性分析时可以将其类比为毛细管中发生的毛细作用。在微观层面，分子态与流态之间并非泾渭分明，实际上在岩体内部两种不同的迁移模式之间常出现转换与结合，如毛细凝聚等现象。一般而言毛细作用的效果要较扩散作用更为明显。

对垂直于岩体表面方向水分分布的定性分析与石窟文物保护的实际需求是分不开的。从前文石窟病害机理相关内容来看，“石窟是在吸收水分还是失去水分”，“石窟吸收或失去水分的快慢”，“石窟不同深度含有水的多少”等都是与病害紧密相关的。通过对比同类石材的吸附曲线可以粗略了解到石窟定性上是吸水还是失水，而更为细节的定量估算将于下一章讨论。石窟岩体的毛细作用与扩散作用影响着水分迁移的速度，两种作用效果越明显，水分迁移越迅速，而具体影响因素见于前文相关部分；环境整体的潮湿程度与石窟岩体储水能力影响着不同深度含水量的大小，环境越潮湿、岩体储水能力越强，不同深度的含水量均越大。

这一方向上水分分布的一个特点是，不一定有绝对的“深处较浅出水分高”或相反。由于空气侧环境的变化，窟龛中的空气与岩石相比，究竟哪一方更“湿润”是随着时间不断变化的，若参照吸附曲线，即实际情况既可能位于曲线上方，也可能位于曲线下方，并会随时间发生变化。当空气侧更为湿润时，沿深度方向的水分分布将呈现外高内低的状态；当岩石侧更为湿润时，则会呈现内高外低的状态；当空气湿度变化速度比岩石含水量对此应变的速度还快时，则会出现更为复杂的情况。

（3）平行于岩体表面的迁移与分布

沿平行于岩体表面方向水的迁移与分布，从微观上体现了表征体元内裂隙、裂缝、孔隙中的水在窟龛左右两壁沿进深方向[①]含水量梯度的作用下产生毛细、扩散等作用而迁移，而将无数表征体元统合后即形成了宏观上石窟进深方向含水量的分布。实际上，沿石窟进深方向水源的分布可能是非常不均匀的，在不同的石窟群甚至同一石窟群的不同窟龛中都没有明确的规律可循。但由于上述水分迁移的机理在于毛细作用、扩散作用以及蒸发等其他效应的影响，因此可以参照前文“液态水迁移”小节中的分析结果，对进深方向含水量分布的影响因素进行简要的定性分析。

影响这一方向上不同位置含水量多寡的因素包括：距水源的距离、岩体储水输水的能力以及是否接近窟口。距离水源的远近与岩石的储水能力，在微观上影响着毛细作用的效果，在宏观上决定着水分分布的基本特点。粗略来看，距水源，包括暗河、地下水、积水等多种不

① 实际上所谓沿窟龛进深方向是指窟龛左右两壁岩体，对于窟龛内壁而言也可能就是水平方向，此处所指代的是除竖直方向、垂直于岩体表面的深浅方向之外的其余空间方向。

同可能越近，含水量越高；假如距离最近水源的距离超过毛细作用能到达的范围，含水量将减小至以结合水为主的数量级。而是否接近窟口则决定了这一方向上的分布在多大程度上受到前文所述垂直于岩体表面方向分布的影响，距离窟口越远受到的影响越小，距离窟口较近时其实际的分布则将是两种分布模式的综合。

（4）地质环境因素影响的分布与迁移

上述竖直、垂直于岩体表面、平行于岩体表面的水分分布与迁移，主要基于较为理想而抽象化的岩体而言。但对于石窟文物来说，窟龛地质环境中水的因素、开凿时的具体情况等因素，虽然不是如以上三个方向的理想分布一般具有共性，但这些特性因素的影响往往要远大于上述的共性因素。甚至在我国石窟的部分实际案例中，特殊因素对浅表层含水量的影响是决定性的。

以彬县大佛为例，其不同高度的含水量如图 5.25 所示：

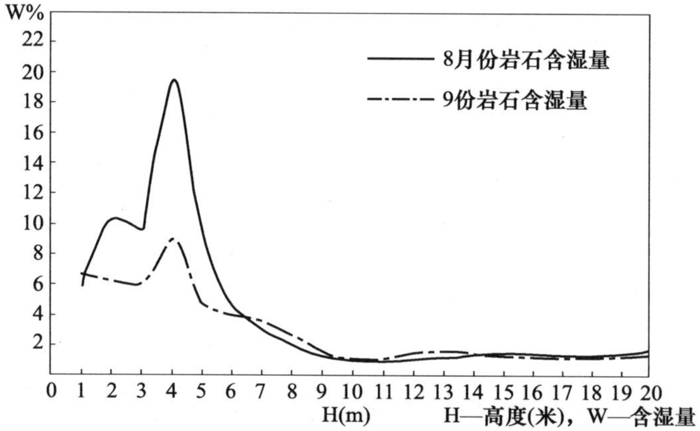

图 5.25　彬县大佛寺岩石含水量随高度变化情况 [89]

可以看出，沿竖直方向含水量的分布极为明显地体现出几个特点：其一,四五米高处含水量极高；其二，不同时间的水分分布共性在于集中于较低的区域，较高的区域含水量在不同高度、不同时间相差不多；其三，不同时间的水分分布异性在于较低的区域整体含水量的增加或减少，与此同时不同高度间的含水量相对关系基本不变。

对照前文可以发现，虽然彬县大佛岩石含水量的分布特点中，有部分可以对应于普遍的含水量分布特点，但诸如“四五米处含水量极高”等核心特点却难于从含水量分布的共性中得到解释。对于这一问题，黄克忠先生认为这一含水量的特殊分布情况，主要肇因于地质环境中水的问题。具体来说，在彬县大佛开凿的过程中，凿穿了后部较深层岩体的包气带，致使窟龛内壁直接与潜水面相通。而四五米处为泥质页岩层被窟龛开凿所截断处，因此地下水集中于该处渗出。

由此可以看出，对于体量巨大的石窟文物而言，开凿过程有可能牵涉石窟的地质环境而非只限于浅表层岩体。此时包气带水、地下水将对浅表层岩体中含水量的分布、变化产生至关重要的影响，浅表层岩体中岩块内水分通过孔隙的毛细作用、水蒸气的扩散等过程将退居其次。

四、统一分析石窟浅表层热湿变化对赋存状态影响的可能性

（一）不同机理影响统一的可能研究方向

粗略而言，从第四章中对石窟与环境相互作用所涉及的主要化学反应来看，热量与水分对于这些反应发生与否、反应速度快慢都有着不同程度的影响。考虑到相关问题主要为化学专业研究的范畴，本书中不进行详细讨论，只提出如图 5.26 所示的初步分析思路，将在未来的研究中逐步补充完善。

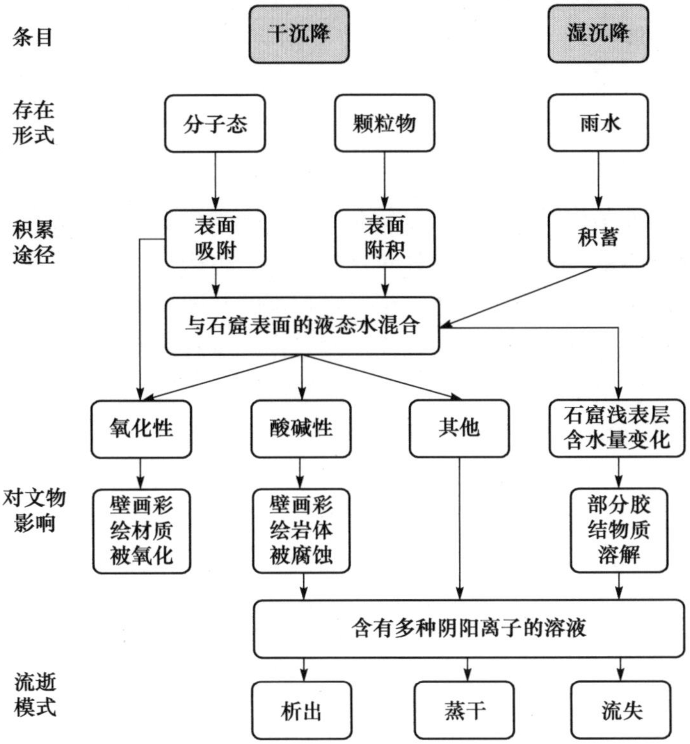

图 5.26　化学反应影响石窟文物的可能情况总结

文献综述部分已经提到，在石窟乃至石质文物与环境间相互作用的研究，以及涉及这一问题的保护实践中，颇为棘手的一个问题是“针对物理、化学与生物过程的病害研究各有不同的分析思路，其结果难以相互统合”。具体来说，不论是热还是湿或是突发的结构问题，这些物理层面的过程都可以用“应力差”、“应力集中”的思维模式处理，将不同机理对文物安全的危害效果归结为统一的“在石质文物中产生了怎样的应力差、应力将集中于什么位置、多大程度上增大了文物物质遗存遭到破坏的风险”；化学过程的研究方式是具体到化学反应，分析“化学反应以文物中哪些物质作为反应物、产生了哪些生成物、作为反应物的物质缺少后对文物的结构安全与视觉效果产生了怎样的影响、生成物的堆积又对结构安全与视觉效果有怎样的影响”；生物过程的研究方式是具体到生物活动的条件，考察“生物活动以哪些物质为原料、代谢产生哪些物质、原料被从石质文物中大量吸收对石质文物产生怎样的影响、代谢产物的堆积又产生怎样的影响”。

也就是说，目前既不存在能够将物理、化学、生物过程统一为一体的理论，也未找到能够权衡物理病害、化学病害与生物病害综合的利弊得失的客观指标。而这也导致了在研究与保护实践中以上三大方向的各行其是。

在分析了上述不同的研究思路，并参考了近年来国内外在相关问题上的研究探索后，笔者认为以下思路是具有初步链接以上三个研究体系的可能性的：

对于造成结构安全问题的分析，可以考虑采用裂隙岩体损伤力学与弹性力学理论体系。有鉴于目前针对化学过程、生物作用对石质文物结构强度影响的研究已经在国内外得到了一定程度的开展，故而从理论上来说可以将物理作用、化学作用、生物作用均视作影响石质文物某些力学特征的因素，并在裂隙岩体损伤力学、弹性力学的领域①得到初步的统一。

对于在文物表面上导致非结构性的、视觉效果层面上影响的问题，可以考虑采用某些技术性判据对不同机理带来的影响进行综合判断。举例而言，李宏松提出了石刻文字视觉效果的判断依据，而国内外对文物表面颜色、壁画完整程度的判定也已较为系统成熟。也就是说，可以将物理作用、化学作用、生物作用均视作影响文物价值呈现的某种影响因素，并通过制定科学合理的指标体系得到初步的统一（图 5.27）。

① 如应力差、应力集中和破坏的关系等。

（二）不同机理影响的初步综合

在本文研究力所能及的范围内，笔者认为“将物理作用的结果视作化学、生物作用发生的条件；将化学、生物作用的结果视作物理作用可能的影响因素”是目前最具有可操作性的。

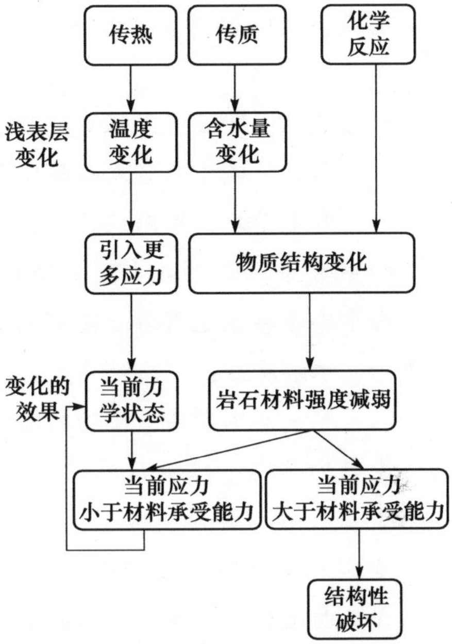

图 5.27　传热、传质与化学反应影响石窟文物的可能情况总结

具体来说，第四章中已经罗列了部分最为常见的化学、生物作用，并分析认为物理作用中的热、湿条件是其非常重要的影响因素。当环境中的热湿条件改变时，会影响石窟表面的化学反应速率、生物活动剧烈程度；而这些化学、生物作用的发生与变化，也会反过来影响石窟浅表层的物理性能。

下文对上述定性分析进行了梳理，具体的参数，如盐析等部分见于第六章相应章节，其余可通过查考相关领域研究成果或进行具有针对性的实地检测获知，以下思考仅为初步、定性地分析：

二氧化硫与石窟表面酸化作用：

二氧化硫氧化的催化物质以及溶液条件，对应到参数层面则是特定化学物质的浓度、降雨量以及空气温湿度。除此之外，环境中的温度变化对化学反应的直接影响也是客观存在，而往往被文物保护研究所忽略的。考虑到上述酸化作用的关键节点——二氧化硫被氧化为三氧化硫这一反应是吸热的可逆反应，固然催化物在其中有着显著的作用，但不可忽视反应环境是处于被加热还是被冷却这一重要因素；也就是说，处于降温状态的环境将遏制二氧化硫的氧化过程，处于升温状态的环境将加速二氧化硫的氧化过程。

二氧化氮与石窟表面酸化作用：

对于上述二氧化氮的酸化作用而言，主要影响参数包括降雨量；空气温湿度，其中温度除了与湿度共同影响着空气中水蒸气的多少、凝结与否之外，还影响着二氧化氮与水这一放热反应，即温度降低有利于这一反应的发生。

二氧化碳与石窟表面酸化作用：

有鉴于此，可以认为二氧化碳的酸化作用中最为重要的影响参数为二氧化碳浓度，除此之外降雨、空气温湿度、岩石含水率等参数也有着一定影响。

水解反应：

其一，不少石质文物的赋存环境具有促使反应向正向持续进行的条件。根据目前的研究成果，温暖而潮湿的环境有利于正长石水解为高岭石过程的发生。也就是说，空气温湿度是这一反应的重要影响因素，适宜的温湿度环境将促使反应向正向进行，加速正长石的水解。

其二，仔细观察反应的生成物就会发现，氢氧化钾作为易溶于水的物质，很容易随着水溶液的迁移而迁移。试想如下情景：含有正长石的石窟浅表层被水所浸润，其中有溶解度小而呈固体的正长石、高岭石、二氧化硅，也有溶解度大而呈离子态的氢氧化钾，各物质的浓度随反应的缓慢进行而逐步变化；随着前文提到的渗流、毛细、扩散等物理过程的发生，上述含有氢氧化钾的溶液逐渐迁移至石窟表面，或进一步渗出、流出，或直接蒸发；以上过程导致发生水解反应的位置氢氧化钾相对其他物质的浓度不断减小，进而促使化学反应加速发生以达到化学平衡。也就是说，空气温湿度等参数的变化还会诱发其他相关的物理过程，促使水解反应以更快的速度发生，即加速原本的风化过程。

由上述分析可见，水解反应的主要影响参数包括降雨量以及渗水相关参数、空气的温湿度与石窟浅表层的温度，它们既影响着液态水的存在问题，也影响着水解反应发生的快慢。

盐类结晶：

影响石窟表面盐类结晶的主要参数包括石窟浅表层液态水中包含的主要阴阳离子种类、各离子的浓度，即发生盐析的“内因”

和石窟表面附近的空气温度、相对湿度，即发生盐析的“外因”。

盐类潮解：

石窟表面盐类潮解的主要影响因素一方面在于盐的种类、组分，另一方面则在于温湿度条件；对于确定了成分的盐类混合物，其在某一温湿度条件下存在着确定的潮解速度。

盐基交换：

也就是说，这一类化学反应的主要影响参数在于降雨、温湿度等“水环境影响因素”，以及水溶液的酸碱度。

细菌活动：

空气中或表层富集的水中含氧量，实际上在石窟常见的环境是不利于厌氧菌生存的；水环境的酸碱度；空气温度，大部分细菌都有其生存繁衍最为适宜的温度范围，往往可以直接参考相关的生物科学研究成果。举例而言，大多数硝化细菌喜爱含氧量高、呈弱碱性的水环境，且在25℃左右生长繁殖较快。

低等植物与苔藓活动：

空气温度、相对湿度，当温湿度过低时地衣的活动趋于缓慢，当温湿度适宜时又会恢复活力；降雨量、降雨持续时间、雨水遮挡情况、渗水情况等，以上条件影响着石窟表面存在表面径流与否以及表面径流持续的时长，从对川渝石窟的实地考察来看，有表面径流区域地衣活动远较无表面径流区域旺盛、表面径流持续时间长的区域地衣活动远较持续时间短的区域旺盛。

除此之外，地衣对于二氧化硫极为敏感，二氧化硫以及酸雨等石窟安全的不利因素同样也遏制着地衣的生长。也就是说空气中二氧化硫的含量、降雨pH值也是地衣活动的影响参数之一。

高等植物活动：

高等植物活动的影响因素即是高等植物生存繁衍所需的环境条件，包括降雨、空气温湿度等。

低等动物活动：

低等动物活动的主要影响参数为空气温湿度以及降雨量，除此之外岩体表面的盐类成分、含量也与低等动物活动情况有紧密的联系。

高等动物活动：

高等动物活动的主要影响因素除了周边区域是否有动物群落外，还包括空气温湿度；石窟周边液态水的供给，考虑到鸟类等高等动物有较强的活动能力，因此其取用水、食物不局限于石窟区域内，还可能拓展到石窟周边区域。

第六章
石窟与环境相互作用的半定量分析方法初探

一、分析方式概述

（一）对相关参数的检测、监测

在第二章中已经提到，对石窟物质遗存与赋存环境中的相关参数进行检测、监测，是研究石窟与环境相互作用的重要定量手段。获取石窟物质遗存的参数往往被称为“检测”，或对石窟浅表层物质进行取样测试，或进行现场的实地测试。不论是取样测试还是现场测试，这些检测方法大多都是根植于结构力学、岩体工程学、分析化学等自然科学学科或工程应用领域。通过规范统一的检测试验手段，可以建立起具有较强指导意义的参数数据库，进而在一定程度上允许保护工作者从数据库中选取适当的数据，在不具备检测条件的情况下进行简易的分析。

而获取石窟赋存环境中的相关参数往往被称为“监测”，当然“监测”中也包含部分理应分属石窟物质遗存参数的内容，如石窟表面与浅表层的温度、含水量、裂隙大小、应力应变等。实际上，从目前国内外的文物环境监测工作来看，对于环境中的风、温、雨、湿、辐射、气压、污染物种类与浓度等内容，以及石窟表面与浅表层的上述内容来说，由于测得这些参数不需要复杂而系统的试验，往往可以利用更为便利的电气仪表测得并转化为电信号进行传输、储存，因此对这些参数的监测已经完全可以达到自动化、数字化、远程操作、常年运行了。

1. 对石窟物质遗存的检测

（1）常见的几类不同类型检测

目前应用于石窟文物保护、研究的检测手段虽不能说浩如烟海，但也为数众多。考虑到不同检测手段分属不同专业背景，且国内外针对不同检测手段的研究已进行到很细致、专门而精深的程度，因此此处只概述几类常见的检测，并概述其共性的特点。

岩体宏观的力学特性是研究石窟文物安全的重要内容，其决定着石窟文物出现肉眼可见的破坏的“阈值”。不论是抗拉、抗压、抗剪强度，还是弹性模量，这些基本的宏观力学参数的获取都离不开材料力学的成熟而规范的相关检测试验。需要注意的是，对岩体宏观力学特性的检测很可能具有破坏性：对于需要取样的试验来说，取样工作本身就可能对文物安全产生影响，且部分参数的获取需要进行破坏试验，即取样后需要以特定方式对样品进行破坏，通过其承受极限核算其力学特性；对于不需要取样的检测来说，如便携式回弹仪，也应尽量避免对风化极其严重而质地脆弱的文物表面使用。

岩体的热力特性与水理特性是石窟与环境相互作用中的重要影响因素。对热力特性、水理特性的检测包括热膨胀相关测试（线膨胀系数测试）、吸水膨胀测试、热阻测试、扩散系数测试、吸水系数测试、饱水系数测试、饱和吸水率测试等非常多的内容。这些测试虽然试验过程纷繁多样，但也有着共性特点：在实验室条件下为岩体样品提供特定的热湿环境，观察样品在这一环境下的表现。也就是说，热力特性与水理特性的检测往往需要进行取样，也需要一定的实验室条件，如恒温恒湿的空间、精密的称重设备、特制的水箱等。

除此之外，如果从检测进行的目的来看，还可以将为数众多的化学成分、微观形貌测试归为一大类，即以掌握“文物的物质遗存是由哪些物质、以怎样的方式构成的”为目的而进行的检测。这一类型的检测或不接触文物的物质遗存，或取样时对文物的影响不大，其中如扫描隧道电子显微镜成像、拉曼光谱等几种检测已经逐渐成为国内外石质文物保护与研究的常备手段。

（2）常规检测与针对性检测

国内外对于监测、检测工作的开展已经逐渐形成两个基本思路，即日常性质的常规检测与带有明确目的性的针对性检测[90]。

对于常规性的检测而言，其前提是具有行业通行的、明确的检测标准与检测规范，并建设有行业数据库以容纳不断扩充的数据。实际上，欧美国家针对石质文物进行了较为完善的检测标准与检测规范，而国内针对石质文物的数据库、标准化工作尚处于建设阶段。对于相比其他石质文物更为复杂、更为特殊、更系统的检测标准与数据库建设的石窟文物而言，虽然欧美国家在具体到石窟保护工作上与国内相比可谓各擅胜场，但在检测手段的标准化、行业数据库的推广上，我们仍应借鉴其成功经验。举例而言，美国由 ASTM 为石质文物的检测试验提供规范与标准，使得对不同石质文物、同一石质文物不同时间进行的检测工作遵照同一套操作规程，确保了百余年来不断积累的数据具有可比性，值得国内学习借鉴。可见，以“国标”系统为依托，借鉴国外先进经验建设长期而稳定的文物检测监测数据平台，是未来文物检测监测工作发展的重要方向之一。

相比于常规性的检测，有针对性的检测则需要对石窟劣化机理的共性与特性、最终影响劣化过程发展的参数有着较为全面系统地把握。实际上，国内开展的针对性检测工作中，较为成功、对后续保护工作进行帮助较大的，往往是莫高窟、云冈石窟等具有较强科研实力与科研团队的文物保护机构所在的石窟。

2. 对石窟赋存环境、石窟物质遗存的监测

目前文物保护领域对“监测”这一概念的界定十分宽泛，不论是安装设备并定期采集数据，还是人工定期巡视，抑或对天际线、用地属性、经济数据的定期评测，都被列入广义的监测范围。

本书以石窟与赋存环境的相互作用为研究方向，仅讨论上述广义的监测中的一部分内容，即安装设备并定期采集数据的狭义监测工作，后文出现的“监测”如无特殊说明也与此相同。

对于石窟的监测工作来说，同样可以分为常规监测与反应型监测（或称为针对性监测）。但不论是常规进行的监测还是针对特殊情况进行的监测，监测这一手段的优势与局限性都是基本相同的。

监测这一手段最为突出的优点在于其准确性，也就是说当排除了人为因素和技术性的事物之后，监测所给出的结果是所有定量手段中最为准确可靠的。

但相对于这一突出优势，监测工作的某些局限性、国内多学科合作与多学科人才储备的不完善，也在近年来国内外的保护实践中愈发凸显。

其一，设定的监测项目是不是石窟保护所切实需要的。监测工作开展的前提，是监测的设计者决定要监测哪些参数。不论是从不影响其他文物保护工作的进行，还是从不妨碍文物的正常对外开放，抑或从保护工作的资源、经费的合理使用的角度来看，监测所包含的项目都不可能无限膨胀，很难穷尽石窟物质遗存与赋存环境中方方面面的参数。在这一前提下，监测工作的开展往往需要选择哪些参数优先，而这一选择权衡的过程涉及前文所述的大量石窟病害劣化研究，即如何由劣化现象深入到其机理并最终抽丝剥茧得到核心的参数。

换言之，石窟监测工作的开展需要石质文物劣化机理的研究者、赋存环境的研究者与传感器使用的工程师之间，进行全面细致地沟通，彼此工作完美衔接；否则极易出现“监测开始一段时间后才发现，保护工作需要的部分参数没有列入监测范畴，而进行了监测的部分参数实际上对保护工作的开展意义不大”的情况。考虑到国内在文物保护领域在赋存环境、仪器设备方向的工程师人才相对有限，监测的上述“特点”在短时间内仍会成为其“局限性”。

其二，监测的技术手段选择是否合理。随着传感器领域的科学技术进步，对于同一个参数或者石窟文物保护所关注的同一事务，往往可以通过多种不同的手段实现对其的监测。而在多种技术手段中选择最为科学合理的手段来实现监测，则需要文物保护领域与传感器领域两方面学科背景的通力协作。

举例而言，对于我们用热电偶法得到了窟龛中壁面某一位置的干球温度，那么对于壁面干球温度而言，由于热电偶存在厚度、存在两面，故而要么将其直接贴在壁面上而引入了空气温度的干扰，要么将其另一面挡住而改变了真实存在的壁面条件。在该例中，并不存在数据“错了”，而是选用的方法“不适宜”因而导致了我们得到的数据其实并不是我们真正想要的东西。这体现出，缺少了传感器专业的支撑，监测工作很可能误入歧途。

而当文物保护工作希冀能实时获知文物的质量变化情况，以此掌握文物风化、物质流失的速度时，如果对于位于野外的石窟类型文物仍然采用实验室条件下“利用测支持力的方式测量重力并据此计算质量”的经典模式，一则不可能将石窟文物“吊起”在其下安装“天平”，二则既是可以安装对应的设备，随着降雨等过程的发生，设备的下垫面条件也将迅速变化，给监测结果带来巨大的误差。这体现出，缺少了文物专业对文物赋存环境特点的分析，监测工作很可能事倍功半。

实际上，实践中上述不完善的监测工作的出现并非是监测这一手段本身的局限性，而是目前国内石窟保护工作中不同专业配合尚不默契、相关的多学科背景人才的储备尚不充裕的结果。

其三，监测获得的数据是否能得到充分使用。当监测工作进行到一定阶段后，数据处理与利用上的问题就会逐渐浮出水面。对于一般的文物保护单位来说，监测工作往往是通过工程、项目的形式由其他科研机构、高校或企事业单位完成的，而文保单位自身往往缺少能够处理使用大量监测数据的时间与人力。这样的现况使得国内不少石窟监测工作“名为持续性，实为一次性”，项目结束后就后续乏力，数据废置设备也逐渐坏损殆尽。

而即使是如故宫博物院、敦煌研究院等科研实力与人才储备均属一流的大型保护机构，也同样存在着监测数据未能得到充分利用的现实问题。如故宫博物院世界文化遗产监测中心，其数据包括上驷院停车场监测站的气象环境参数与空气质量参数等多种类型，至 2015 年底方完成 2013 年度的常规数据分析工作；而敦煌研究院数据量更大，常规数据分析工作的开展就已令人应接不暇，大量数据中蕴含的信息同样未得到充分挖掘。

可以说，目前国内文物保护工作对监测数据的使用尚有不足，未能发挥已有数据应有的潜力；另外，由于监测系统不具备自主分析的能力、监测服务的提供者未能做好长期服务、地方文物主管部门人力资源上的局限等方面的原因，部分监测工作存在着“项目结束监测即被投闲置散”的局面。

其四，监测所获取的数据的非连续特点。从宏观来看，不论是文物本体还是文物环境都是“连续”的，在客观世界的空间中“连绵”、在时间中“连贯”。但监测这一手段自身的特点，实际上就是非连续的。粗略而言，我们可以在空间中的任何位置布设传感器，测得任何位置的参数；也可以通过预先设定的程序进行设定，测得任何时间的参数。但除非在石窟中设置成千上万的传感器、每个传感器保留每时每刻无穷多的数据，否则监测所获得的数据，都是对客观现实的“蜻蜓点水”“浮光掠影”，只是某些位置、某些时间的真实情况。

也就是说，监测这一手段所提供的，只是“点”状的参数。距离全面系统地分析在时间、空间层面均连续的石窟文物与赋存环境，尚有距离。

（二）借鉴现有研究成果进行理论分析

理论分析包含的内容非常广泛，几乎所有通过现有理论、现有数据，以较为科学合理的推导为过程的分析，都可以被称为理论分析。和检测与监测相比，理论分析往往需要对客观现实进行合理地简化，理论计算所得到的数据结果其准确性也很可能不如检测与监测。但在石窟与赋存环境相互作用这一具体研究方向中，理论分析仍具有无可取代的重要作用。

作为定量分析手段，本书中借鉴的诸多理论分析方法的核心价值在于理论分析以具有物理意义的宏观参数为元素，通过科学合理地推理演绎，构建起了各个参数与石窟文物安全、各个参数之间的普遍联系。举例而言，通过理论分析可以得知岩体的哪些指标影响着毛细吸水的快慢，可以了解其中哪些参数与吸水的速度成正比、哪些参数与吸水的速度成反比，不同的参数谁的影响更大。对于热量的传导、水蒸气的扩散也是同样。

也就是说，理论分析的价值不在于其是否能提供准确的计算结果，而在于其体现了石窟与环境中不同事物、不同参数间的定量关系。

在本书引用的理论分析方式中，既有大量保护技术领域“原生”的理论成果，也有大量从其他相关专业（如材料、化学、结构、环境等等）中借鉴而来的理论成果。不论这些千差万别的理论有着怎样的特点，其有一些问题是在分析石窟环境问题中不能不考虑的。

其一，理论的前提与适用范围。众所周知，任何理论都存在其成立的前提与适用范围，而在使用理论分析辅助我们认识石窟环境问题时，所使用的理论的前提是否满足、是否在其适用范围内、不同理论间进行的假设与忽略是否相互协调，这些都是要在分析开始前考虑的问题。正因为如此，在理论分析的过程中，需要对各个理论的前提、范围、进行了怎样的假设等进行梳理；另外，也需要考虑到对于不同的现实问题，选择怎样的理论模型、不同的理论模型间如何协调等问题的答案也很可能是不同的。

其二，理论分析出来的结果到底是什么。理论分析可能为我们提供一个基本的微分方程，可能为我们提供一个简化后的公式，也可能为我们提供一个经验公式或拟合公式，这存在着很多种可能。对于适用的理论分析，显然我们需要认识其带给我们的结果究竟是什么才能更好地使用，其可能适用于定性分析不同参数间的关系、用一套机理来刻画现实中发生的情况、简便估算等多种用途。

总的来说，就是在罗列分析中可能适用理论的基础上，更要阐述这些理论，在怎样的条件下适用、又是为了解决什么问题而存在。

（三）计算机模拟

将计算机模拟用于文物保护领域，辅助文保工作者更全面深入地认知文物的现状以及未来发展，这并非是近几年来才开展的新尝试。在文物与环境关系研究与实践中，使用计算机模拟手段同样并不少见。《文物微环境》一书中就列举了欧美大量博物馆、文物建筑内应用计算机模拟技术的案例。在国内，如清华大学建筑学院即在故宫午门博物馆的环境控制系统设计中大量使用了 Dest、phiones 等实用计算机模拟软件。

实际上，归根溯源，之所以要使用计算机模拟手段，根本原因在于希望借助这一工具实现单纯人力所不能及的目的。文物环境中，依靠监测与理论分析等人力、人脑手段无法或较难解决的问题主要集中在三个层面。

其一，理论分析固然可以用复杂的数学表达刻画场域，但其复杂数理工作带来的不便显然不利于在文物保护实践中推广；而监测虽然可以测得空间内任意一点、任意时间的参数，但却难以测得空间内所有位置、全部时间过程中的参数。

其二，现实中的文物本体与其赋存环境联系紧密，是一个牵一发而动全身的系统。尤其是在自然条件或半自然条件下存在的文物，类似于一个具有无数变量的巨大方程组，每时每刻、每分每寸都存在着变化，而不同时间、不同空间产生的变化还存在着相互影响。这使得依靠理论分析掌握文物与环境的动态变化成为近乎不可能的任务。而监测则是对真实存在的复杂、连续变化的系统进行“切片”，在与理论分析配合的前提下随着监测数据的增加是可以较为真实的反映客观现实的，但其工作量与难度都较大，需要计算机辅助。

其三，计算机模拟不仅可以解决现实问题，还可以就未来可能的情况进行预测式的分析。简单来说，若在计算机模拟时输入现实的环境参数、现实的岩体参数，即可分析石窟与赋存环境当前的相互作用情况；而若在计算机模拟时输入拟进行的保护措施实时后的环境参数、经过保护技术处理后的岩体参数，即可对尚未开展的保护工作进行预测与评估。

在石窟文物保护中，计算机模拟是如今很常见的工具，如风场模拟（千佛崖）、热湿场模拟（敦煌）、有限元结构计算（彬县大佛）等。本书在考察了当前石窟保护中较为常见的几种计算机模拟手段后，主要涉及并使用如下几种计算机模拟手段：CFD 模拟，用于解决区域环境与微环境中的相关问题；非稳态热湿耦合模拟，用于解决微环境与石窟浅表层相互作用中的相关问题；盐析计算机模拟，用于解决盐析结晶相关问题。

这些模拟都具有如下的特点：对于给定的初始条件、边界条件，将现实中的研究对象进行合理地简化并转化为计算机软件可以处理的模式，通过软件工具的辅助完成人力不能完成或较难完成的运算。除了帮助我们完成复杂的计算之外，计算机模拟的另一个优势在于其既可以针对现实生活中存在的情形，也可以针对一个完全虚拟的情况。

但由于模拟的过程中势所必然地对现实世界进行了简化，不论是对研究对象所处环境的简化，还是对研究对象自身的简化。因而模拟所需要考虑的重要问题之一，便是对于给定的石窟环境问题而言，怎样的简化是可行或可接受的，并进而以此为依据选择现有计算机模拟工具，或在有条件的情况下调整现有软件、开发有针对性的新软件。

除此之外，将石窟与环境的整体放入模拟中，显然是较为理想的情况。但考虑到计算机模拟软件的计算要求、电脑的计算能力限制等方面的原因，往往需要将大范围的模拟工作，如区域环境模拟，与小范围的模拟，如窟龛微环境模拟分开。

（四）检测监测、理论分析与计算机模拟的互补与综合运用

从上述对三种定量分析基本方式的概述可以看出，不论是监测、理论分析还是计算机模拟，均有着各自的优势与不足。

具体来说：检测监测的准确性最高，而除了从前人工作成果中借鉴、从现有数据库中选取近似的数据之外，检测监测基本上是大部分参数的唯一获取途径；但检测监测手段时间周期长、投入成本最大，往往只能给出有限的“点”的数据，且欠缺对非实际情况的预测、对可能进行的保护措施进行预估的能力。

理论分析的核心优势在于其可以体现不同事物、不同参数间的普遍联系，且不需要更多的投入，如果借助成熟理论的话其完成速度又较快，同时也具有初步进行预测式分析的可能性；但理论分析的准确性相对较差，且进行理论分析需要研究者具备充足的相关专业知识储备，而理论分析的过程与成果对于石窟文物保护而言又显得艰深晦涩。

计算机模拟使用相对简单，时间成本较小，可以直观地展现整个空间中的数据，且便于对未来可能进行的保护措施进行预测式的分析；但由于计算机模拟需要对实际情况进行简化，且在软件自行计算之前的大量前期工作存在较多的人为因素，因此若不与检测监测结合，其准确性和可信度都乏善可陈。

不同定量分析手段的优势与不足，在石窟文物与赋存环境问题的研究中更为凸显。石窟文物占据空间较大，且处于更为复杂多变的自然环境中。正因如此，监测、理论分析与计算机模拟越发体现出彼此间优势互补，取长补短的特点。

总的来说，检测与监测由于具有最高的准确性，因此作为理论分

析与计算机模拟的基础，提供理论分析所需的已知条件、计算机模拟所需的输入参数，同时对理论分析、计算机模拟的结果进行校准；在检测监测提供的数据支撑下，理论分析将从中进一步梳理出石窟文物安全究竟受哪些参数影响、不同参数的影响大小如何、应如何引导参数的变化才能有利于石窟文物的长久保存；而计算机模拟则可以将检测监测获知的逐个点的参数，扩展为石窟物质遗存与赋存环境整个空间的情况，并在由检测监测校准之后，对各种可能的保护措施的效果进行预测式的模拟。

具体而言，在本章节后续小节中，就根据石窟区域环境、微环境、浅表层的具体特点，选用不同的具体定量分析技术手段，对石窟与环境间的相互作用进行较为广谱地定量分析。

对石窟区域环境来说，以气象参数与空气质量为主要监测对象，通过理想气体状态方程、焓湿图作为理论分析工具，并将监测获得的参数作为 CFD 模拟的输入条件，以某几个点的监测结果与模拟结果中这几个点的情况进行比对，以达到校正的目的。

对石窟微环境来说，通过我国几个石窟微环境与区域环境监测结果的对比，定量分析微环境与区域环境的联系，并引入边界层、位温、虚位温等相关理论计算模型，以 CFD 模拟为主要模拟手段。

对石窟微环境与浅表层间的相互作用来说，检测监测内容主要包括岩体侧的大量参数，石窟表面温度、浅表层温度、含水量等，通过理论分析与上述数据定量地揭示辐射换热、扩散、对流传热传质、浅表层内的非稳态热湿耦合、液态水的毛细作用、石窟表面的凝结等各种物理过程中各参数的影响作用，并通过非稳态热湿耦合模拟技术与 Runsalt 盐类析出模拟两种手段，进行计算机模拟。

简略而言，理论分析、监测与模拟，这三种各有特点的、服务于解决石窟环境问题的工具并不是彼此隔绝而独立的，反而是彼此联系、彼此支撑的。任何一个工具的使用都不可能完全脱离其他工具而存在，正因为如此，对石窟环境问题的研究与实践工作需要将上述三个工具整合为有机的整体。而这也是诸如敦煌、克孜尔、广元千佛崖等国内石窟案例以及国王谷、王后谷等国外相关类型文物案例的大量实践经验所总结动，我们可以举它们怎么做的作为例子。

二、石窟区域空气环境、地质环境

从第三章中对石窟与环境整体的空间模型的划分可以看出，石窟区域空气环境、地质环境对石窟文物物质遗存的影响既是巨大的，又是过程复杂的。由于其影响是巨大的，因此对其进行全面的监测、整体的模拟，对于认知、改善石窟文物赋存环境具有重要意义；而又由于其影响过程复杂又与诸多石窟安全无关因素牵扯，故而对其进行过于理论的、穷究其数学物理原理的分析又价值不大。

综合以上基本情况，对石窟区域空气环境、地质环境的半定量分析方式应以全面细致地监测为基本，理论分析以“便于分析大环境对文物微环境、文物物质遗存的影响”的实用性为出发点，计算机模拟则着力于提高监测与理论分析的覆盖范围，并增强分析结果的直观性。

（一）现状监测

以“哪些参数直接或间接影响着石窟浅表层中劣化过程的发生”为出发点，国内外对石窟区域环境的监测主要针对四大类型的参数。气象参数，如风速、风向、空气干球温度、空气相对湿度、降雨量（降水量）、降水 pH 值、气压、总辐射量等；空气质量参数，如不同大小的颗粒物浓度、二氧化硫浓度、二氧化氮浓度、二氧化碳浓度等；水体参数，如流速、流量、pH 值、溶解氧量、浊度、电导率等；岩体结构稳定性参数，如倾角、沉降量、不同轴向的振动情况等。

1. 气象参数的监测

在当前发达的传感器科学技术的支撑下，大部分气象参数的监测都可以通过相应的集成化设备完成，并实现远程数据收集、处理。但需要注意的是，许多参数的监测过程实际上都是通过“间接测量”实现的，而且针对同一参数的“间接测量”方法往往不止一种，不同测量方式之间由于原理上的不同各有所长。因而在进行石窟区域环境的监测工作时，往往需要根据石窟文物保护的具体需要，选择科学合理的测量手段，也即选取具体情况所最适用的监测设备。

有鉴于此，本小节对存在监测方式取舍的部分参数进行较为详细的讨论，而对于“石窟区域环境监测中可以很直接地选取适当测量手段”的参数，则简要介绍其一般的监测方式。

（1）空气温湿度的监测

空气温湿度是石窟监测工作中开展得最早也最为广泛的参数之一。考虑到石窟区域环境中的空气温湿度监测，主要是为石窟微环境以及微环境与本体间的相互作用提供背景数据，而石窟所在区域处于多变的自然环境中又往往占地面积较大，因此对石窟区域空气温湿度的监测主要有如下几方面的基本要求：对极端环境适应能力强、便于广泛布设、工作稳定而有一定精度。

实际上，目前国内外文物环境监测中所使用的主流空气温湿度监测设备，也正符合上述特点。粗略而言，国内外文物环境监测所主要以热敏电阻测空气干球温度，以湿敏电容测空气相对湿度，此种温湿度传感器用于石窟区域环境监测有着较高的性价比。虽然由于厂商、型号的不同，具体温湿度传感器的性能参数也有所不同，但总的来说其均可以于零上、零下数十摄氏度的环境中工作，基本可以适应国内外绝大多数文物赋存环境；而其精度则基本可达到 0.1℃、1%RH 的水平，足以满足石窟区域环境监测的需要（图 6.1）。

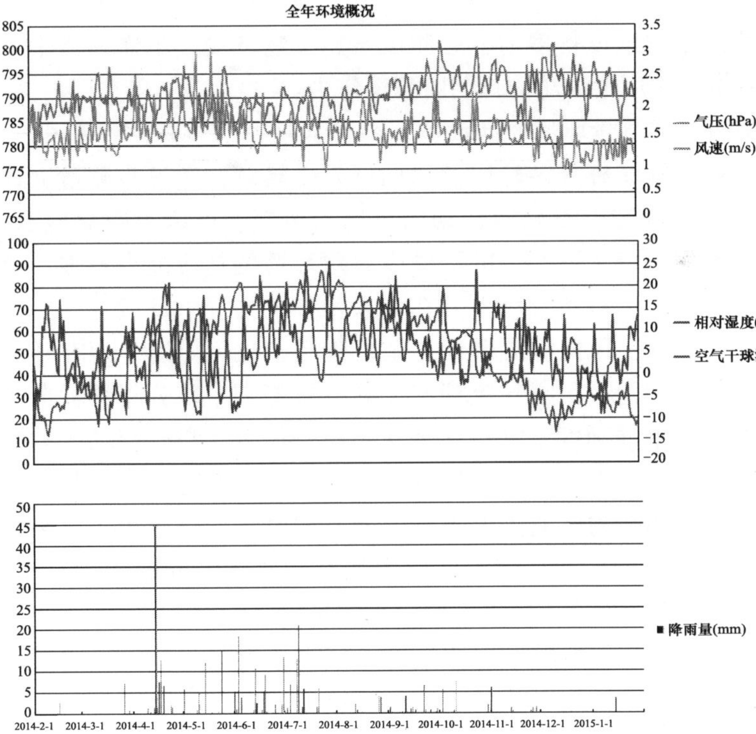

图 6.1　天梯山区域环境概况

（2）风速风向的监测

风速风向的监测方式较为多样，通过笔者于四川、甘肃等地开展石窟文物监测实践，走访莫高窟、云冈石窟、大足千手观音，咨询参考美国、土耳其等国开展的类似工作情况，发现目前用于文物区域环境中风速监测的主要手段包括热电偶测风速、机械式测风速、超声波测风速三种常见模式，而风向监测则主要为机械式测风向与超声波测风向。实际上，测风速风向的手段并不止于以上数种，诸如皮托管（Pitot tube）等同样是应用于多个领域的常见测试方法，只不过其于文物环境监测中或使用较少，或效用不佳，故而不再赘述。

热球风速仪、热线风速仪等设备，其原理是利用风速、热、电之间的物理关系，通过测试风速带来的热效应达成间接测量风速的目的，其在较低风速下效果较好。但在实际应用中，根植于上述原理的设备特点决定了这一类型测风速设备在石窟区域环境监测中的应用受到一定限制：热球、热线风速仪为了利用风速的热效应，往往需要将测头暴露于气流中，而石窟区域所处的环境或可能多有雾霾，或可能夹杂沙尘等颗粒物，很容易影响测试的准确程度以及传感器的寿命；另外，由于石窟区域环境温湿度多变，也不利于该类型设备的长期工作。正因为如此，该类型设备多为临时测试石窟文物环境，工作人员手持测量，而基本未曾用于成功的长期监测工作中。

所谓机械式测量风速风向设备，即日常常见的转杯、转轮风速仪。空气的流动推动转杯或转轮以及风向标发生转动，通过将测量上述机械运动即可以获知引发相应转动的风速与风向。可以很明显地看出，上述测试原理决定了该类型的测试设备对环境的适应能力较强，有利于经年累月设置于自然环境下并在无人操作的情况下持续运作。但与之相对的，风杯、风向标等即使工艺再细致，也无可避免地在转动中存在阻力，也就是说，空气流动产生的机械能有一部分将被耗散于此而导致测量结果准确度下降，甚至在风速较低时，空气流动的力量不足以克服阻力以至于无法被监测得到。可以说，不论从物质与人力投入，还是从其环境耐受能力上来看，该类型设备均很适用于复杂多变的石窟区域环境的监测；但需要注意的是，监测的准确性略有不足，且数据需要一定的处理方能得到使用（图 6.2）。

简单而言，超声波测风即通过向空气中发射超声波，以测量超声波在流动的空气中速度变化的方式间接测量风速，并通过合理布设超声波风速传感器进一步测得风向信息。从上述原理即可发现，该类型设备测量结果极为精确，且对环境条件无特别严格的要求有利于布设于较为严酷恶劣的环境中。但与其突出的监测效果相对，该类型设备对物质投入的要求也较高，仅设备本身就需数万元甚至更多。也就是说，如欲在石窟区域环境中广泛布设该类型设备，需要较大的物质成本，因此也在一定程度上限制了超声波测风设备在文物环境监测中的应用。

从以上三种类型的风速风向监测设备概况可以看出，热电式测风

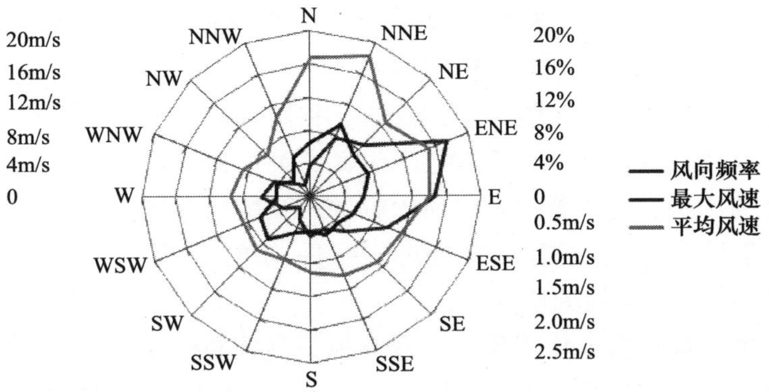

图 6.2　天梯山区域环境风速风向数据

设备准确度高但不利于长期置于恶劣环境中，机械式测风速最为经济耐用但准确度有限，超声波测风设备准确度极高而较为耐用但投入巨大。实际上，目前以机械式测风设备为主而广泛布设、以超声波测风设备为辅而重点布设、以热电式测风设备为工作人员便携测量使用的模式，既是石窟区域环境风速风向监测较为理想的状态，也是如敦煌莫高窟等世界级石窟监测工作的常态。

（3）降雨的监测

在石窟区域环境监测中以翻斗式雨量桶为最为常见的降雨量监测设备，如仍需监测降水 pH 值，则往往使用集成后的降雨 pH 监测设备。

就降雨量而言，绝对的、极为准确的数字对石窟文物的保护而言价值并不甚大，反而是宏观上降雨量的大小、全年降水的趋势、集中程度等与石窟文物安全联系更为紧密。也就是说，固然还有更加精密、功能更加强大的设备可以将降雨量数据测得更为细致准确，但实际上当前国内外大部分石窟监测工作所采用的主流监测设备已经足以满足文物保护的需要了。

而对于降雨的 pH 值，也就是酸雨问题，情况则相对复杂。清华大学张彭义教授在大足千手观音的酸雨监测工作中提出，我国石窟同时面临干沉降与湿沉降两方面的酸性侵蚀，单纯测量酸雨 pH 值不能完整呈现其全貌；当前文物环境监测过程中干沉降与湿沉降的综合分析这一需求。

实际上，本书第四章中就已经提到，目前关于酸性物质对石质文物影响的研究证实，“酸性物质在接触石质文物表面前水化并以湿沉降的形式影响文物表面”以及“酸性物质在结仇石质文物表面后再水化的干沉降形式”，以上两种模式对石窟文物的危害从本质上并无不同。但如果从监测的角度来看，两者却较难得到统一，对湿沉降以监测降雨 pH 值为主，对干沉降则以监测空气中二氧化硫、二氧化氮等物质的浓度为主，两个参数之间很难横向比较。

可以说，对酸雨问题的监测需要使用兼具两方面功能的监测设备，并在后期的数据处理中综合考虑干湿两方面的因素。对于如何综合干湿沉降的影响、统一考虑石窟所面临的广义酸雨问题，尚需环境化学等相关学科与文物保护领域共同进行更进一步的研究。

（4）气压与辐射的监测

从第四章石窟劣化现象、机理及相关参数的概述中可以看出，大气压力这一参数与石窟保护本身关系不大，其主要是作为蒸发与凝结、水汽扩散等各种物理过程的背景条件出现。而在目前国内外的文物环境监测中，对气压的监测也主要为借助常用的电气传感器进行监测。

与之相似，目前对辐射的监测也以使用较为常用的总辐射传感器为主。但需要注意的是，从石窟文物保护的需求来看，对辐射的监测存在如下实际情况：

从宏观来看，辐射对石质文物表面主要的影响在于其热效应，即通俗意义上“太阳暴晒而表面被加热”，另外也存在紫外线对壁画、彩绘中有机物成分加速分解的作用，这一作用主要遵循“曝光量与曝光时间乘积”[91]这一基本规律，于《博物馆环境学》等馆藏文物保护论著中早有阐述。另外对于光线的监测《博物馆环境监测控制技术》也已形成了系统的方法论[92]，在此不再赘述。

对于热效应来说，由于辐射是几种基本的热传输形式之一，而宏观上来看温度可以很好地起到刻画热传输的作用，因此监测石窟表面温度、浅表层岩体内的温度实际上就已经将辐射的效果涵盖在其中了。而还要对辐射量进行专门监测的原因，主要在于通过相对粗略地估算石窟表面的辐射得热量，来半定量地判断辐射因素对石窟温度变化影响的相对大小。

之所以说对辐射量的监测是“相对粗略的”、据此进行的判断也仅是“半定量的”，原因在于监测设备并不能准确地与石窟表面的实际情况相吻合。具体来说，物体通过辐射得到的热量大小与物体自身的表面属性有关，如第四章中所提到的石窟表面的材质、颜色等，不同表面属性的物体哪怕在相同的环境条件下辐射换热的大小也会有所不同；石窟表面的材质可能是岩石、泥土、颜料、金箔等，颜色更是多种多样，而常见的总辐射传感器负责吸热的元件则是吸收率极高的黑色涂层；换言之，监测数据所反映出的辐射量较石窟表面实际所能吸收的辐射量相比更大，石窟表面的实际辐射换热量与设备测得的总辐射量并不相同。

正因如此，在对石窟区域环境的辐射量进行监测时，需要考虑其与石窟表面真实的辐射换热量之间的差异，并与石窟表面、浅表层内温度综合进行半定量的理论分析，方能得出较为科学合理的分析结果。

2. 空气质量参数的监测

目前国内外开展的文物环境监测大多将空气质量作为监测的重要项目之一（图 6.3）。而如果从赋存环境与石窟文物物质遗存的相互作用关系来看，空气中颗粒物的浓度与二氧化硫等前文提到的主要污染物浓度是两类与石窟文物安全有关的空气质量参数[93]。

图 6.3　天安门区域石质文物检测监测工作所架设的空气质量监测设备

（1）颗粒物浓度的监测

与人体健康话题有所区别的是，只要与生物孢子、化学污染物等本文第四章所罗列的劣化关键因素无关，单纯的颗粒物本身对石窟文物的影响并不十分巨大。一般来说，如果不存在化学过程与生物过程，颗粒物的影响主要是在文物表面形成积灰，影响价值的展示。这一病害可以通过合理的文物清洗得到很大程度的解决，对石窟文物来说并非事关文物安全。

颗粒物的生物作用问题主要通过对颗粒物的取样检测进行分析。具体分析手段为环境学科成熟的技术路线，本书不再赘述。在掌握颗粒物中孢子等生物作用相关因素的基本情况后，可以结合环境温湿度等相关条件进行综合分析。

（2）化学污染物浓度的监测

如果从石窟文物劣化现象与表面病害的发生层面来看，空气中含有的二氧化硫等化学物质对石窟文物的安全有较大的威胁，此于第四章中已进行了简要叙述。而更进一步地，如果我们要监测这些污染物的浓度，并通过污染物的浓度判断其对石窟文物安全的影响，那么就要解决如下两个基本问题：污染物在空气中以怎样的形式存在、应以怎样的技术手段全面监测不同形式存在的污染物。

根据环境学科研究、监测的结果，如二氧化硫等国内主要空气污染物，或可能以游离的分子状态存在于空气中，也可能和尘埃结合成各种类型的颗粒物存在于空气中。针对于此，目前已衍生出了根植于各种原理的空气质量测试设备，从技术角度来看，对以各种形式存在的、各类不同的污染物的实时监测已经是可以基本实现的了。

但值得注意的是，随着测试原理、监测设备的智能化与多样化，如何选择适于石窟区域环境监测工作的技术设备已逐渐成为文物环境空气质量监测的主要瓶颈。具体来说，从文物工作者使用技术设备的角度来看，在选择相应技术设备时存在着三个层面的判断标准。

其一是精度与准确性问题。在笔者拜访请教的过程中，中国文化遗产研究院詹长法先生曾多次提及大足千手观音空气质量监测工作的经验教训。詹先生提到，在监测工作开始阶段，由于选择的二氧化硫监测设备精度不足，使得造像区域的污染物传播问题未能得到充分认识；而在更换了更高精度的设备后，上述问题迎刃而解。从绝对的量上来看，空气中二氧化硫等污染物毕竟是少数，如设备精度与准确性存在问题，势必大大影响监测结果的可靠性。

进一步来说，实际上重庆地区属于我国传统的酸雨区，千手观音区域的二氧化硫浓度在石窟文物中很可能属于相对较高的；而在其他整体二氧化硫浓度含量更低的地区，精度与准确性问题则暴露得更加明显。笔者在对比各方发布的数据后发现，北京市气象局、故宫博物院世界文化遗产监测中心以及天安门石质文物检测监测工程在临近的区域测得二氧化硫的浓度有着较大的差距，彼此可相差 1.5 到 3 倍，这使得分析中很难准确判断监测结果的不同在多大程度上是不同地点确乎的污染物浓度差异、在多大程度上是设备精度与准确性带来的差异。

有鉴于此，在石窟文物环境监测尤其是空气质量监测中，需要根据当地环保部门历年数据选择量程、精度适宜的技术设备，另一方面也亟须我国文物监测工作制定统一的技术指标与设备、技术标定规范。

其二是设备中长期运行的维护问题。相比于前文所述的空气温湿度、风速风向等参数的监测工作，空气质量监测设备在运行一定时间后，可能出现更为明显的“失准”现象，其偏差之大很可能直接误导监测分析并得出错误结论，往往需要重新标定甚至更换传感器。也就是说，空气质量监测设备往往不能“一劳永逸”。根据技术设备所使用的原理，对维护工作的要求也不尽相同，举例而言，使用“标气”的空气质量监测设备需要更频繁地维护。

也就是说，石窟区域空气质量的监测对长期运行的维护工作要求较高，为了保证数据的准确可靠，需要保护工作者根据所使用的技术设备的基本原理，制定合理的设备维护、调整、更新周期。

其三是无法规避的成本问题。即使是石窟区域环境监测方式的研究，如果忽略保护实践中的合理性与可行性也只能是空中楼阁。之所以只于空气质量监测中提及这一问题，是考虑到其投入要远大于空气温湿度等气象参数的监测工作，而随着所选用技术设备精度的提高，投入也随之直线上升。

因此，合理的石窟区域空气质量监测，在达到精度要求的前提下也应顾及成本问题。

综上所述，目前国内外空气质量监测设备层出不穷，但这更意味着要根据石窟环境监测这一工作的具体特点，选择合理的技术设备：

> 所监测石窟所在的区域，决定了其污染物浓度的大致水平，亦可以通过当地环保部门获取相关数据以供参考；而对石窟进行病害调查也可以大致评估出空气污染物对石窟安全影响的水平。以上两者结合可以初步判断出“针对该石窟，应选取怎样精度的技术设备”。在此基础上，选择经济合理的设备、进行严格而有效的中长期设备维护，同样是石窟区域空气质量监测开展的必须环节。

3. 水体参数的监测

由于地下水的渗流、地表水体直接接触石窟等实际情况的存在，对于临近水源的石窟文物来说，水体参数是除空气参数外另一类需要注意的监测项目。考虑到水体监测并非石窟区域环境监测的常态，也非石窟区域环境监测的主体，因此只介绍目前国内外常见的监测参数及主要监测方式（表 6.1）。

表 6.1　文物监测中常用水体监测参数及主要监测设备

参数	主要监测设备	备注
流速、流量	流量计	刻画水体流动特性的主要参数
pH	pH 值传感器	pH 值传感器多为电极类型，与数据的处理、存储、传输设备共同使用
溶解氧	溶解氧量传感器	与水体中植物、动物生存有关。对于文物研究而言量程在 0-20mg/L、精度约 2% 即可满足要求
浊度	水样采集器、浊度传感器	对于文物研究而言，量程在 0-4000NTU、精度约 5% 即可满足要求

4. 结构稳定性参数的监测

倾角、沉降量等主要通过倾角计、激光测距仪等设备进行监测（图 6.4）。

图 6.4　金水桥安置的应力应变片、裂隙测距仪

对于振动问题而言，需要考虑到实际中地面的振动可以被分解为不同方向（上下、东西、南北）的振动。在我国文物安全研究与实践中，关于振动的监测指标主要可以参考《古建筑防工业振动技术规范》（GB/T 50452—2008）。该规范指出，应以“质点振动速度幅值和主频频率”为主要监测与控制内容（表 6.2）。

表 6.2　可供石窟文物参考的振动参数标准 [94]

保护级别	控制点位置	控制点方向	石砌体		
全国重点文物保护单位	承重结构最高处	水平	<2300	2300-2900	>2900
			0.2	0.2-0.25	0.25

有鉴于此，我国石窟的实际振动监测主要以不同方向随时间而发生的振幅为主要监测内容。如图 6.5 所示。

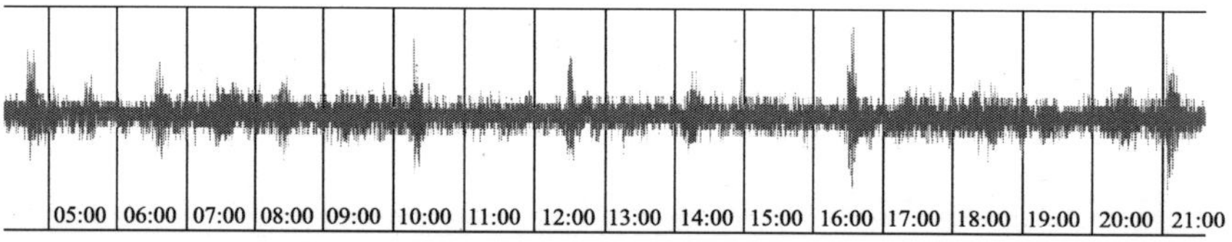

图 6.5　故宫外地面振动情况（南北方向）

5. 地质环境高科技勘测简介

实际上，由于石窟地质环境牵涉多方面问题，国内外针对石窟文物地质环境的监测工作也远不止于以上所述的应力应变、裂隙宽度监测。举例而言，高密度电阻率法检测地质环境广大范围内的岩体发育情况，即为目前应用较为成功的新技术之一。

高密度电阻率法是一种地质科学中较为常用的大范围野外勘测技术，在石窟区域环境的监测中，多用于探明地质环境中岩石构造的完整性，以及裂隙等灾害性地质现象的存在、位置及延展范围。

粗略而言，这一技术的核心原理是通过检测地下不同位置的电阻率以间接推算岩石中空气的分布情况，据此推知裂隙分布与岩石构造的完整性。在实测中，其可以很好地揭示石窟所处地质环境中覆盖层、风化层、基岩层有无断裂、溶洞等现象。

需要注意的是，本文第三章已经提到，在石窟物质遗存与赋存环境相互作用乃至石窟文物保护的语境之中，除突发地质灾害外，地质环境的变化是极为缓慢的。也就是说，针对地质环境进行勘测的高密度电阻率法，其结果在较长时间内都可以认为反映了地质环境的特点。正因如此，该技术不需要频繁进行监测。

与此同时，高密度电阻率法对资料预处理、绘制分析断面等值线图等环节有着极高的地质勘测知识水平与技术储备要求，这决定了该技术在石窟保护领域的应用离不开地质专业人员的配合，并由专门的地质勘测技术人员分析出成熟结论后交由文物保护工作者。

（二）理论分析

前文已经提到，石窟区域空气环境一方面是石窟物质遗存与赋存环境相互作用的重要背景条件，另一方面其对石窟文物的影响又往往是间接而宏观的。正因如此，对石窟区域环境的定量化理论分析，应以“如何分析与石窟保护的需求最契合”为出发点，而不需要无限地对其求细、求全、求深入。

实际上，国内外石窟文物监测数据的分析处理等工作也与上述情况相符合。笔者在本小节中以最为常见而普遍的空气环境为主，对石窟区域环境理论分析的基础、在我国石窟中的应用以及区域环境理论分析对石窟劣化研究的作用展开讨论。

对石窟区域环境进行理论分析，离不开借助环境科学、热力学等学科的成熟理论与工程技术。其中最为重要、使用最为便利，且不仅可依托相关专业人士，也可以方便地为文物保护工作者掌握、进行半定量分析的理论工具，主要是理想气体状态方程以及焓湿图。

至于石窟地质环境的理论分析，一则本书以发生在石窟浅表层的劣化问题为主要研究方向，故与之相关的裂隙岩体理论分析已归并于“石窟浅表层与空气微环境相互作用”一节中做统一讨论；二则笔者能力所限，对更为深入透彻的地质科学、岩体工程学理论分析力有未逮，希望能在后续研究中对其进行补充完善。

1. 理想气体状态方程

所谓理想气体，顾名思义即一种理论假设存在而在现实中并不真实存在的气体。但很多的真实气体在研究相应的问题时，可以被近似认为是理想气体，即可以近似认为符合理想气体模型的气体——分子之间没有作用力，分子本身不占容积。而热力学长期以来的研究与实践表明，“当实际气体处于原理液态的稀薄状态时可以视为理想气体”[66]。由此观之，石窟区域环境中的空气可以被近似视作理想气体，而这正是如今大量开展的石窟乃至文物环境监测、数据分析、环境控制的理论基础之一。

而理想气体状态方程，在石窟区域环境研究这一语境之下，也就是克拉贝龙状态方程，如下所示：

$$
\begin{aligned}
PV &= mRT \\
P &= \rho RT
\end{aligned}
\quad (6\text{-}1)
$$

实际上，上述方程已广泛地应用在中学物理、化学的教学之中，对其的使用并不会给文物保护研究增加工作量。在石窟区域环境的研究中，上述方程揭示的是大气压力、空气密度与温度①之间的定量关系，三者中确定任意两者就可以求出第三者。

在实际的文物环境研究中，这一基本原理常应用在数据的处理与分析中，如研究凝结问题、扩散问题时，需要建立水蒸气的压力、水蒸气的含量等参数之间的关系时，就必须应用这一原理。

有鉴于理想气体状态方程一方面用于单位换算、不同参数间的转换中，另一方面则是大量理论的基础，因此在此仅作简单介绍，在后文中凡使用这一方程进行转换时都会提到，相关的推导过程见于。

2. 焓湿图的应用

焓湿图是空气调节领域使用极为广泛的理论工具，在环境控制等实践中有着举足轻重的作用，是已经历大量实践验证的、科学有效而简便快捷的定量分析手段。实际上，焓湿图是大量理论公式、参数关系、经验公式与拟合公式的集成，可以说是将大量公式制作成了更为便于使用的图表形式（图 6.6）。

在石窟区域环境的理论分析中，焓湿图主要发挥的作用是建立空气侧多个相互关联的参数之间的定量关系，而这些参数既是最终影响石窟劣化过程的重要环境参数，也是石窟区域环境间监测工作的主要内容。

具体来说，焓湿图所揭示的石窟环境重要参数包括干球温度、水蒸气分压力、饱和水蒸气分压力、空气密度、含湿量、相对湿度、湿球温度、露点温度，而焓在石窟文物保护的研究与实践中应用较少，

① 此温度指热力学温度，即摄氏温标加 273.15，单位为开尔文 K。

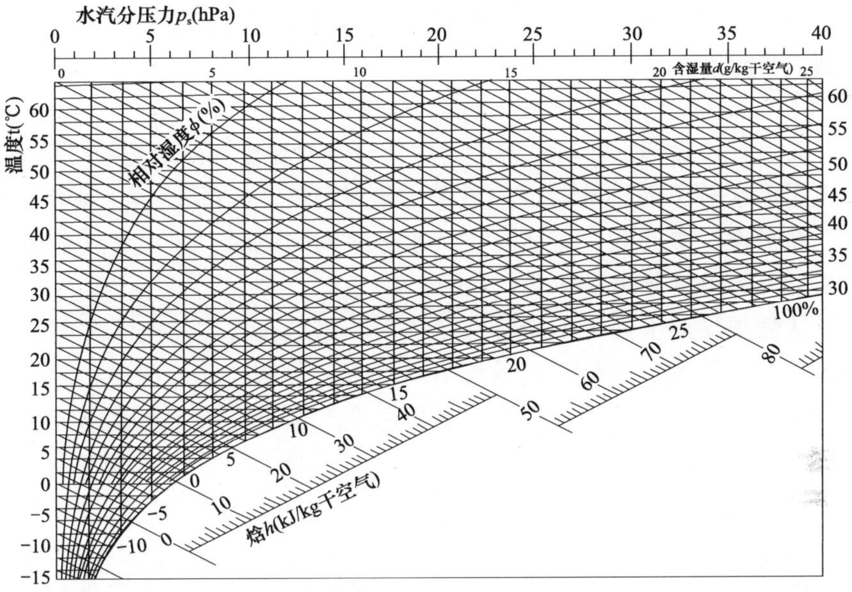

图 6.6　常见焓湿图范例

因此本文不予涉及。

以上所罗列的八个参数，实际上与石窟文物安全都有着较为紧密的联系，可用于劣化现象的物理化学机理的分析，本章节将对照焓湿图，对其在定量分析石窟区域环境、石窟环境与石窟文物相互作用中的作用进行简述。

在分别叙述各个参数前需要指出，焓湿图中的每个点都代表了空气可能的一种状态。也就是说，实际上在前述的八个参数中，只要确定了其中两个，剩余六个参数也就都确定了。可以看出，这八个参数相互有着复杂的耦合关系，同时，这也为“石窟区域环境只监测空气温度与相对湿度，不再监测如湿球温度、露点温度等参数”提供了理论依据——只需掌握监测相对便利的空气温度与相对湿度，其他参数可以直接通过推导得到。

（1）干球温度

干球温度也就是日常所言的空气温度，石窟区域的空气温度与石窟劣化现象间的关系在第四章已经进行了阐述。简单而言，就是石窟区域的空气温度在很大程度上影响着各窟龛、摩崖造像的微环境温度，进而影响着石窟表面、浅表层内的温度。而石窟表面、浅表层内的温度则与热应力的大小、水盐作用的发生等重要的物理化学机理有关。

上述基本原理在第四章、第五章中已进行了定性的介绍，而在后续章节中还会继续深入讨论微环境温度、石窟浅表层温度的定量分析问题，在此不再赘述。

（2）水蒸气分压力与饱和水蒸气分压力

前文已经提到，在讨论湿度时应区分相对湿度与绝对湿度的区别，如在考虑水分子的扩散时更应该考虑绝对湿度。实际上，更为确切地说，在考虑扩散问题、岩体与空气水分平衡问题时，以水蒸气分压力作为量度更为贴合物理情境。

从微观层面上看，不论是在空气中，还是在岩体与空气之间，宏观上水分的平衡、迁移，其微观本质是水分子的运动、迁移。而参考前文吸附曲线的讨论可以看出，之所以会产生岩体中含水量增加，其微观本质也正是“从空气中进入岩体内的水分子多于从岩体内进入空气中的”。但显然，在研究这一现象时不可能逐个分子地计数，势必要对大量的水分子的运动趋势进行统计层面的研究。而大量水分子可以想象为无数小球体，它们在运动过程中彼此撞击、也撞击着壁面，由于分子数量极多，这一系列的撞击过程在宏观上形成了一个持续不断的“力”，也就是所谓的水蒸气分压力。

也就是说，水蒸气分压力是联系微观与宏观、水分子运动与水分迁移、定性水分分析与定量湿度估算的关键，其体现了大量水分子在气态状态下的无规则运动的情况，无规则运动越强，这些水分子越容易进入其他区域；当一个区域的水分子数量多、无规则运动剧烈，另一个区域的水分子数量少、无规则运动和缓时，总体上来看就体现为水分子更容易从一个区域迁移到另一个区域，也就是宏观上水分的迁移。

前文第三章在介绍湿空气模型时提到，粗略来看，空气携带水蒸气的能力是有限的，这个限度与温度相关，温度越高，能携带的水蒸气越多。而从微观角度来看，可以将其简单地想象为：超过这一限度时，水分子彼此碰撞后贴合在一起，大量水分子聚集在一起形成了液态，而从宏观上形成了结露、雾等现象。如果从宏观的层面定量地刻画这一限度，即可使用饱和水蒸气分压力。顾名思义，饱和水蒸气分压力也就是湿空气达到饱和时，空气中水蒸气的分压力，而这一参数是温度的函数——温度越高，饱和水蒸气分压力越大，这一关系可以直接从焓湿图中查知。除此之外，还有大量经验公式可供选择，如泰登公式、马格努斯公式等，笔者将其列于附录中以便查阅，公式引自周西华等人《饱和水蒸气分压力经验公式的比较》一文[95]。

（3）相对湿度与含湿量

前文已经提到，含湿量与绝对湿度较为接近，实际上是水蒸气质量与干空气质量的比值，有鉴于水蒸气质量远小于干空气，这一参数实际上与绝对湿度差距并不大。

$$d=\frac{\rho_q}{\rho_g}=\frac{R_g P_q}{R_q P_g}=0.622\frac{P_q}{P_g}=0.622\frac{P_q}{(B-P_q)} \quad [62] \tag{6-2}$$

其中，B 为大气压力，P_q 为水蒸气分压力。

由上式可以看出，含湿量可以近似地视作与水蒸气分压力有着线性的关系。而绝对湿度则是直接与水蒸气分压力有着线性关系。也就是说，含湿量、绝对湿度，可以视作水蒸气分压力的一种变换，将其单位转换成了更为容易理解与使用的质量分数的单位。

而相对湿度，也就是以百分数形式表示的“空气中水蒸气的饱和程度”，其计算的既可以通过水蒸气分压力，也可以通过含湿量。

$$\varphi=\frac{P_q}{P_{qs}}\approx\frac{d}{d_s} \tag{6-3}$$

上式的误差约为 1%～3%[62]。

第四章已经提到，微环境中相对湿度在估算凝结等问题时有着重要的作用，而微环境中的含湿量、绝对湿度则在估算水汽的扩散、蒸发等问题中有着重要的作用。而区域环境中的湿度对微环境湿度的影响、微环境湿度与石窟浅表层含水量之间的定量理论分析，将在后文相关章节中叙述。

（4）湿球温度与露点温度

湿球温度的定义是“定压绝热条件下，空气与水直接接触到达稳定热湿平衡时的空气绝热饱和温度”。而如果粗略地讲，实际上湿球温度就是“水由于蒸发散热”与“空气和水之间由于温差而换热”两个作用达到平衡时的温度。从焓湿图上来看，某一温湿度的空气其湿球温度，就是将该点沿着斜向的等焓线延长与饱和线（相对湿度为 100%）相交，交点所在位置的温度（图 6.7）。

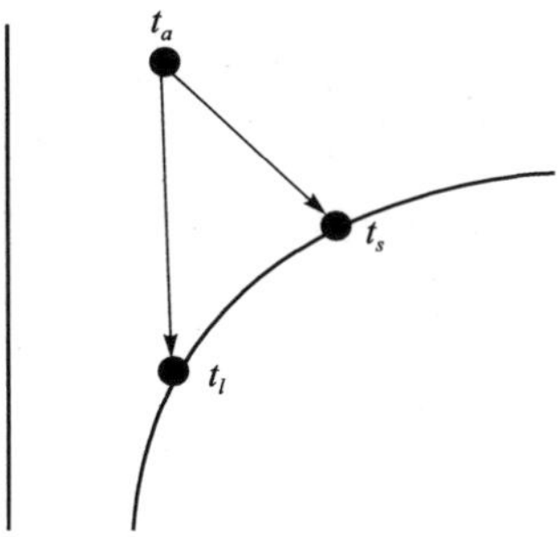

图 6.7　空气温度、露点温度与湿球温度

从石窟环境研究与石窟保护实践的需求上看，通过计算湿球温度可以快速地进行半定量分析。举例来说，湿球温度可以辅助判断径流水、雨水积水等的蒸发情况，对于区域环境中有明显水体的石窟（如安岳卧佛院、武威天梯山等）的保护工作有着积极的作用，并非只要

有水体存在就一定存在蒸发作用，蒸发作用是否明显与空气热湿条件有着很大的关系，而这一关系就可以用湿球温度来半定量地判断。具体来说，当空气的湿球温度高于水体表面温度时，水体的蒸发作用缓慢以至趋于停止；当空气的湿球温度低于水体表面温度时，水体的蒸发作用较为明显。随着一天中空气温湿度的变化，空气的湿球温度、水体的表面温度也在不断变化，两者的相互关系体现了蒸发作用的进行情况。

顾名思义，露点温度就是某一条件下的空气如果只单纯降温时水蒸气出现凝结的温度。换言之，也可以被粗略地理解为空气遇到多冷的物体时会结露的判断参数。从焓湿图上来看，露点温度即将某一状态点沿垂直方向向下延长直至与饱和线相交，交点所在位置的温度。

露点温度对于半定量地判断石窟凝结问题有着非常巨大的作用。当石窟表面温度低于空气的露点温度时，就有很大可能会产生凝结现象，也就是说，通过估算露点温度可以直观地判断石窟是否出现凝结问题。除此之外，如果更进一步观察焓湿图上露点温度与空气干球温度的关系可以发现，实际上干球温度与露点温度之间并无关系，反而基本只与含湿量有关，也就是说，在石窟表面温度一定的情况下，决定是否凝结的因素并非是空气的温度，而是空气中含有水汽的绝对量；空气中含有的水蒸气越多，露点温度越高，越容易发生凝结。

（5）空气的变化与热湿比

前文已经提到，所有现实中存在的空气状态都可以在焓湿图中找到刻画其的状态点。也就是说，除了前述的半定量分析之外，焓湿图还提供了比较不同石窟的区域环境、同一石窟不同窟龛的微环境的可能性。

最为直观的比较，是通过焓湿图比较不同石窟环境温湿度的高低。温度的比较是显而易见的——石窟环境中空气，在焓湿图中位置越高，温度越高。而湿度的比较则由于相对湿度与绝对湿度的不同而有所区别。具体来说，在焓湿图中位置越靠右，表示其空气中含水蒸气的量越大；沿等焓线方向越接近饱和线，说明相对湿度越高。

除此之外，通过焓湿图还可以初步判断由区域环境到微环境、由一个窟龛到另一窟龛，空气是经历了加热还是冷却、加湿还是除湿，进而判断热量、水分在石窟与环境相互作用中的传输迁移过程。具体来说，可以借助热湿比这一参数辅助上述判断。

不同点之间简单地比较谁温度高、谁含有的水蒸气更多、谁更接近饱和；更高级一点的是不同点之间体现了怎样的过程，是被加热？被加湿？还是兼有？这个就可以参考热湿比。

需要注意的是，由于空气的特殊性质，空气湿度的变化和温度的变化完全可以同时进行，因此加湿固然意味着绝对湿度的增加、除湿固然意味着绝对湿度的降低，但温度增加并不一定意味着是外界热量流入的结果、温度降低也不一定意味着是热量流向外界的结果。

当我们将空气状态标注于焓湿图上后，凡是空气的状态向右移动，则意味着被加湿；凡是空气的状态向左移动，则意味着被除湿；凡是空气的状态向着等焓线方向的右上方移动，则意味着热量流入了空气；凡是空气的状态向着等焓线方向的左下方移动，则意味着空气中的热量流向了外界。

（三）计算机模拟

不论是使用怎样的计算机模拟手段，在石窟环境研究中加以引入、借用，其最终目的都是为石窟保护服务。有鉴于此，笔者认为对石窟区域环境研究中计算机模拟技术的讨论，最为初步、最为紧要的，也是目前文物保护领域在不断推广多种计算机模拟技术之前尚所欠缺的，就是阐述清楚以下几个问题：该技术能给出什么？又需要什么投入？大致的原理与流程是怎样的？其可靠性如何？

目前用于研究文物环境的计算机模拟技术中，应用范围最广的应属计算流体力学计算机模拟，即 CFD 模拟技术。CFD 模拟技术作为在建筑、汽车、航空航天等领域有坚实应用基础的成熟技术，其多角度多层次的环境计算、分析、评估能力可以为石窟类文物保护与研究工作提供有效的环境模拟与分析，并进而辅助病害成因分析、病害防控、保护措施设计等。

1. CFD 模拟能为石窟区域环境分析提供怎样的帮助

CFD 模拟的主要特点是其所得到的结果是对现实空间离散化之后每一个空间节点的各项参数，在此基础上辅以合理的定量绘图方式即可实现如温度场、湿度场、风场等不同的标量、矢量“场”的分析。除此之外，实地监测中如果在数据分析中希望了解未设置监测测点位置的环境情况，只能通过周边测点的数据进行定性分析。而 CFD 模拟可以在很大程度上弥补实地监测。

可以说，前文所提到的“计算机模拟使用相对简单，时间成本较小，可以直观地展现整个空间中的数据，且便于对未来可能进行的保护措施进行预测式的分析”，正是 CFD 模拟的主要优势所在。

CFD模拟技术在国内外石窟环境研究中，既用于石窟区域环境的模拟，也用于石窟微环境的模拟。本小节中先就其在石窟区域环境研究中的应用过程、效果与准确程度进行阐述。

2. 石窟区域环境应用CFD模拟的主要注意事项

CFD技术的原理与具体操作流程在建筑环境、建筑技术领域多有讨论，有鉴于本文主要着眼于石窟环境研究对石窟保护的作用，而CFD技术在石窟环境研究中的应用需要较强的环境科学专业知识，在石窟保护实践中多由相关专业的技术人员完成，故而本书对CFD技术相关的基础理论与实践内容不再多加赘述，详细内容可参考等专业书籍[96]。

正因如此，从石窟保护工作应用CFD模拟技术的角度来看，上述问题归结为“如果要应用这一技术，需要我们提供哪些素材、如何使用这些素材”：

其一，作为已知条件的石窟区域三维模型：

为了使用计算机对实际环境情况进行分析求解，首先需要对现实环境因素进行一定程度上的科学简化。而CFD模拟技术在石窟区域环境研究中的应用，则主要要求对石窟所在的山形地势、河流湖泊、大型窟龛形貌等进行三维建模。因此，CFD模拟技术应用的一个主要前提条件是，需要提供较为全面的地形图、窟龛分布图，或三维激光扫描所得的三维模型等。

其二，作为已知条件的石窟区域环境监测数据：

将模拟所需山体模型化后，根据兼顾科学合理与计算可行性的原则，将实际存在的复杂环境因素模型化为边界条件与外界参数。

具体到石窟区域环境，一般的CFD模拟软件在使用中需要设定地面的温度、风速、风向、来流空气的温度等，如有可能还可以设定辐射条件、相对湿度条件等。需要注意的是，计算机模拟并非是考虑的因素越齐备、越充分越好，实际上，如果将风、温、雨、湿等一系列问题全都放在一个模拟计算过程中，其收敛性、准确度、前后期工作量都将使模拟工作的效率极大地降低。更为实际而有效的模式是当关注区域风速时，就主要模拟风速、风向，并配合监测数据进行校准，而尽量少引入其他更多的影响因素。

CFD模拟作为一种技术工具，其模拟结果的实际意义与模拟所使用的参数有很大关系。举例而言，如使用某一时刻的风速、风向、温度数据进行模拟，所获得的结果就是该时刻下石窟区域的风场、温度场；如使用对窟龛风蚀最为严重的风速风向数据，则为该恶劣环境条件下石窟区域的风场等。

其三，将石窟区域离散化：

宏观来看，现实中的山体、空气等物质是连续不断的，同时描述环境中各项参数的物理量如温度、湿度等也连续变化。而计算流体力学的 CFD 模拟这一计算方式需要将连续的空间离散化才能进行进一步的求解。离散化，或称网格化的过程是影响 CFD 模拟收敛情况与准确程度的重要环节之一，关于其理论与实践过程的讨论可见于相关专业近年来的研究成果。

模型化过程根据具体使用软件的不同，其实现方式各异。千佛崖摩崖造像保护建筑设计中使用的软件为 STAR-CCM+，其模型化结果如图 6.8 所示。

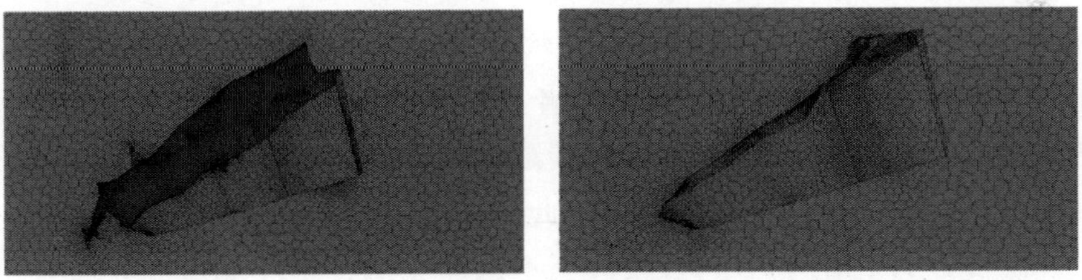

图 6.8　广元千佛崖区域环境计算机模拟计算模型

其四，选择合理的模拟求解参数：

对于 CFD 模拟来说，设定模拟所使用的物理规律、求解器以及松弛因子等参数，同样是影响模拟工作成效的重要因素。有鉴于这一步骤的具体内容与理论背景与石窟文物保护这一核心关注点关系较小，本书不进行展开讨论。

从石窟保护工作者、石窟环境研究者应用 CFD 模拟结果的角度来看，这一步骤的存在说明并非客观世界存在的所有规律都会被应用到计算机模拟之中，同时在模拟中也有很多设定计算参数的过程，这些因素会导致模拟结果的差异。

正因如此，在石窟保护与石窟环境研究借助 CFD 模拟技术时，需要特别注意模拟过程对客观现实的取舍是否符合要分析的环境问题，而所要分析的环境问题为何，则是由劣化现象的机理所决定。

其五，与监测数据对照并校准：

从准确性上来看，由于 CFD 模拟所得到的环境参数为计算数值而非实测数据，故一般认为其准确性不及实地监测。不过计算机模拟的准确性可以通过和实地监测的结合得到提高。在实地监测中，设置位置较为分散且涵盖整个区域的多个测点，对所要分析的物理量进行监测。在 CFD 模拟之后，将监测站点所在坐标的模拟结果与实际监测结果相比较，就可以对模拟的准确程度进行核定。同时，根据模拟结果与各个监测站点的监测结果进行比照，对模拟计算过程中的参数与设置反复进行调整而提高模拟结果的精确度，最终得到可以较好反映现实环境的计算参数与模拟结果。

三、石窟空气微环境

（一）现状的检测、监测

1. 石窟微环境监测的主要项目

石窟微环境的现状监测主要包括气象参数和空气质量参数，前者如风速、风向、空气干球温度、空气相对湿度、降雨量（降水量）、降水 pH 值、气压、总辐射量等，后者如不同大小的颗粒物浓度、二氧化硫浓度、二氧化氮浓度、二氧化碳浓度等。上述参数的监测工作与石窟区域环境的现状监测基本类似，此处不再赘述。

除此之外，由于不同石窟甚至不同窟龛内，微环境可能有着一定的特殊性，因此国内外已开展的石窟微环境监测中，有着诸如凝结水、游客数量等监测内容。这一部分内容将于第六章第四节“石窟浅表层与空气微环境间的相互作用”小节中讨论，本小节则主要讨论分析石窟微环境自身特点、石窟微环境受区域环境影响的情况等。

2. 通过监测体现石窟微环境受区域环境的影响情况

前文已经提到，从石窟文物保护的角度出发，石窟区域环境的监测工作偏重于掌握当前实际情况。与之相比，石窟微环境的监测除了掌握当前微环境情况之外，同样侧重于“微环境如何受到区域环境影响”、“微环境如何影响石窟浅表层物质”。为了更好地说明监测工作与其相关的数据处理对石窟微环境分析的作用，本小节以甘肃省武威天梯山石窟为例对其不同窟龛微环境受区域环境影响情况进行分析，天梯山石窟各窟龛和其中测点的布置如图 6.9 所示。

以武威天梯山石窟微环境分析为例：

天梯山 13 号窟（体量极大的大佛窟龛）空气微环境如图 6.10 所示：

13 号窟内温度与外界温度之间线性相关系数达到 0.972，接近于 1（线性）；这说明了两者具有很好的线性关系，即 13

图 6.9　武威天梯山石窟微环境监测测点分布

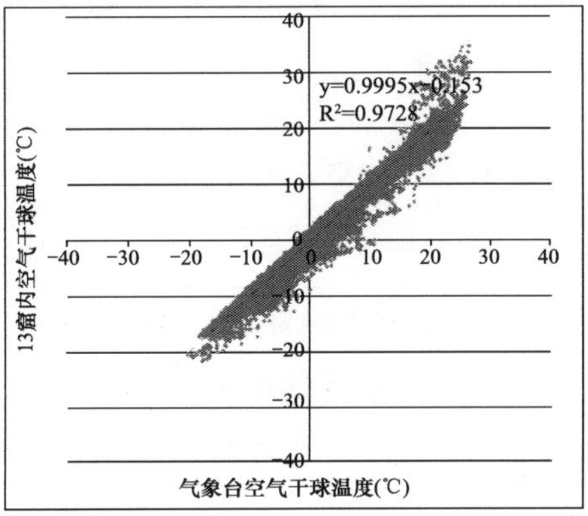

图 6.10　武威天梯山 13 号窟微环境受区域环境影响情况

号窟内温度的变化，几乎完全由外界温度变化导致。

13 号窟内温度与外界温度回归线的斜率为 0.999，极端接近于 1；也就是说，13 号窟的岩体、窟檐等对于外界空气温度变化的缓解作用几乎等于零。这说明外界温度的变化在波及至 13 号窟时，其变化幅度并不会因为窟龛的存在而有所缓解。

13 号窟内温度与外界温度回归线的截距为 −0.153，接近于 0；也就是说，从全年的角度看，13 号窟内外温度不会有明显的区别。这说明 13 号窟对于窟龛内部空气来说既不起到增温作用也不起到降温作用。

综合以上三点可以得出结论，13 号窟营造与外界不同的温度微环境的能力非常微弱，窟龛内温度与外界几乎没有差别。

13 号窟内相对湿度与外界相对湿度之间线性相关系数达到 0.852，较为接近于 1（线性）；这说明了两者具有一定的线性关系，而通过观察上图可以发现，偏离线性关系的点基本出现在外界相对湿度低于70%的情况下；也就是说，13号窟内相对湿度的变化，在很大程度上由外界相对湿度变化导致，但在外界相对湿度不甚高的情况下，其对13号窟内部的影响力将减小。

13号窟内相对湿度与外界相对湿度回归线的斜率为0.753，大致相当于四分之三；也就是说，13号窟的岩体、窟檐等对于外界空气相对湿度变化具有一定缓解作用。这说明外界湿度的变化在波及至13号窟时，其变化幅度将因为窟龛的存在而有所缓解，具体而言将缩减为原振幅的四分之三左右。

13号窟内相对湿度与外界相对湿度回归线的截距为18.9；也就是说，从全年的角度看，13号窟内外湿度有较为稳定的近20%的差距。这说明13号窟对于窟龛内部空气来说起到一定程度的加湿作用。

综合以上三点可以得出结论，13号窟具有一定程度的营造与外界不同的湿度微环境的能力，其窟龛的存在导致内部湿度变化较外界更为缓和，湿度也更高。

天梯山2号窟（进深较小的中型窟龛）空气微环境如图6.11所示：

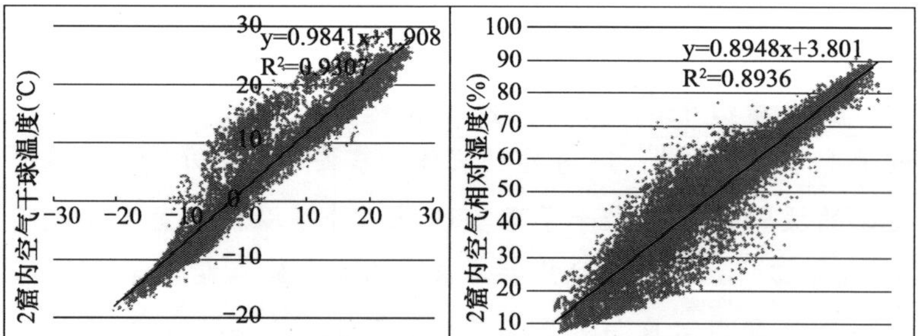

图6.11 武威天梯山2号窟微环境受区域环境影响情况

2号窟内温度与外界温度之间线性相关系数达到0.931，接近于1（线性）；这说明了两者具有很好的线性关系，即2号窟内温度的变化，几乎完全由外界温度变化导致。

2号窟内温度与外界温度回归线的斜率为0.984，接近于

1；也就是说，2 号窟的岩体、窟檐等对于外界空气温度变化的缓解作用几乎等于零。这说明外界温度的变化在波及至 2 号窟时，其变化幅度并不会因为窟龛的存在而有所缓解。

2 号窟内温度与外界温度回归线的截距为 1.91；也就是说，从全年的角度看，13 号窟内温度一般比窟外高 2℃左右。这说明 2 号窟对于窟龛内部空气来说起到了一定的保温作用。

综合以上三点可以得出结论，2 号窟具有一定的营造与外界不同的温度微环境的能力，虽然对窟龛外温度变化的缓解能力有限，但在一定程度上升高了窟内空气温度。

2 号窟内相对湿度与外界相对湿度之间线性相关系数达到 0.894，较为接近于 1（线性）；这说明了两者具有一定的线性关系；也就是说，2 号窟内相对湿度的变化，在很大程度上由外界相对湿度变化导致。

2 号窟内相对湿度与外界相对湿度回归线的斜率为 0.895；也就是说，2 号窟的岩体、窟檐等对于外界空气相对湿度变化具有一定缓解作用。这说明外界湿度的变化在波及至 2 号窟时，其变化幅度将因为窟龛的存在而有所缓解，具体而言将缩减为原振幅的百分之九十左右。

2 号窟内相对湿度与外界相对湿度回归线的截距为 3.8；也就是说，从全年的角度看，2 号窟内外湿度间差距不大。这说明 2 号窟对于窟龛内部空气来说既不起到明显的加湿作用，也不起到明显的除湿作用。

综合以上三点可以得出结论，2 号窟具有一定程度的营造与外界不同的湿度微环境的能力，其窟龛的存在导致内部湿度变化较外界相对更为缓和，湿度略高但差距不大。

天梯山 18 号窟（有一定进深的中心柱窟）空气微环境如图 6.12 所示：

18 号窟内温度与外界温度之间线性相关系数达到 0.958，接近于 1（线性）；这说明了两者具有很好的线性关系，即 18 号窟内温度的变化，几乎完全由外界温度变化导致。

18 号窟内温度与外界温度回归线的斜率为 1.02，极端接近于 1；也就是说，18 号窟的岩体、窟檐等对于外界空气温

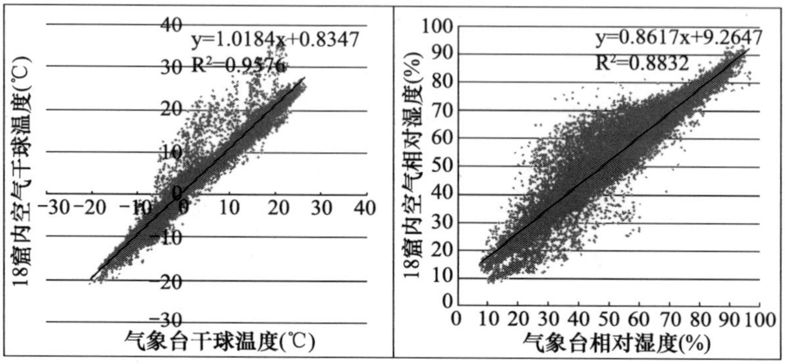

图 6.12　武威天梯山 18 号窟微环境受区域环境影响情况

度变化的缓解作用几乎等于零。这说明外界温度的变化在波及至 18 号窟时，其变化幅度并不会因为窟龛的存在而有所缓解。

18 号窟内温度与外界温度回归线的截距为 0.835；也就是说，从全年的角度看，18 号窟内外温度没有明显的区别。这说明 18 号窟对于窟龛内部空气来说可以起到不甚显著的保温作用，其内部空气温度从全年来看比外界高不到 1℃。

综合以上三点可以得出结论，18 号窟营造与外界不同的温度微环境的能力十分有限，仅能起到较小的增温作用，而缓解外部变化的能力则非常微弱。

18 号窟内相对湿度与外界相对湿度之间线性相关系数达到 0.862，较为接近于 1（线性）；这说明了两者具有一定的线性关系；也就是说，18 号窟内相对湿度的变化，在很大程度上由外界相对湿度变化导致。

18 号窟内相对湿度与外界相对湿度回归线的斜率为 0.862；也就是说，18 号窟的岩体、窟檐等对于外界空气相对湿度变化具有一定缓解作用。这说明外界湿度的变化在波及至 18 号窟时，其变化幅度将因为窟龛的存在而有所缓解，具体而言将缩减为原振幅的百分之八十五左右。

18 号窟内相对湿度与外界相对湿度回归线的截距为 9.26；也就是说，从全年的角度看，18 号窟内外湿度有较为稳定的近 10% 的差距。这说明 18 号窟对于窟龛内部空气来说起到一定程度的加湿作用。

综合以上三点可以得出结论，18 号窟具有一定程度的营造与外界不同的湿度微环境的能力，其窟龛的存在导致内部湿度变化较外界更为缓和，湿度也更高。

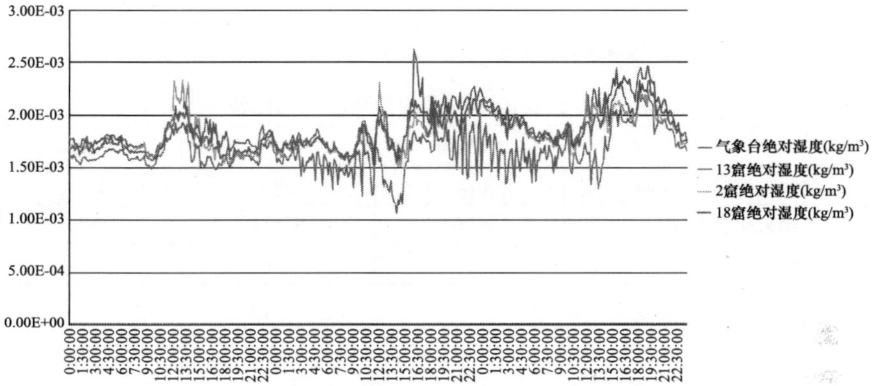

图 6.13　武威天梯山晴朗天气条件下不同窟龛微环境的湿度

三类窟龛绝对湿度比较（图 6.14）：

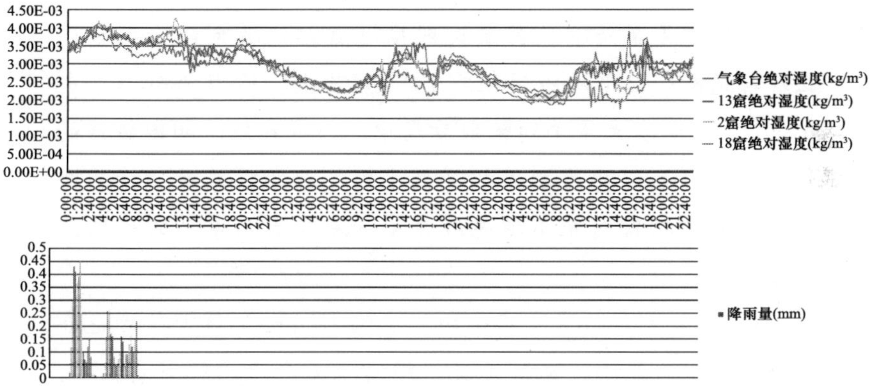

图 6.14　武威天梯山阴雨天气条件下不同窟龛微环境的湿度

在晴朗天气条件下，窟龛外空气绝对湿度随时间波动较为明显，而各窟龛内则相对较为稳定；各窟龛内空气绝对湿度均高于窟龛外绝对湿度；不同窟龛间绝对湿度差距不大。

在阴雨天气条件下，窟龛内外空气绝对湿度在降雨时段较高，降雨停止后逐渐下降；窟龛内外空气绝对湿度波动均较小；各窟龛内空气绝对湿度均高于窟龛外绝对湿度。

在降雨及降雨刚停止时，不同窟龛间绝对湿度差别不大；而至降雨停止后 36-48 小时后，13 号窟内绝对湿度呈现高于其余两个窟龛测点的态势。由此可见，在降雨时各窟龛绝对湿度较为一致，而降雨后则根据窟龛情况不同而产生区别。

三类窟龛照度比较（表 6.3）：

表 6.3　天梯山不同窟龛微环境照度比较

	13 号窟	2 号窟	18 号窟
全年平均照度（Lux）	1878	396	103
最大照度（Lux）	10704	51134	10053
最小照度（Lux）	26	40	78

对于 13 号窟而言，虽然在三个测点窟龛中其最大照度并不大于其余两窟，但其年均照度达到 1878Lux，也就是说，13 号窟常年有较强的太阳辐射，但短时间内的强辐射并不明显；如以此为依据计算该窟内文物的曝光量，将较大幅度地超过博物馆一般对馆藏文物的贮藏标准。

对于 2 号窟而言，其最大照度远远超过其余两窟，超过五万勒克斯；但平均照度相比 13 号窟为小，约为 396Lux，也就是说，2 号窟常年平均辐射量居中，但存在短时间内极强的太阳直射；如以此为依据核算该窟内文物的曝光量，将基本达到我国博物馆对光不敏感展品（如石质器物等）的平均照度标准。

对于 18 号窟而言，其平均照度仅 103Lux，最大照度也在三个测点中为最小；也就是说，18 号窟常年平均辐射量较小，短时间内的强辐射也不甚明显；如按这一平均照度进行计算，其已经基本达到我国博物馆对光敏感展品（如蛋清画等）的平均照度标准。

三类窟龛空气微环境受区域环境影响情况的比较：

13 号窟内部空气温度及其变化规律基本等同于外界温度，而相对湿度则一方面明显高于外界，一方面波动幅度小于外界，与外界有明显的不同。从热质交换学的角度讲，温度与湿度在空气层面具有很大的类比性，在很多情况下这两者都遵从着相似的变化规律。而 13 号窟之所以会有如此明显的区别，其主要原因可能是其与水库自由液面的水平距离很近，而垂直方向甚至有很大一部分空间处于自由液面以下，这就导致13号窟在常规的温湿度耦合关系之外还很大程度上受到水库的影响。而在针对天梯山的地质勘查中已经得到结论，13号窟下方有较为明显的地下径流与渗漏现象，这些现象首先在地质层面与结构层面会对石窟的安全产生巨大的影响，同时也会间接地在空气与岩体间导致更为复杂多变的“湿气”流动。在监测中，13号窟在相对湿度较小时其内部相对湿度与外部相对湿度间的关联性减弱，就在一定程度上说明了上述可能性。

2号窟内部空气温度及其变化规律基本等同于外界温度，而温度的绝对值略高于外界；而相对湿度绝对值与外界差距不大，波动幅度略小于外界。在对13号窟的总结中已经提到，天梯山各窟在常规的温湿度耦合关系之外还很大程度上受到水库的影响。而2号窟的温湿度特点说明其温湿度耦合关系相比水库影响而言一般占据地位。造成这一情况的原因一方面是2号窟离水库有一定垂直距离，另一方面则是地质勘查中已确定山体中无明显径流、暗河，一般的毛细作用又难以将水分带到2号窟的高度；故而2号窟岩体内水分较13号窟为小，温湿度耦合关系更为明显。

18号窟内部空气温度及其变化规律基本等同于外界温度；而相对湿度绝对值略高于外界，波动幅度略小于外界。在对13号窟的总结中已经提到，天梯山各窟在常规的温湿度耦合关系之外还很大程度上受到水库的影响。而18号窟的温湿度特点说明其温湿度耦合关系相比水库影响虽然占较为主要地位，但水库影响依然不能忽略。造成这一情况的原因一方面是18号窟离水库有水平垂直距离适中，另一方面则是地质勘查中已确定山体中无明显径流、暗河，一般的毛细作用又难以将水分带到18号窟的高度；故而18号窟岩体内水分较13号窟为小，温湿度耦合关系更为明显。

13号窟在阴雨时段绝对湿度高于窟龛外。2号窟在阴雨时段绝对湿度高于窟龛外。18号窟在阴雨时段绝对湿度高于窟龛外而波动更小。尤为值得注意的是，在降雨过程中13号窟绝对湿度虽然与其他窟龛基本相同，但在降雨结束后的36至

48 小时，其绝对湿度均高于其余窟龛。这说明 13 号窟在降雨积水后，雨水蒸发较其他窟龛慢、空气的流通性比其他窟龛差。造成这一现象的原因可能来自于两个方面，其一是 13 号窟距离水库较近，故其周边空气的绝对湿度本就高于其余窟龛的入口处绝对湿度，因此其液态水的蒸发、水蒸气的扩散都比其余窟龛更慢；其二是 13 号窟面前的围堰与窟龛本身形成了一个本封闭空间，很大程度上阻碍了空气的对流传质以及其所带来的强制扩散，因此蒸发、扩散速率都比其他窟龛为小。

（二）理论分析

在第五章的定性分析中已经提到，石窟微环境受到区域环境与石窟浅表层物质的影响，并在边界层效应与空气对流作用之下形成三维空间中的温湿度分布。而在此基础之上，可以通过半定量的理论分析，更进一步地剖析各参数影响温湿度分布的方式、大小。

1. 对边界层概况的半定量分析

对边界层进行细致的理论分析是极为复杂而庞大的工作，而如果再考虑热湿问题则会使问题的复杂度进一步提高。实际上，由纳维斯托克斯方程的求解，到应用无量纲数进行工程计算的多种简便算法，再到结合传热传质，并使之可以定量地分析流动空气在固体表面形成的边界层中温度、水蒸气浓度的分布，定量分析一直是流体力学、对流传热传质等研究的重点之一。边界层中温度与浓度分布情况的定量计算，可见于《传热学》《建筑环境传质学》等相关基本理论论著。

而对根植于石窟文物保护的石窟环境研究来说，上述定量计算的数理基础，乃至依托无量纲数进行的计算步骤本身，都并非是最为重要的。相比而言，通过简略的定量计算，以半定量的方式分析梳理不同影响因素对石窟微环境中温湿度的影响方式、影响大小，进而对原本“牵一发而动全身”的石窟微环境进行“抽丝剥茧”式的探索，则对石窟文物保护的意义更为突出。

需要注意的是，从风蚀、生物活动等石窟微环境直接影响的石窟保护问题的角度来看，微环境中空气的温度、湿度情况是主要需要关注的问题；也就是说，此时主要以求解边界层的厚度、边界层内的温度分布与浓度分布等为重点，这也是本小节主要叙述的内容。

而从水汽的扩散、热量的传输等石窟微环境间接影响的石窟保护的角度来看，微环境与石窟浅表层间的传热传质是主要需要关注的问题；也就是说，此时主要以求解传热量、扩散速度以及其造成的石窟浅表层温度、含水量变化等为重点，将于第六章第四节中叙述。

（1）流动边界层计算概述与半定量分析

边界层的理论计算方式种类繁多，各有其一定的适用范围。从半定量地分析石窟微环境的特点出发，应兼顾一定的合理性与便利性，因此笔者拟选取卡门边界层动量积分方程为基础，以四次多项式逼近的方式简单地求解层流边界层的厚度与速度分布问题。

$$\frac{\partial}{\partial x}\int_0^{\delta}(u_0-u_x)u_x dy = v\left.\frac{du_x}{dy}\right|_{y=0} \quad (6\text{-}4)$$

如果将石窟微环境与石窟表面的关系简化，认为石窟表面为水平的平面，外部空气沿平行于该平面的方向进入微环境区域中，那么采用四次多项式逼近求解后，经过推导可以得出以下二式：

$$u_x = u_0\left[\frac{3}{2}\left(\frac{y}{\delta}\right)-\frac{1}{2}\left(\frac{y}{\delta}\right)^3\right] \quad (6\text{-}5)$$

$$\delta = 4.64\sqrt{\frac{\mu_x}{u_0\rho}} \quad (6\text{-}6)$$

其中，式 6-5 表示了边界层内任意位置速度的求解，式 6-6 表示了边界层厚度的求解。δ 为深度为 x 处的边界层厚度，x 为沿流动方向进入窟龛的深度，μ 为空气的动力黏度系数，ρ 为空气的密度，u_0 为空气主体的流速；其中 u_x 为深度为 x 处、距离石窟的空气流速，u_0 为空气主体的流速，y 为沿垂直于空气流动方向距离石窟表面的距离，δ 为深度为该处的边界层厚度。

类似地，可以求出紊流边界层内的速度分布与边界层厚度：

$$\frac{u_x}{u_0} = 2.54\ln\left[\frac{3}{2}\left(\frac{y}{\delta}\right)-\frac{1}{2}\left(\frac{y}{\delta}\right)^3\right]+5.56 \quad (6\text{-}7)$$

$$\delta = 0.37x\left(\frac{\mu}{xu_0\rho}\right)^{1/5} \quad (6\text{-}8)$$

以及紊流对壁面的摩擦应力：

$$\tau_f = \frac{1}{2}\rho U^2\frac{0.455}{(\lg \mathrm{Re}_l)^{2.58}} \quad (6\text{-}9)$$

其中，Re_l 即特征长度为 l 时的雷诺数。

由以上公式出发，即可以进行简略的半定量分析：

石窟微环境中的流动边界层厚度数量级往往不大。

前文提到，流动边界层初始的定义即以达到主体空气流速的 99% 作为标准。假设微环境中温度为 20℃，窟龛内风速达到 1m/s；那么在进深 1m 处，边界层厚度约为 40mm。

边界层厚度的主要影响因素是距窟龛入口的距离以及主体风速，前者的影响往往甚于后者。

从公式还可以看出，边界层厚度的影响因素包括空气的动力黏度、密度、主体流速以及距离窟龛入口的位置。但在这些因素中，动力黏度与密度随温度变化而变化，且如果考量不同温度时空气上述参数的取值可以发现，在石窟所在环境所可能出现的温度变化范围内，这些参数的变化是较小的，也就是说，这两个参数的影响并不明显。

相比于动力黏度以及密度，空气主体流速变化要剧烈得多。而从公式出发，同样可以发现距窟龛入口的位置、主体流速是最为主要的影响因素，距入口越远边界层越厚，风速衰减越明显；主体流速越大边界层越薄。

通过明确的定量公式，可以对任意风速下任意进深位置的边界层厚度进行估算。

从速度分布公式可以看出，石窟微环境边界层内，靠近壁面时风速随着距离壁面的距离线性增长，到靠近边界层边缘时增长率逐渐放缓。

石窟表面因为空气流动而受到的摩擦应力（切应力）也可以通过上述公式进行估算，其同样主要受到距窟龛入口距离与空气流动速度的双重影响，但前者的影响往往小于后者。同时还可以说明，不含有灰尘的空气的磨蚀作用很小，空气中的灰尘是磨蚀作用的主要肇因。

仍按照前述参数举例，此时通过经验公式估算得到摩擦应力约为 0.0046；当风速为 2m/s 时，估算得到摩擦应力约为 0.016。这一方面说明风速的影响较大，一方面更说明当空气洁净时，空气流动的力学效果对石质文物的影响可以说是极为微弱的。

与之相比，由于尘埃作为固体颗粒物，其密度远大于空气，故而其动能也远远大于纯空气，这也从数据上佐证了防尘与降风这两种主要的防风蚀手段具有较强的互补性。不论是减少了空气中的尘埃还是降低了风速，只要两者中有一方面取得了较大成效，就可以显著降低风对石窟的磨蚀效果。

（2）温度边界层计算概述与半定量分析

前文定性分析章节中已经提到，温度边界层与流动边界层之间存在着较为紧密的数理联系，这使得不论是温度边界层的厚度还是边界层内的温度分布，都可以在一定程度上借鉴浓度边界层的对应结果。

举例而言，对于层流边界层而言，温度边界层的厚度与边界层内的温度如以下二式所示：

$$\theta_t = \frac{T - T_w}{T_f - T_w} = \left[\frac{3}{2}\left(\frac{y}{\delta_t}\right) - \frac{1}{2}\left(\frac{y}{\delta_t}\right)^3\right] \tag{6-10}$$

$$\delta_t = 4.64\,\mathrm{Pr}^{-1/3}\sqrt{\frac{\mu_x}{u_0 \rho}} \tag{6-11}$$

观察以上二式可以发现，如果定义“温度偏差系数 θ_t”为“相比于主体空气与表面间的温差，某位置与表面间温差的相对大小”，那么实际上温度偏差系数的数学表达式与流速的数学表达式，从形式上是完全相同的。而换算成常规的温度概念后，其同样具有着“靠近石窟表面时温度变化接近线性，接近边界层外缘时变化速度明显放缓并趋近于主流空气温度”的特点，而这一相对分布特点与空气的流速、温度均无关（图 6.15）。

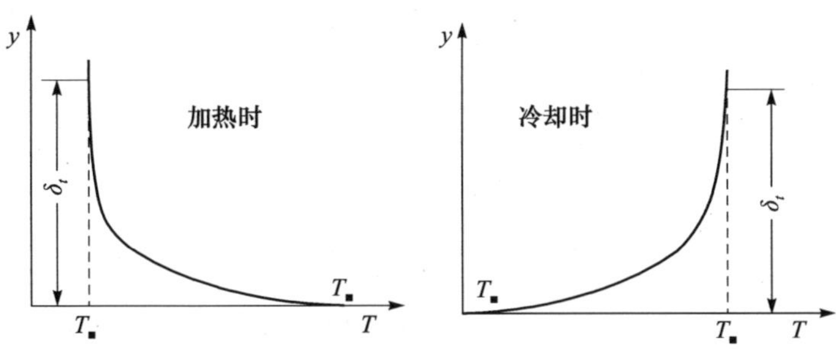

图 6.15　温度边界层内温度分布示意图[71]

另外，温度边界层的厚度与之间的区别就是普朗特数的三分之一次方，而普朗特数就是运动粘度与热扩散系数之比。简单来说，该无量纲数表示了空气流动性能与热扩散性能之间的某种联系，而流动边界层与温度边界层之间也就以该参数作为桥梁。

考虑到常温下空气的普朗特数约为 0.7 左右，且在石窟常见环境条件下变化幅度有限，这说明在石窟微环境中，温度边界层的厚度一般是流动边界层的 1.12 倍左右，主要的影响因素同样是距窟龛入口的距离以及主体空气流速，而受温度等因素的影响相对较小。

（3）浓度（水蒸气）边界层计算概述与半定量分析

与温度边界层类似，浓度边界层和流动边界层之间同样存在着紧密的联系，甚至其构成联系的形式都是基本相同的。

具体来说，仍以层流边界层为例，浓度边界层的厚度与边界层内的浓度分布如以下二式所示：

$$\theta_C = \frac{C - C_w}{C_f - C_w} = \left[\frac{3}{2}\left(\frac{y}{\delta_C}\right) - \frac{1}{2}\left(\frac{y}{\delta_C}\right)^3 \right] \tag{6-12}$$

$$\delta_C = 4.64\mathrm{Sc}^{-1/3}\sqrt{\frac{\mu_x}{u_0 \rho}} \tag{6-13}$$

可以看出，浓度边界层厚度与流动边界层厚度之间同样相差某一无量纲数的三分之一次方，而该无量纲数施洛特数则是运动粘度与水蒸气扩散系数之比，其体现着空气流动性能与水蒸气扩散性能之间的某种联系。

考虑到常温下空气的施洛特数也约为 0.7 左右，且在石窟常见环境条件下变化幅度有限。故而可以看出，实际上石窟微环境的浓度（水蒸气）边界层与温度边界层厚度基本相当，均为流动边界层的 1.12 倍左右，且主要受距窟龛入口的距离以及空气主体流速的影响，受温湿度等因素的影响相对较小。

而同样地，定义“浓度偏差系数 θ_C”作为“与主体空气与石窟表面附近之间的浓度差相比，边界层内某位置绝对湿度与石窟表面空气之间浓度差的相对大小”，可以发现这一无量纲浓度的分布和流速分布、温度分布服从同样的规律。

2. 以虚温为主要工具的稳态温湿度空间分布定量分析

在定性分析中已经提到，石窟微环境中的空气由于温湿度的不同导致了密度的不同，并因之而形成对流、形成在空间不同位置温湿度略有区别的实际情况。

不论是外界新进入的空气，还是经过窟龛内主动式设备处理后的空气，抑或是正常存在于窟龛内的一般的空气，当测得窟龛内不同位置的温湿度后，即可通过虚温、虚位温判断这一“气团”在窟龛内的升降情况。以此为出发点，就可以进一步推断窟龛内不同具体位置之间的微环境温湿度的差别，以及赋存环境改善后窟龛内微环境变化的趋势。

具体来说，对于含有水蒸气和液态水的空气来说，可以按照第三章中讨论的结果将其视作理想气体，此时的理想气体状态方程为：

$$\rho=\frac{P}{R_dT}\left(\frac{\varepsilon}{r_{sat}+\varepsilon}\right)(1+r_L+r_{sat}) \tag{6-14}$$

对于较小的窟龛而言，窟龛内大气压力变化很小可以近似认为不变，因此将理想气体状态方程化简后就可以得到虚温：

$$T_v\approx T\left(1+\frac{r_{sat}}{\varepsilon}\right)(1-r_L-r_{sat})\approx T(1+0.61r_{sat}-r_L) \tag{6-15}$$

上式为饱和状态下虚温的表达式，其中 T 是实际的干球温度，r_{sat} 是饱和空气的含湿量，r_L 是液态水的含湿量。

$$T_v=T(1+0.61r) \tag{6-16}$$

上式为未饱和状态下的虚温表达式，其中 r 是湿空气的含湿量。

对于虚温而言，可以认为其满足“热空气上升冷空气下降”。

观察虚温的表达式可以发现，其与温度、空气的饱和程度有关。当空气已经饱和时，温度越高、含水越少，虚温越高，空气密度也越大更容易下降。当空气未饱和时，温度越高、含湿量越高，虚温越高，空气密度也越大更容易下降。

对于如乐山大佛等具有较为明显高差的石窟微环境而言，压强很可能有所变化。此时可以虚位温代替虚温，其他则与虚温的使用相同。

$$T_v^p=T_v\left(\frac{P_0}{P}\right)^{k_d} \tag{6-17}$$

其中，k_d 为常数，取 0.286。

3. 微环境中的人

第五章的定性分析中提到，可以将微环境中游人活动所产生的热量、湿气考虑为单位时间内一定量的产热量与产湿量，并与微环境中可能存在的其他源汇一并讨论。

具体来说，“当活动强度一定时，人的发热量在一定的温度范围内可以近似看作是常数”。只不过随着温度变化，总的发热量中直接以热量传递的显热与以水汽所携带的潜热的比例有所变化。具体的取值可以引用建筑环境科学领域的研究成果（表 6.4）。

表 6.4 人的产热产湿[63]

活动强度	散热散湿	环境温度（℃）										
		20	21	22	23	24	25	26	27	28	29	30
静坐	显热（W）	84	81	78	74	71	67	63	58	53	48	43
	潜热（W）	26	27	30	34	37	41	45	50	55	60	65
	散湿（g/h）	38	40	45	50	56	61	68	75	82	90	97

续表

活动强度	散热散湿	环境温度（℃）										
		20	21	22	23	24	25	26	27	28	29	30
极轻劳动	显热（W）	90	85	79	75	70	65	61	57	51	45	41
	潜热（W）	47	51	56	59	64	69	73	77	83	89	93
	散湿（g/h）	69	76	83	89	96	102	109	115	123	132	139
轻度劳动	显热（W）	93	87	81	76	70	64	58	51	47	40	35
	潜热（W）	90	94	100	106	112	117	123	130	135	142	147
	散湿（g/h）	134	140	150	158	167	175	184	194	203	212	220
中等劳动	显热（W）	117	112	104	97	88	83	74	67	61	52	45
	潜热（W）	118	123	131	138	147	152	161	168	174	183	190
	散湿（g/h）	175	184	196	207	219	227	240	250	260	273	283
重度劳动	显热（W）	169	163	157	151	145	140	134	128	122	116	110
	潜热（W）	238	244	250	256	262	267	273	279	285	291	297
	散湿（g/h）	356	365	373	382	391	400	408	417	425	434	443

与此类似的，微环境中人产生二氧化碳的问题也可以采取类似的方式，通过查阅相关手册获知。

（三）计算机模拟

国内外现有的石窟微环境计算机模拟，大多脱胎于一般的室内环境模拟。也就是认为，对进深较大的窟龛来说，可以将其近似地视作建筑室内环境，并以室内环境模拟的成熟技术进行计算机模拟。

国内该技术路线已经较为成功地应用在敦煌莫高窟中。西安建筑科技大学的李哲伟使用 CFD 模拟、contamW 模拟以及日照模拟，对窟龛内的热湿场、换气次数以及光照情况进行了计算机模拟（图 6.16）。

实际上，这一技术路线在欧美国家其他类型的文物微环境中已经得到了较为广泛的应用，而李哲伟的工作证实了计算机模拟手段可以较好地辅助深窟龛的微环境研究工作，并可以在很大程度上辅助微环境改善措施的设计。

不过上述计算机模拟仍主要以空气侧为主。对于石窟区域环境而言，考虑到其主要是间接影响石窟物质遗存，故而以“获知空气侧气象参数”为主要目标的模拟是可以达到石窟保护的需要的。但对于石窟微环境而言，石窟保护所需要的不仅是掌握微环境中的各项数据，

时间点	温度标尺	带有前室洞窟	无前室洞窟
60s	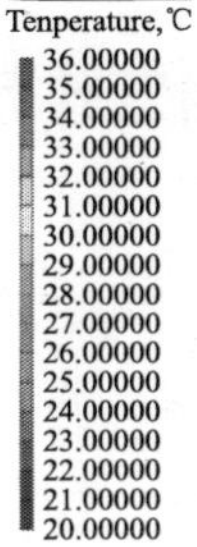	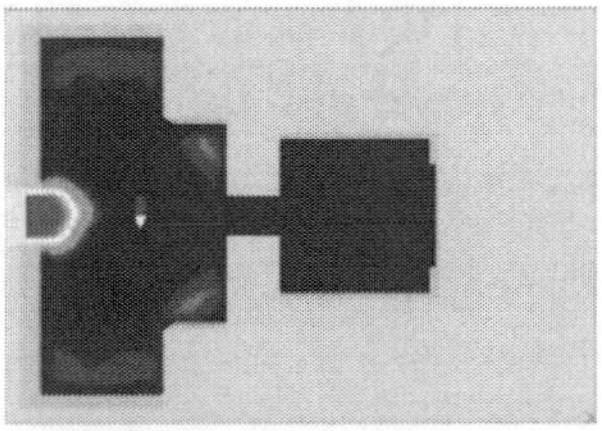	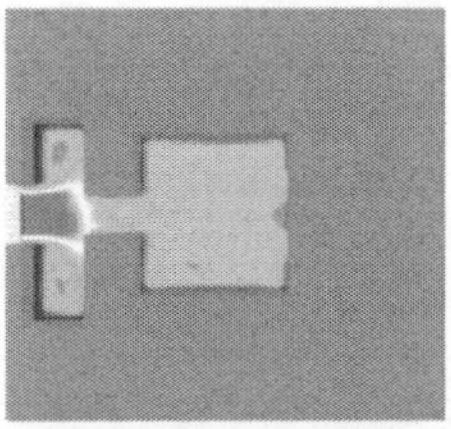
180s		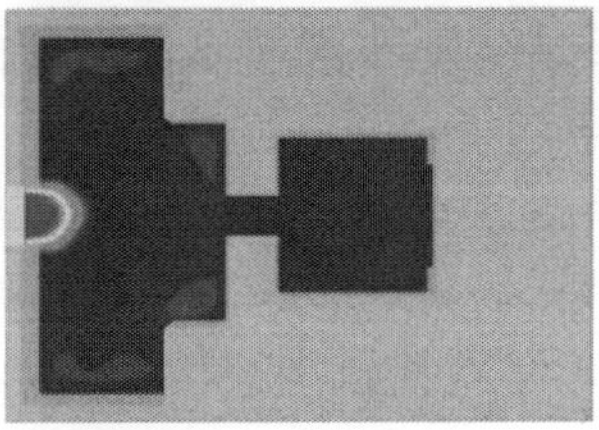	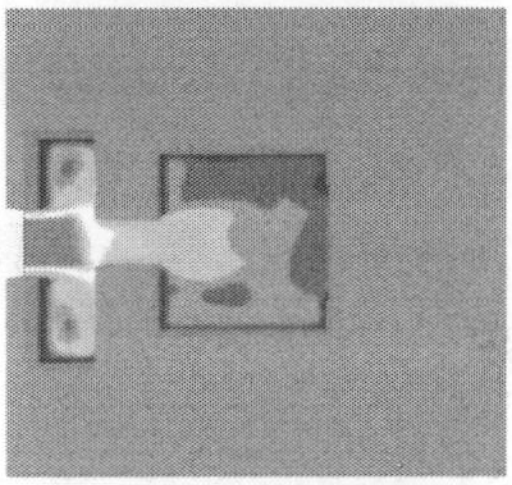
300s		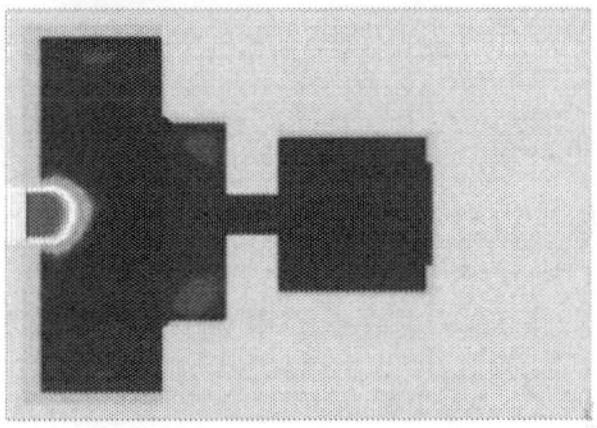	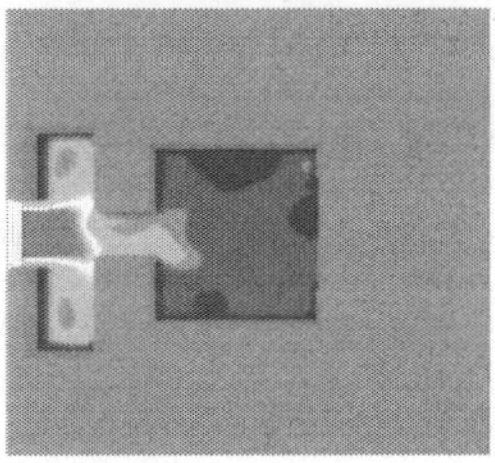

图 6.16　针对莫高窟“前室”的计算机模拟[88]

更重要的是了解微环境与石窟浅表层之间的互动情况。

考察莫高窟中使用 CFD 模拟的技术路线，可以发现其以稳态模拟为主，在“微环境与石窟浅表层之间的互动”这一层面上有较大的欠缺：

具体来说，CFD 模拟的对象是空气，而包覆空气的固体则被视为边界条件，而一般计算机模拟较为常用的边界条件形式，即假设壁面为某一固定温度。但对于石窟微环境而言，之所以进行模拟，很大程度上是为了探求“石窟表面发生了怎样的热湿变化”；而包括该莫高窟案例在内的模拟工作，都以“认为石窟表面温度不变”为前提。

也就是说，这种未将石窟浅表层考虑进内的模拟工作，如欲在石窟保护中使用，很可能面临着难以规避的逻辑悖论——先设定石窟表面温度不变，通过区域环境参数求得微环境温度分布，再通过对比不同区域环境参数下的模拟结果，分析微环境将导致石窟表面温度发生怎样的变化。但显然，由于这些稳态模拟的前提都是石窟表面温度不变，势必不可能以此为出发点，得到“石窟表面温度将如何变化”的结论。

可以说，以上的计算机模拟，遵循着“将微环境本身作为研究对象”的技术路线，认为微环境可以被视作一个个准稳态，其主要适于考量风蚀、生物活动等微环境直接影响的劣化问题，不适于考量最终着眼于石窟浅表层物质的其余大量劣化问题。

而笔者于国内文物保护领域率先引入的、将石窟物质遗存与微环境通盘考虑的非稳态热湿耦合模拟方式，将于第六章第四节“(四)”中详细说明。

四、石窟浅表层与空气微环境间的相互作用

(一)石窟岩石侧参数的获取

对于石窟的岩石侧来说，获取哪些参数、如何获取，是分析其与环境相互作用的基础。关于应获取的参数类型与获取方式，国内外大量的研究与实践已总结出一批行之有效的勘测与实验手段。本书以研究石窟与环境相互作用为出发点，对现有勘测内容与手段进行简单的整理。

如果以“在石窟环境研究中应用”为出发点，对石窟勘测所能获得的“参数”进行分类，可以发现当前的石窟岩石侧相关参数分为两大类：前者更接近于“内在属性”，后者更接近于“受环境影响的表现”。

所谓“内在属性”，包括孔隙率、有效孔隙率、孔腔直径以及物质组成等，刻画石窟的石材或其他表层物质本身的结构、物质情况，实际上是石质文物物质遗存自身的特点，与环境如何变化的联系并不紧密。举例而言，某一样块孔隙率可以说是客观存在的属性，测定孔隙率实验的结果只与样块本身以及所使用的技术手段有关，而与样块在被测定时所处的环境情况基本无关。

而所谓“受环境影响的表现”，包括对热力性能与水理性能等的刻画，体现了被测样块对某种环境条件做出的反应，可以说体现了石质文物物质遗存针对环境做出的反应。实际上，这些“特性”是前述“特征”在环境作用下的表现。举例来说，石材样块“单位温度梯度在单位时间内经单位导热面积所传递的热量”称为导热系数，刻画了样块传导热量的能力；导热系数是文物在与外界存在温差时，传导热量快慢能力的一种体现，由文物的孔隙情况、物质组成等内在因素决定，也受测定时文物的温度、含水情况等外在因素的影响。

虽然文物的热力性能、水理性能等是由文物的内在属性和外在环境共同决定的，理论上来讲这些参数都可以通过详尽的内外参数推导

得到。但一方面由于当前自然科学领域尚未就上述问题研究透彻，另一方面也考虑到即使是初步的理论推导也受限于时间成本高、准确度有限等因素，因此获知文物热力性能、水理性能较为合理的做法仍是单独进行测定。

1. 岩石主要形、质参数

密度：

密度，在石质文物保护领域可能使用两种不同的密度概念，即基质密度[①]与体积密度[②]，前者只考虑构成岩体的固体物质，后者则既考虑固体物质也考虑孔隙。也就是说，基质密度只与构成石材的物质特征有关；而同种物质构造的石材，孔隙率越大体积密度越小，体积密度与基质密度间的差别越大。

基质密度与体积密度的测定方式多种多样，其中最为简便、最为适于文物保护领域使用、在欧美石质文物保护工作中使用最为广泛的是阿基米德法。顾名思义，阿基米德法即通过阿基米德定律——浸没物体所受浮力等于其所排开液体的质量，计算检测物体密度的方式。具体来说，对指定规格[③]的样块在三种条件下分别进行称重：其一，在干燥状态下称量其质量，记为 M_{dry}；其二，在完全吸水饱和后称量其质量，记为 M_{sat}；其三，将样块置于水中完全浸没，称量其在水中重量并换算为质量，记为 M_{sub}。

通过阿基米德定律和前述的基质密度、体积密度定义，可以推导出：

$$\rho_m = \rho_{water}\left(\frac{M_{dry}}{M_{dry} - M_{sub}}\right) \tag{6-18}$$

$$\rho_b = \rho_{water}\left(\frac{M_{dry}}{M_{sat} - M_{sub}}\right) \tag{6-19}$$

除了通过实验测定之外，密度参数属于极为常用的物性参数，部分常见石材的基质密度与体积密度可于参考文献中相关专著内查知[97-100]。

孔隙率与孔隙（喉）半径：

国内外大量研究业已证明孔隙率与石材风化之间有着极为紧密的联系。概括而言，孔隙率是石材中孔隙的体积与总体积的比例关系。在

① 即 matrix density。

② 即 bulk density。

③ 欧美国家通行的检测方式如 ASTM 推荐 60-100mm 见方。

石质文物保护，最为常见的孔隙率概念为有效孔隙率[①]与总孔隙率[②]。有效孔隙率即指其只考虑在水理作用中实际起到作用的孔隙，也就是指气体、液体可以进入的孔隙占石材总体积的百分比。总孔隙率则考虑所有岩体中存在的孔隙，不论其开放与否。也就是说，总孔隙率大于等于有效孔隙率，而在石材风化所面临的问题中更为常用的是有效孔隙率。

岩石材料的孔隙率随石材种类、风化情况等因素而有较大的差异。目前多根据有效孔隙率将其分为：孔隙率小于1%——致密的；孔隙率在1%至2.5%之间——少数微孔；孔隙率在2.5%至5%之间——略微多孔；孔隙率在5%到10%之间——显著多孔；孔隙率在10%至20%之间——大量气孔；孔隙率在20%以上——大量孔隙。

孔隙率刻画了石材中孔隙的多少，而孔径则刻画着石材中孔隙的大小。一般来说，对于理想状态下呈半球状、圆筒状的孔而言，截面半径可以很好地描述这些孔的大小。但在实际情况中，孔隙的形状远比圆柱体复杂得多，因此也多用孔喉半径作为分类与研究的依据。

孔隙率、孔隙（孔喉）半径等孔隙参数的测定方式主要有压汞法、氮吸附法以及图像测定法：

压汞法的基本原理是，由于汞不润湿岩石中的固体基质，只进入孔隙，因此当对汞施加压力时就可以将其压入待测岩体试样中。通过压入汞的量，即可获知孔隙的体积。另外，根据液体表面张力的基本原理可知，为汞施加的压力与其能进入的孔半径有直接关系，某一压力对应着“能压入的最小孔径”，压力越大就能进入越小的孔隙中。也就是说，通过测定不同压力条件下进入的汞的多少，即可获知大于“能压入的最小孔径”的孔隙总体积，进而绘制孔隙半径分布。

氮吸附的基本原理，则是利用不同孔径大小与微观下氮的毛细凝聚现象之间的对应关系，通过测定不同压力下氮的吸附量来测定孔径分布。

而图像分析法，顾名思义则是主要通过显微手段获取样品的图像，并通过观察、测量图像获知对应的孔径等参数。

通过国内外大量研究与实践，目前对以上三种方法的使用形成了如下基本共识：压汞法所适用的孔隙半径范围最大，图像分析法适用于较大的孔隙半径，氮吸附法适用于较小的孔隙半径。而三种方法各自有其特点，举例而言，由上述基本原理所决定，图像分析法与氮吸附法在孔隙半径的测试上更有优势；而压汞法由于其测试原理与孔隙

① 即 effective porosity。

② 即 total porosity。

狭窄处的毛细作用有紧密联系，因此其测得结果更接近于孔喉半径。也就是说，如要精确全面地测得样块的孔隙参数，需要同时使用不同的测定方式，并将结果进行汇总与校正（图 6.17、表 6.5）。

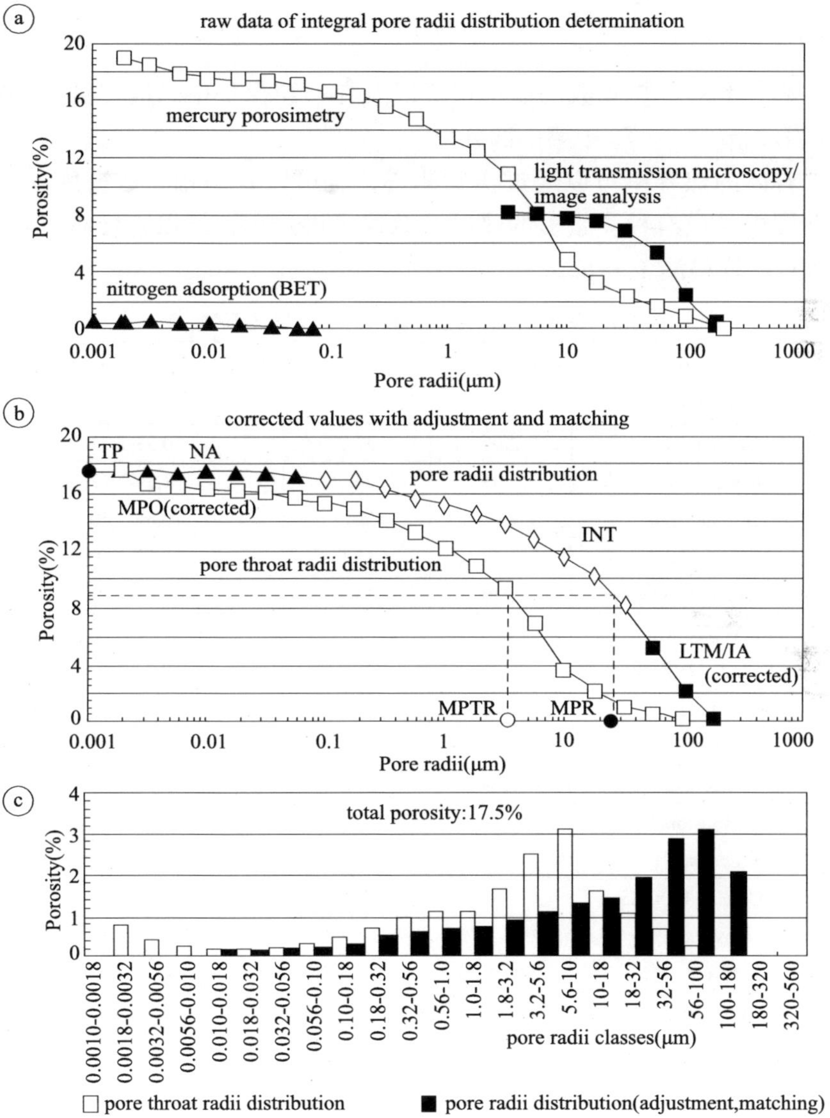

图 6.17　三种孔隙率测定方法的测定结果比较 [14]

表 6.5　三种孔隙率测定方法的特点与适用范围

测定方式	测定参数	适用测定范围
图像分析法	孔的弦长、面积、等效圆半径	大于 1μm
压汞法	水力侵入半径	0.002-250μm
氮吸附法	毛细凝聚现象对应的孔尺寸	0.001-0.1μm

实际上不同测试方法所能达到的测试范围说法众多，但数量级基本一致，适用测定范围在原则上只提供数量级上的参考。

2. 岩石主要热工参数

（1）热导率

热导率即导热系数的简单定义以及在石窟保护中的应用见本书第四章第二节“（一）”中第一部分。

岩体的热导率可以通过实验测得，也可以查阅相关数据库获知。目前国内外已有种类繁多的热导系数仪可供选用，可以直接对石窟岩体进行取样检测（表 6.6）。

表 6.6　常见石材的孔隙率、密度及导热系数[14]

Rock type	Density g/cm^3	Porosity%	Thermal conductivity W/m^{-1}K^{-1}
SANDSTONE			
Postaer Sandstone	2.06	22.7	0.93-1.13
Cottaer Sandstone	2.03	24.1	1.54-1.72
Ruhr Sandstone	2.53	6.1	0.65-1.40
Obernkirchner Sandstone	2.15	18.6	0.81-1.69
Sander Schilf-Sandstone	2.30	14.3	0.83-1.29
LIMESTONE			
Muschelkalk Halberstadt	2.18	20.1	0.76-0.83
Krensheimer	2.60	2.71	0.78-1.23
Muschelkalk			
SchaumkalkNaumburg	1.79	33.3	1.32-1.82
Anröchter “Sandstone” (clastic limestone)	2.51	7.00	1.33-2.04
VOLCANIC ROCKS			
Rhyolite	2.46-2.75	0.31-9.98	0.73-3.13
Basalt	2.04-3.20	1.75-29.06	0.51-2.03
Diabase	2.75-3.15	0.20-10.60	2.13-2.90
PLUTONIC ROCKS			
Granite	2.55P-2.74	0.16-1.65	1.34-3.69
Syenite	2.55-2.84	0.33-0.72	1.74-3.9
Diorite	2.63-3.26	0.24-0.69	1.38-2.89
Gabbro	2.63-3.26	0.24-0.69	1.80-2.83
METAMORPHIC ROCKS			
Marble	2.64-2.82	0.02-0.87	1.59-4.00
Serpentinite	2.55-2.89	0.25-1.44	2.31-2.87
Quartzite	2.58-2.75	0.18-0.46	2.68-7.60

续表

Rock type	Density g/cm^3	Porosity%	Thermal conductivity W/m^{-1}K^{-1}
Schists	2.64-2.88	0.28-1.44	1.67
Schists	2.64-2.88	0.28-1.44	1.03-4.93
Gneisses	2.57-2.88	0.11-0.71	0.94-4.86

（2）热膨胀系数

随着温度的变化，石材在不受外力束缚时将产生形变，刻画这种形变特征的参数即为热膨胀系数。当对石材样块进行加热膨胀试验时，一般定义单位温度变化量下单位长度样块发生的形变量为线膨胀系数。

实际上，由于岩体是各向异性材料，因此沿岩体样块不同方向的热膨胀系数也有所不同。一般来说，常用的热膨胀仪即可较好地测定岩体样块的热膨胀系数（图 6.18、图 6.19）。

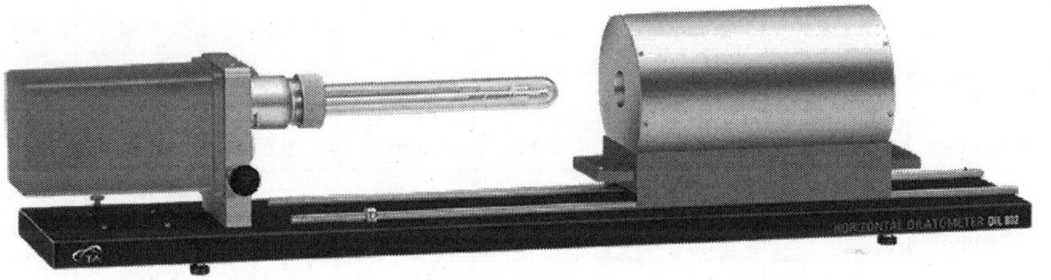

图 6.18　常见线膨胀系数测试设备示意图

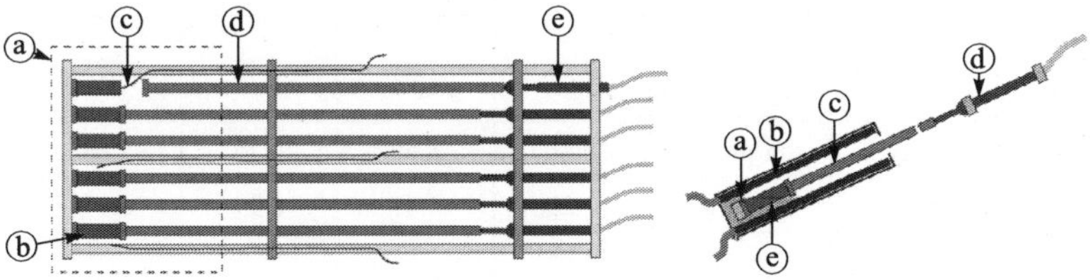

图 6.19　线膨胀系数的测试 [14]

欧美学者以热膨胀仪测定了多种石质文物常见岩石材料的热膨胀系数，如表 6.7 所示：

表 6.7　常见石材的三向线膨胀系数 [14]

Thermal expansion coefficient α							
Commercial name	Country of origin	Rock type	x-direction（10^{-6}K^{-1}）	y-direction（10^{-6}K^{-1}）	z-direction（10^{-6}K^{-1}）	Average value（10^{-6}K^{-1}）	Anisotropy (%)
Ben Tak White	Thailand	Granite	7.20	7.99	7.51	7.57	9.9

续表

Thermal expansion coefficient α							
Commercial name	Country of origin	Rock type	x-direction ($10^{-6}K^{-1}$)	y-direction ($10^{-6}K^{-1}$)	z-direction ($10^{-6}K^{-1}$)	Average value ($10^{-6}K^{-1}$)	Anisotropy (%)
Muang Tak Orange 1	Thailand	Granite	9.07	8.14	8.60	8.60	10.3
Kösseine	Germany	Granite	9.37	8.12	10.20	9.23	20.4
Antrona	Italy	Granite	7.02	6.70	6.68	6.80	4.8
Rojo Dragon	Argentina	Granite	9.65	9.72	10.00	9.79	3.5
Padang	China	Granodiorite	6.73	6.99	8.32	7.35	19.1
Ben Tak Blue	Thailand	Quartz-monzonite	7.97	7.58	7.24	7.60	9.2
Salmon Red	Uruguay	Syenite	6.50	6.12	7.59	6.74	19.4
Artigas	Uruguay	Syenite	4.07	7.53	5.96	5.85	45.9
Blue Pearl	Norway	Larvikite	5.42	3.98	9.63	6.34	58.7
Nero Absoluto	Uruguay	Dolerite	6.66	6.79	6.68	6.71	1.9
Anzola	Italy	Gabbro	6.89	7.23	8.02	7.38	14.1
Nero Impala	South Africa	Gabbro-norite	5.14	4.68	5.23	5.02	1.7
Negro Riojano	Argentina	Gabbro	7.93	7.85	7.42	7.73	6.4
Balmuccia	Italy	Perodotite	8.16	8.69	8.74	8.53	6.6
Löbejün	Germany	Rhyolite	7.27	6.47	6.99	6.91	11.0
Stardust Grey	Argentina	Rhyolite	7.58	8.00	8.62	8.07	12.1
Monte Merlo	Italy	Trachyte	7.14		4.03	5.59	43.6
Drachenfels	Germany	Trachyte	4.66		7.22	5.94	35.5
Weibern	Germany	Phonolite tuff	5.72	3.23	6.09	5.01	47.0
Rochlitz	Germany	Rhyolite tuff	8.00	8.28	7.74	8.01	6.5
Eger-Demjen	Hungary	Dacite tuff	4.64		4.89	4.77	5.1
Phanom Sarakham Grey	Thailand	Gneiss	8.95	8.82	9.00	8.92	2.0

3. 岩石主要水理参数

（1）毛细吸水系数与毛细吸水率

需要说明的是，在我国多孔介质研究领域中往往直接称呼“吸水系数”与“吸水率”①。而在石质文物保护研究中，对于“岩体浸没后所吸收水的质量（体积）占岩体总质量（体积）的比例”也称为“吸水系数”②。为避免混淆，本文中将前者成为毛细吸水系数，而后者仍按照我国研究习惯称为吸水系数。

对毛细吸水率的定义在很大程度上来自于实验。大量试验证实，岩体通过毛细作用吸收水的量，和毛细作用的时间之间存在如下关系：

$$i = S\sqrt{t} \tag{6-20}$$

一般将毛细吸水量与时间平方根之间的比例系数，称为毛细吸水率。

ASTM 提供了多种实验室测试方式，可供石质文物保护工作简便地测得毛细吸水率。而在实际条件下，如卡斯特瓶等测试方式同样可以起到粗略测定毛细吸水量与毛细吸水率的作用。以上测试手段的具体操作流程，可见于李宏松先生所著《石质文物岩石材料劣化特征及评价方法》一书。

除了已引入国内的卡斯特瓶测试法外，欧美国家另一种常见的测试方式为瑞丽管③测试法（图 6.20）。相对于卡斯特瓶测试，其有着操作更为简便、更适于户外使用的特点。有鉴于国内尚无对其的系统引入，笔者就其基本原理进行简要阐述：

图 6.20　瑞丽管

通过绘制其管内水位随时间变化的图线，可以反映所检测的石质文物的吸水性能与可能的吸水过程。

值得注意的是，虽然检测中唯一可以调节的因素就是管中初始水位的高低，但实际上其可以反映石质文物可能面临的多种实际环境因素。

$$\frac{1}{2}\rho v^2 + \rho gh + p = C \tag{6-21}$$

---

① 即 water absorption coefficient。

② 即 water Absorption。

③ 即 RILEM tubes。

上式即伯努利定律，其中 C 代表“为一定值”。该公式为流体力学中反映流体中压强（压头）情况的普遍公式。

经过化简可以将伯努利定律整理为如下形式：

$$\frac{v^2}{2g}+h+\frac{p}{\rho g}=C \tag{6-22}$$

可以认为石质文物的表面受到的空气与水的作用满足这一公式。等号左侧的三项分别为速度压头、重力压头与压力压头。在石质文物保护面对的实际情况中，如一定速度风的冲击、表面径流的冲击等都可以归结为速度压头；积水等可以归结为重力压头；在外界其他压力作用下的水侵入等可以归结为压力压头。因此在进行瑞丽测试管试验时，可以根据期望评估的环境条件特点确定适宜的管内初始水位。

以瑞丽测试管、MAT 测试管以及卡斯特瓶等为代表的实地检测设备对于液态水侵入石质文物采用的是“黑箱模式”，即将复杂多样的影响因素归结为实际检测中可以实现的实验条件，不阐释液态水侵入的具体物理过程，直接进行有目的的分析。

（2）吸水率、饱和吸水率与饱水系数

在评价石质文物吸水性能时，常以饱和吸水率、吸水比等作为衡量的标准。此两者均是石材在水饱和时的性质与干燥状态下的比例关系，反映了石材最多能“容纳”水分的量。而以此为基础，在石质文物的地质勘查中，如千佛崖地勘，再引入饱水系数即可反映出“文物最多能容纳多少水分”、“目前已容纳了多少水分”。

显然，这一刻画模式基于取样实验，适用于对确定位置、确定时间下的石质文物进行现状评估，而不适用于对石质文物进行大空间、长时间尺度下的变化进行监测或预估。举例而言，某一试块目前测得饱水系数，但难以据此判断与其同一洞窟的岩体中，位于洞窟底部（可能存在积水）或顶部（可能存在渗水）的各部位的含水情况，也难以据此判断这一试块在降雨情况下含水量会发生怎样的变化。

实际上，不论是美国的 ASTM 还是我国的国标体系，对于吸水率测定基本是大同小异的。以我国石材标准测试为例，标准要求“将试样用刷子清扫干净，置于 105±2℃条件下干燥 24 小时，之后取出冷却至室温，称其质量 m_0，精确到 0.02g。再将试样放入室温的蒸馏水中，浸泡 48 小时后取出，用拧干的湿毛巾擦去表面水分，并即刻称其质量 m_1，同样精确到 0.02g。则吸水率为 $\Delta m=\frac{m_1-m_0}{m_0}\times 100\%$”[101]。

（3）吸湿（放湿）性能

所谓吸湿（放湿），即岩体置于空气中时，从空气中汲取（向空气中释出）水分的过程。对于吸湿性能，主要的刻画方式即第五章中提到的吸附曲线。

与第五章所提到的抽象化、典型化后的吸附曲线不同，对于确定的岩体来说，多采用对样块进行试验的方式测定其自身的吸附曲线。

吸附曲线的测定可以通过恒温干燥器进行。具体来说，将一定规格的样品置于恒温的干燥器中，并控制干燥器中空气的相对湿度，在经过空气与样块一定时间的水分平衡后，分别测定不同相对湿度条件下样品质量的变化情况。对于简易的实验室操作来说，使用不同盐的饱和溶液进行相对湿度控制是较为便利的方法，如表 6.8 所示：

表 6.8　常见相对湿度的饱和溶液控制法 [14]

Salt	Mol weight [g]	RH at 21℃ [%]
NaOH	40	6
LiCL	42	11
$MgCl_2 \cdot 6H_2O$	202	33
$Mg(NO_3)_2$	148	54
$NaNO_2$	69	75
NaCl	58	75
KCl	75	85
KNO_3	102	93
K_2SO_4	176	97

当然，实际上岩体样块与空气达到平衡的过程很可能是极为漫长的，甚至可能需要数月之久。也就是说，对吸附曲线的测定是一个具有较长时间周期的工作；同时，也表明国内石质文物保护领域需要更多的吸附曲线实验数据积累，方能针对我国文物常用石材建立较为可靠的吸附曲线数据库。

（4）透湿性能

在常见的环境条件下，水蒸气会以扩散的方式在岩体中传播，而一种典型的状态即“水蒸气由一侧空气经由一层岩石，向另一侧空气传播”，可以视作“湿气穿过岩石”的过程，即日常所言的透湿。

在石质文物保护研究中，国际通行的常用透湿性能参数为水蒸气扩散阻力系数①。该参数实际上是在确定的实验条件下，表征水蒸气穿

① 即 water vapor diffusion resistance factor。

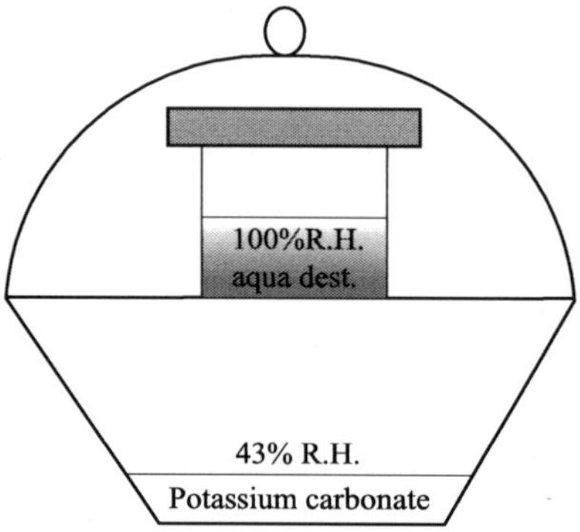

图 6.21　岩体样块透湿性测试过程示意图[14]

透岩体样块能力的无量纲数。一般而言，实验基本原理如图 6.21 所示。

从图 6.21 可以看出，水蒸气扩散阻力系数的基本测试原理是在一定规格的石材样块两侧，通过在恒温条件下配制特定盐的饱和溶液等方式，营造出恒温恒湿条件，而使样块两侧维持着固定的湿度差。此时，通过测定单位时间内高湿度一侧液体质量的变化，就可以确知“单位时间内有多少水蒸气穿过样块进入了外侧空气中”。

对于上述试验过程，ASTM 给出了如下的扩散阻力系数计算公式：

$$\mu = L \cdot p_s \cdot \Delta\varphi \cdot A \cdot \tau \cdot \Delta m \qquad (6\text{-}23)$$

根据以上测定方式，欧美学者进行了大量常见岩石材料的水蒸气扩散阻力系数测定，形成了一定的数据积累。也就是说，对于常见的岩石材料而言，可以通过查表获取其水蒸气扩散阻力系数。

需要注意的是，水蒸气扩散阻力系数是在特定试验条件下测定的结果，也就是说其只在恒温条件下适用。但对于石窟文物而言，水蒸气扩散的过程很可能并非处于恒温条件下，此时再沿用水蒸气扩散阻力系数就显得不合时宜。

为了使石质文物保护领域积累了大量数据的水蒸气扩散阻力系数，能进一步扩展至非恒温条件下使用，以适应我国石窟文物保护的实际情况，笔者在上述国际通行的石质文物透湿性能测试的基础上，根据传质学领域的菲克扩散定律进行了理论推导。（推导过程见附录）

$$\frac{L}{\mu} = \frac{D_{AB}M}{T} \qquad (6\text{-}24)$$

可以看出，水蒸气扩散阻力系数是排除了温度、水蒸气自身性质后，单纯刻画岩体性能的参数；并且可以通过温度等参数，与广泛适用于不同温湿度条件下的二元扩散系数建立定量联系。

也就是说，当应用于我国石窟中时，可以根据上式对查表获取或实验测得的水蒸气扩散阻力系数进行转换，将其变换为应用范围更广的二元扩散系数，进而进行适用于我国石窟具体温湿度条件的定性分析或半定量估算。

（5）水力膨胀系数

与岩体受热的膨胀类似，岩体在吸水后同样存在膨胀的现象

（表 6.9）。一般来说，液态水进入岩体导致的液态吸水膨胀，要比水蒸气进入岩体导致的气态膨胀明显，如舍特玛尔砂岩在相对湿度上升为 98% 时水力膨胀系数为 0.84mm/m（即 0.84%），而当直接与水接触发生毛细吸水时，其水力膨胀系数则是 1.13mm/m（即 1.13%）[102]。

表 6.9　常见岩石材料的水力膨胀系数[14]

Rock type	Density g/cm^3	Porosity%	Hydric expansion mm/m
SANDSTONE			
Portland Brownstone	2.39	8.7	0.45-0.17
Villarlod Molasse	2.26-2.67	15.5	1.30-1.73
Tarifa Sandstone	2.55	8-11	1.20-2.90
Schöttmarer Sandstone	2.45	8.10	0.79-1.13
Meller Sandstone	2.30	13.22	0.63-1.18
Obernkirchner Sandstone	2.15	18.6	0.09-0.16
Sander Schilfsandstone(sandstone)	2.27	15.4	0.83-1.29
LIMESTONE			
Globigerinen Limestone	1.85	34.6	0.17-0.27
Thüste Limestone	2.12	21.14	0.02-0.07
Treuchtling Limestone	2.60	2.71	0.03-0.07
Travertine	2.40	7.38	0.02
Annöchter “Sandstone” (clastic limestone)	2.51	7.00	0.08-0.17
Baumberger “sandstone” (clasti climestone)	2.09	20.00	0.13-0.62
VOLCANIC ROCKS			
Löbejün Rhyolite	2.52	4.50	0.03
Morshäuser Basalt	2.92	1.56	0.10
Niederbrechener Diabase	2.71	1.08	0.22
Londorfer Basalt Lava	2.86	10.88	0.00
Rochlitz Rhyolitic Tuff	2.01	23.70	0.96
Weibern Tuff	1.51	38.50	0.87-1.00
Laubacher Tuff	2.71	16.31	3.29
Trachye Selters	2.32	8.00	0.60-1.10
PLUTONIC ROCKS			
Kösseine Granite	2.69	0.71	0.08
Padang Dark Granodiorite	2.80	0.25	0.01
Nero Impala Gabbro	2.92	0.04	0.01
Anzola Gabbro	3.09	0.13	0.03
METAMORPHIC ROCKS			
Calanca Paragneiss	2.73	0.73	0.06
Verde Andeer Orthogneiss	2.68	0.89	0.01
Prieborn Marble	2.70	0.77	0.06
Palissandro Marble	2.87	0.33	0.08

续表

Rock type	Density g/cm^3	Porosity%	Hydric expansion mm/m
Carrara Marble	2.71	0.46	0.08
Quartzite	2.69	0.18	0.01
Serpentinite	2.77	0.15	0.00
Theuma Knotenschiefer(Slate)	2.74	0.95	0.15-1.45
Roof Slate	2.67	0.70	0.26-4.80

除此之外，黏土类型的胶结物质越多，水力膨胀系数就越大——砂岩在吸水后，膨胀量一般大于大理石、石灰石，小于泥岩与黏土。

另外，考虑到岩体吸水的过程需要时间，也会受岩体周围结构力学环境的制约，因此水力膨胀系数的大小对于实际中石窟岩体吸水膨胀的情况只是具有半定量的分析意义，而不能直接以之计算真实石窟中岩体的膨胀乃至破坏情况。简单来说，水渗入的深度随降雨等现象的时间而增大，对于水渗入了的岩体区域来说，水力膨胀系数越大，则由此产生的形变也越大，产生的形变应力也越大，岩体发生破坏的可能性越高。

4. 岩石主要结构力学参数

以岩体为研究对象的结构力学研究历史悠久，成果丰富，是研究石质文物破坏机理、破坏阈值的重要理论基础。岩体力学主要关注的参数包括抗压强度、抗弯强度、抗拉强度等，皆多可以采用取样试验的方式进行，如与相关专业实验室合作使用万能材料试验机等专业仪器设备。本书引用现有数据，对常见岩石材料的各项结构力学参数进行简单罗列（图 6.22）。

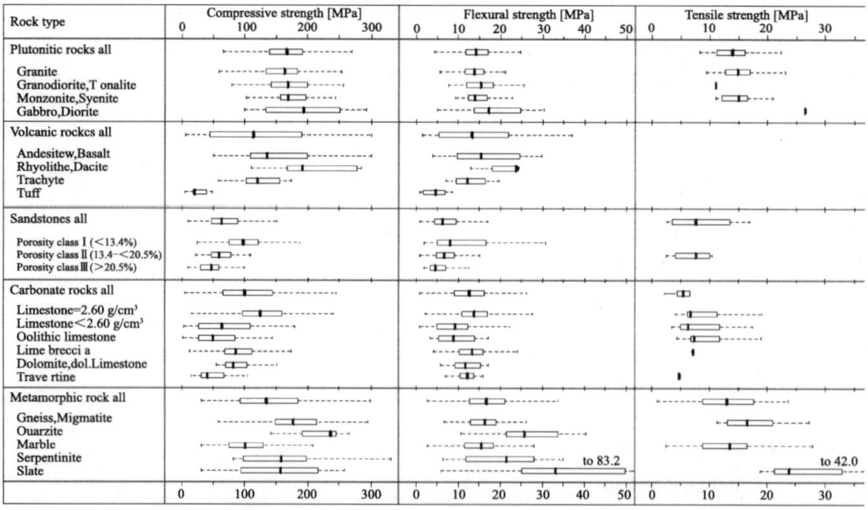

图 6.22　常见岩石材料结构力学参数[14]

（二）现状监测与检测

1. 石窟浅表层热湿状态

为了掌握石窟浅表层与微环境间相互作用的情况，需要对石窟浅表层的热湿状态参数进行监测。主要包括表面温度、浅表层内部温度以及浅表层内部含水量。

（1）表面温度

在国内外石窟环境研究中，对石窟表面温度的监测是极为常见而顺理成章的。相比于环境温度，表面温度与石窟安全的联系往往更为紧密。但需要注意的是，石窟表面温度的监测比空气温度更为复杂。

其一，石窟表面温度与表面附近的空气温度并不一定相同，甚至可能有一定的区别。因此，在石窟表面附近装设空气温度传感器，并以空气温度代替石窟表面温度的方式，是不适宜的。

其二，石窟文物保护所关注的表面温度，其本质是固体和气体交界面处固体一侧的温度。也就是说，如果将常用的热敏电阻传感器固定于石窟表面，其所监测的数据也并非是石窟文物保护所真正需要的表面温度。传感器除了一面接触石窟表面外，其余部分接触的都是空气，因此其所测得的温度实际上是空气温度与表面温度的某种平均值。

其三，石窟文物保护所关注的表面温度，是综合了包括辐射在内的各种传热模式在内的石窟表面热湿特征。这决定了诸如“在传感器表面包覆保温层”、“将传感器埋设于表层之内”的做法均是不合时宜的，因为保温层对吸收太阳辐射、放出长波辐射的情况与岩体有着区别，相当于用另一种不同的材料替换了石窟表面的材质。除此之外，很多种类的传感器都要求使用时进行防辐射处理，也不利于测得真实反映石窟现状的表面温度。

综合以上三方面的因素，笔者认为目前较为适宜的石窟表面温度监测手段，是使用红外温度传感器。由于不直接接触石窟表面，红外温度传感器在很大程度上规避了上述问题。而目前国内外常用的红外温度传感器，其又可以与常规温度传感器一样自动记录其所监测点位的逐时温度，精确度也较早期的红外相机、红外镜头有了明显的提高（图 6.23）。

图 6.23　巴中南龛石窟红外照片

（2）对近年来文物监测中红外摄影的思考

随着红外镜头的普及，越来越多的文物保护工程开始将红外摄影作为辅助分析的重要技术手段。但需要注意的是，不论是分析表面温度还是含水量，这一技术手段的应用在石窟文物中尚有值得商榷之处。

红外摄影的根本原理，在于通过测定物体热辐射情况而测得其表面温度。也就是说，红外摄影本身并不能测定含水量，以红外摄影结果直接推知岩体渗水情况的实践，其必然隐含着一个前提——岩体温度的不同完全是由于含水量差异导致的。这显然是不能成立的。

红外相机测得的“温度”并不一定是物体真实的温度：

> 笔者双眼位置测得的温度极低，并不是真的由于笔者双眼本身极为寒冷，而是由于镜片、镜框材料大量吸收长波辐射，使得笔者双眼区域的热辐射无法透过其进入到相机之中（图 6.24）。

图 6.24　材料发射率对红外摄影测试结果的影响

即使测得的的确是真实温度，其也不一定是渗水造成的：

> 巴中南龛窟龛外壁面温度普遍高于窟龛内造像，这其中的主要原因显然应与窟龛进行带来的遮阳效果有关——进深越大这一温差越明显；而这显然不说明所有窟龛内都有渗水且渗水遍布于所有造像之上，而造像含水量普遍高于窟龛外壁面。

由此可见，欲科学合理地使用红外摄影辅助石窟文物的保护工作，势必要遵循以下逻辑：红外照片的结果反映了体现了表面温度之间的差别；定性分析造成表面温度不同的因素，找出红外照片中真正的主导因素，而非武断地认为其就是渗水所致。

具体来说，笔者根据在四川几处石窟寺文物进行红外摄影辅助文物环境分析的工作结果，提出以下两条操作建议，供读者指正：

> 其一，对红外照片的拍摄时间、角度、距岩体表面距离、

大气条件给出统一的规范。例如，在一次分析中统一于每日十时、以相同的角度、保持与岩体表面相同的距离，对不同窟龛、不同造像开展红外摄影；并尽量避开会影响长波辐射的雾天、雨天。

其二，以定性分析为先导，有的放矢地进行红外摄影工作，而非漫无目的或贪图全面地进行。举例来说，太阳直射条件的不同会导致岩体表面温度不同、壁画中产热化学反应的持续发生也会导致窟龛表面温度的不同、渗水的存在会导致窟龛内不同位置岩体间表面温度的不同。在进行红外摄影前，应明确“希望通过红外摄影解决怎样的问题”，比如欲研究渗水问题，则应选取太阳辐射、空气温度等方面尽量一致的区域进行拍摄，否则将无法解释温差导致是渗水导致的还是其他因素所致。

（3）浅表层内部温度

目前国内外对石窟浅表层内部温度的监测主要依赖于钻孔并安设温度传感器。由于设备的安装过程具有一定的破坏性，因此其对施工工艺要求高，且在国内并没有得到普及。

对石窟岩体内部温度的监测，基本说明其相比于窟龛内空气温度有着明显的滞后、衰减，以笔者进行的天梯山窟龛内侧与外侧 10cm 深处岩体温度监测结果为例，对石窟浅表层内部温度的监测与数据分析进行说明：

从图 6.25 中可以发现，在天梯山 13 号窟内空气侧温度波动较大时，岩石侧不论是内壁面还是外避免，其温度变化幅度都相对较小；13 号窟内外壁面岩体温度相比空气温度有 1～2 小时左右的延迟，而内壁面岩体温度又比有 1～2 小时的延迟。

由此可见，13 号窟岩体侧温度变化幅度远小于空气侧，即空气侧一般幅度的温度变化不会引起岩体侧过大的温度振荡，另外岩体侧还存在温度变化延迟现象。

从图 6.26 中可以发现，在 2 号窟内空气侧温度波动较大时，窟内外壁面岩体也会出现一定幅度的温度振荡；虽然其振荡幅度较空气侧小，但当空气侧温度由于太阳直射缘故剧烈变化时，外壁面依然会出现近 10℃的温度突变。

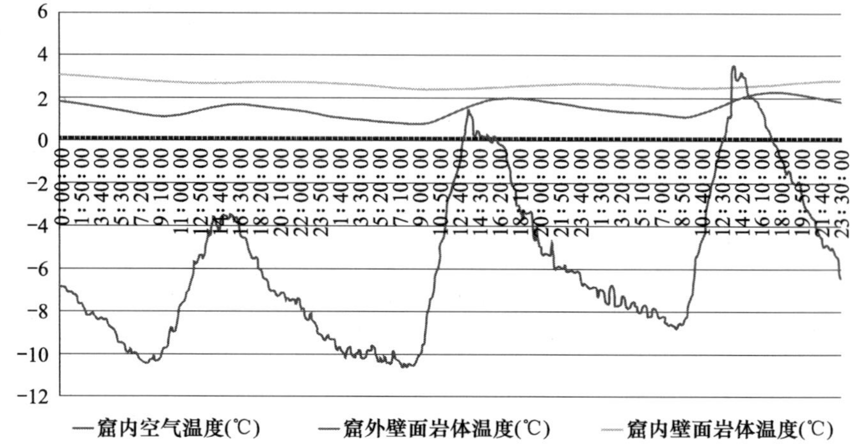

图 6.25　武威天梯山 13 号窟内岩体内部温度与空气温度对比

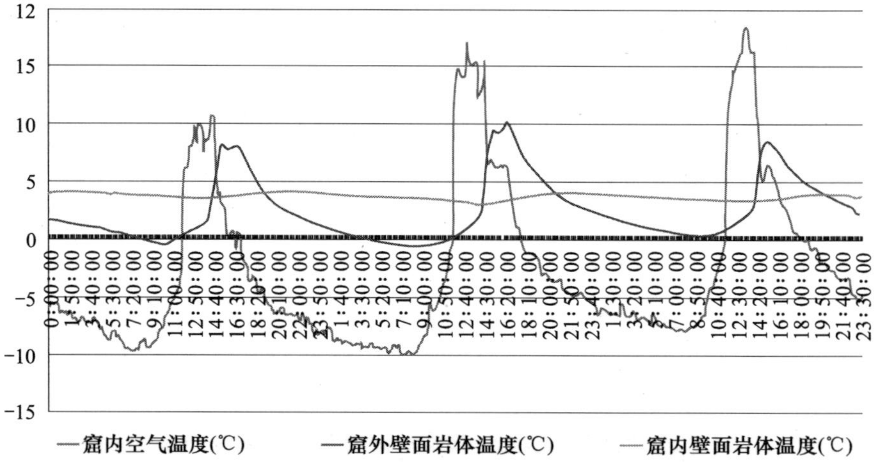

图 6.26　武威天梯山 2 号窟内岩体内部温度与空气温度对比

相较外壁面，2 号窟内壁面岩体温度基本稳定。

2 号窟内外壁面岩体温度相比空气温度有 1～2 小时左右的延迟，而内壁面岩体温度又比有 1～2 小时的延迟。

由此可见，2 号窟空气侧与岩石侧温度变化存在延迟现象；除此之外，存在阳光直射的午后时段将在外壁面产生幅度较大的温度波动。

从图 6.27 中可以发现，在 18 号窟内空气侧温度波动较大时，外壁面产生的温度波动相对不甚明显，而内壁面则温度基本稳定。

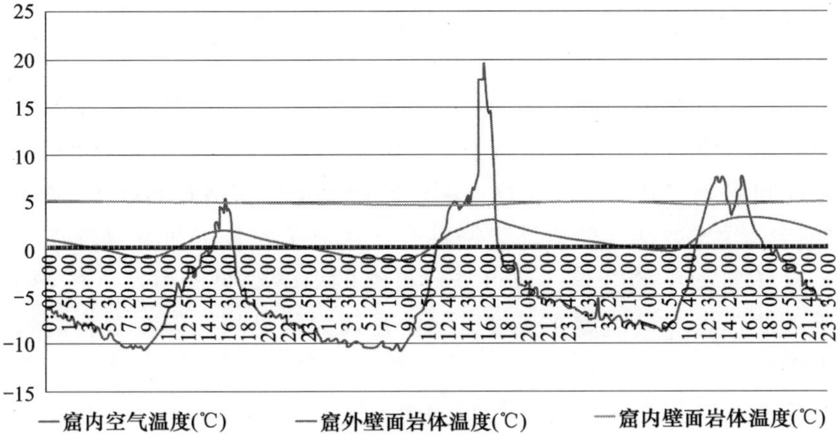

图 6.27 武威天梯山 18 号窟内岩体内部温度与空气温度对比

18 号窟内外壁面岩体温度相比空气温度有 1～2 小时左右的延迟，而内壁面岩体温度又比有 1～2 小时的延迟。

由此可见，18 号窟空气侧与岩石侧温度变化存在延迟现象；除此之外，内外壁面岩体温度的波动都不甚明显。

由天梯山案例可见，对石窟浅表层内温度的监测可以给出极为明确的分析结果，便于石窟保护工作者定量而准确地掌握直接影响着石窟安全的岩体温度的变化情况，并直观地反映其与窟龛内空气温度、太阳照射情况等因素之间的联系。

（4）浅表层内部含水量

相比于温度，石窟浅表层内含水量的监测难度极大。实际上，目前国内外极少甚至尚未有对石质文物内部含水量情况进行成功地全面监测的案例。

之所以石质文物内部含水量的监测存在困难，其原因主要集中在以下两个方面：

其一，由于水的渗流、扩散以及岩体内不均匀的结构情况，石质文物内部的含水量随着时间与空间位置的不同，是有所区别的。而对于固体含水量这一事务的测试方法中，最为简便易行的就是直接进行取样测试，但上述含水量的区别，导致难以评估取样部分是否能代替相同深度的石质文物内部，同时也不可能对石质文物内部进行破坏性的取样。举例而言，为了测试 1m 深处石窟文物的含水量，可以在临近而又无碍文物安全的山体上凿取 1m 深处的样品，并进行第六章第四部分第一节第三小节所提到的含水量测试。但实际上，由于石材内部含水情况的复杂性，我们无从判断周边山体内同样深度的含水量与石窟文物内含水量之间的关系。同时，取样试验本身的特性也决定了这一方式不利于开展长期而频繁的监测。

其二，目前用于测定固体内部含水量的设备，其主要原理是测定传感器附近物质在不同含水量条件下电阻率、电容等物理参数的区别，并由此间接测定其含水量。这一测定原理决定，在钻孔铺设传感器时，要使传感器与被钻开的岩体紧密贴合。这对于安装工艺有着较高的要求，且任何微小的缝隙，都可能给最终的监测结果产生巨大的影响。正因如此，含水量监测在土壤监测中是较为常见的，但在岩石监测中较为少见。

笔者在广元千佛崖的实际案例中，使用带水源金刚石钻设置钻孔并安装了含水量传感器，在石质文物保护领域尚属首创。由于缺少前人经验，目前监测数据尚有不完善之处，基本情况如图 6.28 所示。

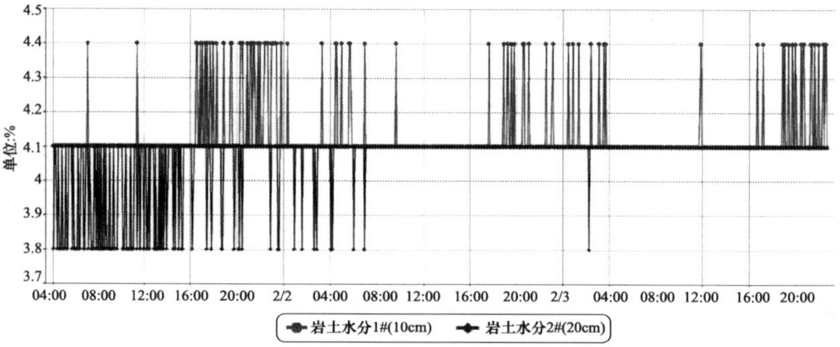

图 6.28　千佛崖 012 龛含水量

2. 凝结水的监测

（1）大足千手观音凝结水监测方式简述

第五章已经提到了大足千手观音进行的凝结水监测工作，并对其中从肉眼直接观察出发的定性监测工作的利弊，进行了分析。本小节主要分析其所探索的定量监测工作的情况。

大足凝结水定量监测所使用的装置示意图如图 6.29 所示。

该仪器利用密闭气流循环干燥的原理，将测试点置于一个密闭的循环系统里，利用真空泵使密闭系统里的空气循环流动，这样不断循环的空气就能将测试点岩石表面的凝结水分带入干燥管内，被干燥剂所吸收，直至试验点的岩壁表面的凝结水分被抽干。称量干燥剂的吸水总量，就是试验点岩壁表面附聚的凝结水量。

考察上述试验过程可以发现，试验测得凝结水量的误差主要来自以下两个方面：装置中原有的空气、装置接口处渗入的空气在被干燥

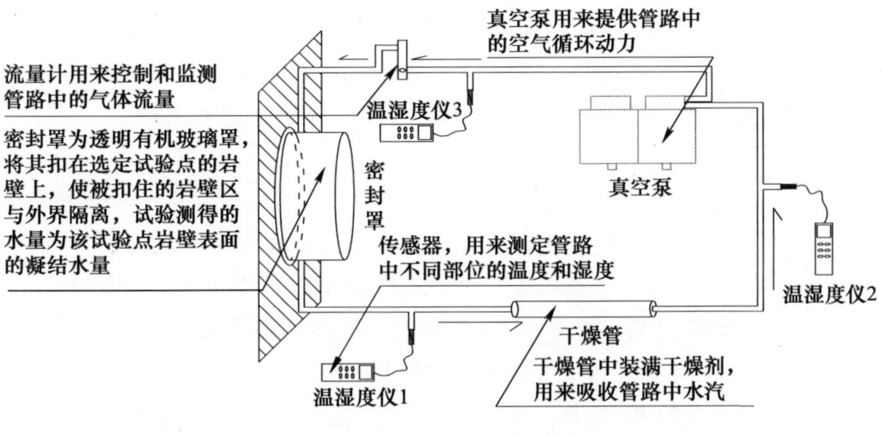

图 6.29　大足千手观音凝结水监测设备示意图

的过程中会凝出水分；随着石窟表面凝结水被抽离，岩体中的水分可能会因此补充至表面，补充而至的水分也会混入总的吸水量中。

为了排除上述两方面的误差，大足千手观音凝结水监测工作开展了“现场率定试验”与“岩壁干抽试验”。简要而言，其主要工作即在现场预先测定空气中凝出的水分、岩壁内部对表面补充的水分，与表面液态水量之间的关系，并拟合出对应的误差曲线，以对后续试验所得的实验结果进行校正。具体见于中国地质大学伏学智《大足石刻凝结水病害形成机理及现场试验研究》。

（2）凝结水监测方式推广的局限性

实际上，以上的凝结水监测方式为目前国内外成效最为显著的文物表面凝结水定量监测方式。但与此同时，需要注意的是其进一步地推广使用还存在着两方面的局限性：

其一，从具体操作层面来看，上述设备在使用中气密性最难以保证的是密封罩位置。考虑到石窟表面往往凹凸不平，甚至很多窟龛中难以找到可安装密封罩的平坦岩体表面，在具体选点安装过程中如何保证密封罩与石窟表面接触位置的气密性，是该套设备广泛推广所面临的问题之一。这一问题随着设备制造层面的进一步提升与改进，在可见的将来可能会得到较好的解决。

其二，从使用模式来讲，上述设备更适于在确定了何时、何地会出现凝结后，有针对性地进行短期内的凝结量监测；对于判断全年中何时、何地会出现凝结，全年乃至更长周期内持续地监测凝结量，还需要与其他多种手段相配合。对于这一问题，笔者认为如将其与本书引入的凝结可能性判断、凝结量估算的半定量分析方式结合，可以有效地解决。具体来说，可以通过半定量的凝结可能性判断确认全年中哪些时段、在哪些位置安设监测设备为宜；同时将凝结量估算的结果使用监测数据进行修正，得到具有监测数据支撑的全年凝结量估算结果。上述思路目前尚未得到机会开展实践验证，如有可能将于后续研究中逐步开展。

3. 其他常见监测检测

随着文物保护技术水平的不断提高，以及各学科与文物保护科学之间交流的日益充分，越来越多的新式检测手段被用于文物检测中。

以成像技术为例，除了较为“传统”的扫描电子隧道显微镜成像、CT成像、MRI成像之外，应力波成像、光导纤维反射光谱法等新技术也已被应用于文物检测中，在文物内部劣化现状、文物表面成分判定等工作中发挥了独特作用。在不久的将来，其也将逐渐在石窟文物的检测监测中得到应用。限于篇幅，本书不再对相应新技术进行详细介绍。

（三）理论分析

本节讨论石窟浅表层与微环境之间相互作用的理论分析内容，主要包括微环境与石窟表面之间的相互作用，以及石窟表面与浅层内之间的相互作用。前者如辐射换热、静态扩散、边界层与表面间的传热传质、凝结的判断与估算；后者如浅表层内非稳态导热、浅表层内非稳态扩散、毛细吸水。

1. 辐射换热

石窟与环境之间的辐射换热过程，可以分为日间石窟表面从环境中吸热的过程，与夜间石窟表面向环境中放热的过程。实际上，不论是太阳辐射还是长波辐射，自然界中的辐射问题是非常复杂而难以进行理论定量计算的。因此，为了对石窟通过辐射换热而发生的温度变化进行半定量分析，需要进行大量的假设，如认为太阳、天空、晴朗夜空等都可以等效为特定温度的黑体，认为石窟表面是“漫灰表面”等。

从石窟文物保护的角度出发，不论是“大量的假设”还是“对真实条件极大程度地简化”，其对开展石窟环境分析的影响可以归结为如下：理论分析所得到的数值与真实情况存在着巨大的差距，欲获知石窟实际的辐射换热情况仍需依靠监测工作，理论分析所得到的估算数值不能在没有监测数据支持的情况下直接当作实际情况；理论分析的主要目的，在于更清晰地勾勒出不同参数在其中如何发挥作用、谁发挥的作用更大，在于建立起不同参数之间简略的定量关系，而非用简略的定量关系直接算出可靠结果。

（1）日间石窟表面吸热

现有研究表明，在地球大气层外“太阳与地球的年平均距离处，与太阳光线垂直的表面上的太阳辐射照度”可以认为是定值，被定义为太阳常数。I0=1353W/m^2。但由于一年中太阳高度角的持续变化，以及大气对太阳辐射吸收能力随气象参数的变化而变化，即使是同一位置，地面所接收到的辐射量也是不同的。

在一般的应用中，可以用图 6.30 来查知具体的太阳直射辐射强度。

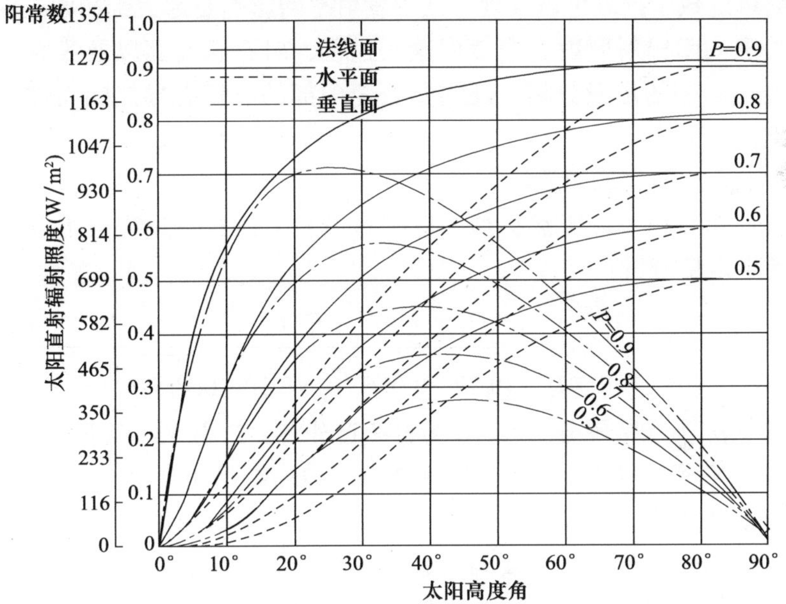

图 6.30　太阳直射辐射强度

更进一步地，当我们通过监测手段获知了石窟所在位置的太阳直射辐射强度，并通过上述方式掌握了太阳高度角、大气透明度对辐射强度的影响后，可以用以下公式进一步分析其对石窟表面温度的影响。

$$Q = f(\sigma, \varepsilon, T_g, T_{sun}) \quad (6\text{-}25)$$

上式表示，太阳辐射量是玻尔兹曼常数 ε、石窟表面吸收率 ε、石窟表面温度 T_g、太阳表面温度 T_{sun} 的函数。

更进一步地，可以将太阳辐射经过各种影响后达到地表的量，视作某个满足“四次方率”的黑体所发出的辐射。即：

$$Q = \sigma(\varepsilon T_g{}^4 - T^4_{sun-effect}) \quad (6\text{-}26)$$

可以看出，在上述关系中，玻尔兹曼常数、太阳的黑体温度是定值，其余变量之间存在着定量的联系。举例而言，在全年中的某一时间，可以认为到达石窟所在区域地表的太阳辐射量是固定的；石窟区域中的山体、石窟表面、植被等物体而言，其发射率（即黑度）是由其材质与颜色决定的物性参数；发射率越大的物体，其单位时间内从太阳辐射中吸收的热量越多；随着不停地吸收热量，物体的温度随之升高，而表面发射率越高，温度增加也就越大。

也就是说，初始温度越低、发射率越大、被太阳直射的时间越长，石窟表面从太阳辐射中吸收的热量就越多，石窟表面温度就越高。而通过简单的数学推算可以发现，其中发射率的影响要远大于初始温度。

关于太阳辐射照射石窟表面这一过程，对石窟表面以及浅表层内温度变化影响的定量分析，还需要石窟内部的非稳态导热的支撑，见于后文相应部分。

（2）夜间石窟表面放热

与日间石窟表面吸热类似，夜间石窟表面的放热过程也可以进行相似的半定量分析：

$$Q_R = \sigma(\varepsilon T_g^4 - T_{sky}^4) \quad (6\text{-}27)$$

$$T_{sky} = [0.9T_g^4 - (0.32 - 0.026\sqrt{p_a})(0.30 + 0.70S)T_a^4]^{1/4} \quad (6\text{-}28)$$

其中 p_a 为水蒸气分压力，S 为日照百分率，T_a 为空气温度。

一般来说，天空温度大致在 230K～285K，而宇宙太空背景温度（晴朗的夜空）仅为 3K～4K。可以看出，有无云层遮挡、大气透明程度如何等因素，对于夜间石窟失去热量的多少有着举足轻重的影响——晴朗透明的夜空之下，岩体表面会大量失去热量，进而温度降低更为显著。

从另一个角度来看，这也说明了窟檐、棚罩在夜间可以对石窟表面起到很好的保温作用，因为其避免了石窟表面直接暴露于夜空之下。

2. 深窟龛内水汽的扩散

前文已经提到，深窟龛内空气流动缓慢，可以认为水汽是在静态的空气中进行扩散。在这一情况下，可以将石窟表面附近空气的扩散作用，视作准稳态扩散。为了分析方便，进行进一步的一维化简化。

对于处于准稳态的空气、水蒸气二元气体而言，此时应满足等摩尔逆向扩散假设。经过推导（推导过程见附录）后，有如下关系：

$$N_{A,x} = -D_{AB}\frac{dC_A}{dx} = D_{AB}\frac{C_{A,0} - C_{A,L}}{L} = \frac{D_{AB}}{L}\cdot\frac{1}{RT}(p_{A,0} - p_{A,L}) \quad (6\text{-}29)$$

可以看出，深窟龛内水汽扩散主要影响参数包括扩散系数、温度以及水蒸气的浓度梯度。其中，水蒸气与空气的二元扩散系数主要与温度有关，因此可以将 $\frac{D_{AB}}{T}$ 视作一个“变量”，其只与深窟龛内的石窟表面附近的温度有关；浓度梯度在此一维化假设下，即单位距离水蒸气浓度的变化量。

从上述公式出发，可以进行如下的半定量分析：

第一，可以确定的是，浓度梯度与温度变量都对扩散过程起到正向作用，即浓度梯度越大、温度越高，扩散作用越明显。其中，查表可以得知 0℃～42℃下水蒸气空气二元扩散系数，计算后发现在该温度范围内，扩散系数与热力学温度的比值随温度升高而增加。

第二，浓度梯度的方向决定了扩散作用的方向。公式中除了浓度梯度项之外，没有其他可能为负的参数，这说明扩散作用的方向可以通过测定石窟表面附近水蒸气的浓度而直接确定。具体来说，只要监测结果表明“越靠近石窟表面空气中水蒸气浓度越大”，那么可以就此确定水汽扩散的方向是由岩体向空气的；而如果“越靠近石窟表面空气中水蒸气浓度越小”，那么可以就此确定水汽扩散的方向是由空气向岩体的。上述涉及水盐搬运方向的分析不必再对岩体进行取样。

第三，在不同窟龛中可以据此比较扩散作用的强弱。不同窟龛中或者涉及环境的保护工程开展前后，空气的温度、水蒸气的浓度情况都有所不同，上述公式提供了粗略比较不同情况下扩散作用强弱的途径。具体来说，根据不同温度下水蒸气空气二元扩散系数可以计算出，公式中的温度变量在 42℃（一般石窟内部较少出现的较高空气温度）时是其在 0℃（一般石窟内部较少出现的较低空气温度）时的约 1.13 倍。也就是说，当窟龛内浓度梯度的差异大于这一倍数时，浓度梯度对扩散作用强弱的影响将是决定性的；反之则温度的影响是决定性的。

实际上，对窟龛内部扩散进行一维化假设是极端的简化，因此上述公式只适于进行半定量分析，而利用该公式计算出的结果如无监测数据的支撑，则不能认为其反映了实际情况。

3. 边界层与表面间的传热传质

在石窟表面上，可能同时存在着水的蒸发与热量的传输，当表面存在渗水、径流等情况时这一情况尤为突出。根据定性分析的结果可以看出，石窟表面与空气之间不仅会由于温度的不同而产生传热，水由液态蒸发变为水蒸气并进入空气的过程也会吸热。也就是说，当石窟表面的水与空气之间达到准稳态的平衡时，将存在以下平衡（忽略辐射）：

$$q_{conv} - q_{evap} = 0 \tag{6-30}$$

上式表示，在达到平衡时，液态水蒸发所带走的热量与空气通过对流传热补给给它的热量相等。

对上述平衡，传热传质研究将其带入各相关参数，并化简为如下：

$$T_{\infty} - T_s = \frac{Mh_{fg}}{\rho c_p Le^{2/3} R}\left[\frac{p_{A,sat}(T_s)}{T_s} - \frac{p_{A,\infty}}{T_{\infty}}\right] \tag{6-31}$$

对于上述公式可以进行如下半定量分析：

可以看出，如果认为主流空气的温度与湿度在窟龛内形成准稳态的过程中保持不变，那么以上公式就成为了石窟表面温度的单值函数。也就是说，当区域温湿度确定时，窟龛内即使存在蒸发，石窟表面达到平衡时的温度也是确定的。在逐步向准稳态过渡的过程中，石窟表面温度将向着这一平衡温度靠拢，由此带动着石窟表面附近的湿度随之发生变化。

据此，可以在监测得到窟龛入口处温湿度的情况下，推断窟龛内尤其是渗水处的表面温度、湿度变化趋势。

4. 凝结的判断与估算

（1）凝结的判断

根据环境科学的一般研究结果进行推广，可以通过监测数据对石窟表面是否发生凝结进行直接的判断。具体来说，窟龛内空气的水蒸气分压力小于窟龛表面温度对应的饱和水蒸气分压力，是石窟表面发生凝结的必要条件。也就是说，使用监测所获得的窟龛内温度与相对湿度，可以查焓湿图或计算得到此时空气的水蒸气分压力；使用监测所获得的石窟表面温度，同样可以查焓湿图或计算得到这一温度对应的饱和水蒸气分压力；比较前后两者的大小，即可以对是否可能出现凝结进行判断。

如在四川巴中南龛石窟 101 窟进行的环境研究中，配合监测数据进行了如下的凝结可能性判断：

（2）凝结的估算

除了对凝结可能性进行判断外，还可以进一步对凝结量进行估算。

从第六章第四节“（三）”中第四部分深窟龛内水汽扩散估算更进一步，认为“主流空气向石窟表面附近空气补充的水蒸气量，等于石窟表面附近水蒸气由于凝结失去的水量”，就可以根据公式 6-29 对凝结量进行粗略的估算，仍以巴中南龛石窟 101 窟为例（图 6.31、图 6.32）：

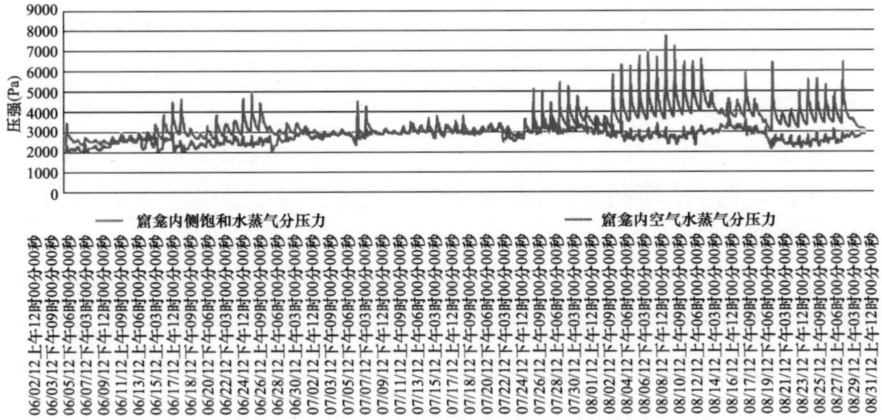

图 6.31　巴中南龛石窟 101 窟凝结可能性判断

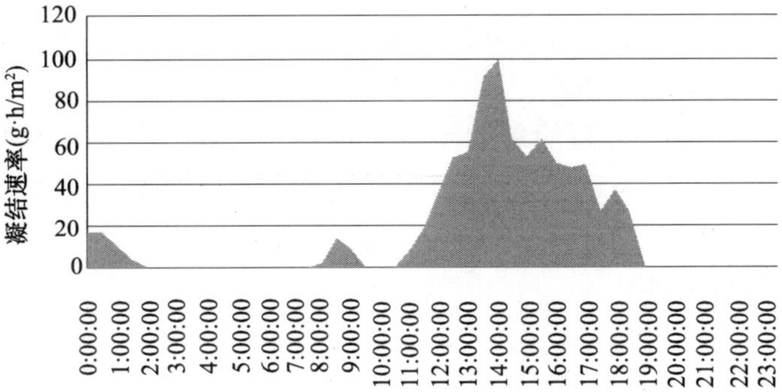

图 6.32　巴中南龛石窟 101 窟凝结速率估算[①]

需要说明的是，上述估算过程进行了较多的简化与假设，从数量级、不同窟龛的相对大小来看有一定的意义，但计算结果本身仍需要监测的进一步校正与支撑。

笔者认为，在现有技术条件下，对石窟表面凝结量进行精确的定量统计的方式，是使用第六章第四节“(二)”第二部分中提到的地质大学与中国文化遗产研究院研发的独创性设备，并配合使用校正试验或本章节笔者进行的理论估算。

5. 浅表层内的非稳态导热

以上的半定量分析中都提到了稳态或准稳态的前提。但实际上，以石窟文物安全为出发点的石窟环境研究同样关注非稳态问题。举例而言，由于环境温度变化、通风条件变化、午间暴晒等因素，石窟表

① 图中所示为 2013 年 7 月 16 日。

面温度可能在短时间内发生变化，进而导致浅表层内温度由外而内发生变化。这种温度变化将导致时间与空间两个尺度上的温差，对于同一位置而言，温度随着时间变化；在同一时间上，不同位置的温度不同。

在第四章中，对于上述温差对石窟文物的威胁已经进行了阐述。简单来说，时间层面上的温差导致涨缩应力，位置层面上的温差导致不均匀形变。

为了对以上非稳态条件下石窟内温度的变化问题进行半定量估算，需要引入相应的非稳态导热研究成果。为简化分析过程，笔者选取一维、无内热源、岩体材质均匀的基本假设，对于实际中不同物理性质材质叠加的石窟浅表层，则可对不同层分别使用本小节中的公式并予以叠加即可。

根据传热学理论，短时间内的太阳直射等情况，可以将其简化归结为热流边界条件；而其他所有可以视作“与石窟表面接触的空气温度突然变化”的情况，如环境温度变化、通风条件变化等，可以将其简化归结为温度边界条件。

实际上，除了进行简单的半定量估算与分析外，本小节与第六章第四节“(三)”中第六部分的内容，还作为基本的理论依据用于第六章第四节“(四)”中的非稳态热湿耦合模拟中。

温度边界条件：

假设石窟内部温度初始时均为 t_0，某一时刻石窟表面温度突然变为 t_w，那么在时间为 τ、深度为 x 处，石窟的岩体温度为：

$$\frac{t(x,\tau)-t_0}{t_w-t_0}=erfc\left(\frac{x}{2\sqrt{a\tau}}\right) \qquad (6\text{-}32)$$

其中，a 为石窟浅表层岩体的热扩散系数，“*erfc*”代表高斯误差补函数。根据本章内容可知，上述参数与岩体温度有关，但在石窟浅表层温度可能的变化范围内变化很小，可以通过查阅有关手册或实验测定的方式获知。

由上式可以看出，当石窟表面附近出现短时间的温度变化后，石窟浅表层岩体内的温度变化情况主要受以下四个方面的影响：

其一，环境因素，即变化前的温度与变化后的温度。公式说明，短时间内的温差越大，石窟浅表层内温度变化得就越大、越快。

其二，本体因素，即石窟岩体的热扩散系数。公式说明，岩体的热扩散系数越大，短时间内温差造成的温度变化就在岩体内传播得越快，但并不会影响最终温度变化的大小。

其三，位置因素，即岩体的不同深度。公式说明，越深处的温度变化幅度越小、延迟越大。

其四，时间因素。公式说明，随着时间的推移，不同深度岩体的温度将由浅而深地趋近于表面温度。

但需要指出的是，通过估算可以发现，实际中环境的温度变化速度往往要比浅表层岩体“反应过来”的要快，如以 1m 以内的深度而言，当环境温度再次出现较为明显的变化时，上一次变化的影响还未被岩体完全消化。这也就造成了实际中的岩体内部温度，处于“一波未平一波又起”的状态中。正因为如此，才更为需要引入非稳态热湿耦合模拟技术。

热流边界条件：

假设石窟内部温度初始时均为 t_0，某一时刻石窟表面受到了辐射量为 q_w 的太阳辐射（或夜间向天空释出辐射，同理），那么在时间为 τ、深度为 x 处，石窟的岩体温度为：

$$\theta(x,\tau)=\frac{2q_w}{\lambda}\sqrt{a\tau}\cdot ierfc\left(\frac{x}{2\sqrt{a\tau}}\right)$$
$$ierfc\left(\frac{x}{2\sqrt{a\tau}}\right)=ierfc(u)=\int_0^{\infty}erfc(u)du \qquad (6\text{-}33)$$

周期性变化的温度：

不论是一天中的温度变化，还是全年的温度变化，环境温度都可以被近似地视作具有一定的周期性。在周期性变化的环境温度影响下，石窟浅表层内岩体的温度变化情况同样可以利用非稳态导热进行简单的定量分析。

假设温度的变化满足如下周期性公式：

$$t_e=t(\tau)=t_{ave}+A\cos\left(\frac{2\pi}{T}\tau\right) \qquad (6\text{-}34)$$

实际上，这一假设在很大程度上是符合事实的。《建筑环境学》给出了这一假设与实测结果之间的对比，1 为实测结果、2 为假设结果（图 6.33）：

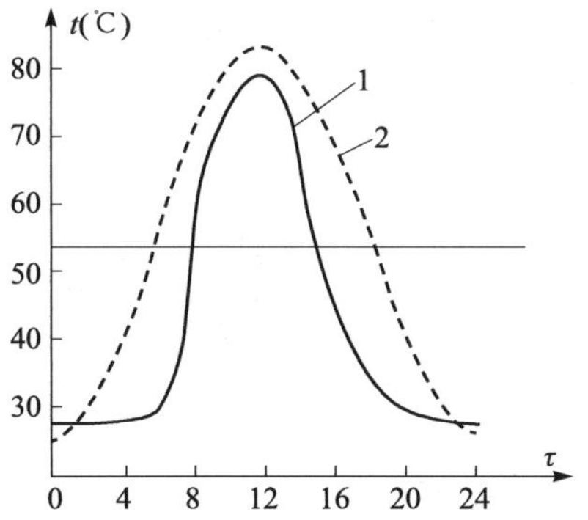

图 6.33　周期性温度假设与实测结果间的对比

由上述假设出发，可以得出温度变化量的定量估算公式（公式理论曲线及实际情况如图 6.34 所示）：

$$\theta(x,\tau)=Ae^{-\sqrt{\frac{x}{aT}}x}\cos\left(\frac{2\pi}{T}\tau-\sqrt{\frac{\pi}{aT}}x\right) \tag{6-35}$$

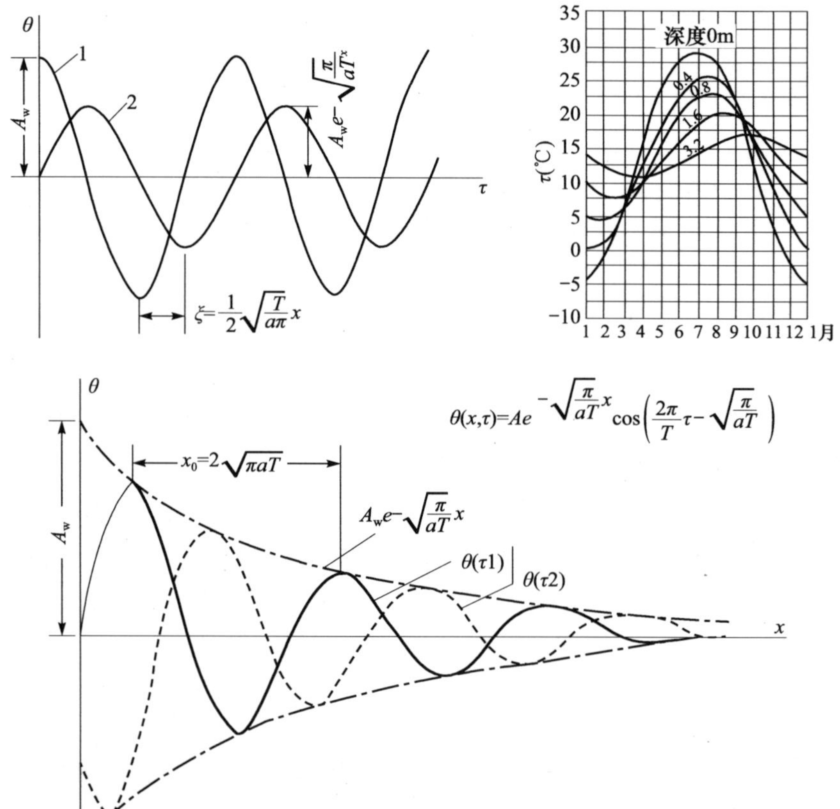

图 6.34　周期性温度变化公式的释义与实测情况

6. 岩体内的非稳态扩散

与浅表层内非稳态导热类似，水蒸气的扩散也可以进行如下的估算。但需要注意的是，由于浅表层内水的传输存在多种复杂的形式，且当具有毛细作用等液态水传输存在时，扩散作用的作用将退居其次，因此浅表层内的非稳态扩散还需要与毛细作用相结合才能相对较好地吻合实际的物理情境。而从准确性与便利性来看，仍应以非稳态热湿耦合模拟为主要手段。

$$\frac{C_{wa}(x,\tau)-C_{wa,0}}{C_{wa,w}-C_{wa,0}}=erfc\left(\frac{x}{2\sqrt{D_e\tau}}\right) \tag{6-36}$$

7. 岩体内的裂隙流动

（1）裂隙水力立方定律

裂隙岩体水力学对裂隙中水的流动进行了大量理论研究。前文已经提到，由于岩块的透水性能远远不及裂隙的透水能力，因此在简略地、主要关注透过岩体的流量的裂隙岩体水力学研究中，往往只考虑水在裂隙中的流动，而忽略液态水通过更为微小孔隙时的压力渗透、毛细作用。

在上述前提之下，假设裂隙宽度基本相等、水在裂隙中的流动为层流，那么可以通过求解一维化的 N-S 方程得到如下公式：

$$q=\frac{gb^3}{12vC}J \tag{6-37}$$

其中，b 为岩体裂隙的宽度，v 为水的运动粘度系数，J 为水力梯度，C 为粗糙度系数。

（2）立方定律的适用性

立方定律形式简洁、涉及参数少，极为适于石窟保护工作的半定量分析。但需要明确的是，由于该公式是对客观现实的极大简化，因此实际情况与立方定律的假设前提差距越大，估算出的结果越不准确。也就是说，保护工作者应用该定律前，应对其适用范围进行考察。

具体来说，引用立方定律进行半定量分析需要注意以下几个层面的适用性问题：

其一，等宽假设问题。现实中的石窟岩体裂隙从岩体表面到山体内部，宽度不可能一致。也就是说，立方定律假设裂隙宽度基本相等的前提，实质上只是对某一段裂隙而言，并非对联通裂隙的全部范围均使用同样的参数。

其二，层流假设问题。对于石窟文物而言，裂隙中水的流速有限，不易达到紊流的水平，此时层流的假设可以认为基本符合实际情况；但对于超过 1mm 宽度的大裂隙中的大水力梯度问题，如山洪等特殊情况，层流假设有可能不再符合实际情况。

其三，应力与渗透的耦合问题。裂隙岩体水力学的研究发现，岩体中的应力情况影响着裂隙中水的流动，而裂隙中水的流动又反过来影响着应力情况。也就是说，两者之间存在复杂的耦合关系。在石窟保护中进行简略估算时，对于应力渗透耦合问题不明显的浅表层岩体，尚可引用立方定律进行简单估算；而在更深层中，则需要借助裂隙岩体专门的模拟程序如 FLAC 等，由专业的岩土工程专业人员进行模拟分析。

其四，裂隙的非连续性问题。裂隙不同于管道，其联通性受到裂隙长度、宽度、裂隙间距、裂隙粗糙程度、岩体应力条件等多方面的影响。可以说，小范围内少数裂隙的估算可以考虑引用立方定律，但当考虑较大范围内的岩体裂隙渗水问题时，则不可能对成百上千乃至更多的裂隙逐个研究。对于这一问题，裂隙岩体水力学目前以统计学意义上的随机离散裂隙网络生成为主要应对方式。简言之，即根据较大范围内地质勘查了解到的裂隙平均参数，通过软件编程的方式生成“统计学上具有代表性的”裂隙岩体模型。上述工作同样有赖岩土工程专业人员的技术支撑，而对于石窟保护研究与实践而言，主要需要明确的，是“对于小范围内的裂隙可考虑直接估算”、“对于大范围内的裂隙应考虑统计学意义上的模拟”这一基本技术路线。

其五，优势水力特性问题。裂隙的宽度、粗糙程度、路径长度不同，对水流的阻力也不同。显而易见，在多种不同裂隙通路同时存在的岩体中，水肯定会集中于其中沿程阻力较小的“优势”路线。回到石窟保护的具体问题中，这意味着我们从石窟表面看到的裂隙情况并不能在脱离实际考察的基础上与渗流量挂钩——看似宽而平滑的裂隙其完全可能并非优势水路，而原先并非优势路线的裂隙也可能随着地质活动、岩土工程而变为优势路线。由此可见，对石窟岩体内裂隙流动问题的理论分析，势必要和定期的实地勘察相结合，“有计划地观察实际渗水情况、定性地确定当前各主要裂隙的渗水情况”与“合理地使用理论估算辅助判断、定量地估量裂隙渗水的变化趋势”相辅相成。

8. 岩块内的毛细作用

单纯从核算流量的角度来看，浅层岩体内裂隙流动的重要性远高于毛细作用。但具体到石窟文物保护的语境，劣化与表面病害的发生与岩块内的吸水、失水过程关系更为紧密。

（1）毛细管模型与平方根定律

毛细管模型与以此为基础的“平方根定律”是目前最为常用的石质文物液态水侵入理论模型。这一理论模型经过了大量实验数据的检验，证明在其预设范围内是较为准确可靠的。该理论模型的主要内容，即平方根定律 $i = S\sqrt{t}$ 。

其中，t 为时间，i 为时间为 t 时研究对象单位截面积上的累积吸水量，S 为毛细吸水率 (mm/min$^{1/2}$)。

可以看出，这一公式也可以表述为石质文物内部毛细吸水的深度与其吸水时间的平方根成正比。此时比例系数称为毛细吸水系数，与毛细吸水率仅有单位上的不同[103]。

正如前文中所提到的，合理运用平方根定律的前提在于对其成立的条件、推导过程中的理论假设进行分析，并与国内具体的保护实践条件进行比对。为达到这一目的，在此简要分析该公式的内涵，推导过程见附录。

经过推导后，可以将原始的平方根定律改写为如下形式：

$$x=\sqrt{\frac{r\sigma\cos\theta}{2\nu}}\cdot t^{1/2} \tag{6-38}$$

上式为一维情况下对平方根定律的展开，即“侵入深度为时间的平方根乘以常数”这一规律。

从平方根定律中各参数的物理意义可以看出，对于确定的石质文物，液态水侵入的深度与侵入时间的平方根成正比；对于不同的石质文物，其等效的毛细管管径越大、接触角越小，吸水系数越大，侵入速度越快；对于含盐量、pH值不同的水而言，其表面张力与黏度的比越大，吸水系数越大，侵入速度越快。

上述因素中，侵入时间与石质文物接触水的时间长短大致等效，毛细管管径与石质文物孔隙半径直接相关，接触角与构成文物的石材种类直接相关。据此，可以在掌握上述实际信息的条件下通过平方根定律估算液态水的侵入情况，并分析各因素对侵入过程的影响。

从上述推导过程可以发现，平方根定律的成立有如下的先决条件：其一，石质文物可以视为一维（即在所涉及的吸水过程中不存在明显的各向异性），可以简化为具有类似平行管孔隙的均匀多孔介质；其二，假设材料内水的表面张力、孔隙半径、接触角均一稳定。除此之外，其理论推导过程中也并没有将重力、蒸发作用等因素引入。

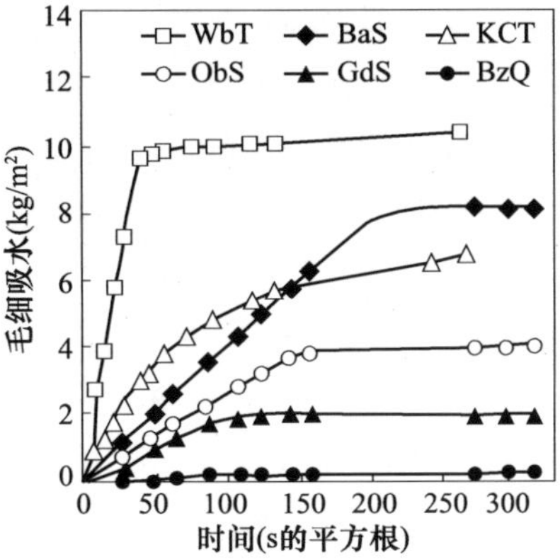

图 6.35　多种不同岩石材料的毛细吸水曲线①

而对于单一石材构成的石质文物，目前已有大量实验对不同成分、产地、风化情况的试块进行了毛细吸水性能测试。如图6.35所示。

① 图中WbT为某种凝灰岩，BaS、ObS、GdS为不同产地的砂岩，KCT为库夫施泰因石灰华，BzQ为波尔察诺石英斑岩。笔者对原图进行了翻译。

从上图可以看出，石质文物试块在毛细吸水的过程中的表现可以明显地分为前后两个阶段。在初始阶段，试块以较快的速度吸水，质量增加与时间的平方根成正比，符合平方根定律，图线表现为与时间轴成一定角度的直线；当吸水进行到一定程度时，质量增加明显放缓，并达到基本不再增加的状态，不符合平方根定律，图线表现为与时间轴平行的直线。

实际上，在大量多孔介质领域的研究中，平方根定律都类似地仅在毛细吸水初始较短的时间内成立。其原因主要集中于两个层面，其一，实际情况中如内部孔径、水的表面张力、接触角等参数并不完全恒定；其二，存在重力、蒸发作用等其他因素的影响。

以上情况可以说明，在将平方根定律引入到石质文物保护实践中时，如下因素可能会很大程度上影响理论分析的可靠性：

首先，所考察的石质文物对象应可以近似简化为一维、均匀介质，这也是平方根定律成立的重要前提条件。在实践中，接近这一条件的文物表现为材质较为统一、风化情况相对均匀，如部分画像砖或雕塑。对于如以敦煌壁画为典型的具有多层不同性质材料的文物，或如“河南安阳灵泉寺石窟”等岩石成分复杂的文物，则很难满足这一前提条件，以至于平方根定律可能并不成立。

其次，所考察的石质文物应处于较为干燥的状态下，以保证其在吸水时处于第一阶段。前文的分析中已经说明，当石材已经经过长时间的吸水过程或接近饱和时，平方根定律由于其自身的局限性将不再适用。在实际条件中，例如一定时间的干旱后降雨而产生的吸水等情况，可以考虑视作处于吸水的第一阶段。

可以看出，平方根定律体现了石质文物与水接触的时间、孔隙半径、石材种类、水的离子含量等因素对侵入深度的影响。

该理论模型适用于可简化为一维均匀多孔介质的石质文物，且应在吸水的初始阶段使用。

（2）平方根定律的修正与补充

目前有大量研究继续从平方根定律出发，对其进行修正、补充。相关理论研究数量众多，由于各自的出发点、修正方式不同，各种修正理论也各有优势。本书仅以得到较为广泛实践验证的 C. Hall 与 W.D. Hoff 的毛细吸水基本规律修正成果为例进行分析。

在《Rising damp: capillary rise dynamics in walls》一文中，C.Hall 等将蒸发与重力因素作为修正内容引入原始的平方根定律中，认为蒸发与重力因素均是制约毛细吸水并使吸水速度逐渐趋于缓和的因素，并建立如图 6.36 所示的底部吸水、侧面蒸发理想模型，相关推导过程见附录。

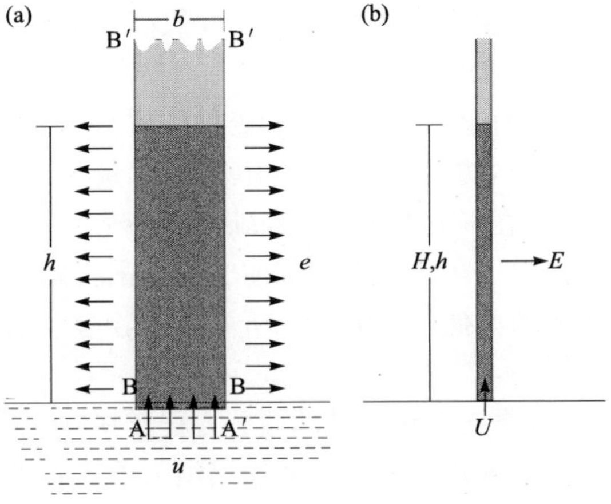

图 6.36　毛细吸水模型

通过推导可以发现，毛细吸水的高度，或言一维状态下的吸水量，应满足以下公式：

$$h=\sqrt{\frac{c}{a}(1-e^{-2at})} \quad（6\text{-}39）$$

其中 $a=e/\theta_w b$，$c=S^2/2\theta_w{}^2$。实际上，当时间趋近于无穷时该公式存在着极限值 $h_\infty=S\left(b/2e\theta_w\right)^{1/2}$。而这一情况是与图 6-35 中的实测情况一致的。

和原始的平方根定律相同，C.Hall 公式以毛细管模型为基础，虽然考虑了蒸发作用但并没有考虑石材内伴随吸水而发生的扩散过程。也就是说，如果考察这一模型内空间各点的含水量，将会有如下结果：

$$\begin{cases} x>h(t), c_w(x,t)=c_{w0} \\ x\leqslant h(t), c_w(x,t)=c_{ws} \end{cases} \quad（6\text{-}40）$$

其中，x 为距离岩石与水界面的距离，c_w 为石材内指定位置、指定时间的体积含水量，c_{ws} 为饱和含水量，c_{w0} 为未发生毛细作用时的初始含水量。

可以看出，如按照上述公式所体现的情况来看，石质文物内毛细吸水浸润的区域都是水饱和的，而未浸润到的区域都是干燥或初始状态的。这与实际情况不符。显而易见，由于扩散作用的存在，石材吸收了的水不只存在于浸润的区域，也会使得周边区域含水量上升，上升的幅度随两者间距离增加而减小。

综上所述，使用 C.Hall 在原始平方根定律基础上的修正公式时，依然需要满足“所考察的石质文物可以近似简化为一维、均匀介质”这一前提条件。而 C.Hall 公式由于其不考虑扩散作用与重力作用，因此更适用于刻画文物内整体的含水量变化、被水侵入的深浅等问题，而不适用于分析文物内更加细微的不同位置含水量的不同。

C.Hall 修正公式在平方根定律的基础上，补充了蒸发量对毛细吸水过程的影响，并提供了在蒸发因素与前文给出的接触时间、孔隙半径等因素联合作用下的前提下，定量分析石质文物吸水的快慢、多少的方式。

(3) 综合考虑扩散与毛细问题的微分方程及其数值解

国内已有众多学者致力于将扩散作用纳入上述各种修正公式，以期更准确地分析多孔介质内不同位置含水量的差别。通过借鉴此类成果，可以进一步分析石质文物内细部的含水量差别、影响因素等。值得注意的是，由于基本的多孔介质模型存在共性，因而在土壤学、混凝土研究、石材研究中的类似问题可以进行类比，但各参数的取值则可能有很大差别。

当我们将扩散问题引入多孔介质毛细吸水的微分方程时，可以在此基础上列出含水量的微分方程。

参照多孔介质研究中对材料相对含水量的定义：$\phi = \dfrac{c_w - c_{wi}}{c_{ws} - c_{wi}}$。

其中 c_{wi} 为干燥时的体积含水量，接近于 0。可以看出，相对含水量这一概念主要刻画了多孔介质目前含水量与其饱和时含水量的相对大小，其取值在 0～1 之间。

此时存在考虑了扩散因素并以相对含水量表示的毛细吸水过程控制方程，而对该方程的求解则涉及专门的 Matlab 数值解编程。笔者使用的程序代码见于附录，在此仅利用曲面图展示求解所得的结果（图 6.37）。

在使用上述方法分析石质文物吸水过程时，同样要求其满足一维均匀介质这一条件。有鉴于这一方法在微分层面的出发点就是具体位置的含水量，因而若要以这一方法来研究文物中某个体块总体的含水量，还需要对结果进行体积分。故而这一方法适用于研究不同位置的含水量问题，而不适用于研究整体含水量问题。除此之外，应用上述方法涉及大量参数的设定，并依赖于 matlab 等数学软件进行辅助计算，且其精度相较 C.Hall 的修正方程提高并不显著。

控制方程数值解在上述所有平方根定律及其基础修正的基础上加入了扩散因素，可以更细致地刻画了不同时间、不同位置的含水量。

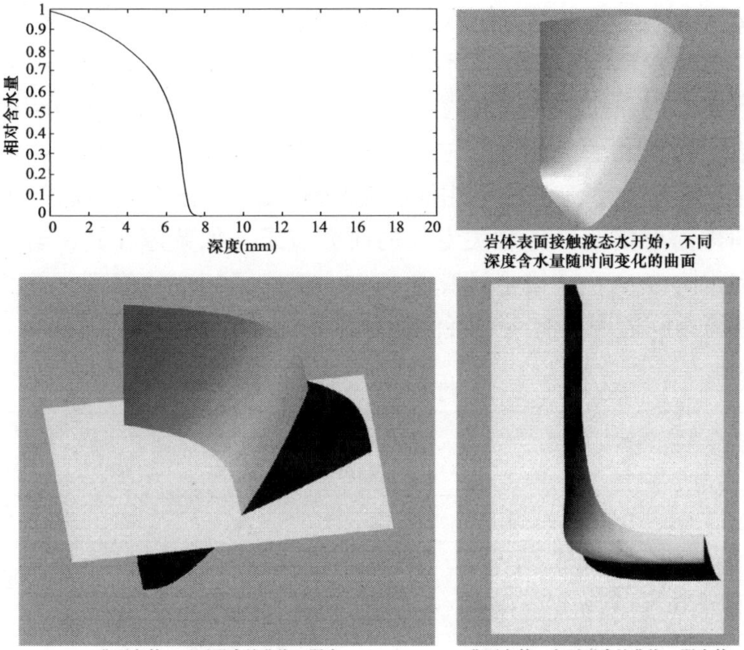

岩体表面接触液态水开始，不同深度含水量随时间变化的曲面

曲面在某一平面形成的曲线，即为某一时刻不同深度相对含水量的分布

曲面在某一立面形成的曲线，即为某一深度处相对含水量随时间变化情况

图 6.37　毛细吸水 Matlab 数值解结果

（4）上述理论解的局限性

从前文的分析可以看出，以上所有理论分析与估算的共同前提均是“所考察的文物可以视为均匀多孔介质”。但在实际案例中有大量情况不满足这一前提。其中一种较为常见的可能是，文物由一种以上不同的多孔介质组成，如城墙（砖、抹灰、夯土等）、部分石窟（地仗、彩绘、岩石）。

对于这一情况，Y. Harris 在其专著《建筑病理学》中以墙体为例进行了分析。Harris 认为，文物建筑墙体中普遍存在的“潮气上升”现象与毛细吸水有较大关系，部分墙体这一上升现象甚至可以达到数米之高。然而在实验室中并没有观察到多于一米以上的毛细上升。他认为，其中一种可能的解释是，导致潮气上升现象的原因并非是砖石中发生的毛细作用，而是抹灰中发生的毛细吸水。

在部分砖石类型文物中实际发生的吸水现象相比前文理论估算中所假设的复杂，可以认为有且不仅限于以下数种可能性：

文物由不止一种多孔介质构成，而毛细过程发生在多种不同的多孔介质中。如对于文物建筑墙体而言，墙基位置的水一部分在连续不断的抹灰中通过毛细作用向上、向内传输，另一部分则在“砖、抹灰、砖”中间断地传输，两种作用都在影响着墙体整体吸水的过程。

文物中除了毛细过程还有其他物理或化学的因素在影响吸水过程。其一，由浅及深、由低至高不同位置的盐类均发生了潮解，由此在文物内形成了饱和盐溶液构成的“通道”，这将导致毛细吸水过程侵入文物内更深、更高的部位。其二，石质文物存在较大的裂隙，在液态水侵入时存在非饱和渗流、单相饱和流等现象。由于这些过程较为复杂，因此同样需要借鉴其他相关专业的研究成果。如荣冠在其《岩石裂隙非饱和水力模型及其模拟计算》一文中提出了相应的模型，并验证了模型在岩石问题中具有一定可信度[104]。

表 6.10　多种石材毛细吸水理论分析方式的特点

		宏观吸水参数刻画	平方根定律	修正平方根定律	控制方程数值解
借鉴该方法需满足的基本假设与前提条件	可简化为一维模型		√	√	√
	可视为多孔介质	√	√	√	√
	可视为均匀介质		√	√	√
该方法的特点	可扩展为三维		√		√
	考虑了蒸发作用			√	
	考虑了内部扩散				√
借鉴该方法所需关键因素	实验条件	√			
	文物材质自身参数（如平均空隙半径等）		√	√	√
	文物材质水理参数（如接触角、水力传导系数、扩散系数等）		√	√	√
	环境因素影响（如蒸发量）			√	√
该方法适用范围	快速吸水阶段	√	√	√	√
	接近饱和阶段	√		√	√
	文物整体	√	√	√	
	文物细部				√
	吸水过程		√	√	√
	含水现状考察	√			
	不同环境条件下吸水情况的模拟		√	√	√
	简便估算	√	√	√	

在表 6.10 所总结的基础上，可以得到石质文物液态水侵入理论分析适用工具的初步结论。在对石质文物进行液态水侵入分析的理论分析或影响因素估算时，如以文物整体的吸水情况为主要研究目标，则可以以原始平方根定律分析快速吸水过程，以 C.Hall 修正公式来考虑其接近饱和的过程；如以文物局部含水量为主要研究目标，则可以使用考虑扩散作用的数值解为理论工具。如文物无法被简化为均匀多孔介质，则根据实际情况选取其他理论工具作为补充。

（四）计算机模拟

1. 非稳态热湿耦合模拟

在笔者《非稳态热湿耦合模拟技术在我国石质文物中的应用初探》一文中已经对这一模拟技术的特点、优势与局限性进行了基本介绍，在此不再赘述。将这一计算机模拟技术的输入参数梳理如下（表 6.11，具体模拟软件参见图 6.38）：

表 6.11 非稳态热湿耦合模拟的输入参数

	对流换热边界条件（空气文物界面）	导热边界条件（岩体深处）	对流传质条件（空气文物界面）	扩散边界条件（岩体深处）	短波辐射传热	长波辐射传热	降水的渗入
空气干球温度	√						√
空气相对湿度			√				√
天空温度						√	
太阳辐射量（直射）					√		
太阳辐射量（散射）					√		
云量						√	
降雨量							√
风速	√		√				√
风向	√		√				√
等温层地温		√					
深层岩体含水量				√			

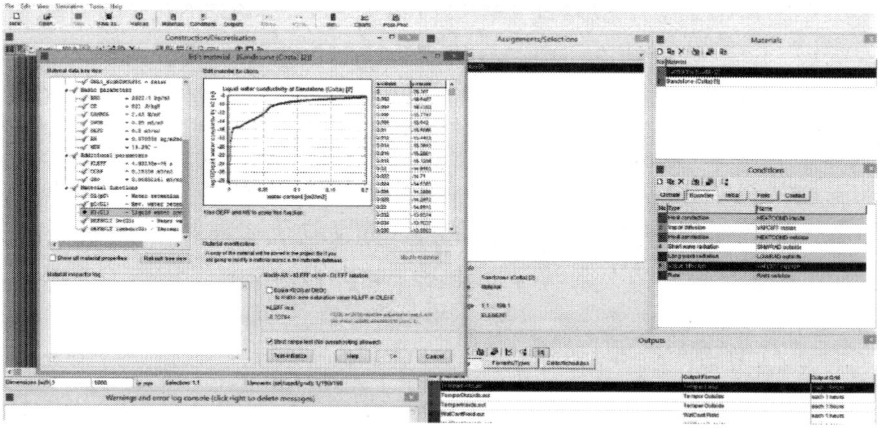

图 6.38　非稳态热湿耦合模拟软件 CHAMPS

2. 表面盐析问题模拟

前文已经介绍过，对于石质文物表面的盐析问题可以使用 ECOS 或 Runsalt 软件进行模拟，模拟方式可以通用于石窟文物研究中。实际上，ECOS 与 Runsalt 的理论基础乃至计算内核都是基本相同的，其均根植于《用于多孔材料盐类病害防治所需环境因素的化学模型》研究，主要以该研究所进行的大量盐溶液测试、析出曲线绘制以及分析为基础，如图 6.39 所示：

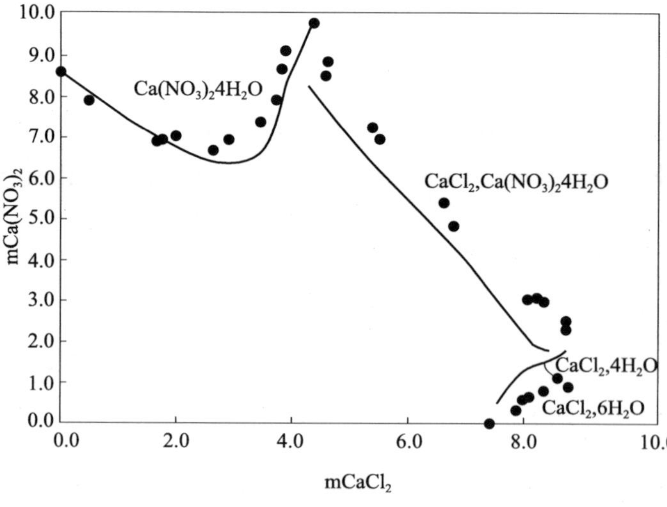

图 6.39　盐析模拟的试验基础示意图

在实际使用中，考虑到 Runsalt 的操作更为简便，且其版权向广大研究者直接开放，因此较 ECOS 更为适于我国石窟保护工作应用。

由图 6.40 可以看出，Runsalt 的使用步骤主要包括：

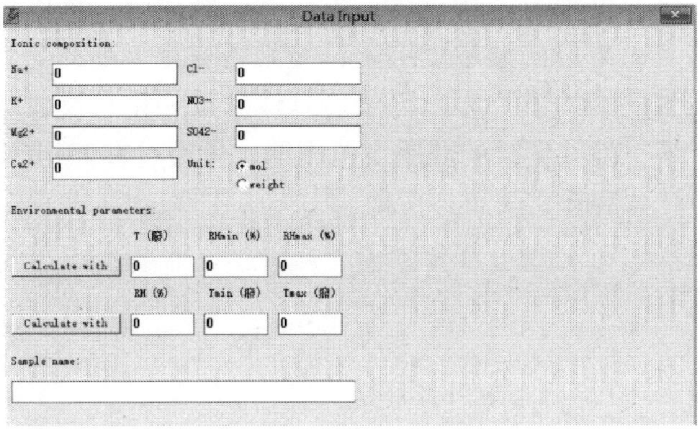

图 6.40　Runsalt 软件设置界面

第一，根据现场取样结果，对石窟表层物质所含的无机物离子种类、浓度进行测试。软件支持钠离子、钾离子、镁离子、钙离子、硫酸根离子、硝酸根离子、氯离子等石质文物常见盐离子。

第二，根据环境监测结果或其他定量分析结果，确定环境温湿度变化的范围，并归结为空气温度变化的范围、相对湿度变化的范围。

第三，在软件中输入各离子的浓度、恒温条件下湿度变化范围或恒相对湿度条件下温度变化范围。

第四，根据模拟计算得到的溶液离子浓度、析出物浓度曲线，即可获知在微环境温湿度变化范围内，哪些盐类晶体、于怎样的温湿度条件下析出。

（五）石窟浅表层与环境相互作用对文物安全的影响

通过监测检测、理论分析以及计算机模拟并用的方式，可以获知石窟表面以及浅表层内部岩体，在某一环境条件下，不同位置、不同时间的温差以及含水量差。据此，可以根据热应力计算的基本理论，对涨缩产生的热应力、不均匀形变产生的热应力进行初步的计算。

根据计算所得热应力与岩体结构强度的比较，可以从数量级上判断这一环境条件对石窟安全的影响情况；而针对不同环境条件下热应力相对大小的比较、不同环境条件下岩体含水导致的强度变化比较，则可以判断不同环境条件对石窟文物保存的优劣。

对于以上内容，结构力学范畴内热应力的估算以及含水量对岩体强度的影响，分别见于《弹性力学》、《岩体力学》以及《裂隙岩体损伤力学导论》。而相关的实验目前国内外开展已经较为成熟，如使用材料老化实验机进行的岩体老化实验等，见于《Stone in architecture》。

而对于化学过程与生物过程，第四章已经提到，可以将不同环境条件下石窟表面附近的温湿度结果，作为影响化学过程与生物过程发生与否、发生快慢的重要影响因素。具体到某一化学反应最适宜的温湿度条件、某一菌类生长的温湿度范围等，可通过查询相应化学过程、生物过程的针对性研究获知。

第七章
广元千佛崖保护建筑建设中石窟与环境整体性分析的体现

一、广元千佛崖基本情况与空间划分

（一）案例概况

1. 石窟文物概况

广元市拥有数量较多的石窟与摩崖造像类型文物，其中千佛崖摩崖造像的规模最大，微第一批全国重点文物保护单位。广元千佛崖兼有摩崖造像与多种形制的窟龛，在山体西侧沿南北方向展开，长度近400m，窟龛共计13层。据统计，广元千佛崖现有窟54、龛819，大小造像逾7000座。

广元千佛崖不仅文物数量众多、规模庞大，也有着突出的历史价值与艺术价值。据考证，广元千佛崖石窟的开凿起自北魏，于初唐、盛唐达到顶峰，并在晚唐时期也有部分凿造。一般认为，广元千佛崖从洞窟形制、艺术风格等方面来看，与中原北方石窟较为贴近，是我国四川石窟艺术发展的重要研究案例。

2. 地形地貌水文气候概况

西安文物保护修复中心进行的地质勘察表明，广元千佛崖从地貌上属于“构造剥蚀单斜低山地貌”。整个窟龛区域的海拔范围为480～622m。千佛崖处于嘉陵江山谷中，兼具“峡谷”与“江畔”两重基本特点。

广元千佛崖所在的地域属于亚热带湿润季风型气候。总的来说，该地域气候四季分明，降雨集中于夏秋，冬季干冷，四季的温度、风向主要受季风影响，有明显的季节性特征。而其地处嘉陵江峡谷中的地形特点，决定了其冬季呈现明显的北向河谷风特点。

3. 文物环境相关工作概况

2008 年开始，西安文物保护修复中心、西安地质矿产研究所等机构就已经在千佛崖开展了地质勘查以及初步的环境监测工作。在此基础上，学界对于广元千佛崖目前主要的病害致因、改善措施已经有了较为明确的判断，并将遮风避雨、避免暴晒作为了主要的赋存环境改善方向。

有鉴于千佛崖兼有摩崖造像与较深的窟龛，且造像遍布崖体，广元千佛崖确定了以建设大型保护建筑或窟檐为基本方向的保护措施设计路线，并已产生了数种不同的保护建筑或窟檐方案。

但不论是怎样的保护建筑或窟檐，在实施前都面临着以下两个方面的基本问题：其一，以往的研究中，对于窟檐或保护建筑改善石窟环境、保护石窟文物本体的能力，基本停留在主观定性的阶段，缺少准确客观判断窟檐改善环境、保护本体能力的有效方法；其二，自然环境复杂多变，各种环境因素牵一发而动全身，遮风避雨的同时是否会带来过度潮湿等负面影响。

正因为如此，广元千佛崖目前在正式全面开始保护建筑施工前，先选择了风化极为严重价值已基本消失殆尽的临近崖体，建设保护建筑试验段，意图通过比较有无保护建筑两种情况下赋存环境的区别来进一步论证完善保护措施设计方案。

有鉴于广元千佛崖是目前国内同时具有“赋存环境被保护措施改变前”与“赋存环境被保护措施改变后”两种状态的唯一案例，并具有开展多项监测、测试的客观条件，笔者选取其为专门案例。通过实践前文中或由其他学科领域引入、或由笔者推证的一系列定性、半定量分析方法，可以对保护建筑建设前、后赋存环境与文物物质遗存相互影响情况进行分析，对保护建筑的实际效果进行评价，并初步体现“赋存环境与物质遗存整体分析”对石窟赋存环境优化研究、石窟赋存环境改善工程、窟檐与保护建筑实际保护效果评估的重要价值。

保护建筑与试验段基本情况（图 7.1）：

保护建筑的美观、视觉统一性等问题与本书主要讨论的议题联系较小，在此不作具体阐述。而单就其对石窟发挥物质性的保护效能来看，现有千佛崖摩崖造像保护建筑的设计有如下几个需要特别关注之处：

其一，包覆石窟所在区域的整面崖体。千佛崖摩崖造像保护建筑并非如传统窟檐、楼阁般只覆盖一个或少数若干价值较高的窟龛，而是将遍布窟龛、摩崖造像的整面山崖包覆在内。

图 7.1　千佛崖保护建筑设计模型

其二，与山体的非接触性。传统窟檐由于与石窟所在山体接触，事所难免地存在着增加结构负担、引入新的盐离子等副作用。而千佛崖摩崖造像保护建筑则仿悬臂桥，结构支撑部分直接由嘉陵江中展开，不再与山体发生直接接触，避免了接触带来的一系列问题。

其三，挡雨、遮阳。保护建筑相比于传统窟檐、楼阁，挡雨、遮阳的能力更强。具体来说，保护建筑的上缘越过分水岭，故而不仅飘零而下的雨水将被阻挡在窟龛之外，毛细、渗流的雨水也将很大程度上被遏阻。

其四，对风进行被动式选择性处理。保护建筑采用了独创性的“瓦幕墙”做法，对于无碍石窟文物安全的风向，保留通风能力；对于危害石窟安全的风向，则提高了风阻，减缓风蚀（图 7.2）。

图 7.2　千佛崖保护建筑“瓦幕墙”设计

图 7.3　千佛崖保护建筑试验段

目前试验段已经完工，基本按照上述保护建筑设计情况实现。而由于只是试验性质，其并未将复杂的悬臂结构完全伸展开，而是只局限于岩壁附近区域（图 7.3）。

（二）石窟与环境整体的空间划分

根据第二章所述，可以将囊括广元千佛崖本体与环境的广大物质空间，划分为气象环境、石窟区域宏观空气环境、微环境、石窟表层物质、石窟浅表层岩石、地质环境六个大的区域。

需要指出的是，以下划分的主要目的有二。其一，通过区域的划分便于指代；其二，便于对不同特点、与石窟保护联系紧密程度不同的区域，在分析过程中分别进行适当的合理简化、抽象化。

对所在空间进行的如下划分，并不说明在现实中各区域之间有着明显的鸿沟。实际上，如微环境与区域环境之间的界限是十分模糊的。

另外，如气象环境、石窟表面等指代较为清晰明确的分界，本小节中不再赘述。

（1）区域环境

观察以下卫星地图可以看出，千佛崖所在区域的自然地理特点，主要体现为“东北 - 西南走向的嘉陵江”。因此，可以认为石窟一侧由江面、江岸到江面平台周遭的区域均可以列入区域环境的范畴。

（2）石窟微环境

广元千佛崖既有浅窟龛、摩崖造像，也有较深的窟龛。对于较深的窟龛来说，窟龛内部显然属于微环境的一部分。而对于浅窟龛、摩崖造像等而言，通过观察石窟周边地形地貌可以看出，千佛崖位于山谷一侧的山腰位置，其下方有距离江面一定距离的古蜀道金牛道。而在蜀道之外，则凌空于江面之上，如图 7.4 所示。

图 7.4　千佛崖与蜀道遗址、江面的空间关系

因此可以初步推测，在蜀道遗址、故川陕公路范围内，环境情况应自成一体，与其外侧的江面上空环境有所区别。有鉴于此，可以认为千佛崖石窟的微环境以蜀道遗址、故川陕公路外侧的江面上空平台为边界，上至山体上空十米处为边界。

（3）石窟浅表层岩体

10m 深处至表面处的岩石可称为“浅表层岩体”，分属不同大的沉积层中的不同细层，每一细层厚约 20～150mm。各细层可能具有不同的物质组成，在勘测中发现，千佛崖浅表层岩体中物质结构的差异，主要体现在矿物成分、粒度以及胶结物上；部分细层长石石英砂岩或泥质砂岩为主，抗风化能力较低；部分细层石英砂岩较多，抗风化能力相对较强。

另外，根据浅表层岩体细层的厚度可以看出，在进行非稳态热湿耦合模拟时，如需要进行网格划分，以 20～150mm 的尺寸进行网格划分，并根据情况设定不同的参数，是较为合理的做法。

（4）地质环境

根据勘测发现，广元千佛崖所在岩层为 J_2Q^3，其厚度大于 40m。考虑到如温度等空气侧环境变化，其一般传导至 10m 这一数量级的深度时就会基本衰减殆尽。因此在石窟环境研究的范围内可以认为，在 10～40m 深度范围中，岩石性状基本类同，温度、含水量等参数基本不变，前文所提到关于“地质环境”的假设与简化均可应用于这一范围内。

（三）千佛崖气象与地质基本情况

在空间划分的六个区域中，保护建筑的建设工作可以很大程度上改变微环境，在不改变整体格局的情况下影响区域环境，也可以在一定程度上改变石窟表层物质、石窟浅表层岩体的热湿状态。但在短时间内，保护建筑的存在不会改变气象环境与地质环境，对石窟表层物质、石窟浅表层岩石的物质成分、结构特点的改变很小。也就是说，前者是保护建筑建设后的变量，是评估保护建筑效果的重要研究对象；后者是保护建筑建设中的不变量，是评估保护建筑效果时的重要背景信息。

有鉴于此，笔者将气象环境、地质环境的情况，区域环境的基本特点，浅表层岩体、石窟表层的物质特点于本节中进行叙述，在后续的保护建筑影响分析中不再重复。

1. 气象环境与区域环境的基本特点

气象部门根据 1971 年至 2000 年的统计资料，对广元市的气象环境情况进行了如下统计（表 7.1）：

表 7.1　广元基本气象情况①

广元基本气候情况（据 1971—2000 年资料统计）												
	1 月	2 月	3 月	4 月	5 月	6 月	7 月	8 月	9 月	10 月	11 月	12 月
平均温度（℃）	5.2	7.2	11.4	16.9	21.3	24.4	25.8	25.7	21.1	16.5	11.3	6.6
平均最高温度（℃）	9.6	11.6	16.1	22.6	27.1	29.7	30.9	31.1	25.7	20.9	15.8	10.9
极端最高温度（℃）	19.5	22.2	30.6	33.2	36.8	37.9	37.5	37.7	36.6	29.7	26.0	19.4

① 数据引自中国气象局公共气象服务中心。

续表

广元基本气候情况（据 1971—2000 年资料统计）												
	1 月	2 月	3 月	4 月	5 月	6 月	7 月	8 月	9 月	10 月	11 月	12 月
平均最低温度（℃）	1.9	4.0	7.7	12.5	16.8	20.3	22.1	21.9	18.1	13.6	8.1	3.5
极端最低温度（℃）	–5.9	–4.8	–3.2	3.4	8.9	13.0	15.8	15.4	10.3	1.7	–2.8	–8.2
平均降水量（毫米）	4.5	7.3	17.7	44.2	95.4	119.8	253.0	171.0	155.5	49.4	20.8	3.2
降水天数（日）	3.8	5.2	8.2	10.1	12.4	13.2	15.4	13.6	13.4	12.1	6.7	3.5
平均风速（米 / 秒）	1.3	1.4	1.5	1.5	1.5	1.3	1.1	1.1	1.1	1.2	1.2	1.2
气象站位置：北纬 32.4 度，东经 105.8 度，海拔 495 米												

而更具体到千佛崖所在的嘉陵江峡谷区域，笔者对气象环境监测情况进行了如下分析：

从图 7.5 可以看出，千佛崖所在区域日均温较为稳定，在 0℃～30℃之间连续变化。也就是说，从全年的视角来看，各天气温随着四季交替而平稳变化，基本不存在突冷突热。

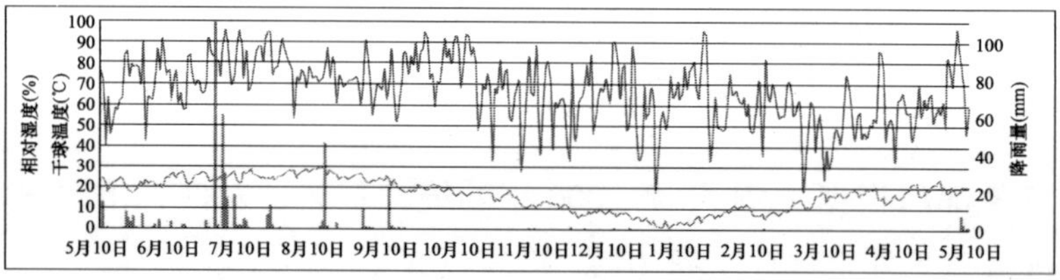

图 7.5　千佛崖区域环境概况

相比于较为稳定的日均温，日均相对湿度的变化较为明显。千佛崖区域夏季相对湿度较高且变化较小，只在较为少数的情况下存在日均相对湿度较低的情况；而在冬季则日均相对湿度变化较为明显，相邻两日之间可能出现达 40% 的日均相对湿度差。

通过环境监测可以发现，一年时间中千佛崖地区的降雨特点为雨量大、降雨集中。从上图可以看出，千佛崖区域全年的降水主要分布于夏季，在其他季节分布较少。从雨量上看，降雨量的主要组成部分是大暴雨而非连日阴雨，仅在 6 月 29 日一天的降雨量就超过了

100mm，远超过其余多日的降雨量。

虽然雨量大而集中，但对降雨 pH 值的监测发现，千佛崖区域较少出现酸雨。雨水一般为中性。

嘉陵江峡谷区域，风向集中为与峡谷走向相近的北风，经笔者统计在 2013 年中该风向占全年有风时段的仅 40%，2013～2015 年间全年最高风速超过 13m/s。可以看出，石窟所在的嘉陵江峡谷区域，由于峡谷风的作用，其风速较广元整体气象环境大、风向分布较整体气象环境集中。

2. 地质环境的基本特点

（1）现有勘察结果

千佛崖文物保护区内岩层为倾向西南的单斜构造，岩区内无大断裂构造。地质环境中以泥质砂岩为主，层状结构，泥质胶结；主要矿物为长石、石英。目前的勘测表明，千佛崖所在山体区域内存在地下泉眼。泉眼海拔高度为 490m。地下水流量较小，不到 0.0001m³/s，酸碱度表现为弱碱性①。

2009 年对千佛崖整体区域及其周边进行了高密度电阻率法综合勘查，是截至目前石窟所在地质环境深部裂缝等情况最为翔实可靠的资料（图 7.6）。

从上图可以看出，在广元千佛崖地下数十米、跨度两百余米的范围内，离岩体表面较近的区域电阻率较低且差异性较大，而深层区域电阻率较高。这说明千佛崖所在地质环境明显地分为强风化层——对应电阻率较低而差异性较大的情况，和基岩层——对应电阻率较高而差异性较小的情况。风化层的厚度在不同位置有所差异，越靠近山顶风化层越厚。

除此之外，还可以看出在断面的同一层中，电阻率的差异不大。这说明石窟所在的地质环境中岩体的整体结构是基本完整的，不存在可能存储、输送大量水分的巨大裂隙或岩洞等情况。

（2）千佛崖降水、包气带水、潜水与浅表层岩体的联系

根据勘察所得的潜水水位、地下水泉眼流量，西安文物保护修复中心认为千佛崖造像区域“不受地下水影响”[8]。笔者认为，所谓不受地下水影响的说法失之粗略。

具体而言，千佛崖浅表层岩体中的水，最为主要的来源包括降水

① pH 值在 7.1～8.1 之间。

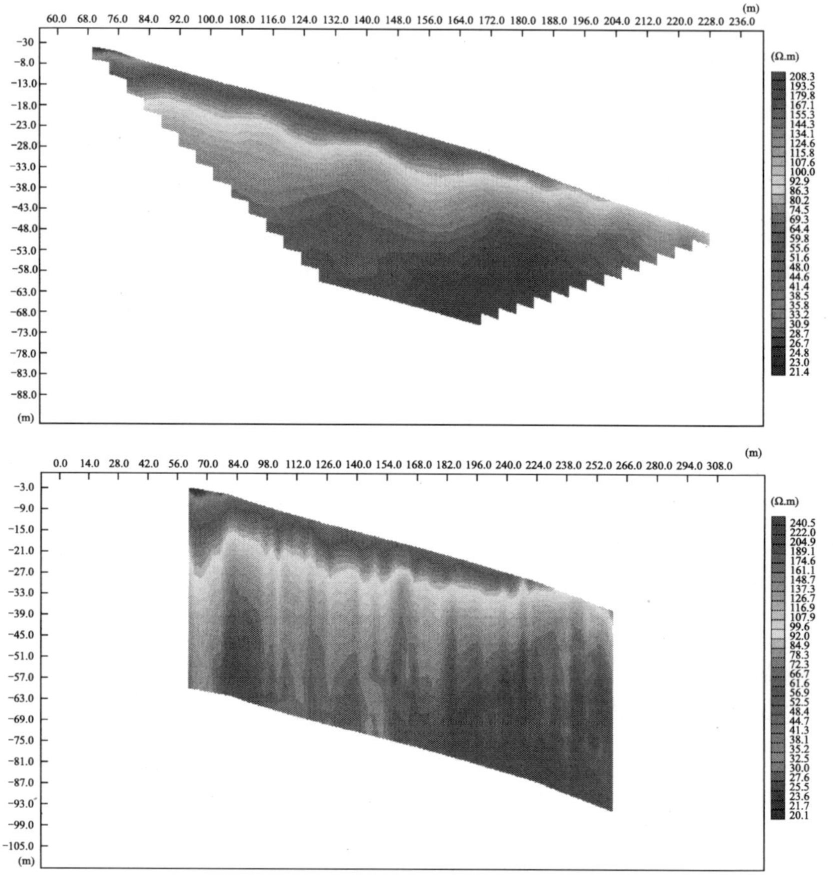

图 7.6 千佛崖高密度电法勘探视电阻率等值线断面图

和包气带水的补充；主要形式包括石窟岩体表面直接吸收降水和凝结水、裂隙中流动水的补充、包气带中过渡带水以毛细作用的形式补充等。其中，降水除了被直接吸收外，还可能降于它处并进而成为裂隙水、过渡带水。对于降水、凝结水的直接吸收自不待言，西安文保中心的勘察结果主要说明的是在窟龛区域的裂隙水中，直接为地下潜水灌注进入裂隙的水，所占的比例明显小于降水带来的比例。

实际上，虽然地下水对千佛崖浅层岩体的直接作用不如降水明显，但其间接作用仍是不可忽视的。窟龛区域和潜水面间 10m 左右的高差正好位于毛细作用的极限范围以内，因而过渡带中除了过路的重力水之外，必然还有大量过路的毛细水，这些都是补充浅层岩体水分的重要源头。

综上所述，从直接作用的层面看，千佛崖降水的作用更为明显；而从更为广义的角度看，由于包气带水的存在，地下水的间接作用和降水同等重要。

3. 浅表层岩体的基本特点

通过对浅表层岩体的取样分析，可以确定千佛崖浅表层岩体的物质结构、矿物组成、力学性能以及水理性能。而其热工性能一般泥质砂岩、石英砂岩均有较为丰富的参考数据，在需要使用时可直接查阅相关参考资料。

（1）整体岩体发育

广元千佛崖岩体表面存在较为明显的张节理与剪节理（图 7.7）。上述节理的存在从客观上导致了千佛崖表面岩体更容易崩解剥落。也就是说，当温度变化、含水量变化以及其他类型的结构力学层面变化时，广元千佛崖的岩石造像是较为容易出现前文所述的剥落劣化的。

图 7.7　千佛崖剪节理（左）张节理（右）

（2）物质结构

分别对千佛崖的岩体风化剥落残块的表面以及中心采集两个样本，即样本 1、样本 2 为表面风化样块，样本 3、样本 4 为岩心样块。样块测试结果如表 7.2 所示：

表 7.2　矿物组成与孔隙率检测结果

		样本 1	样本 2	样本 3	样本 4
粒径 (mm)		0.2-0.5	0.8-1.0	0.1-1.2	0.2-1
碎屑含量 (%)		90-95	90-95	95	90-95
成分组成 (%)	岩屑	30-40	20-30	25-35	30-40
	长石	20-30	30-40	30-40	30-40
成分组成 (%)	石英	20-30	30-40	25-35	30-40
	黑云母	3-5	1-3	2-3	1-2
孔隙率 (%)		15-25	5-8	3-5	10-20

（3）矿物组分

对上述岩体样本进行 X 光衍射可以对岩石的矿物组分进行更为详细的分析（图 7.8、图 7.9、表 7.3）：

图 7.8 样品照片正偏光（左）反偏光（右）[13]

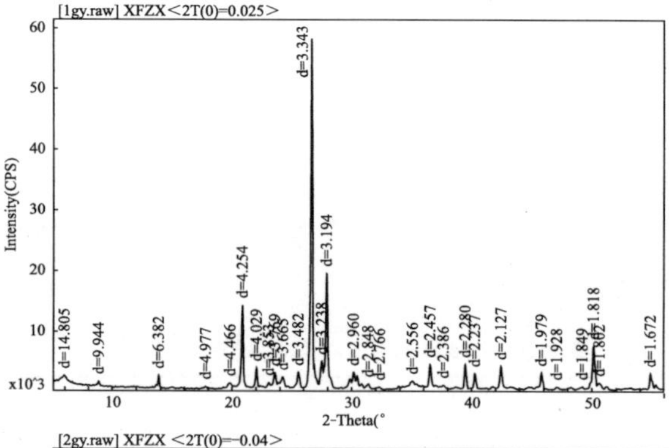

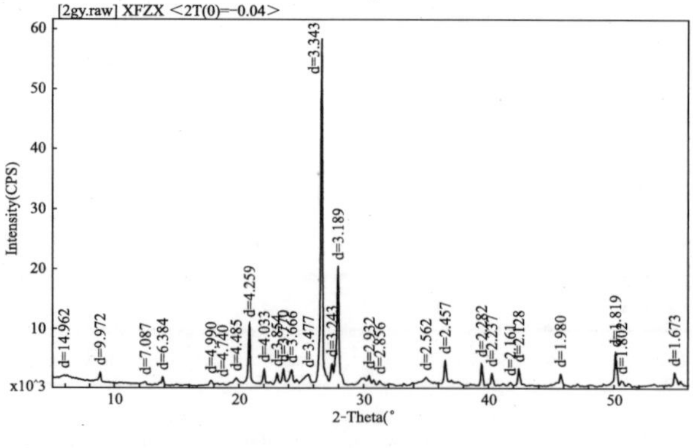

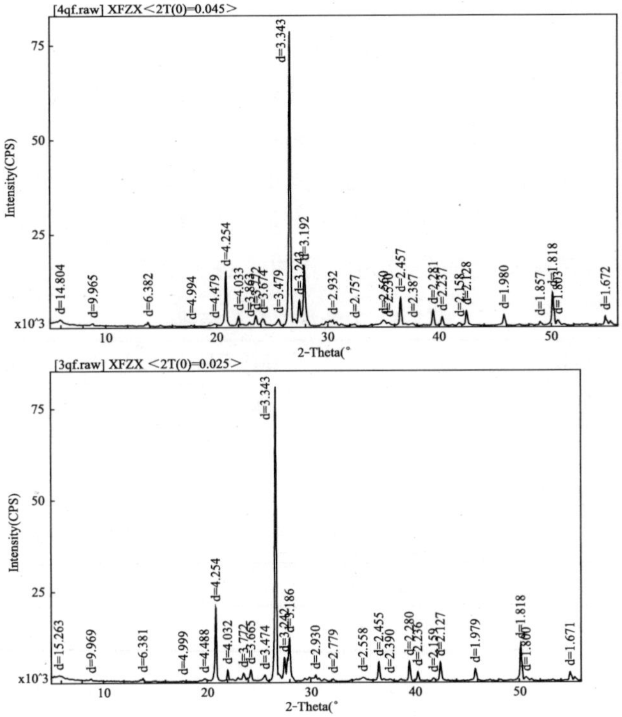

图 7.9　样品 X 衍射分析图谱[13]

表 7.3　矿物含量测试结果

样本编号	1	2	3	4	备注
矿物名	含量（%）				
石英	68	67	74	72	
斜长石	16	17	11	12	
伊利石	2	4	2	3	
正长石	6	5	8	7	
蒙脱石	4	2	3	3	
硬石膏	2	1	/	1	
绿泥石	/	2	/	/	
方解石	/	/	/	/	
石膏	/	/	/	/	
未检出	2	2	2	2	

（4）力学性能

为进行材料力学的破坏性试验，在千佛崖风化剥落的岩块中选取了两个样本，并借助相应仪器设备进行了力学性能测试。通过测试发现，在干燥条件下千佛崖风化岩体尚具有一定的结构强度，但其干湿两种状态下的结构强度有着相当明显的差异。以下力学性能参数从本质上说明了不论是高含水量还是含水量的频繁变化，对于千佛崖石窟浅表层岩体的结构安全都是极为明显的威胁（表 7.4）。

表 7.4　力学性能测试结果

试验编号	抗压强度（MPa）		软化系数	弹性模量（GPa）		泊松比	
	干	湿		干	湿	干	湿
1	29.9	11.079		4.3361	1.097	0.26	0.39
2	34.763	10.467		4.2447	1.069	0.27	0.303
平均	32.332	10.773	0.33	4.290	1.083	0.27	0.35

	摩擦系数 (tan Φ)	黏聚力（MPa）
平均值	0.45	2.66

水理性能：

可以看出，与国内外研究提供的泥质砂岩常见情况相比，千佛崖石窟浅表层岩体的密度、吸水率等基本属于其中较为具有代表性的情况。另外，饱水系数在 0.7 左右的情况，说明在普遍情况来看千佛崖浅表层岩体虽然风化情况较为严重，但尚未劣化至耐冻胀性能差的水平中（表 7.5）。

表 7.5　水理性能测试结果

试样号	干体积密度 (kg/m^3)	饱和体积密度 (kg/m^3)	吸水率（质量 %）	饱和吸水率（质量 %）	饱水系数
1	2220.9	2396.0	5.16	7.31	0.706
2	2224.9	2418.4	5.84	8.00	0.730
3	2221.1	2409.9	5.56	7.83	0.710
平均值	2222.3	2408.2	5.52	7.72	0.715

4. 浅表层岩体表面物质的基本特点

西安文物保护修复中心对多个窟龛、多个位置进行了盐析物质取样测试后，统计了其可溶性盐阴阳离子的质量分数情况，其统计数据见于附录。

笔者对其进行了总结归纳，如表 7.6 所示。

表 7.6　盐析成分统计

质量分数（%）	Na^+	NH_4^+	K^+	Mg_2^+	Ca_2^+	F^-	Cl^-	NO_3^-	SO_4^{2-}
一层平均	0.014271667	0.008547	0.0045607	0.029134	0.6713337	0.0064893	0.0201073	0.0567617	0.7572147
二层平均	0	0	0	0.01273	0.707376	0.007576	0.009692	0.047892	1.301427
三层平均	0.038414	0	0	0.018763	1.462211	0.007526	0.021648	0.014971	1.276879
226 窟	0.0164315	0.0584785	0.018811	0.0722075	1.497761	0.00696	0.032225	0.1236625	2.3818865
333 窟	0.022584	0.0134917	0.0170457	0.041629	1.372857	0.0071213	0.032966	0.1324393	2.620536
366 窟	0.053233	0.0246439	0.0242216	0.06097	1.3322853	0.0079258	0.0497843	0.1294698	2.364854
400 窟	0.090871667	0.0070533	0.0054257	0.0051257	0.3257967	0.014813	0.038323	0.1611173	1.3746153
512 窟	0.587895	0.010741	0.005672	0.017285	0.373887	0.016606	0.019241	0.095072	1.302461
744 窟	0.073846	0.0297015	0.0048255	0.0655305	1.484646	0.010144	0.0667445	0.1046595	2.4984175

对千佛崖石窟表面积尘的取样测试发现，其水溶液 pH=8，属于弱碱性。也就是说，在前文已经提到千佛崖区域基本不存在酸性物质的湿沉降（酸雨）的基础上，其也不存在酸性物质的干沉降。

二、主要劣化现象与表面病害的环境诱因与关键参数

（一）岩石部分主要劣化现象与表面病害

针对广元千佛崖摩崖造像的病害劣化情况，自 2008 年西安文物保护修复中心开始勘查后，又陆续开展了数次病害调查工作，并由清华大学团队进行了三维激光扫描模型基础上的病害分布图绘制。

实际上，在千佛崖诸多窟龛中，从价值、窟型的代表性、分布位置的典型性等因素上来看，138 号窟（即北大佛窟）、411 号窟（即观音像龛）、535 号窟（即莲花洞窟）、806 号窟（即多宝窟）、834 号窟周边区域（即浅窟龛群）较为突出，也是历次监测、修复工作的重点对象。本节以上述五处窟龛为代表，分析千佛崖岩石部分主要病害情况。

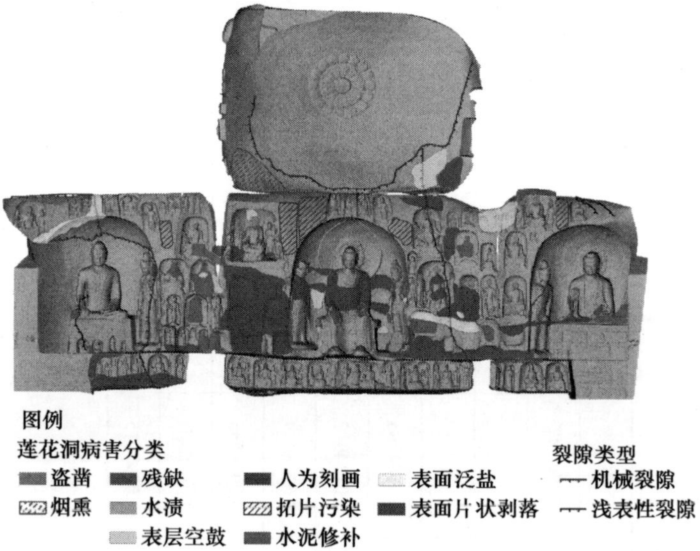

图 7.10　莲花洞窟病害分析

表 7.7　莲花洞窟病害统计

病害类型	病害面积	病害类型	病害面积
表面泛盐	$1.58m^2$	盗凿	$0.52m^2$
表层空鼓	$2.38m^2$	烟熏	$1.5m^2$
表面片状剥落	$13.74m^2$	人为刻画	$0.05m^2$

续表

病害类型	病害面积	病害类型	病害面积
残缺	$3.56m^2$	水泥修补	$0.38m^2$
水渍	$0.05m^2$	裂隙	34.38m
拓片污染	$2.87m^2$		

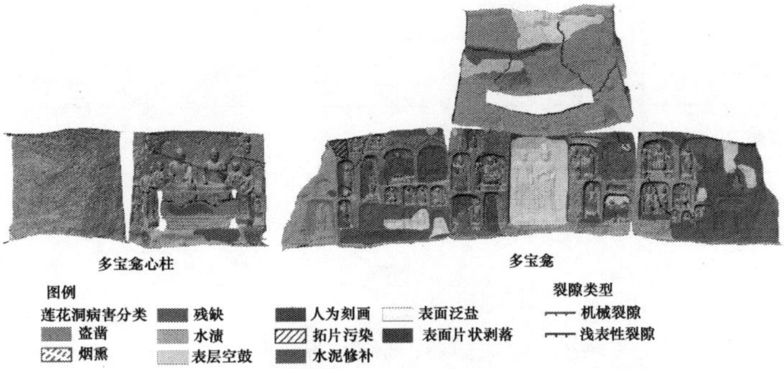

图 7.11　多宝窟病害分析

表 7.8　多宝窟病害统计

病害类型	病害面积	病害类型	病害面积
表面泛盐	$4m^2$	水渍	$0.11m^2$
表层空鼓	$0.57m^2$	表面片状剥落	$5.2m^2$
表面溶蚀	$8.21m^2$	表面粉化剥落	$3.68m^2$
人为盗凿	$0.014m^2$	动物病害	$0.005m^2$
人为刻画	$0.28m^2$	微生物病害	$0.028m^2$
拓片污染	$0.1m^2$	水渍	$0.11m^2$
残缺	$0.39m^2$	裂隙	11.64m

图 7.12　北大佛窟病害分析

表 7.9　北大佛窟病害统计

病害类型	病害面积	病害类型	病害面积
表面泛盐	$0.4m^2$	残缺	$2.22m^2$
表层空鼓	$0.6m^2$	水渍	$0.52m^2$
人为刻画	$1.49m^2$	水锈结壳	$0.5m^2$
水泥修补	$0.32m^2$	表面片状剥落	$6.41m^2$
裂隙	15.01m		

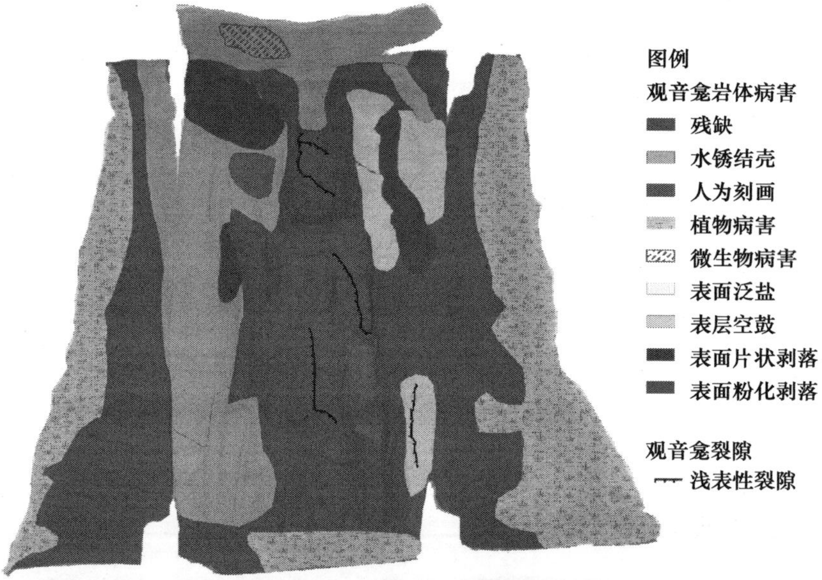

图 7.13　观音龛病害分析

表 7.10　观音龛病害统计

病害类型	病害面积	病害类型	病害面积
表层空鼓	$0.18m^2$	残缺	$0.05m^2$
人为刻画	$0.03m^2$	水锈结壳	$0.85m^2$
微生物病害	$0.03m^2$	表面片状剥落	$0.17m^2$
植物病害	$0.85m^2$	表面粉化剥落	$2.09m^2$
裂隙	1.59m		

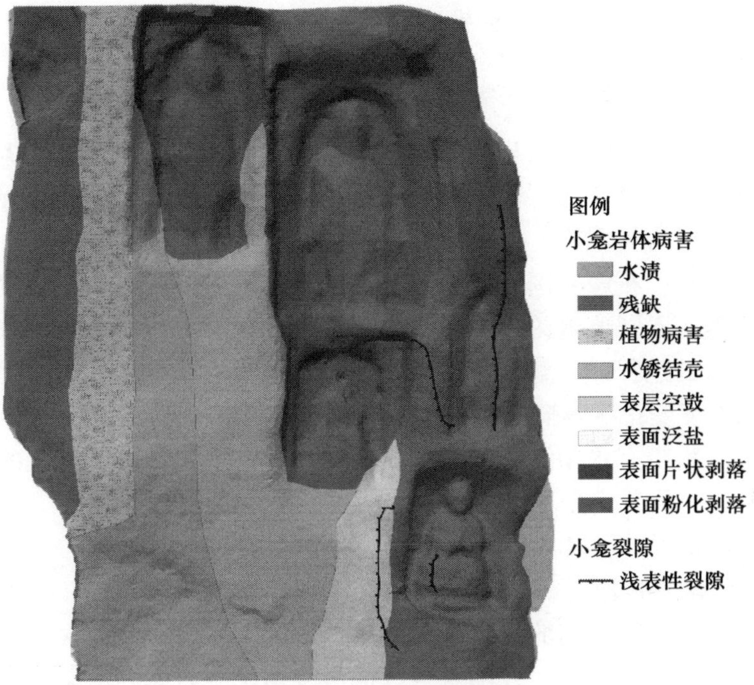

图 7.14 小龛群病害分析

表 7.11 小龛群病害统计

病害类型	病害面积	病害类型	病害面积
植物病害	0.22m^2	表层空鼓	0.01m^2
水渍	0.32m^2	表面泛盐	0.1m^2
残缺	0.04m^2	表面片状剥落	0.78m^2
水锈结壳	0.34m^2	表面粉化剥落	0.82m^2
裂隙	1.5m		

从上述情况可以总结出，除去人为破坏因素，千佛崖摩崖造像最为主要的几类劣化现象包括空鼓、剥落、溶蚀、结壳、盐析。除此之外，还包括较为普遍的微生物活动、植物生长情况，其除了与上述劣化现象的形成有关外，还会残留干枯腐败的微生物、植物部分。

需要注意的是，不论是从石窟所在地域的气象环境，还是从石窟表面灰尘的酸碱度，抑或从是否存在明显的酸性物质反应导致的劣化现象来看，在当前广元市地域的自然社会现状下，可以认为酸腐问题并不是千佛崖石窟面临的主要威胁。

（二）劣化现象的发生机理及主要相关参数

1. 劣化现象对应的物理化学生物过程

对照本书第四章的相关内容可以发现，上述千佛崖常见的劣化现象的背后，主要有如下若干种物理、化学或生物过程：环境温湿度变化导致表层岩体温度、含水量变化的过程；降雨导致表层岩体含水量变化的过程；石窟范围外的水经由毛细、扩散等形式进入石窟表层岩体的过程；不同位置的表层岩石由于温度变化的不均匀、不一致而产生热应力的过程；方解石、白云石等特定类型的矿物溶解的过程；盐类在温湿度变化下溶解 - 结晶的过程；岩体渗出的水蒸发的过程，该过程中可能附带有水中无机盐晶体析出的过程；生物活动所导致的特殊物理作用与化学反应，如昆虫代谢产生有机酸腐蚀岩体。

具体来说，可以将其展开为如下的物理情境：

（1）降水情境

在经过一段时间的无降水天气后，千佛崖表层岩体的含水量从整体上呈现降低的态势，并随着空气的湿度情况、岩体内部裂隙中水的情况而不断地形成动态平衡。

随着降水的发生，首先出现的是降水尤其是降雨的力学作用。其主要表现为飘零雨水对岩体表面的冲击、汇聚后的表面径流对岩体表面的冲刷等。考虑到前文提到的千佛崖表面岩体目前风化严重的现状、节理明显的实际情况，降雨带来的上述力学作用很可能会成为最终导致破坏发生的诱因（图 7.15）。

图 7.15　雨水冲淋区域的表面病害情况

另外，降水作为岩体中液态水的重要来源之一，也会导致岩体含水量增加。前文已经提到了两个前提：其一，液态水对岩体含水量的影响远较空气中的水蒸气明显；其二，千佛崖浅表层岩体的水理特性表明，其在含水量增加时结构强度会有明显下降。从这两个前提出发，可以很明显地看出，大量的降水对于千佛崖浅表层岩体的长久存留来说是较为不利的。大量降水会导致本已由于常年风化变得脆弱的表层岩体处于更为薄弱的强度状态下，进一步增加了破坏发生的可能性。

除此之外，降水也和生物活动有着密

切的联系。除了最直观的降雨带来温和湿润的气候条件之外，降雨所汇聚的表面径流同时也会夹杂沙土、矿物质、种子或孢子等，而上述物质在雨水蒸发后将形成极为利于低等植物生长的物质环境。这也正是千佛崖崖壁浅龛，在有雨水冲淋痕迹的区域均有明显的地衣发育痕迹的主要原因。

（2）温湿度变化情境

通过业已开展的监测工作可以发现，虽然广元千佛崖日均温在全年范围内变化较为平滑，但每日午后时段的太阳直射会在短时间内造成快速而大幅度的升温。实际上，日均温度较为稳定的情况在另一个侧面反映了上述的午后升温现象在全年范围内都是较为普遍的。在第七章第一节“（三）”中已提到千佛崖浅表层岩体发育有丰富的剪节理与张节理，结构强度大为下降，故而午间外露表面可达20℃左右的温度变化带来的热应力与形变应力，对表层岩石尤为危险。

具体来说，温度变化与劣化现象间的联系可以从不同的时间周期来看待（图 7.16）。在 24 小时的范畴内，可以认为浅表层岩体温度的变化是由极低到极高再降至极低的过程。这一时间周期内的热应力，可以视作是一天内浅表层岩体的最高温度与最低温度间的温差所带来的形变应力。而如果从更大的时间周期来看，比如将浅表层岩体温度的变化放在全年视角下进行考量，就应将每天温度变化带来的热应力视作一种循环应力，即在全年时间中往复地呈现“出现、卸载、再出现”。实际上，对于一般的岩石材料而言，单次的室温范围内十余摄氏度温差，往往不足以达到直接在热胀冷缩中使岩石出现结构性破坏的程度；相比而言，循环往复的热应力对浅表层岩体的威胁更为明显，从结构力学的角度来看，其会导致浅表层岩体出现“疲劳”，并在远未达到浅表层岩体结构承受极限的情况下产生不可逆的结构破坏。

图 7.16　温度在全年和每日两种时间尺度下的周期性变化

湿度与劣化现象间的联系主要体现在三个方面，即湿度影响岩石含水率并进一步影响浅表层岩体的结构强度；岩体处于高含水量状态时胶结物质溶于水，环境湿度降低时溶解有多种物质的水溶液向外迁移形成水盐运动，导致浅表层岩体结构强度下降；水盐运动发生后，液态水在岩体表面蒸干并析出晶体，形成盐析等多种表面病害。

对于上述三个方面而言，其同样体现在不同的时间周期中。对于较短的时间周期如一天内来说，固然一天中广元千佛崖区域空气相对湿度变化剧烈，但如果不存在明显降雨以及地下水变化，这一湿度变化所能引起的岩石含水量变化以及因此产生的浅表层岩石结构强度变化都是较为有限的；而水盐运动、盐析等情况在一天内固然也会受湿度影响，但一天内水分的迁移速度也是相对有限的。而对于一周以上乃至一年的时间周期来说，降水问题就不能忽视了。此时可以认为岩石的含水量、浅表层岩体内的水盐运动、岩体表面的盐析过程处在“干燥、降水、再干燥”的往复影响之下；除此之外，在没有明显降水的天数中也存在着空气湿度所影响的干湿循环，其影响效果小于降水导致的干湿循环，但更为普遍持续。

可以看出，温湿度变化所蕴含的一系列物理化学过程，与劣化现象间的联系应从不同的时间周期上着手。一般来看，千佛崖浅表层岩体的基本情况决定，温湿度变化在短时间周期内往往不会带来直接的破坏，但其在长时间周期下的持续作用与循环往复变化，将导致浅表层岩体“积重难返”或产生结构性的疲劳。温湿度变化对浅表层岩体劣化的影响，可以认为主要体现为“剧烈程度有限但持续而往复的威胁”。

（3）风蚀情境

千佛崖处在嘉陵江风口上，风吹雨淋全作用在千佛崖壁上。监测结果表明，广元千佛崖区域的风向受到峡谷走向的影响，以偏北风为主。

前文已经提到，石窟文物受到风蚀的三个关键影响因素是携带颗粒物情况以及风速、风向。通过半定量的估算可以看出，纯粹而不含有颗粒物的空气在掠过岩体表面时，其所产生的摩擦应力远小于携带有固体颗粒物的气流。具体到广元千佛崖，高风速、粉尘颗粒物含量高这两个基本情况决定了风对文物表面的冲击力极大。

对于风向问题，广元千佛崖的具体情况可以总结为：石窟区域环境所盛行的风向，正是对文物威胁最大的风向。具体来说，绝大多数岩石材料的抗压强度都要大于抗剪强度，而抗剪强度大于抗拉强度；对于千佛崖浅表层岩体来说，破坏试验也完全支持上述论断。对于普遍背东面西的千佛崖石窟文物来说，西风会首先直接正面撞击到岩体表面，在大幅减速后沿岩体表面向周围吹拂，这一过程中空气裹挟颗粒物的大部分动能针对的是抗压强度；而南北风则会从侧面冲击突出的岩体，而石窟文物的价值在很大程度上寓于岩体经过雕凿后的突出、凹陷构成的艺术造型上，而这些至为重要的岩体将以其相对更为脆弱的抗剪强度，对抗风所蕴含的大部分动能。

也就是说，千佛崖的风速风向以及空气携带尘埃颗粒物的情况决定了在多种风化作用下抗环境扰动能力已严重削弱的表层岩体，将在夹带粉尘、微粒的高速北风、东北风作用下遭到严重的动能冲击而被吹蚀、磨蚀，进而粉末化、颗粒化剥落殆尽。

2. 主要关注的参数

对照本书第四章相关内容，可以从上述物理、化学和生物过程中，抽取出对这些过程的形成、发展有较大影响的重要参数，包括：

石窟区域环境以及微环境中的空气温度、相对湿度、大气压力、风速风向、含湿量（在一定程度上表征了绝对湿度）、水蒸气分压力（可以由前几个参数推算得出）。

上述温度所对应的空气密度、比热容、普朗克数、与水蒸气的二元扩散系数等物性参数。

石窟表面及浅表层的温度、含水量。

石窟浅表层岩体的密度、孔隙率等自身特征，比热容、导热系数等热工参数，毛细吸水率、与水蒸气的有效扩散系数等水理参数。

其中，空气的各项气象参数主要通过监测手段获知，并利用理论分析、计算机模拟的手段充分挖掘监测数据中隐含的信息。

空气在常温下的物性参数，主要通过查阅相关数据资料获知。

石窟表面及浅表层的温度、含水量，一方面通过监测获知其中部分，另一方面在监测数据的基础上利用理论分析、计算机模拟进行合理地拓展。

石窟自身、热工、水理等方面的信息，部分通过前文所述的历次勘查、取样试验成果获知，部分以“泥质砂岩”为主查阅相关数据资料获知。

三、未建设保护建筑状态下石窟与环境整体的半定量分析

依托于千佛崖案例的特殊性，即其为国内唯一建有保护建筑或大

型窟檐试验段的石窟，具备直接对照“建有保护建筑状态下石窟与环境相互作用情况”与“未建设保护建筑状态下石窟与环境相互作用情况”的客观条件。因此，本节及后续涉及广元千佛崖“未建设保护建筑状态”，即表示“保护建筑试验段外”；“建设有保护建筑状态”即表示“保护建筑试验段内”。

（一）石窟区域环境

第七章第一节“（三）”中第一部分已经初步介绍了千佛崖石窟区域环境最为基本而固定的几项特征，即雨急、风骤、午后温度突增、相对湿度变化剧烈。在此基础上，本节主要讨论石窟区域在自然地理条件影响下，不同环境因素之间相互联系、彼此影响的特点。而这些特点往往是千佛崖石窟区域的特性，而非广元地区整体气象环境的共性。

1. 不同季节区域环境特点

通过对广元千佛崖区域环境 2013、2014、2015 三年监测数据的积累，可以对不同季节石窟区域环境的基本情况做如下总结（表 7.12）：

表 7.12　不同季节石窟区域环境基本情况

	春季	夏季	秋季	冬季
干球温度（℃）	18.30	25.21	16.35	7.07
湿球温度（℃）	13.42	22.06	13.04	4.07
露点温度（℃）	9.99	20.80	10.77	0.365
相对湿度（%）	58.3	76.6	69.7	62.6
含湿量（g/kg）	7.62	15.45	8.03	3.87
密度（kg/m³）	1.19	1.15	1.20	1.25
水蒸气分压（Pa）	1226.23	2456.26	1291.81	627.17
平均风速（m/s）	1.90	1.48	1.73	2.02
最大风速（m/s）	9.63	9.51	11.18	13.47
主流风向	北风	北风	北风	北风

从表 7.12 可以看出：

石窟区域四季温度差异明显，春秋两季温度大体相当，冬季亦不甚冷。

通过比较不同季节的相对湿度情况可以发现，除春季外，夏季、秋季以及冬季的空气距离饱和都不甚远；实际上，从平均干球温度与露点温度的差可以更为清晰地看出，夏季平均温度与露点温度只相差 5℃，凝结的出现是较为可能的。

虽然不同季节间相对湿度差距不算明显，但含湿量的差别相当大；具体来说，春秋两季空气中含有水蒸气的绝对量基本相当，而夏季则比春秋两季高一倍，冬季仅为春秋两季的一半左右（图 7.17）。

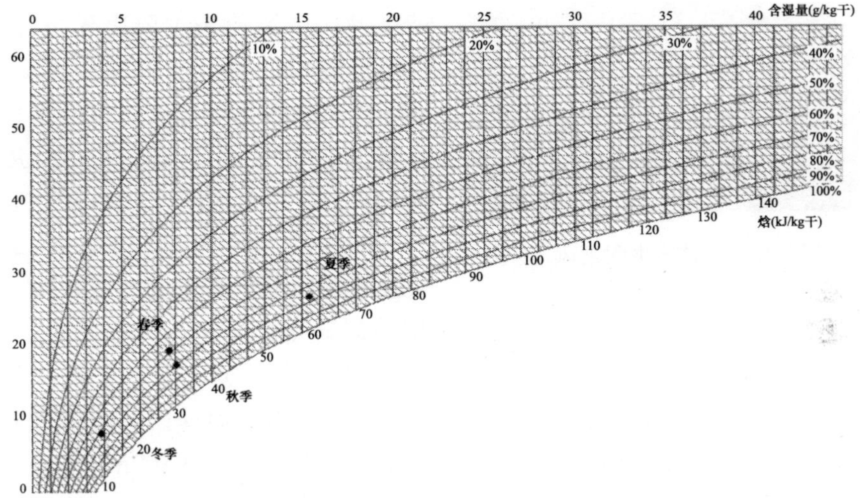

图 7.17　不同季节空气状态点

不同季节空气的密度相差很小，也就是说完全可以将其近似地视为不变。

石窟区域全年风速均较高，每个季节最大风速都超过 9m/s，尤以冬季为甚；除此之外，千佛崖全年均以北风占绝对主导地位，春夏两季也仅是在除北风之外略有东南风，但和占 40% 左右的北风相比，不超过 10% 的东南风仍处于绝对劣势（图 7.18）。

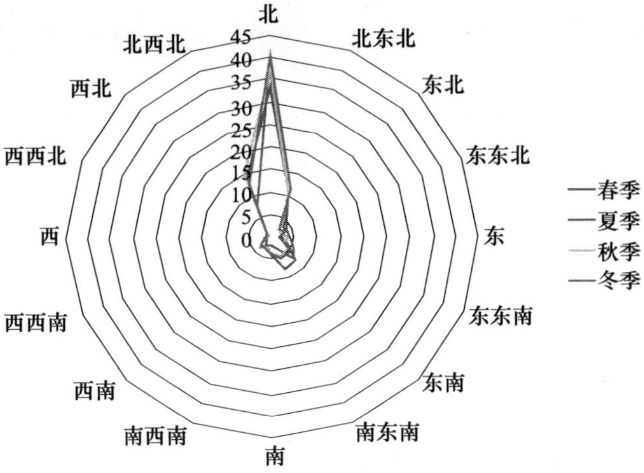

图 7.18　不同季节风向频率

2. 区域风环境与热环境概况

（1）区域风环境的模拟

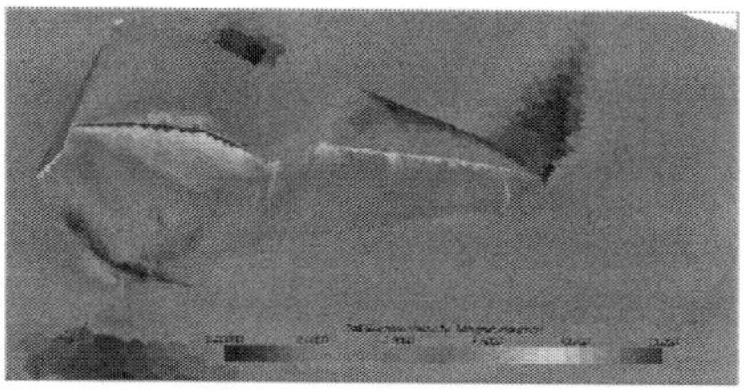

图 7.19 岩体表面附近风速

以当地最为常见的北向风向、5m/s 的居中风速为主要边界条件，考虑梯度风问题，并根据该风速、风向在监测数据中选取对应的平均温度、岩体表面温度，以 STAR-CCM+ 为软件工具进行 CFD 模拟。

通过图 7.19 可以发现：在北风边界条件下，有无保护建筑对于千佛崖地区整体风场影响不大。模拟结果显示，不论有无保护建筑，山体北侧风速普遍较山体南侧大、东北部分山体突出形成了低风速区、西侧山体向南侧倾斜因而在山体西南侧形成低风速区。山体北向表面风速随高度而增加，在山脊位置风速达到最大平均为 8m/s 左右。

模拟结果显示，主流风向为正北风时，建设保护建筑前山体北侧窟龛分布密集的四个高度层级表现出一致的规律。东侧山体突出，来流空气正面与山体接触后产生大量逆流，与后续来流相互抵消因而形成低风速区；来流空气沿山体表面向东南方向流动并最终绕过山体形成绕流，因而在西侧山体附近形成风速超过 7m/s 的高风速区（图 7.20）。

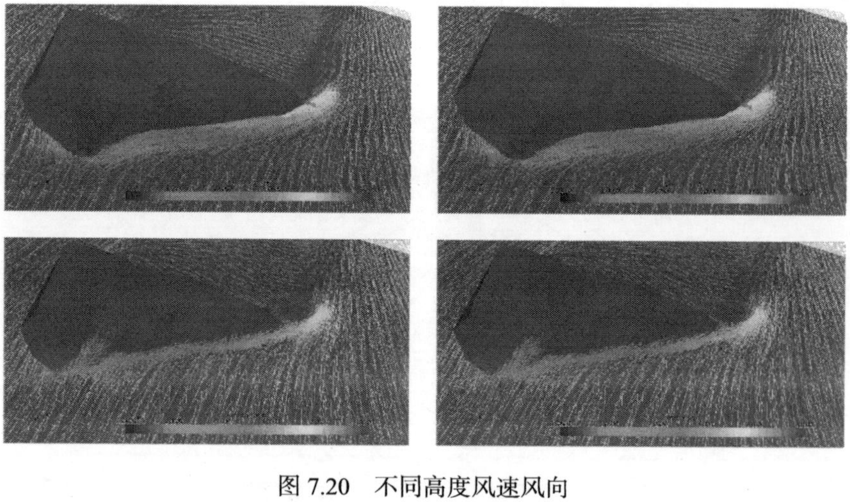

图 7.20 不同高度风速风向

（2）区域热环境的模拟

模拟结果显示，在距离蜀道遗址平台 1.5m 高处，可以明显地看出在山体附近形成了受到崖体影响的微环境，其甚至可以进一步影响到更远范围，但到了远离蜀道遗址平台的江面上空位置，山体的影响则基本消失殆尽；而在 5m 以至更高处，空气温度基本统一，差距较小（图 7.21）。

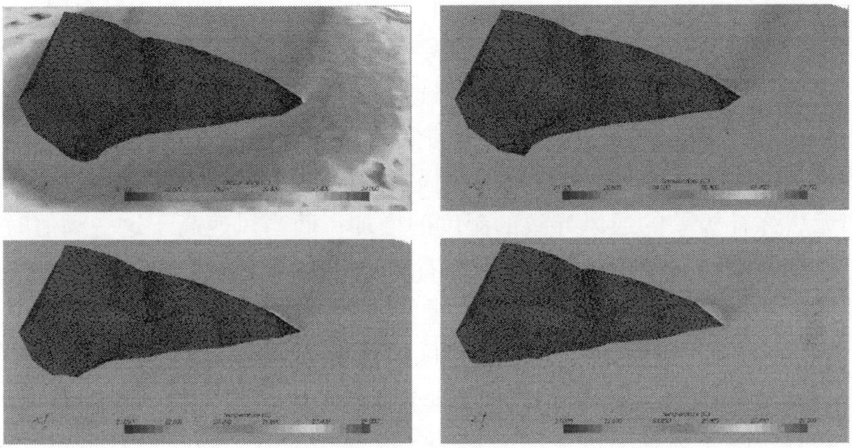

图 7.21　不同空气温度

3. 风温雨湿之间的联系

（1）降雨与风对湿度的双重影响

从千佛崖石窟所在区域的基本环境特点来看，可以发现如下定性的规律：降水过程将导致区域相对湿度升高，降水结束后相对湿度开始逐渐降低；风速较高时相对湿度较低；温度较高时相对湿度较低（图 7.22）。

也就是说，在石窟区域存在着彼此联系而非单独变化的风、温、雨、湿因素，而为了理顺上述因素之间的复杂关系、掌握其对区域环境对微环境的影响，势必要进行定量分析。

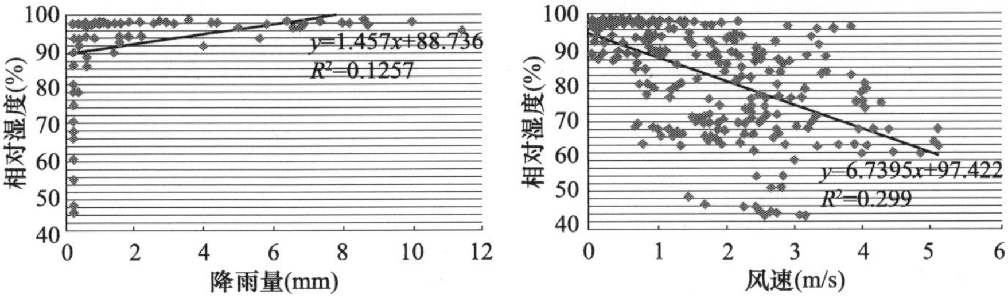

图 7.22　降雨与风对相对湿度的影响

（2）通过回归分析可以发现情况

第一，降雨量与相对湿度之间的联系并没有预想中的直观，在降雨量较大时确实相对湿度都在 90% 以上，但也有较大比例的高相对湿度出现在降雨量较少甚至无降雨时。也就是说，降雨是高湿度的充分但并非必要条件，除了降雨之外还有很多因素在影响着相对湿度，降雨因素在降雨量大时占主导地位，但在降雨量较小时影响十分有限。

第二，风速与相对湿度之间确实有一定的联系。风速低于 1m/s 时相对湿度基本维持在 90% 以上；而风速超过 1m/s 后，虽然仍有部分时段湿度较高，但也出现了一定比例的低相对湿度情况。也就是说，1m/s 是一个风速阈值，风速低于此时通风能力极差，其他因素不论怎么变化都无法弥补极差的通风导致的湿度的增加；而当风速高于这一阈值时，通风作用得到了增强，从总体上来看有一定的降低湿度的效果，但此时其只是复杂的多种影响因素中较为重要的一种而已，并不具有决定性。

（3）非降雨时温度、风与湿度间的联系

前文中介绍千佛崖区域环境基本特点时已经提到，当不存在降雨因素时，除了风速对湿度有着影响，风速、温度、湿度三者之间也存在复杂的相互关系（图 7.23）。为了更为透彻地掌握千佛崖石窟区域环境中这三个因素间的联系，同样要进行类似的定量分析。

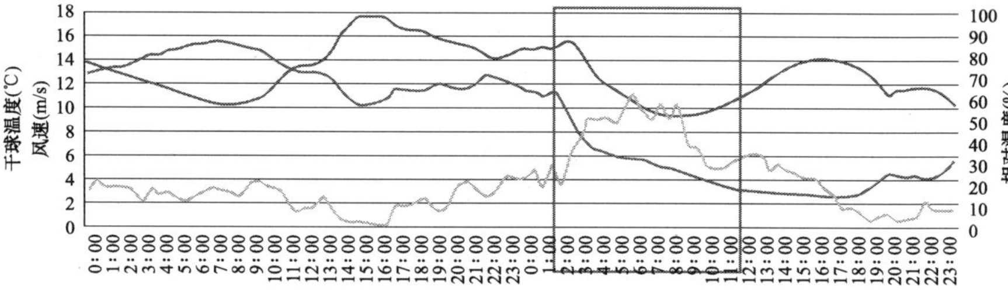

图 7.23　非降雨情况下风速、温度、湿度间的联系

以无降水的 11 月 2 日至 11 月 3 日为例，分别对石窟区域环境中温度与湿度、风速与温度、风速与湿度这三组关系进行定量分析。

从图 7.24 可以看出，温度与相对湿度之间存在两种截然不同的关

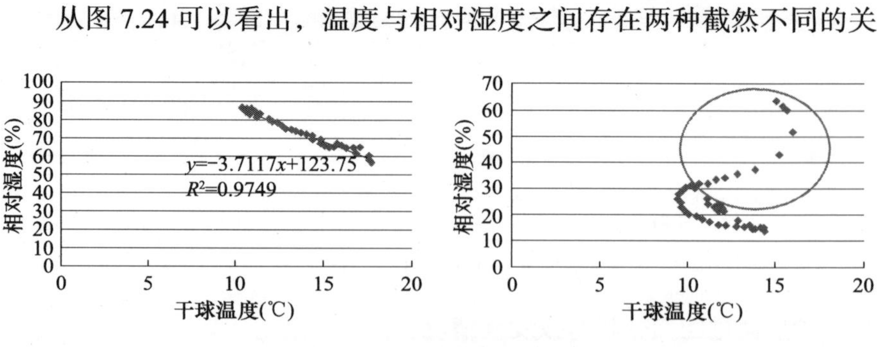

图 7.24　温湿度耦合关系的背离

系。当风速较小时，温度的升高与相对湿度的降低之间成正比，两者的相关性达到了 97.5%；而在风速较高时，上述关系则不再存在，温度的变化与相对湿度的变化之间不再存在确定的联系。

从图 7.25 可以看出，风速与温度之间有一定的关联，对于选定的 11 月 2 日、11 月 3 日这两天而言，表现为温度的降低与风速的增加之间成正比，但两者的相关性仅有 19.9%。也就是说，高风速所带来的通风效果对温度的变化有一定的影响，但并非决定性因素，真正决定千佛崖石窟区域环境温度变化的因素，还是一日之中随太阳“东升西落”而存在的周期性温度变化规律。

从图 7.26 可以看出，风速与相对湿度之间存在着一定的联系。参考前文中风速与湿度之间联系以 1m/s 为阈值的关系，如果仅考虑风速大于 1m/s 的情况，可以发现风速增加与相对湿度降低之间的正比关系是较为明显的，两者的相关性达到了 77.6%。

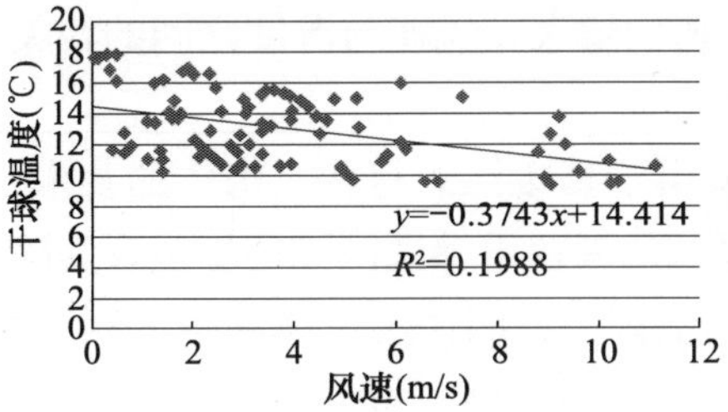

图 7.25　风速对温度的影响

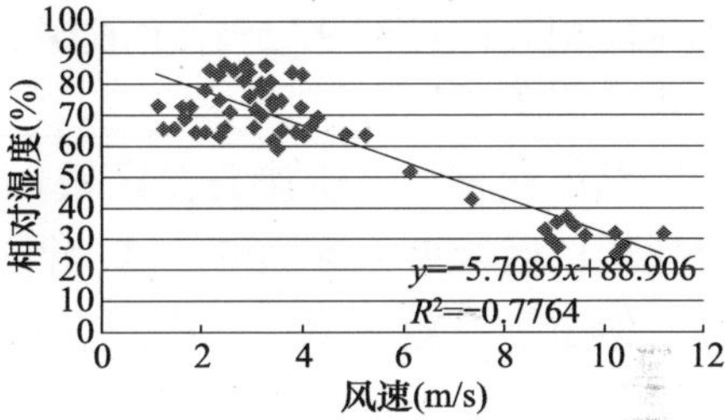

图 7.26　风速对相对湿度的影响

实际上，由于不同季节之间的平均相对湿度存在差异，上述风速与相对湿度之间的反比例关系难以被简单推广至全年范畴。经过了一定的数据处理之后，笔者发现千佛崖石窟区域环境中的风速与绝对湿度之间存在着具有普遍性的关系：当通过数据处理手段将其他因素对湿度的影响屏蔽之后，风速与绝对湿度之间较强的关联得以凸显，两者之间的反比例相关性达到 86.6%（图 7.27）。

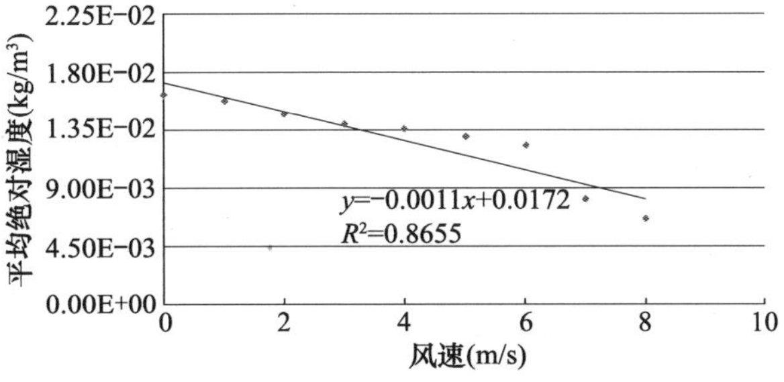

图 7.27　风速对绝对湿度的影响

4. 石窟区域环境特点小结

通过本小节的分析，可以将未进行环境干预时千佛崖石窟区域环境的特点总结如下：

当出现持续性的降雨时，区域的温度变化将很大程度上被减少，温度基本稳定在日平均值附近；相对湿度普遍较大，绝大多数情况下将大于 90%。此时不论是通风还是太阳辐射，其影响力都将退居其次。

当降雨量较小以及降雨结束之后，通风的强弱对于相对湿度变化有较大影响，当风速低于 1m/s 时，极差的通风将使得区域环境的相对湿度处于较高的水平，此时温度变化对相对湿度的影响力将退居其次；当风速大于 1m/s 时，温度对相对湿度的影响是最为主要的。

对于长时间未出现降水的时段来说，相比于太阳辐射的影响，通风对于温度的影响有限，粗略估算风速与温度间的相关性仅为 20% 左右。对于相对湿度而言，风速较小时温度与湿度之间耦合关系明显，两者的相关性达到 97.5%；而随着风速的增大，风速与湿度之间的相关性也会逐渐增加。

总体而言，千佛崖石窟区域环境由于嘉陵江的存在、山体的蓄水，是比周边区域更为湿润的，这使得通风效果在千佛崖区域环境呈现为除湿。但由于石窟区域与江面间有较大的高差，因而不考虑降水因素时，不论是嘉陵江还是山体内存留的水分，对区域环境的加湿能力并不占决定性地位、并不能据此将区域环境维持在高湿而稳定的状态，通风、温度条件的变化都可能带来较大的湿度波动。当出现降水时，通风、温度等因素的影响将在很大程度上退化，相对湿度在降雨持续时间中维持在极高水平；降雨结束后，高湿度在维持一段时间后恢复到常规的变化规律中。

另外，一般情况下千佛崖区域环境温度的变化规律是自成一体的，受到通风因素的影响较小，基本在一天中规律性变化；但对于持续阴雨天气的情况下，温度变化将大幅度减小。

（二）石窟空气微环境

1. 微环境热湿概况

图 7.28 定性地展现出了千佛崖石窟微环境的基本特点：各窟龛、摩崖造像表面附近的空气微环境具有共性，都遵从区域环境变化的基本情况；但又因为不同微环境所在的位置、朝向、进深的不同各有其自身特性。

具体来说，窟龛的进深对外界（区域空气环境）变化发挥着减缓

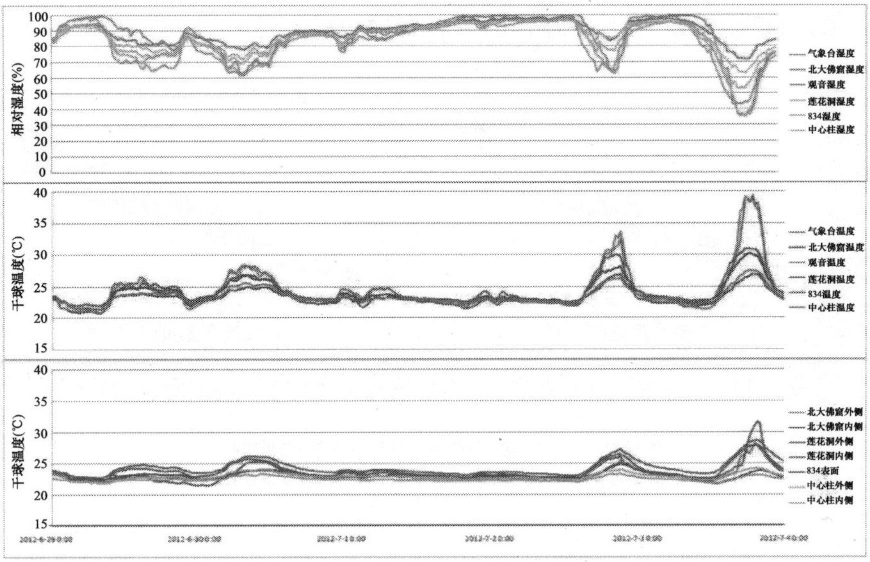

图 7.28　千佛崖微环境概况

与迟滞两方面的作用。随着窟龛进深的增加，窟龛内空气微环境的变化幅度越小、发生变化的时间越晚；在同一窟龛中，越靠近窟龛外侧的部分，其空气温度、表层岩体温度受到的减缓、迟滞作用越小。

2. 微环境热湿条件受区域环境影响情况

（1）微环境温度与区域环境温度间的联系

图 7.29、图 7.30 反映了千佛崖石窟不同空气微环境受外界温度

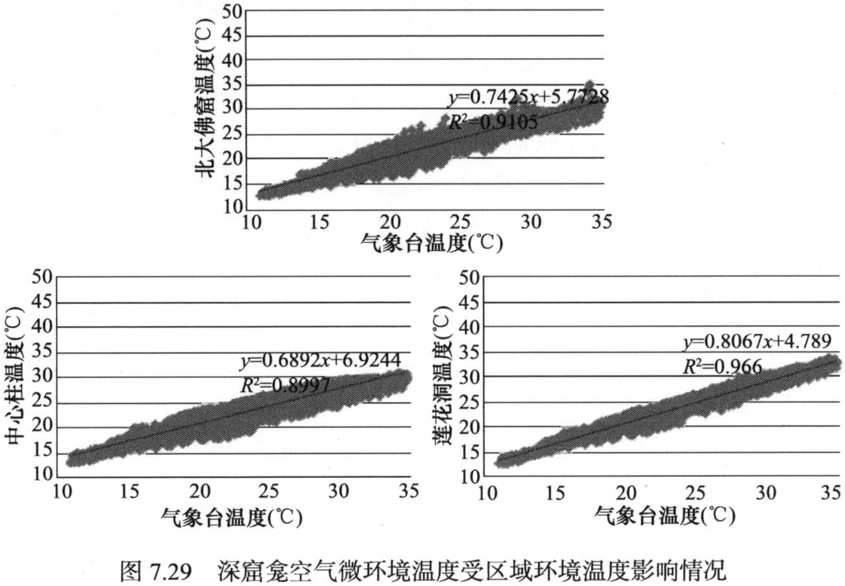

图 7.29　深窟龛空气微环境温度受区域环境温度影响情况

变化影响的情况，将其中蕴含的信息整理为表 7.13。

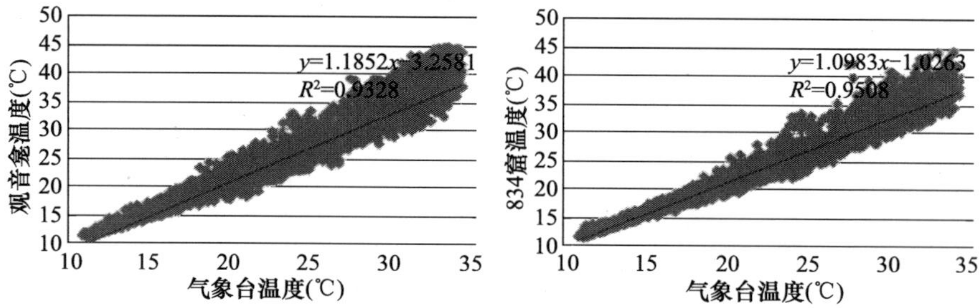

图 7.30　浅窟龛、摩崖造像空气微环境温度受区域环境温度影响情况

表 7.13　空气微环境温度受外界影响情况①

窟龛		微环境与外界联系紧密程度（相关系数）	微环境减缓外界影响的能力（1-斜率）	微环境达到内外平衡的温度
深窟龛	北大佛窟	91.1%	25.8%	22.4℃
	中心柱窟	90.0%	31.1%	22.3℃
	莲花洞窟	96.6%	19.3%	24.8℃
浅窟、造像龛	观音像龛	93.3%	–18.5%	17.6℃
	834 窟	95.1%	–9.83%	10.4℃

首先可以看出，不论是深窟龛还是浅窟、造像龛，空气微环境与区域空气环境的相关性都超过了 90%，结合具体的物理含义并考虑误差允许范围后，可以认为千佛崖空气微环境的变化完全由区域环境所主导。也就是说，前文中分析得到的区域环境温度变化特点完全适用于微环境、区域温度的影响因素与影响模式也正是微环境温度的影响因素与影响模式。

深窟龛对外界环境变化有一定的减缓能力，考虑到中心柱窟的进深面阔比最大、北大佛窟居中、莲花洞窟最小，可以认为越是“深邃”的窟龛这一减缓能力越明显。浅窟、造像龛对外界影响的减缓能力为负数，其含义是指这些窟龛不仅无法减缓区域环境的变化，还因为其朝向、倾角等原因，比区域环境中寻常的山体、地面更容易吸收太阳辐射、夜间更容易降温，因而温度变化幅度更甚于区域环境。

通过定量分析，还可以对窟龛内外空气微环境与区域环境温度的高低进行比较。

需要指出的是，目前在我国乃至世界范围内分析石窟微环境与外界环境的关系时，主要方式是直接计算微环境的平均温度；但平均温

① 该表格中所呈现数据与其物理意义间联系的推理过程，见于附录。

度的计算结果在很大程度上受所取数据年份、月份的影响，不一定具有普适性。笔者在此基础上利用大数据分析的思路，对数据处理方式进行了革新，以不受数据局限性影响的“微环境达到内外平衡的温度”代替简单的“平均温度”，指出了经年累月之下微环境改造窟龛内空气的趋势与最终方向。相应的推理过程见于附录，正文中不再展开。

可以看出，深窟龛具有保温与降温的双重作用：当外界空气温度高于某一内外平衡温度时，深窟龛会将外界进入的空气降温；当外界空气温度低于这一阈值时，深窟龛又会将外界进入的空气加热。综合不同深窟龛的情况可以看出，这一阈值大致为 20℃左右，也就是说深窟龛有将微环境温度控制在 20℃左右的趋势，在温度高时发挥降温作用、在温度低时发挥保温作用。而浅窟、造像龛的这一平衡数值则在 10℃～17℃不等；也就是说，浅窟龛不仅减缓环境温度变化的能力弱于深窟龛，其所力图营造的微环境温度也相对偏低。

（2）微环境湿度与区域环境湿度间的联系

结合图 7.31、图 7.32 与表 7.14 可以看出，浅窟、造像龛微环境相对湿度与区域空气环境的相关性超过了 90%，部分深窟龛相关系数相对较低但也基本达到了 80%，可以认为千佛崖微环境的相对湿度变化完全由区域环境所主导。也就是说，区域环境湿度的变化特点、影响因素、影响模式，同样成立于微环境中。

与温度问题相似，微环境对于外界的相对湿度变化也有着减缓作用，且减缓的能力随窟龛进深增大而增加，深窟龛的减缓能力明显强

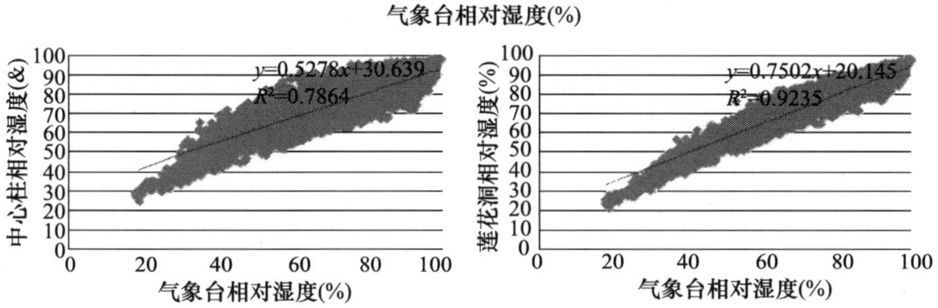

图 7.31　深窟龛微环境湿度受区域环境湿度影响情况

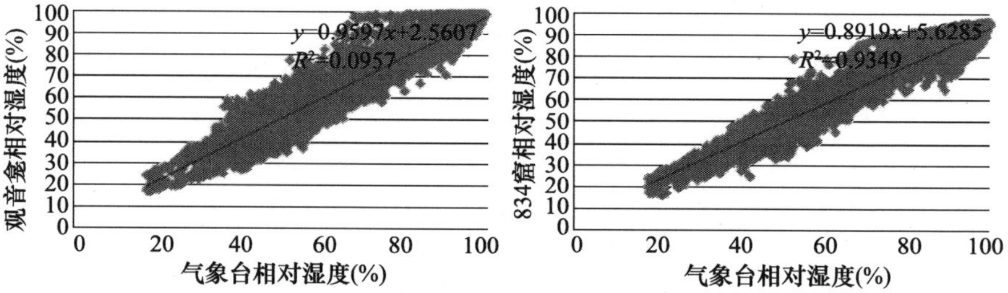

图 7.32　浅窟龛、摩崖造像微环境温度受区域环境湿度影响情况

表 7.14　空气微环境相对湿度受外界影响情况 ①

窟龛		微环境与外界联系紧密程度（相关系数）	微环境减缓外界影响的能力（1- 斜率）	微环境达到内外平衡的相对湿度
深窟龛	北大佛窟	79.5%	31.5%	87.6%
	中心柱窟	78.6%	37.2%	82.3%
	莲花洞窟	92.4%	25.0%	80.6%
浅窟、造像龛	观音像龛	90.6%	4.0%	63.1%
	834 窟	93.5%	10.8%	52.1%

于浅窟龛。

比较不同微环境达到内外平衡时的湿度综合不同深窟龛的情况可以看出，深窟龛内外平衡的阈值大致为 80%～90%，而浅窟、造像龛的平衡阈值则为 50%～60% 不等。也就是说，浅窟龛虽然减缓环境湿度变化的能力弱于深窟龛，但其所力图营造的微环境较深窟龛却更为干爽；换言之，浅窟龛较好的通风能力确保了其微环境总体上较为适宜，深窟龛通风能力较差导致其微环境容易过于潮湿。

（三）石窟浅表层与微环境间的相互作用

1. 凝结的判断与估算

通过判断空气水蒸气分压力与壁面温度对应的饱和水蒸气分压力间的大小，可以直观地判定窟龛内是否具有凝结的可能。图 7.33 对实测数据的分析表明，以中心柱窟为例的窟龛容易出现凝结的时段基本集中于每年的 7、8 月份。

对于可能出现凝结的时段，通过一定的半定量计算可以对其凝结速度或凝结量进行估算，具体估算的理论推导过程见于附录，正文中主要展示估算的结果：

① 该表格中所呈现数据与其物理意义间联系的推理过程，见于附录。

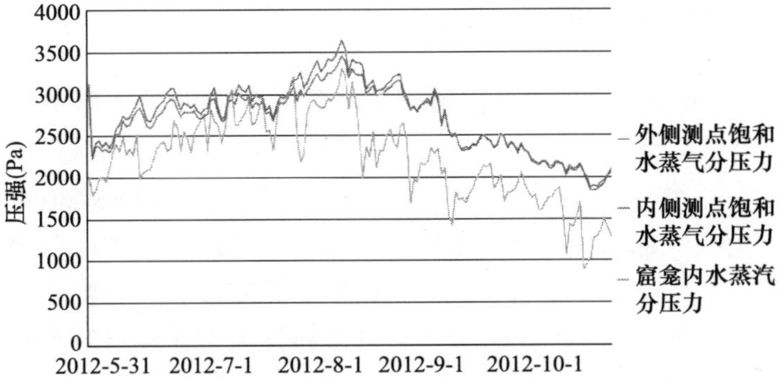

图 7.33 凝结可能性的判断

从图 7.33、图 7.34 看出，虽然不像大足千手观音一般面临极为严重的凝结水问题，但在全年的某些特定时段千佛崖石窟深窟龛内也有着快速、大量的凝结。公式 6-29 及第六章相应的分析已经展示出，凝结量与岩体表面温度、空气温湿度的联系最为紧密，岩体温度越低、微环境空气温湿度越高，凝结量越大。

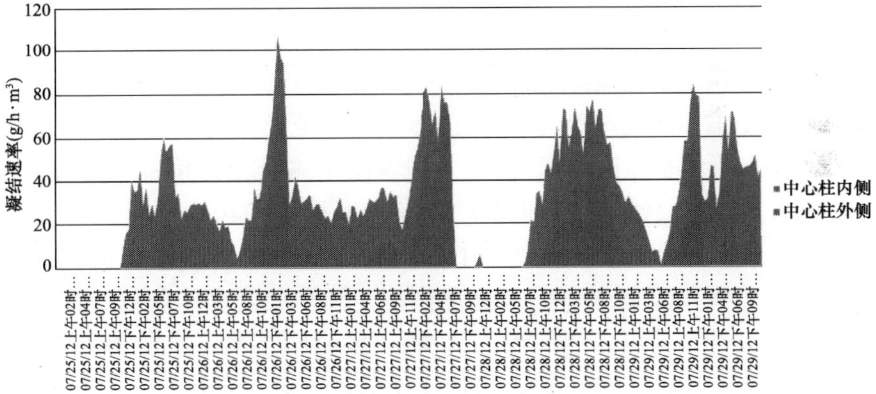

图 7.34 凝结速率的估算

而从广元千佛崖的实际情况来看，上述三个因素在现实中对凝结的形成、凝结量的增大真正起到关键作用的，是微环境的空气温湿度。具体来说，监测数据表明，固然浅窟龛的表面温度可以降得更低，似更容易诱发凝结，但浅窟龛微环境中空气的温湿度由于通风的原因，很难达到足以发生凝结的水平；而深窟龛中的岩体表面温度是较为稳定的，凝结的发生、凝结量的增大，往往不是由于表面温度快速降低，而是由于微环境中空气的绝对湿度持续偏高。

据此可以看出，改造微环境热湿状况是改善千佛崖凝结问题的重要手段，也是最为有效而切中时弊的手段。

2. 水盐运动方向的判断

由于时间与国内实验条件所限，在千佛崖的保护工作中未能开展针对浅表层岩体的吸附曲线测定。而前文提到，较为粗略地看来，千佛崖石窟浅表层岩体可以被认为是典型的泥质砂岩。有鉴于此，选取丹麦科技大学建筑材料实验室所著《吸附曲线编录》资料集（Sorption isotherms a catalogue）中提供的常见泥质砂岩吸附曲线作为千佛崖总体水盐运动方向的判断依据（图 7.35）。

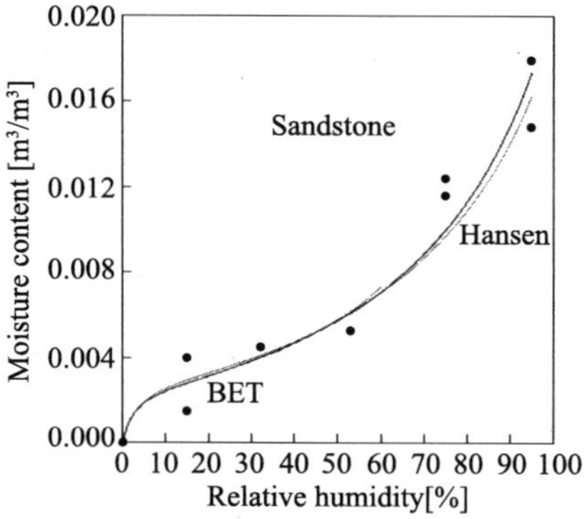

图 7.35　一般泥质砂岩的吸附曲线

可以看出，如果以千佛崖区域平均相对湿度作为标准，在不降雨时岩石含水率所在点位 69%、0.0065 较为接近平衡线，而略低一些；在降雨时岩石含水率所在点位为 73%、0.04 则明显高于平衡线。

也就是说，从总体来看，当较长时间未出现降雨时，空气中的水汽与岩石中的水分基本处于平衡状态。也就是说，此种情况下如果没有外力（如凝结水监测抽取设备）的影响，在总体上保持着平衡。

而在降雨之后的一段时间，岩体含水量将在较短的时间内达到 4%，即 0.04，甚至已远远超出了吸附曲线所给的纵轴显示范围。也就是说，当降雨开始时，由于毛细作用，浅表层内水盐作用的迁移方向显然应是由外向内；当降雨之后的一段时间，液态水的渗入结束、空气侧不再有液态水补充后，水盐作用的迁移方向则转为由内向外。

需要注意的是，上述水盐运动方向的判断由于客观条件的限制，尚有较多可以继续完善之处，如随着后续保护工作的开展，得以测定千佛崖浅表层岩体样块在不同温度下的吸附曲线，就可以针对全年不同时段进行全面而细致的水盐运动分析，更进一步地掌握水盐在浅表层内往复迁移的具体规律。

3. 浅表层内的温度情况

笔者在广元千佛崖通过红外摄影的方式间接测定了窟龛表面不同位置的夏季表面温度。

通过图 7.36 可以看出，越是大体块、与广大岩体联结的岩体，其温

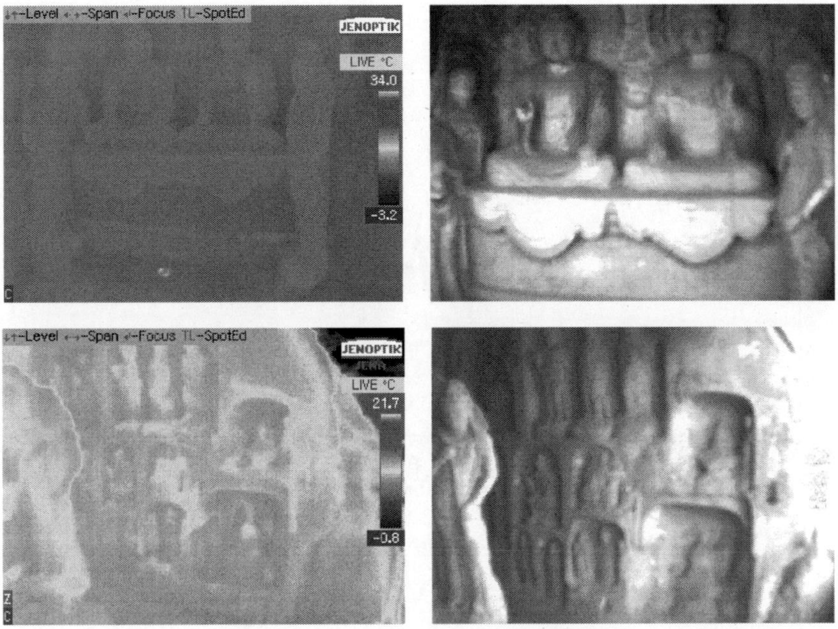

图 7.36　广元千佛崖窟龛红外照片

度越低；雕琢细致、凸出于空气中的造像细部，其温度较高。究其原因，主要是由于总体上夏季空气温度高于地质环境温度，因此对于窟龛内壁上的岩块表征体元而言，其与空气接触的面积较小、与其他岩体接触的面积较大，因此温度较低；对于造像西部的岩块表征体元而言，其与空气接触的面积较大、与其他岩体接触的面积较小，因此温度较高。

通过监测工作，可以对表面以及石窟浅表层内不同深度的温度、含水量进行测试。而通过非稳态热湿耦合模拟，同样可以达到类似的效果，而其所能涵盖的深度范围更加广泛细致。

有鉴于此，在千佛崖案例中笔者以实测数据作为非稳态热湿耦合模拟的已知条件，并将模拟所得结果再通过与非前述已知条件的其他实测数据对比进行校正，以此作为分析的基础。

通过实测表面温度与模拟表面温度的对比可以看出，实测结果与模拟结果在总体上是较为接近的，但在部分细致的温度波峰、波谷上还是略有差距。这一方面需要获取更多参数进一步完善模拟条件，另一方面也与模拟这一方法本身的误差有关。

从图 7.37 可以看出，石窟表面温度波动频繁而明显。仅以图所显示的这段时间而言，其中有常规的昼夜温差，虽然窟龛内岩体表面相对于空气温度而言变化幅度略小，但仍有着较为普遍的 2℃～3℃温差存在；除正常的昼夜温差外，每日之间也因为天气因素存在不规则的变化。

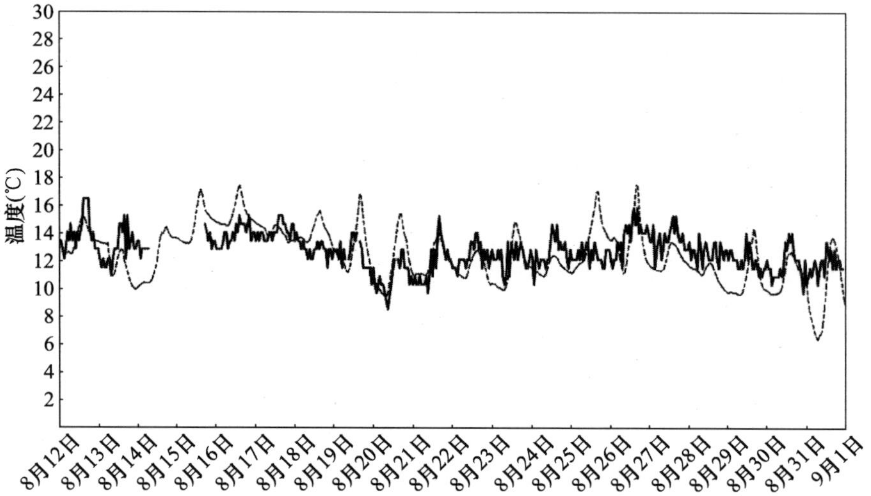

图 7.37 实测表面温度与模拟表面温度对比

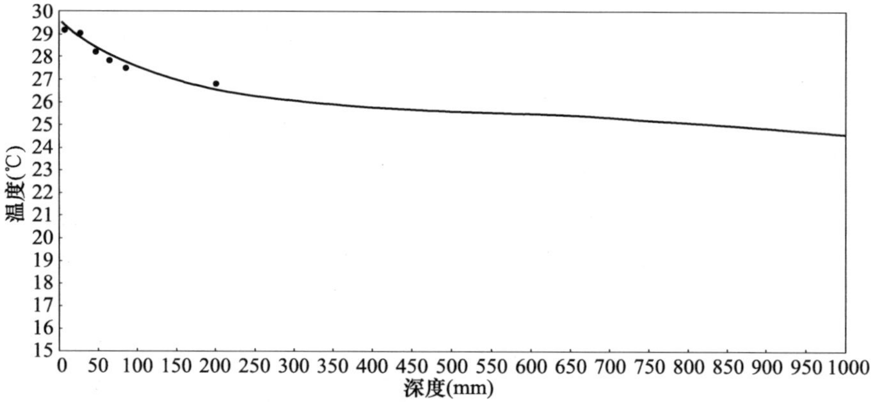

图 7.38 实测浅表层温度与模拟浅表层温度对比

由图 7.38 可以看出，微环境温度变化时（图中表现为温度升高），约 200mm 深度范围内均有相对较为明显的温度变化发生；而更深的区域中，一方面由于衰减的作用，另一方面本次环境温度突变所造成的影响也尚未波及至此，温度变化并不明显；而进一步深入岩体，甚至还能看到上次温度突变所造成的微弱“余波”。这一情况与前文所述的“一波未平一波又起”较为切合。

4. 浅表层内的含水量情况

定量分析方式探索：

第五章中已经提到，石窟浅表层岩体的劣化与岩体含水量有着紧密联系，而岩体含水量的变化又可以简略总结为“直接降雨或凝结水被岩块、岩体裂隙传输而来的水被岩块吸收；岩块吸收了的水通过毛细作用、扩散作用逐渐散至岩块各处；空气热湿条件变化后表面水分蒸发或散逸、浅层岩体内水分不断补充至表面附近，直至含水量与空气湿度间达到平衡”。

而在第六章中，笔者就上述涉及的裂隙流动过程、毛细吸水过程、石窟浅层岩体中的传质过程、石窟表面与空气微环境间的传质过程，分别讨论了现有的定量估算与计算机模拟手段。

需要指出的是，有鉴于相关学科中未面临如石窟保护工作般的切实需求，故不论是热质交换领域还是裂隙岩体水力学领域，都未针对上述复杂过程提出“大一统”的解决办法。

本书作为石窟与环境相互作用研究的初步探索，在笔者参考以上多学科现有理论的基础上，提出了一种局部而短时间周期内的、简略而针对石窟劣化分析需求的石窟浅表层含水量模拟计算方式。由于笔者能力所限，目前的技术路线根据石窟具体情况的不同会有较大差别，尚无法做到为中国石窟提供统一的、普适性的理论计算工具，离完全成熟尚有较大距离，仍需后续研究不断完善。

具体技术路线如下：

根据千佛崖莲花洞窟的裂隙地质勘测结果估算其流量；

对比千佛崖同一环境条件下的水蒸气扩散、毛细作用速度的数量级，发现其均小于裂隙中的流量；

也就是说，可以认为降雨时裂隙所传输而至的水，不会因为岩块的吸水过程而干涸，裂隙水仍有一定部分会从石窟表面渗出。

有鉴于此可进行热湿耦合模拟，将裂隙所在位置于模型中单独区划出，并在降雨发生及之后的一段时间中根据裂隙估算的流量将裂隙设置为湿源，即可进行简易的热湿耦合模拟。

上述过程中针对广元千佛崖的具体计算过程、计算结果见于附录。

根据千佛崖莲花洞窟的裂隙地质勘测结果估算其流量。估算发现，所在山崖顶部雨水经过数十米的传输进入窟龛区域的速度数量级约为 $1\times10^{-4}m^3/s$。

对比千佛崖同一环境条件下的水蒸气扩散、毛细作用速度的数量级，按照岩体表面接触无额外压力的雨水、岩体长期与 25℃相对湿度 60% 的空气达到平衡的含水量为初始条件；分别采用第六章中列出的菲克定律、平方根定律可估算出：对于单位长度裂隙中的水，水蒸气向岩块中扩散速度的数量级约为 $1\times10^{-7}m^3/s$，远小于裂隙传输水的速度；液态水通过毛细作用向岩块中侵入速度的数量级为约 $1\times10^{-5}m^3/s$，也小于裂隙传输水的速度。

千佛崖浅表层含水量分析成果：

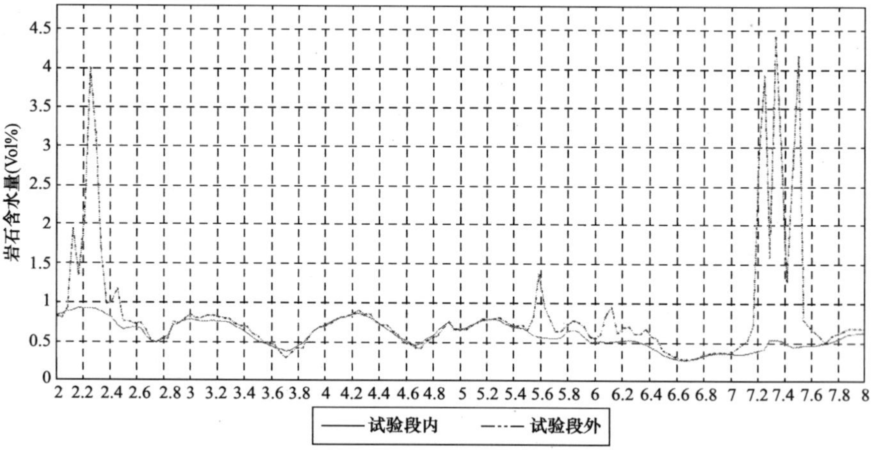

图 7.39 模拟所得表层含水量情况

从图 7.39 可以看出，在未建设保护建筑状态下（即试验段外），岩体表面附近（0～10mm）范围内的含水量变化极为明显。

实际上，这一明显的变化是两个不同状态间变化的结果：当降雨发生时，石窟表层迅速吸水，石窟表层含水量达到液态毛细吸水作用的数量级，即约 3%～4% 的水平；但与实验条件不同的是，随着降雨的结束，液态水很快被吸收殆尽，石窟表层与微环境间的水分平衡又切换回“岩体 - 空气水汽平衡”的模式上来，也就是前文所述吸附曲线所表示的状态，岩体中大量因降雨而吸收的水分重新回到空气中，因此含水量又很快地回落到水蒸气扩散平衡的数量级上，即约 0.5%～0.8% 的水平。

与浅表层内温度的变化情况类似，从图 7.40 中可以看出石窟浅表层岩体内含水量的变化沿深度延迟、衰减的过程。

具体来说，在上图中上一次环境湿度变化导致的含水量变化，已影响到了 200mm 深处，其波峰在约 80mm 深处，而此时环境湿度的降低又已在 10mm 以内的表层产生作用，并开始影响 80mm 以内的区域了。

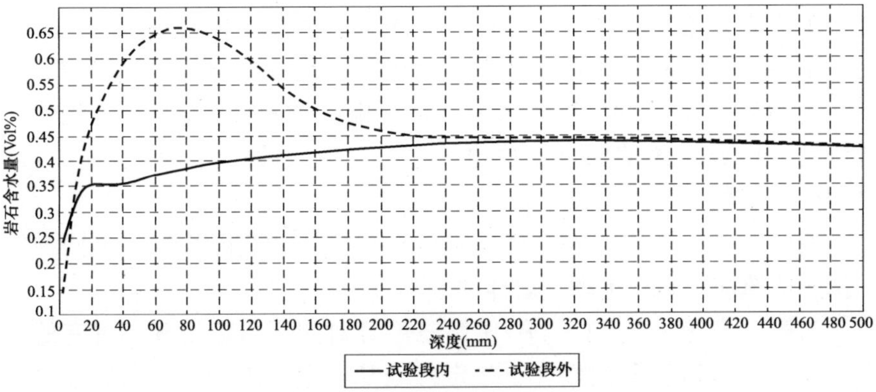

图 7.40 模拟所得浅表层不同深度含水量情况

可以说，浅表层内含水量的变化，一方面是降雨与否两种不同模式间的切换，另一方面则是环境湿度频繁变化导致的多重变化叠加。两方面的共同作用形成了复杂的浅表层含水量现状。

（四）小结——石窟与环境相互作用特点及对保护建筑的要求

前文从"石窟区域环境有怎样的特点"、"窟龛中形成了怎样的空气微环境"、"浅表层岩体与空气微环境这一系统有着怎样的动态平衡"几个方面进行了论述。值得注意的是，实际上正是以上的石窟与环境相互作用特点，决定着石窟安全这一目标对保护建筑的具体要求，两者互为表里。由于内容较为驳杂繁复，特于本节中进行小节。

从短时间周期来看，石窟浅表层岩体的温度变化、含水量变化问题似不甚严峻。但如果放到经年累月的长时间周期来看，其在岩体劣化中起到的作用是不能忽视的。因此，总体上的遮阳、控制湿度是保护建筑所应具备的效果。

降水对千佛崖有着至关重要的影响，降雨过程中其他因素对区域环境温湿度的影响都将退居其次；降水是改变表层岩体含水量的诸多因素中效果最为显著的；降雨的力学效果、附带的生物病害极为明显。有鉴于此，对保护建筑最基本的要求，就是其能够有效遮蔽雨水。

当降水结束一段时间后，通风、日照等成为了影响区域温湿度的主要因素。考虑到千佛崖存在的午后暴晒问题、风蚀问题，保护建筑应具备遮阳、避风的能力。但需要注意的是，避风在解决了风蚀问题的同时，事所难免地减弱了通风能力；通风能力的减弱意味着区域环境湿度将主要受到空气温度影响进而周期性、大幅度地变化，另外如果风速进一步低于 1m/s 更对降雨后水汽的扩散极端不利，即使温度变化都不能有效遏阻降雨停止后长期维持在90%以上的高湿度。这一情况对于浅窟龛来说已然是较为严峻的问题，而对于平衡温度高于20℃、平衡湿度超过80%的深窟龛来说，更意味着严重的凝结病害、生物病害威胁。因此，这就要求保护建筑在“避免风蚀”与“维持通风量”之间设法兼顾。

除此之外，千佛崖表层岩体本已较为脆弱的实际情况，也同样要求保护建筑应尽量少地增加岩体的结构负担。

与第七章第一节“(一)”中第三部分对照后可以发现，现有的保护建筑设计与试验段建设，正是定性地从以上要求出发，彻底地遮阳避雨、对岩体无结构负担，并以“瓦幕墙”的方式力图实现风环境改善的三个设想：以外表皮的通透性保障扩散式的通风、保障无害风向的通风能力；促使有害风向转向以减小风蚀；在有害风向或减速，或转化为无害风向后，仍在一定程度上保留其所带来的通风效果。

而保护建筑在多大程度上达到了上述预期，建设保护建筑后石窟与环境的相互作用发生了怎样的变化、劣化现象得到了多大程度的改善、负面影响是否得到了消解，则需要第七章第四节的进一步定量分析。

四、保护建筑对石窟与环境整体影响的半定量分析

（一）石窟区域空气环境、地质环境的变化

1. 区域风环境、热环境变化的模拟

在未建设保护建筑情况下的风环境与热环境的模拟中，已经进行了“以实测数据为已知条件、以实测数据为校正基准”的模拟工作，并据此确定了计算机模拟中使用的物理规律、参数设置等。由此出发，可以对同样的北风条件下、建成保护建筑后的区域环境情况进行模拟。

需要说明的是：

其一，由于目前试验段修建的范围较小，其从影响区域风环境的能力上尚未达到保护建筑设计完全实现时的状态，因此本小节的模拟工作以保护建筑设计完全实现时的状态为准。

其二，实际中保护建筑使用了透风的“瓦幕墙”，对于这种复杂形式的外表皮目前的CFD技术尚难以进行完善精准的模拟。有鉴于模拟所考虑的北风这一风向，“瓦幕墙”所起到的作用近乎“阻挡”，与一般表皮差距不大，因此模拟中以绝热表皮代替。

和第七章第三节“(一)”中对应内容比较可以发现，保护建筑对其保护建筑外的区域风环境影响不大，相当于山体形状略有变化。从上述几幅图可以看出，在距离蜀道遗址平台不同高度的空间中，保护建筑对其内部的区域风环境都有着极为明显的影响，在很大程度上降低了内部风速。

从图 7.41、图 7.42 可以看出，在距离蜀道遗址平台不同高度的空

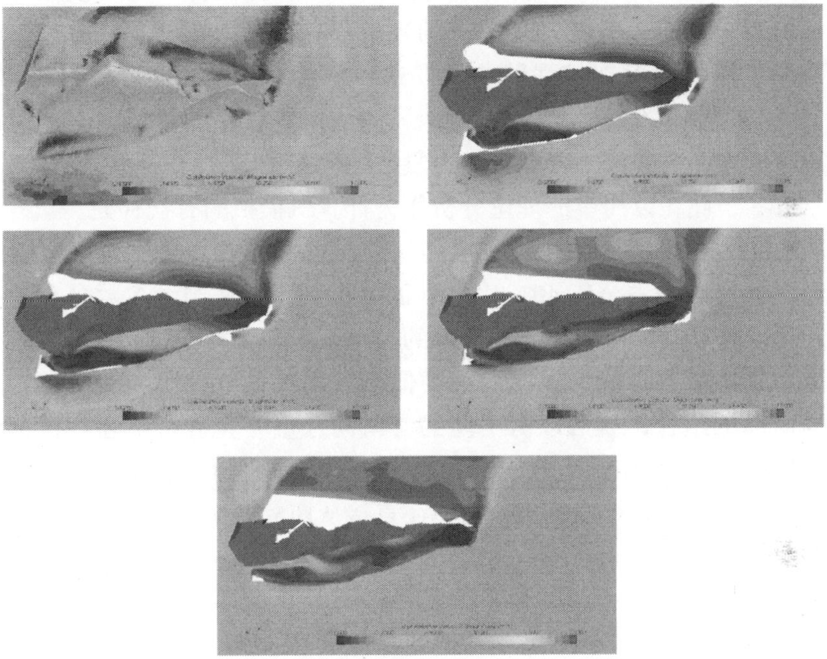

图 7.41　保护建筑对区域风环境的影响

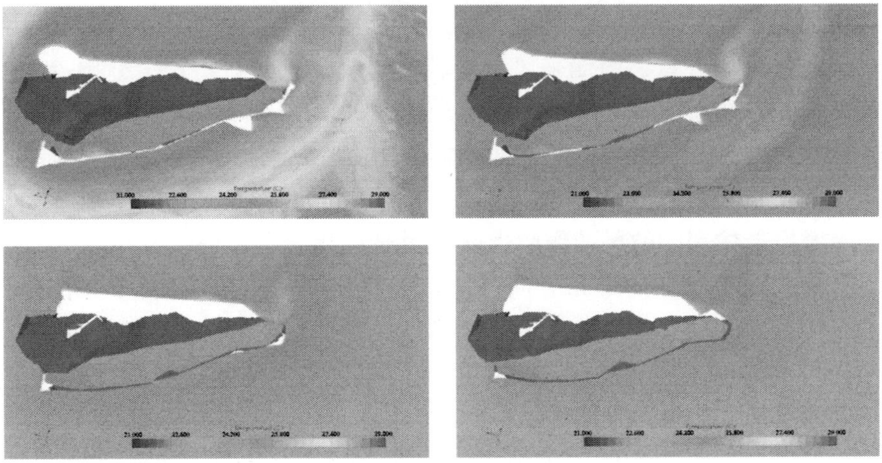

图 7.42　保护建筑对区域热环境的影响

间中，保护建筑对其内部的区域热环境都有着极为明显的影响，在很大程度上维持着空气温度的稳定。

2. 区域风环境、热环境变化的理论分析

（1）风环境

对于千佛崖保护建筑特有的“瓦幕墙”外皮而言，CFD 模拟等计算机模拟技术难以分析其在复杂的环境条件下的效果。具体来说，虽然对于“区域内存在较强的北风”这一情况来说，可以将“瓦幕墙”近似为普通表皮处理，但对于其他风向或风速较小的情况，上述假设就很难成立了，遑论非稳态等更为复杂的问题了。

有鉴于此，以简单的理论分析作为计算机模拟的有益补充。

前文对千佛崖区域风速、风向的监测已经提到，千佛崖区域以北风为主导风向，占全年 40% 以上。而考虑到千佛崖绝大多数窟龛的朝向，可以将不同风向与窟龛、造像的关系简化、分解。

如果将所有可能的风向，都类似于分解矢量般分解为东西向、南北向风向的组合，就可以对不同的“风向分量”先进行单独分析再叠加其影响了。具体来说：由于窟龛均位于山体西侧，因此东侧来风分量对于石窟安全的影响最小，其往往直接从窟龛区域之外直接掠过。

西侧来风分量对于石窟安全的影响也相对较小。其一在于其在全年中出现的次数较少；其二在于其一般风速也较小；其三在于其在前进至山体前时，会与后续来风相互作用，以至降低自身所具有的动能。也就是说，只有出现裹挟着尘埃的强西向阵风时，才会由于绕流等作用对窟龛突出部分产生较大的威胁。而上述情况在千佛崖是极少出现的。

北侧来风分量、南侧来风分量较常出现，且对石窟安全影响较大。在前文提到的流速边界层中，这一方向的风在千佛崖具体问题中即代表着对边界层内流动、壁面受到的摩擦作用起关键作用的主体空气流动。

前文中已经提到，主体空气流速越快，对壁面的摩擦作用越大。而对摩崖造像表面的风蚀作用也就越明显。

而“瓦幕墙”的排布方向，基本上是将开口向东西侧、封闭南北侧，因此其显然会对南北向风产生明显的风阻、降低其风速，而对东西向风的影响不大。除此之外，由于其在事实上是半通透的，其对于正常的扩散作用也并无阻碍。

以上分析与当前的实测结果是相吻合的。自试验段建成至今，其内部平均风速、最大风速均明显小于同时期试验段外，如表 7.15 所示。

图 7.43　瓦的朝向

表 7.15　试验段内外风速情况

	平均风速（m/s）	最大风速（m/s）
试验段内	0.32	3.91
试验段外	1.26	6.90

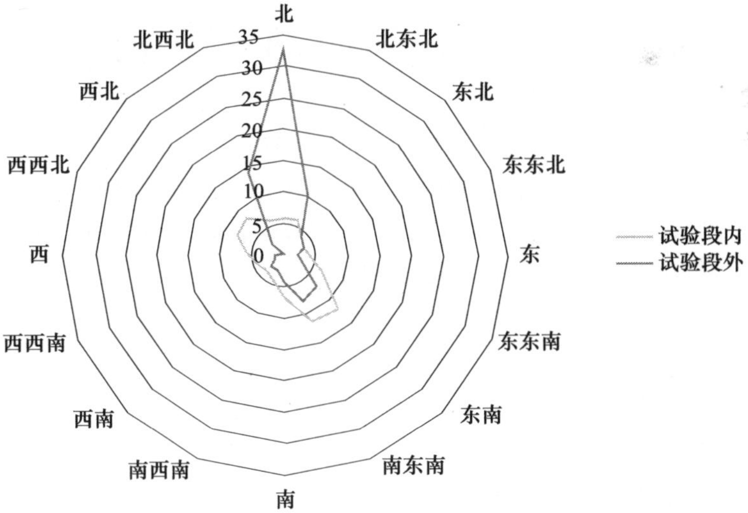

图 7.44　试验段内外风向情况

通过上述模拟、理论分析以及实测结果的对比可以看出，在短时间周期内保护建筑的建设对风速起到了明显的限制作用。具体来说，同一时间外界风速 6.9m/s 时，保护建筑内的风速被减小了近一半为 3.91m/s。

而在较长的时间周期（试验段建成至今的数月）中，可以看到保护建筑从风向改善、风速控制两方面达到了很好的效果。具体来说，长时间周期内的平均风速由 1.26m/s 下降至 0.32m/s，下降了原平均风速的四分之三；而风向也从无保护建筑时的“北风占主导地位、北风频率超过 30%”，改善为了“各风向基本均衡、风向频率均在 5%～10% 左右”。

由于保护建筑建成至今的时间所限，虽然从模拟、理论分析的层面上可以基本认定在数年的长时间周期内保护建筑对风环境的改善作用也应是鲜明的，但尚需得到更长时间监测数据的支撑与证实。

可以看出，仅就区域风环境而言，保护建筑起到了遏阻短时间内疾风、在较长时间内平稳风速、在较长时间内将北风疏导为其他方向的作用。

（2）热湿环境

第七章第三节“（一）”中第三部分已经提到，在千佛崖的地形地貌、岩体特征等多方面因素综合作用的前提下，风对空气温度的影响较小而太阳辐射的影响更为显著、风对绝对湿度的影响较大有着明显的反比关系、风对相对湿度的影响在风速大时较为明显。

由此可见，随着保护建筑将其内部区域环境风速降低时，温度虽然受风速影响小，但由于保护建筑同时遮蔽了日间辐射得热与夜间辐射失热，因此温度将变得更为稳定；绝对湿度随着风速的降低，存在呈上升势头的可能性，但由于隔绝了大量降雨、温度相对较低蒸发速度降低等原因，也存在降低的因素，相对湿度也会受此影响。

上述情况，将在第七章第四节“（二）”中就微环境热湿情况变化进行进一步展开讨论，在此不重复叙述。

（二）石窟微环境的变化

1. 微环境的温度变化

在建设有保护建筑的情况下，日间的太阳辐射不会直接作用于岩体表面，而是先作用于保护建筑由青瓦构成的“屋顶”与“瓦幕墙”上。从导热系数、热扩散系数等参数来看，青瓦与岩石从数量级上较为接近；而为了从视觉效果上与山体保持基本和谐，其颜色也选用以灰色为主。也就是说，保护建筑所使用的瓦，在“被太阳辐射加热”这一问题上，与岩体应具有可比性的关联。再加上瓦片表面风速较高、瓦片间有空气散热并随气流直接带走，因此瓦片内表面的温度应不至于过高。在估算的范围内，将日间瓦片内表面平均温度设定为 50℃是可以被接受的。

在保护建筑之内，岩体也会由于其表面温度与瓦内表面不同而产生辐射换热，区域空气也会由于瓦片内表面温度较高而产生对流换热。

后者由于气流、热空气上升等方面的原因，试验段内外微环境空气温度应相差不大，相对来说试验段内应略低，此也被实测所验证。

而前者则可以与未建设保护建筑的情况进行简单对比：未建设保护建筑时，辐射发生在太阳与岩体间，太阳的黑体温度为 5762K，即使考虑大气层的吸收、反射作用，其当量黑体温度也在数千开尔文的数量级；而瓦片内表面温度仅为不到 400K。简单应用四次方率即可发现，两者的辐射量有着天壤之别。

也就是说，在建设有保护建筑的情况下，太阳辐射对岩体表面的直接升温作用，在很大程度上被遏制了。同理，夜间瓦片内表面的温度也远高于晴朗星空的当量黑体温度，与云层的当量黑体温度处于一个数量级，也就是说夜间由于辐射作用而失去的热量此时也会相对减少。

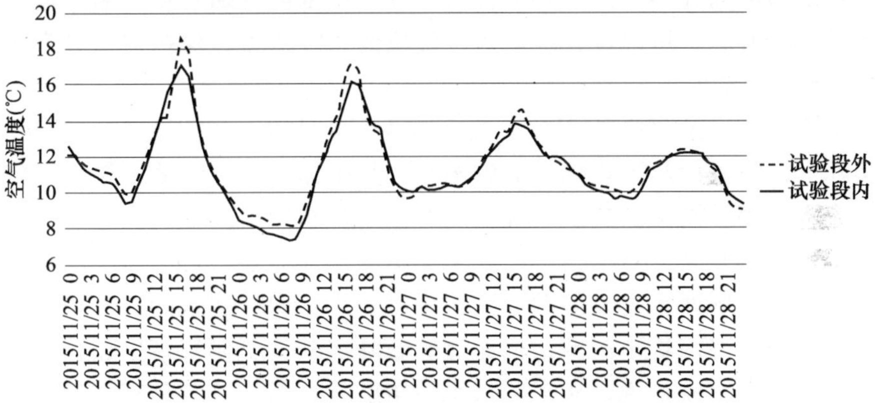

图 7.45　试验段内外微环境空气温度

综合日间与夜间的作用效果可以发现，从理论层面讲，保护建筑的建设应能起到较好地维持岩体温度、防止日夜温差过大的作用。

2. 微环境的湿度变化

第七章第四节“(一)”第二部分已经提到，从理论分析的角度来看，试验段的建设对微环境含湿量（或绝对湿度）、相对湿度的影响，是比较复杂的。具体来说：

第一，前提是不论从西安文物保护修复中心的实地勘察还是通过 C.Hall 公式进行半定量估算来看，千佛崖浅层岩体含水量的两个主要补充源头分别是降雨和过渡带水中过路的重力水与毛细水，而地下水直接灌注于裂隙中的情况较为少见。也就是说，地下水主要以包气带中过路毛细水补充浅层岩体含水量的方式发挥作用，而非直接流入浅层岩体中。

第二，保护建筑的存在使得其内部区域环境的温度总体上略低于保护建筑外，这在前文的理论分析与试验段实测结果中已经得到了证实。前文已经论证，微环境与区域环境的温湿度变化有着较大的相似性，只不过幅度有不同程度的衰减。受此影响，如果在水源充足的条件下单纯比较蒸发速率，那么保护建筑内的微环境蒸发速率应略低于保护建筑之外。也就是说，从蒸发过程来看，保护建筑具有降低内部含湿量的可能性。

第三，保护建筑的存在使得其内部平均风速大为降低，从对流传质的角度来看，对流传质系数因之降低；从通风的角度来看，换气次数因之降低。也就是说，假如进入空气中的水汽一样多，那么由于保护建筑内部通风不如外部顺畅，保护建筑内部的区域环境、微环境含湿量都将升高。可以说，从通风、传质的角度来看，保护建筑具有升高内部含湿量的可能。

第四，保护建筑的存在大幅度减少了雨水进入浅表层岩体的量。实际上，飘零而落至岩体表面的雨水、从山体窟龛群一侧汇聚而下的径流水，都会被保护建筑阻隔，只有落于分水岭另一侧的雨水，其经过山体内部复杂的传输过程，才可能进入窟龛区域。可以说，保护建筑对微环境的两个主要湿源起到了限制作用：保护建筑的存在很大程度上截断了降水这一湿源，也通过遮蔽降水减少了包气带中过路重力水的含量。也就是说，从水分来源的角度看，保护建筑具有降低内部含湿量的可能性。

第五，前文已经提到，千佛崖微环境相对湿度与区域相对湿度变化基本一致，但略有衰减，而区域相对湿度又主要受温度、风速、含湿量的三重影响。可以看出，相对湿度的变化情况更为复杂纠葛。

从以上分析可以看出，保护建筑对微环境湿度的影响具有两面性，而究竟其综合作用的结果，是其中某一方面占主导，还是两相抵消，需要更为精细的定量分析才能回答。因此，可供选择的手段一则为以实测数据为支撑进行理论分析，二则为进行有针对性的非稳态热湿耦合模拟，后者将在下一节中连同浅表层含水量的分析一起进行。

从图 7.46 可以看出，实际情况下试验段内外含湿量相差不大，而试验段外含湿量略高。这说明，从空气中含有水汽的绝对量多少来看，从总体来看体现为试验段内空气中含有水汽的量更多；前述因素中

“试验段降低微环境湿度”的因素略占上风，试验段遮蔽了雨水而大幅度减少了浅层岩体水分的来源，进而使得试验段内湿度并未呈明显升高态势。

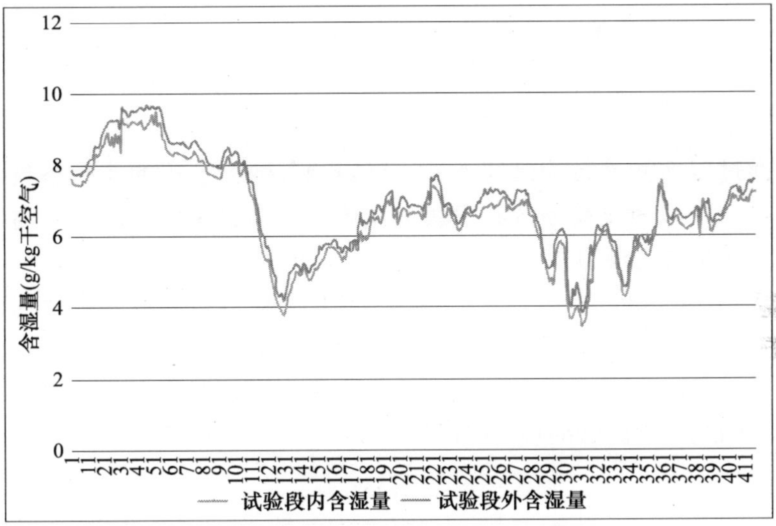

图 7.46　试验段内外微环境空气含湿量

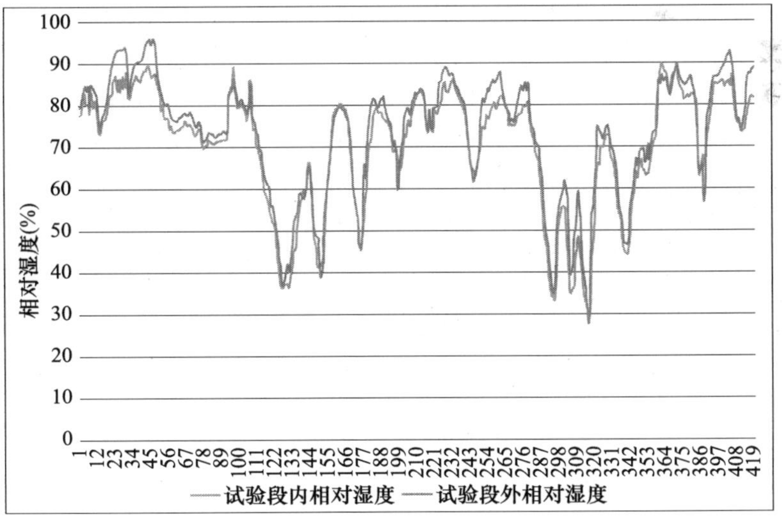

图 7.47　试验段内外微环境空气相对湿度

从图 7.47 可以看出，实际情况表明，在相对湿度较低的日间，试验段内外微环境的相对湿度基本无差别；在相对湿度较高的夜间以及降雨时段，试验段内相对湿度较为明显低于试验段外。也就是说，试验段的存在对相对湿度的极小值影响不大，但会在一定程度上降低相对湿度的极大值，在临近饱和时，试验段起到了遏阻微环境中相对湿度进一步升高的作用。可以说，从总体上来看试验段外空气较试验段内的空气更接近饱和。

（三）石窟浅表层的变化

1. 浅表层温度与含水量的变化

通过以实测参数为已知条件、以实测参数为校正的非稳态热湿耦合模拟，可以对试验段内石窟表面温度、表层含水量、浅表层内的温度与含水量进行模拟。

从图 7.48 可以看出，与试验段外相比，试验段内石窟表面的日间高温有较大程度的降低；而在晴朗夜晚，夜间低温也有所提高。也就是说，试验段可以在一定程度上减小石窟表面随时间变化的温差，进而减小因之而来的涨缩应力等问题。

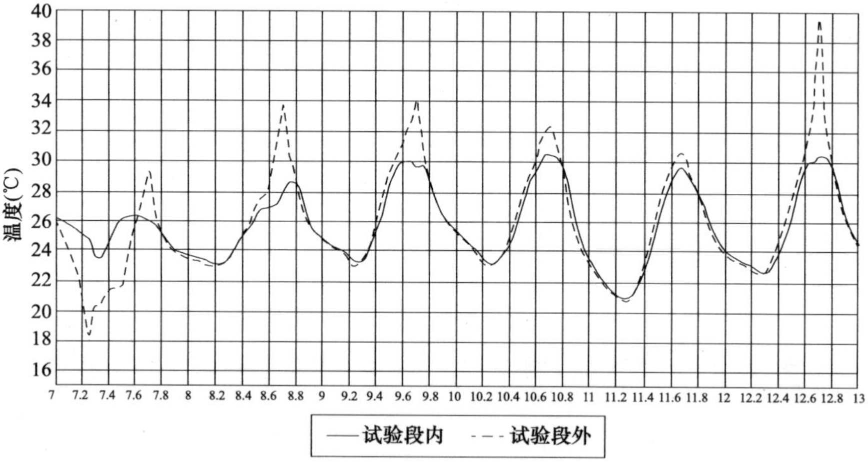

图 7.48　试验段内外表面温度

从图 7.49 可以看出，与试验段外相比，试验段内石窟浅表层中不同深度之间的温差相对较小。也就是说，较之试验段外，试验段内的石窟浅表层岩体，同一时间上不同深度之间的温差更小。可以说，试验段在一定程度上减小了浅表层内随深度变化的温差，进而减小了因之而带来的不均匀形变等问题。

从图 7.50 可以看出，与试验段外相比，试验段内石窟表层内的含水量更为稳定，而试验段外的表层含水量则变化巨大，明显地受到降雨与否的影响。也就是说，试验段在较大程度上稳定了表层含水率，并将其控制在较低水平，使其只在“岩体-空气平衡”的水平上波动。可以说，试验段较大程度上减少了石窟表层频繁的水盐往复迁移，减少了胶结物质的流失。

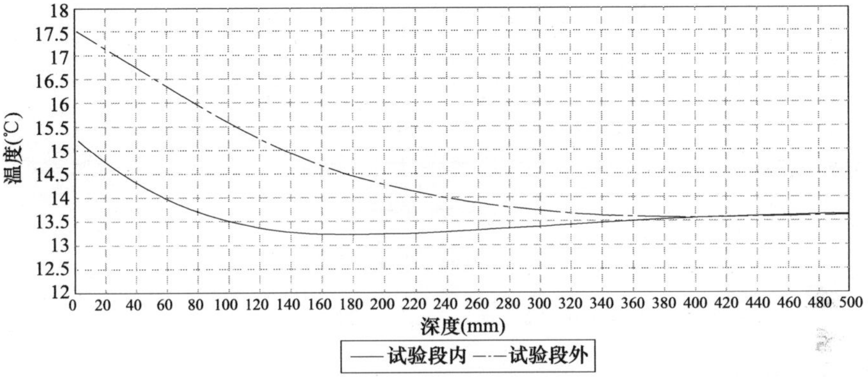

图 7.49 试验段内外浅表层温度

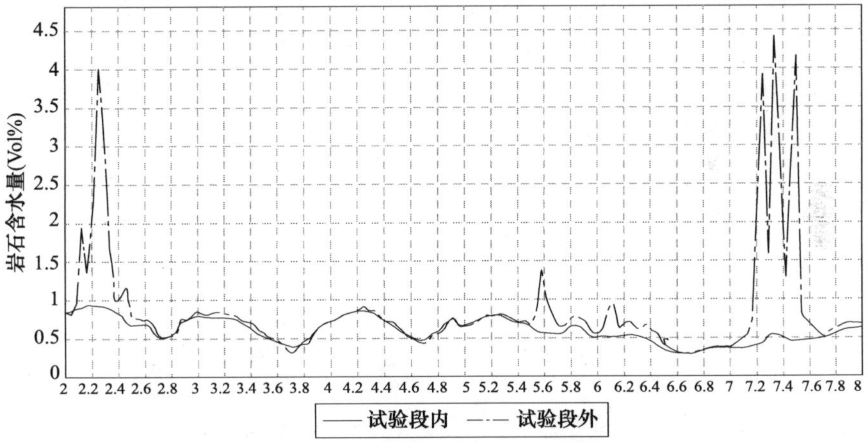

图 7.50 试验段内外浅层含水量

从图 7.51 可以看出，与试验段外相比，试验段内浅表层中不同深度之间的含水量差距明显较小。也就是说，较之试验段外，试验段内的石窟浅表层岩体，在同一时间不同深度之间含水量的差异要小得多。可以说，试验段在很大程度上起到了均衡不同深度含水量、减小水分迁移的频繁、剧烈程度的作用。

综上所述，保护建筑起到了平缓短时间内温度、含水量骤变的效果。根据第七章第二节“（二）”中所述可以进一步看出，保护建筑的上述效果将在长时间周期内体现出其效果。通过平缓每次温度、含水量变化的幅度，保护建筑将减缓经年累月的微小破损积累、纾解应力

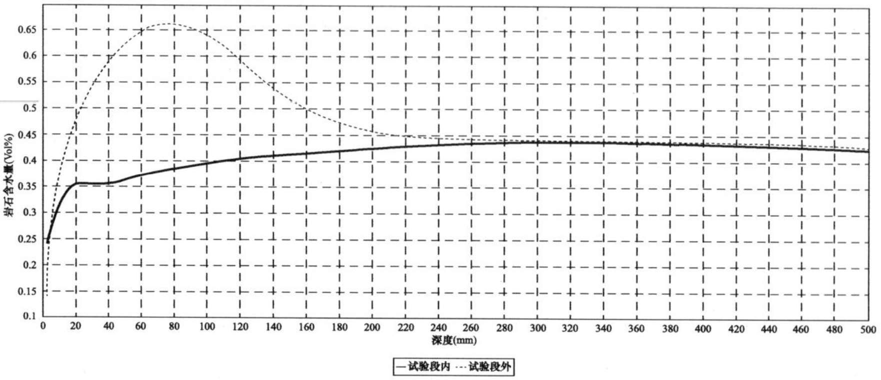

图 7.51　试验段内外浅表层含水量

应变循环导致的岩体结构“疲劳”，最终延长石窟文物寿命。

2. 凝结情况的变化

仍以原有估算方式，再根据试验段内的表面温度、微环境空气温度、微环境空气相对湿度，进行凝结量的估算。

从图 7.52 可以看出，从估算结果来看试验段内的凝结速率相比试验段外略有下降。

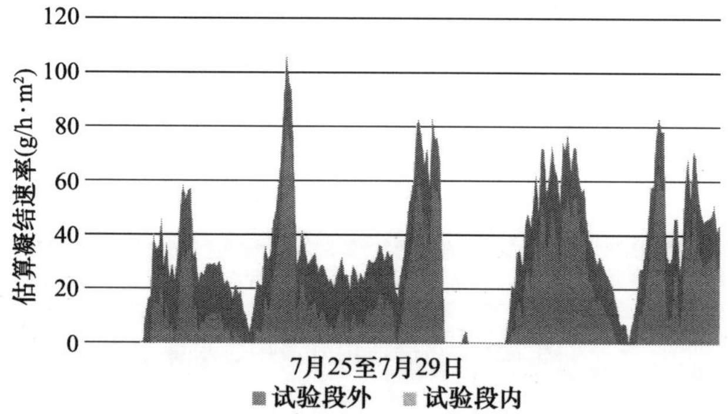

图 7.52　试验段内外同一时段凝结速率的估算

3. 盐析情况的变化

以前文所述的岩体表面主要无机盐离子浓度为已知条件，以试验段内外的平均岩体表面温度、试验段内外表面附近相对湿度变化范围为模拟条件，可以对两种情况下的盐析过程进行计算机模拟。

前文已经提到，试验段的理论分析、模拟与监测说明，从相对湿度角度来看，保护建筑可以在一定程度上降低相对湿度最大值、提高相对湿度最小值，而平均相对湿度仍基本保持在 70% 左右的水平。

上述三层窟龛的盐析过程可以进行如下简略分析：

对于第一层窟龛而言，试验段的存在可以在一定减少六水合硫酸镁、硝酸钠的反复溶解结晶过程；对于第二层窟龛而言，试验段的存在可以在一定程度减少六水合硫酸镁、二水合硫酸钙的反复溶解结晶过程；对于第三层窟龛而言，试验段的存在可以在一定程度上减少二水合硫酸钙、六水合硫酸镁、钙芒硝、氯化钠、硝酸钠的反复溶解结晶过程（图 7.53）。

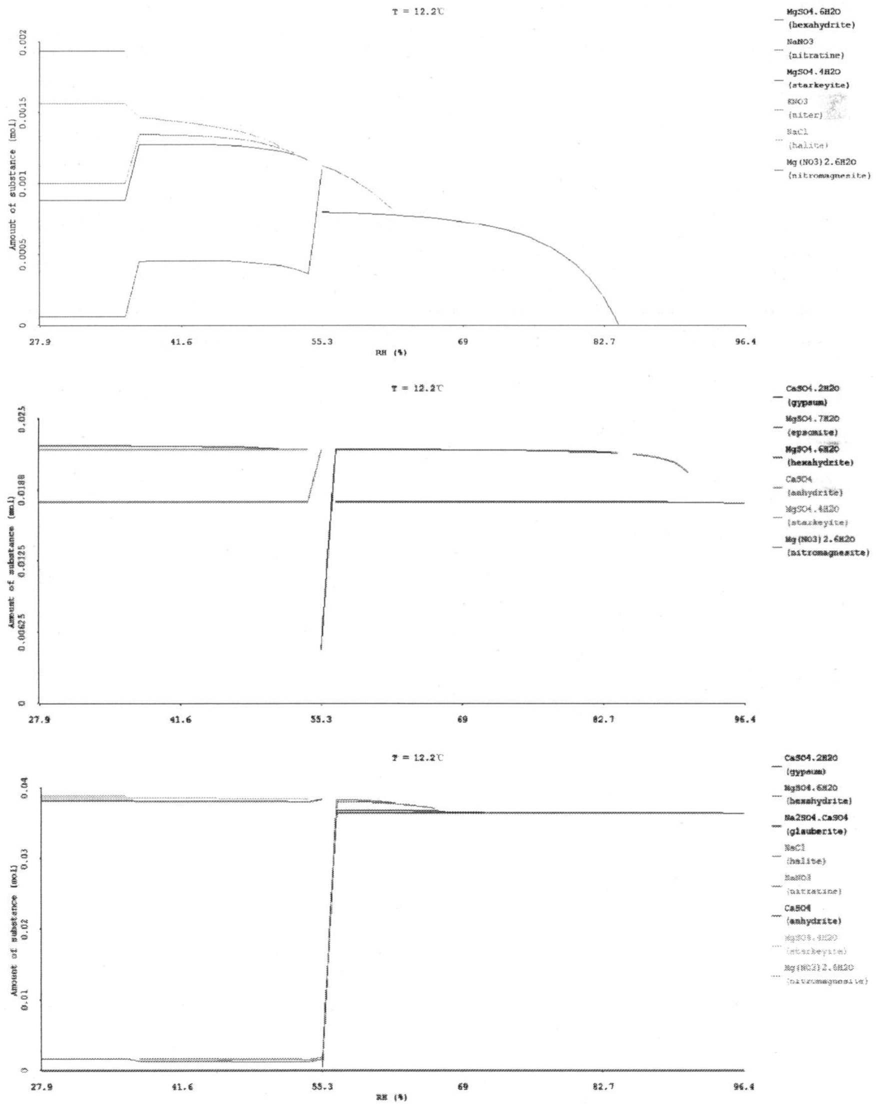

图 7.53　一层窟龛（上）二层窟龛（中）三层窟龛（下）盐析情况模拟

五、对千佛崖保护建筑效果的评价

1. 从岩石物质本体来看所达到的保护效果

从上述未建设保护建筑与建设保护建筑后、试验段内与试验段外的对比分析可以看出，由外而内，保护建筑的存在主要起到了如下几个层次的作用：

对于保护建筑以外的区域环境而言，保护建筑的存在对环境的影响较小，可以视作是山体形状发生了有限的改变。

对于保护建筑以内的区域环境和微环境而言，保护建筑的存在有效降低了风速，有效地将不利于文物安全的北风阻挡；将飘零而落的降水、从窟龛所在崖面汇集而下的表面径流基本上隔绝于区域环境之外；稳定了空气温度、相对湿度、含湿量。

对于保护建筑以内的石窟表面以及浅表层岩体而言，保护建筑的存在遮蔽了午间、午后的阳光直射，在一定程度上缓解了夜间由于长波辐射而导致的温度骤降，在一定程度上缓和了表面温度变化；通过遮蔽降雨，将表层水分控制在“岩石 - 空气水分平衡”的水平上，避免了含水量的大幅度变化；通过减缓表面温度变化、表层含水量变化，减小了浅表层内的涨缩应力与不均匀形变；通过减缓表面温度变化、表面附近相对湿度变化，使部分无机盐的溶解 - 析出循环频繁程度有了一定的减少（图 7.54）。

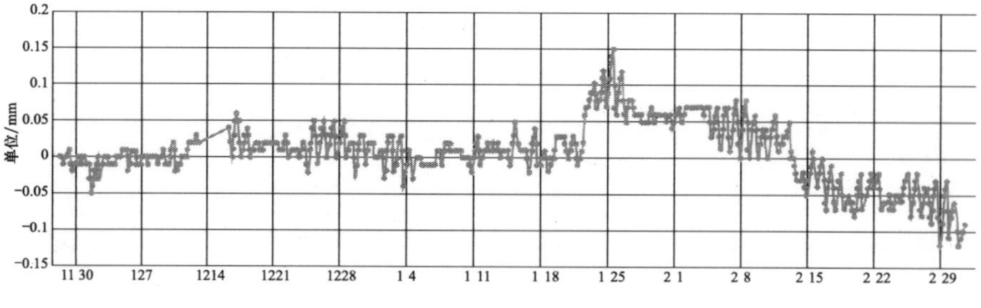

图 7.54　千佛崖裂隙发育

而如果进一步归结至劣化现象的形成机理层面，保护建筑的存在实际上达成了如下保护效果：减小风蚀、减少表面径流冲刷与降雨冲击、减小表面和浅表层内热应力、减缓水盐迁移过程的频繁变化、延缓岩体胶结物质流失、减小因为吸水而导致的岩体结构强度下降、小幅度解决盐析以及相关的溶解结晶循环问题。

2. 保护建筑进一步改善的空间

前文已经提到，在湿度等多个问题上，保护建筑都存在利弊两方面因素同时存在的情况，只是从总体来看有利因素的效果大于不利因素，才使总体结果表现为正面。笔者认为，出现这一现象的最主要原因在于保护建筑完全依赖被动性的方式发挥效能，而被动式影响环境的主要问题，就在于当环境复杂多变时，缺乏针对不同情况做出有力干预的能力；只能依靠建筑设计本身，在不同外界条件下进行利弊得失的取舍，在占比较轻的问题上做出牺牲。

实际上，上述问题从另一个侧面反映出保护建筑设计的形成、保护效果的达成存在一定的巧合性。由于实验条件、工作周期等因素的制约，仍有一定数量可以进一步优化、完善保护建筑设计的试验未能进行；另外，目前国内外尚缺少“对影响野外文物大范围赋存环境的保护措施进行评估”的有效手段，本书的努力尚处于初始阶段，仍需要更多学科加入的进一步研究[105]。

从千佛崖保护建筑设计最初阶段开始，围绕该设计造型与造价的争议就一直存在。这方面的争议主要存在于为了达成全面的保护效果，是否有必要彻底放弃传统的窟檐外形形式；为了避免保护建筑与岩体接触带来的结构强度困境、施工二次破坏以及引入新的盐离子的风险，是否有必要进行极端的、经济上造价高昂的、施工维护上难度巨大的、完全不接触式的结构设计。

对于第一个问题，前文的分析已经可以确认，千佛崖保护建筑具有切实的保护效果，而单纯的造型问题则属于另一个层面。对于第二个问题，如黄克忠等专家已经给出了合理化建议，将原有的“完全脱离接触”改为“弱化接触”，即在不影响岩体安全的位置增加分摊结构荷载的机制，就可以大幅度简化现有结构系统。

除此之外，保护建筑在建成后还面临着后续使用的问题。前文已经提到，保护建筑确实使得内部的通风能力下降了，但由于其他方面因素的弥补，内部的热湿环境未因此受到负面影响。但随着保护建筑的建成、游客人数的增多，势必存在着其能承载的最大游客量。超过一定的游客密度后，人体的产热产湿问题将超出现有石窟与环境系统的承受限度，因此有必要在后续的研究中进一步考察游客承受能力等。

第八章
总结与展望

一、主要结论

（一）总体结论

中国石窟寺摩崖造像类型文物价值突出、数量众多而分布广泛。石窟所在地域的地质条件、气候环境、地形地貌各有不同，不同地区、不同时期开凿的工艺业有所区别，再加上长期以来所经历的自然、人文历程的不同，目前我国石窟形成了共性与特性兼有的复杂病害、劣化特点。面对上述情况，以关注石窟环境为特点的研究、保护实践日益受到重视：从先人朦胧的“为佛像遮风避雨”观念，到新中国成立后敦煌等重点工程对环境因素的初步涉及，再到改革开放后以窟檐、楼阁建设为代表的一批“改善石窟赋存环境”努力的出现，直至近年来多学科参与到石窟与环境相互作用研究之中。

必须承认的是，我国文物保护科学领域起步较晚，具体到石窟保护工作又难度极大，因而不论从涉及石窟与环境的综合性研究，还是针对具体病害劣化过程、针对具体岩性、针对具体理论工具与技术手段的研究上，不论是相关学科理论引入的成熟程度，还是实验数据的积累上，都还有诸多亟待完善之处。针对这一现状，在近年来的研究与实践中，不乏广泛参考国际石质文物保护研究成功经验的努力，以及大胆引入相关学科的成熟理论工具、技术手段的尝试。

但值得注意的是，在大胆引入先进经验、技术的同时，仍需要回顾属于我国石窟的“根基”，也就是，相比于石质文物、相比于其他国家的类似文物，我国石窟有着怎样的共性与特殊之处？相比于相关学科研究主要针对的对象，在研究我国石窟时是否可以直接将已有结论套用，还是需要进行有针对性的调整？

基于此，本论文提出了如下思路：第一，应将石窟与其赋存环境作为互动的整体，而非彼此割裂开进行单独的研究；第二，根据与石窟文物安全联系的紧密程度“轻重缓急”，可以将石窟与环境这一整体定性地划分为不同区块，以更细致的方式研究重要、多变的区块，以更概观、提纲挈领的方式研究重要性一般、变化小的区块，进而达到研究过程的优化；第三，石质文物的研究中既有宏观视角也有微观视角，但两者之间的联系与过渡往往是模糊的，应从理论上建立两者之间的桥梁，使微观研究与宏观研究形成合力；第四，我国石窟保护工作实际上并不缺乏详细的地质勘查、环境监测工作，但除了少数几个具有强大科研实力的机构外，一般的石窟保护工作都未能将上述勘测结果物尽其用，究其原因，与“缺乏具体而微的参数与劣化现象间的直接对应关系”有很大关系。

从上述思路出发，本书进行了如下几个方面的研究与探索：

对于常见的石窟与环境整体，提出了定性进行空间划分的方式、划分结果，并对划分的每一区块的特点、可以对真实情况进行怎样的假设与近似，进行了初步的探索。具体来说，本书认为可以将石窟与环境整体划分为六个区块——地质环境、石窟浅表层物质、石窟表面、石窟空气微环境、石窟区域空气环境以及气象环境。

本书从现有的石质文物岩石材料劣化现象统计分类研究、劣化机理研究出发，初步梳理了由劣化现象到最终可测、可控的参数之间的联系。针对某一劣化现象，概述了当前研究中对其形成机理的研究成果；从劣化机理出发，以自然科学的视角，分析劣化机理构成的“情境”可以拆分为哪些物理过程、化学反应以及生物过程；针对这些物理过程、化学反应以及生物过程，对影响其发生与否、发生速度快慢的核心参数进行概括。

对石窟与环境相互作用的“模式”与“情境”进行定性层面的分析，梳理了石窟与环境这一整体中，热量与水发生着怎样的迁移、存储过程。具体来说主要包括：在石窟所在山形地貌、水文地理的影响下，如何形成有一定特殊性的区域环境，区域环境中热量与水分的迁移、空气的流动等受哪些因素影响；在区域环境的影响下，在临近石窟文物表面的区域会形成怎样的空气微环境，微环境中的温度、湿度以怎样的基本规律分布；石窟浅表层与微环境之间如何进行热量与水分的交换。

从现状监测、理论分析以及计算机模拟三个方面，对如何半定量地分析具体石窟的文物与环境相互作用进行了探索。具体来说主要包括：目前国内外已经在石质文物保护领域使用了的，以及尚未引入石质文物保护领域、但对于我国石窟的研究具有较大借助价值的半定量研究手段有哪些；这些理论工具、技术手段，在区域环境、微环境、石窟浅表层的研究中可以发挥怎样的作用。除此之外，对于其中部分理论工具与技术手段，本书初步讨论了其在怎样的前提下适用于我国石窟的研究。

以国内目前唯一建成有保护建筑试验段的广元千佛崖摩崖造像为例，体现了半定量分析在如下几个方面的作用：研究石窟文物现状、预判环境改善对文物保护是否有积极作用以及作用的大小、评估现有的保护建筑对石窟与环境整体的影响情况。

通过本书的研究分析，可以得出如下基本结论：

其一，在研究石窟的现状、保护工作方向时，系统而整体性地看待石窟与环境具有较大的优势。

其二，对于我国石窟而言，半定量分析可以在很大程度上弥补定性分析的不足，建立不同学科工作成果协同提高石窟保护决策科学性的桥梁。

其三，在石窟环境研究中，最亟待解决的问题并非是理论工具与技术手段的匮乏；实际上的情况是新技术如雨后春笋般涌现，缺少的是对使用哪些技术的规范、每种技术的操作标准，以及建立公共性的数据库。

其四，建设保护建筑是一种效果显著的石窟保护方式，其在很大程度上将石窟赋存环境向有利于石质文物长久保存的方向改善。但与此同时，保护建筑的建设不存在一劳永逸的设计，需要切合石窟与环境整体的具体特点；另外，“外形难与传统窟檐统一”、“投入过大”的问题也尚需进一步解决。

（二）石窟文物半定量分析手段总结

使用各种传感器或其他设备对石窟文物遗存、赋存环境进行检测监测，是极为常用而普适的半定量分析手段。本书主要介绍了气象参数、空气质量参数、水体参数、结构稳定性参数、岩体浅表层热湿参数等的监测，以及岩体侧各参数的检测，详见第六章。对于监测检测手段来说，重点在于明确劣化机理与具体参数间的联系，根据石窟具体情况设定需要的监测项目、选择合理的监测技术。

理论分析是梳理石窟与环境间千丝万缕联系的主要工具，本书主要介绍了理想气体状态方程、焓湿图、微环境边界层传热传质、微环境虚温、微环境水蒸气自由扩散、石窟表面辐射换热、岩块内非稳态导热、岩块内非稳态扩散、岩块内毛细吸水、岩体内裂隙流动等理论工具，详见第六章。对于理论分析而言，明确各理论工具的适用范围与前提假设是至关重要的，不同理论各有其自身的适用范围，可见于第六章各自小节。另外，笔者还澄清了当前文物环境研究中对“湿度”概念的含混，明确了相对湿度、含湿量、绝对湿度的具体指代，以及其各自与石窟文物安全间的联系。

计算机模拟是分析石窟环境问题时重要的辅助工具，本书主要介绍了 CFD 模拟、非稳态热湿耦合模拟、盐析模拟三个类型的计算机模拟软件。具体来说，CFD 模拟在石窟环境研究中主要适于研究区域空气环境以及窟龛内的空气微环境，但需要明确其模拟过程使用的边界条件为何。如果使用第一类边界条件即假定窟龛壁面恒温，那么应明确这样的模拟结果对石窟岩体劣化的参考意义有限；非稳态热湿耦合模拟适于研究裂隙较少、较为接近完整岩块的石质文物，对于更接近裂隙岩体的石窟浅层岩体来说，笔者提出了将裂隙视作湿源的折中处理方式。需要指出的是，目前对于石窟环境这一复杂系统，尚没有能在可接受的硬件需求下实现统一、全面软件模拟的技术问世，笔者对多种软件协同解决石窟环境问题进行了探索，但仍有待后续研究进一步完善、有待更多切合于石窟保护需求的模拟软件问世。

（三）对保护建筑与窟檐营建的思考

根据石质文物保护的基础性研究成果，窟龛外的大部分环境变化对于石窟文物安全是不利的。

具体而言，大多数的环境变化与外界环境因素不利于石窟文物长久保存，例如，温度的变化意味着可能随之而来的热应力；湿度的变化意味着水盐搬运的加剧、晶体压力的变化；风进入窟龛中意味着可能产生的风蚀；雨进入窟龛中意味着大量相关病害的产生等。而除地震等地质灾害之外，常规情况下石窟岩体一侧的变化远不如空气一侧迅速而剧烈。

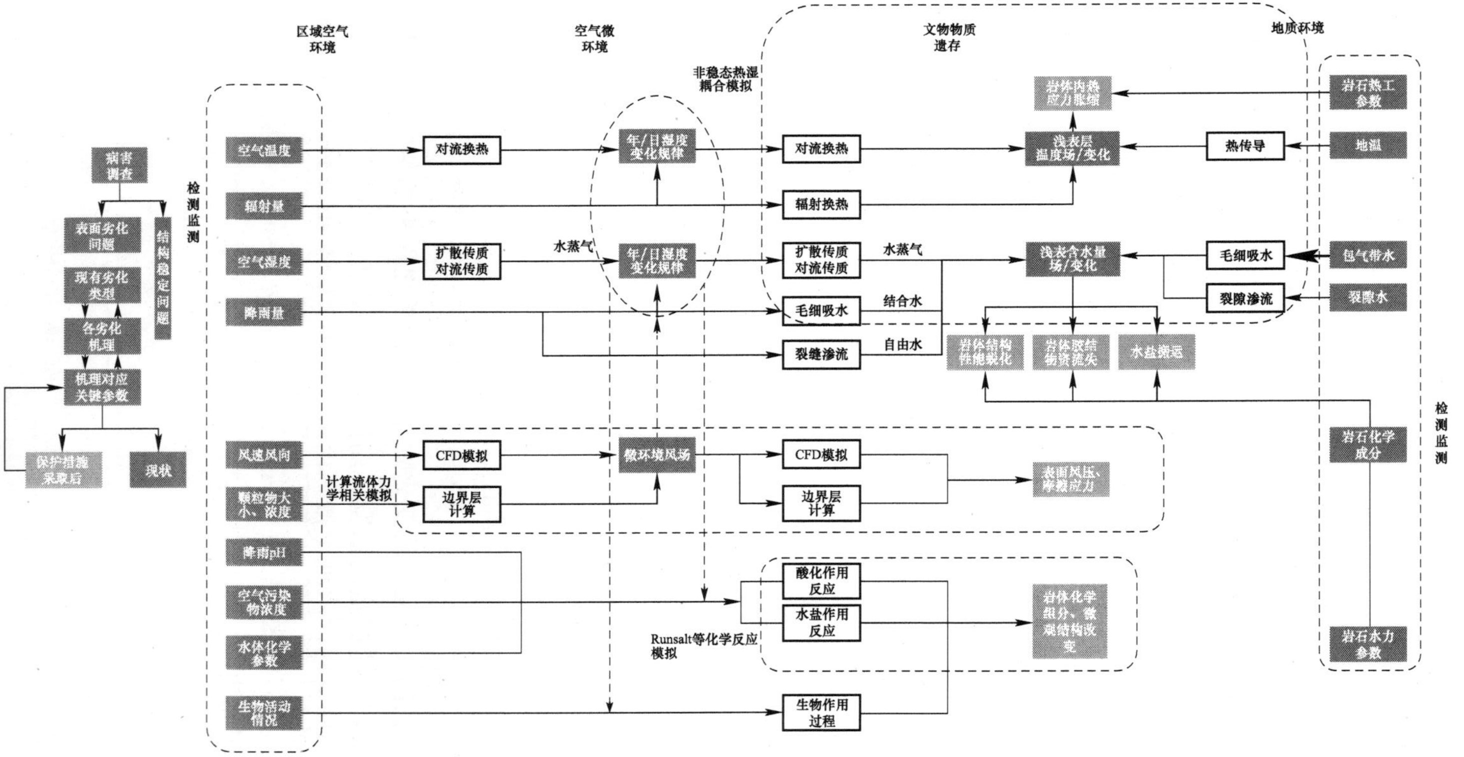
区域空气环境
空气微环境
非稳态热湿耦合模拟
文物物质遗存
地质环境
检测监测
病害调查
表面劣化问题
结构稳定问题
现有劣化类型
各劣化机理
机理对应关键参数
保护措施采取后
现状
空气温度
辐射量
空气湿度
降雨量
风速风向
颗粒物大小、浓度
降雨pH
空气污染物浓度
水体化学参数
生物活动情况
对流换热
扩散传质
对流传质
水蒸气
CFD模拟
边界层计算
计算流体力学相关模拟
年/日温度变化规律
年/日湿度变化规律
微环境风场
辐射换热
毛细吸水
裂缝渗流
结合水
自由水
酸化作用反应
水盐作用反应
生物作用过程
Runsalt等化学反应模拟
岩体内热应力胀缩
浅表层温度场/变化
浅表含水量场/变化
岩体结构性能弱化
岩体胶结物资流失
水盐溶运
表面风压、摩擦应力
岩体化学组分、微观结构改变
热传导
裂隙渗流
岩石热工参数
地温
包气带水
裂隙水
岩石化学成分
岩石水力参数

在《中国石窟寺保护性建筑的设计与实践》一文中，陈筱认为传统窟檐的保护原理在于通过增加洞窟窟口与外界环境之间的距离，减缓降雨、日晒的破坏，减轻温差变化引起的干湿变化，进而减缓石窟风化。实际上，可以将窟檐的保护原理归结为：通过在一定程度上缓冲乃至隔绝对文物保护不利的外界环境条件变化，以及阻隔风、雨、太阳辐射等不利于文物安全的环境因素的影响，实现对石窟内文物赋存条件的优化，进而减缓窟龛内文物风化。

在综合现有的窟檐总结性研究后，笔者认为可以将窟檐保护效果的不足之处归结为三个层面的局限性，其中前两方面主要为窟檐保护原理所导致的局限性，第三方面则是设计建造过程中的不足之处：其一，窟檐保护原理所致的局限性——可能将有利于文物保护的外界因素阻挡于外，也可能将不利于文物保护的内部因素封闭在内。其二，窟檐与石窟接触带来二次破坏的风险。其三，部分窟檐在设计、建造过程中存在缺陷。

而针对以上的传统窟檐的固有难题，在第七章第五节中已经提到，千佛崖保护建筑在设计时针对上述情况进行了积极尝试——遮风避雨而力保通风，与山体尽量实现不接触。也存在着不足之处——时间成本、营建成本、维护成本巨大，且与传统石窟艺术的审美观有较大出入。

综上所述，石窟的病害情况、环境特点千差万别，没有任何固定形式的窟檐——不论是传统窟檐、雨棚抑或是现代保护建筑——可以普适地应对所有石窟的需要。实际上，环境因素对石窟的影响是复杂而多变的。不同石窟甚至是同一石窟在一天中不同的时段中，同一因素对石窟保存的利弊影响都可能有所不同。如何让窟檐达到更好的保护效果同时尽量规避其局限性，目前仍处于不断探索的阶段，远不能认为今天的窟檐设计已然尽善尽美。不论是在方案设计阶段引入更多的辅助性技术，如 CFD 模拟，还是在窟檐内增加主动性设备，甚至窟檐以“智能”使其具有根据外界情况自行调节微环境的能力，都是未来可能的研究与探索方向。

二、未来研究展望

本书对中国石窟与环境的整体性研究进行了探索，提出了一种分析石窟现状、判断环境改善措施是否行之有效的可能方法。但限于时间与笔者研究水平，上述工作仅是一个开始，今后的研究可能会着力于解决以下几个方面的问题：

其一，限于笔者学科背景，本书在石窟区域空气环境、空气微环境，以及岩块层面的石窟物质遗存上着力较多；而对于裂隙岩体层面的石窟物质遗存、对于地质环境，虽经笔者多方请教、经黄克忠先生等权威专家不吝指点，本书的分析仍有较多未尽之处。今后的研究中将努力容纳“包气带水与石窟浅层岩体含水量”的理论计算、数值模拟至石窟环境的相互作用定量分析之中。

其二，除了岩石材料外，泥质、木质材料以及壁画同样是我国石窟中常见的保护工作对象。本书对于上述多种材料的问题仅限于最初步的“将其视作参数与岩石材料不同的多孔介质”，但实际上每种材料都有其复杂性，而其与岩石材料叠加后的情况更是将复杂性提高了一个层次。今后的研究将努力探索多种材料叠加情况下的石窟与环境关系。

其三，石窟自身情况、石窟所处环境都是多样的，今后的研究将致力于探索不同区域、同一区域内不同石窟的环境异同，针对不同类型的窟龛提出具有针对性的环境改善策略。

参 考 文 献

[1] 吕宁.《中国文物古迹保护准则》推动下的石窟遗产保护[博士学位论文]. 清华大学, 2013.

[2] 黄克忠. 中国石窟的保护现状. 敦煌研究, 1994(1).

[3] 樊锦诗. Site Management and Monitoring of World Cultural Heritages Based on Their Value- A Case Study of the Mogao Grottoes: proceeding of international symposium conservation of ancient sites, 2008[C].

[4] 陈迪云, 苟晓琴. 石质文物的风化腐蚀破坏及保护浅析. 地质灾害与环境保护, 1992(2).

[5] 严妍, 刘成, 赵丽, 等. 从环境监测结果分析克孜尔石窟的主要病害成因. 西部考古, 2012(6):307-326.

[6] 黄克忠. 中国石窟保护方法述评. 文物保护与考古科学, 1997(1).

[7] 卢秀文. 中国石窟图文志. 兰州: 敦煌文艺出版社, 2002.

[8] 宗静婷. 广元千佛崖摩崖石质文物保护的环境地质问题研究[博士学位论文]. 西北大学, 2011.

[9] 李最雄. 炳灵寺、麦积山和庆阳北石窟寺石窟风化研究. 文博, 1985(3).

[10] 王亨通. 炳灵寺石窟的环境保护问题. 丝绸之路, 1996(2).

[11] 陈筱, 孙华. 中国石窟寺保护性建筑的设计与实践. 四川文物, 2015(2):73-86.

[12] 樊锦诗. 敦煌保护五十年. 敦煌研究, 1994(2).

[13] 宗静婷, 王淑丽, 张忠永. 四川广元千佛崖石窟造像表面风化的环境地质问题分析. 地球科学与环境学报, 2011(2).

[14] Siegesmund S, Snethlage R. Stone in Architecture: Properties, Durability. 4th Edition. Berlin: Springer, 2011.

[15] 东山健吾, 夏鼐, 宿白, 等. 中国石窟. 北京: 文物出版社，株式会社平凡社, 1989.

[16] 孙儒僩. 敦煌石窟保护与建筑. 兰州: 甘肃人民出版社, 2007.

[17] 李宏松. 石质文物岩石材料劣化特征及评价方法. 北京: 文物出版社, 2014.
[18] Doehne E, Price C A. Stone Conservation: An Overview of Current Research. Los Angeles: Getty Publications, 2010.
[19] Thiel M J. Conservation of Stone and Other Maierals. Paris: E&FN SPON, 1993.
[20] Viles H A. Recent advances in field and laboratory studies of rock weathering. Stuttgart: Borntraeger, 2000.
[21] Ashurst J, Dimes F G. Conservation of building and decorative stone. Boston: Butterworths, 1990.
[22] Amoroso G G, Fassina V. Stone decay and conservation : atmospheric pollution, cleaning, consolidation, and protection. Amsterdam: New York : Elsevier, 1983.
[23] 刘强. 石质文物保护. 北京: 科学出版社, 2012.
[24] Camuffo D. Microclimate for Cultural Heritage: Conservation, Restoration, and Maintenance of Indoor and Outdoor Monuments. second edition. USA: Elsevier, 2014.
[25] Harris S Y. Building Pathology: Deterioration, Diagnostics, and Intervention. New York: John Wiley & Sons, 2001.
[26] Liu Y. Effect of the Brownstone Moisture Content at Application Time of a Water Repellent Treatment[D]. Philadelphia: University of Pennsylvania, 2013.
[27] Bugani S. Investigation on porosity changes of Lecce stone due to conservation treatments by means of X-ray nano- and improved micro-computed tomography: preliminary results. X-ray Spectrom, 2007.
[28] 王世杰, 季宏兵. 碳酸盐岩风化成土作用的初步研究. 中国科学, 1999(5).
[29] Nord A G. Chemical analysis of thin black layers on building stone. Studies in Conservation, 1993.
[30] Straube J. BSD-138: Moisture and Materials[EB/OL]. http://buildingscience.com/documents/digests/bsd-138-moisture-and-materials.
[31] 李淑红. 混凝土中毛细吸水过程的理论及实验研究[硕士学位论文]. 大连理工大学, 2011.
[32] Hall C, Hoff W D. Rising damp: capillary rise dynamics in walls[EB/OL]. rspa.royalsocietypublishing.org.
[33] Massari G, Massari I. Damp Buildings: old and new. Association for Preservation Technology International, 1985.
[34] Astm. C1195-03 Standard Test Method for Absorption of Architectural Cast

Stone[S]. 2011.

[35] Astm. E96/E96M-14 Standard Test Methods for Water Vapor Transmission of Materials[S]. 2015.

[36] Kießl K. Kapillarer und dampfförmiger Feuchtetransport in mehrschichtigen Bauteilen. Diss: Univ Essen, 1983.

[37] Ketola W D, Evans J D. Durability 2000: Accelerated and Outdoor Weathering Testing: ASTM Committee G3 on Weathering and Durability, New Orleans, 2000[C]. ASTM International.

[38] Kosmann S, Antretter F, Kilian R. The Gate Hall of Lorsch - comprehensive assessment methods to calibrate simulation models and adapt conservation strategies: Energy Efficient, Smart and Healthy Buildings, Prague, Czech Republic, 2013[C].

[39] Macabe S. The use and meanings of "time of wetness" in understanding building stone decay. Quarterly Journal, 2013.

[40] Rosvall. Air pollution and conservation. Durability of building materials, 1998.

[41] Winkler E M. Stone: Properties, Durability in Man's Environment. New York: Wien, 1975.

[42] Goudie A, Viles H. Salt weathering hazards. New York: John Wiley & Sons, 1997.

[43] Price C. An Expert Chemical Model for Determining the Environmental Conditions Needed to Prevent Salt Damage in Porous Materials. Energy, Environment and Sustainable Development, 2000.

[44] 闫玲, 王旭东. 洞窟壁画等温吸湿、放湿数理模型. 敦煌研究, 2008(6).

[45] 屈建军, 张伟民, 文子祥, 等. 论敦煌莫高窟的环境地质灾害. 海洋地质与第四纪地质, 1995(3).

[46] 王旭东. 敦煌莫高窟崖体风化特征及保护对策. 岩石力学与工程学报, 2009(5).

[47] 杨晓杰. 云冈石窟立柱岩体长期强度研究. 岩石力学与建筑学报, 2009(1):3402-3408.

[48] 苑静虎, 丰晓军. 云冈石窟风化研究. 文物世界, 2004(5).

[49] 闫宏彬, 黄继忠, 赵新春. 云冈石窟温湿度变化规律及对石窟保存的影响: 2005年云冈国际学术研讨会, 2005[C].

[50] 陈卉丽. 大足北山石窟环境监测分析. 华夏考古, 2008(1).

[51] 王娟, 张彭义. 不可移动文物保存环境研究——以千手观音造像环境监测与维护方案为例. 中国文物科学研究, 2013(3):37-41.

[52] 伏学智. 大足石刻凝结水病害形成机理及现场试验研究[硕士学位论文]. 中国地质大学（武汉）, 2011.
[53] 安程, 李玉敏. 四川广元千佛崖造像表面微元模型与空气环境因素探讨. 江汉考古, 2014(6):90-102.
[54] 徐芝纶. 弹性力学. 第四版. 北京: 高等教育出版社, 2006.
[55] 易顺民. 裂隙岩体损伤力学导论. 北京: 科学出版社, 2005.
[56] 陈卫忠, 谭贤君, 于洪丹, 等. 低温及冻融环境下岩体热、水、力特性研究进展与思考. 岩土力学与工程学报, 2011(7).
[57] 王贤能, 黄润秋, 黄国明. 边坡岩体浅层破坏的热应力效应研究. 工程地质学报, 1997(9):262-268.
[58] 王书法, 朱维申, 郑少河. 节理岩体热应力问题的非连续变形分析方法. 岩土力学与工程学报, 2000,19(5):643-646.
[59] 唐世斌, 唐春安, 朱万成, 等. 热应力作用下的岩石破裂过程分析. 岩土力学与工程学报, 2006,25(10):2072-2078.
[60] Bear Jacob, 李竞生, 陈崇希. 多孔介质流体动力学. 第一版. 北京: 中国建筑工业出版社, 1983.
[61] 张寅平, 张立志, 刘晓华, 等. 建筑环境传质学. 北京: 2006.
[62] 赵荣义, 范存养, 薛殿华, 等. 空气调节. 北京: 中国建筑工业出版社, 2008.
[63] 朱颖心. 建筑环境学. 北京: 中国建筑工业出版社, 2005.
[64] Oelkers H, Schott J. Thermodynamics and kinetics of water-rock interaction. Virginia: The Mineralogical Society of America, 2009.
[65] Somerton W H. Thermal properties and temperature-related behavior of rock/fluid systems. New York: Elsevier, 1992.
[66] 朱明善. 工程热力学. 北京: 清华大学出版社, 1995.
[67] 刘刚, 薛平, 侯文芳, 等. 莫高窟85窟微气象环境的监测研究. 敦煌研究, 2000(1).
[68] 阎敏. 小气候环境因素对乾陵石刻风化的影响研究. 文博, 2011(4).
[69] 张中俭等. 微环境对龙游石窟粉砂岩风化的影响. 工程地质学报, 2010.
[70] 倪绍虎, 何世海. 裂隙岩体水力学特性研究. 岩石力学与工程学报, 2012,31(3):488-498.
[71] 章熙民, 任泽霈, 梅飞鸣. 传热学. 第五版. 北京: 中国建筑工业出版社, 2007.
[72] 陈星. 云冈石窟砂岩表层温度效应及劣化机理研究[硕士学位论文]. 中国地质大学, 2012.

[73] 万力, 曹文炳, 王旭升, 等. 云冈石窟水汽转化特征的初步研究. 工程勘察, 2012(11):6-11.

[74] 阎宏彬, 黄继忠, 赵新春, 等. 温度, 湿度的变化对云冈石窟保存的影响. 山西大同大学学报, 2007,23(3):25-29.

[75] 刘佑宋. 岩体力学. 武汉: 中国地质大学出版社, 2010.

[76] Gauri K, Rbonate K. Stone: chemical behavior, durability, and conservation. New York: Wiley, 1999.

[77] Moropoulou A. Criteria and methodology for the evaluation of conservation interventions on treated porous stone susceptible to salt decay. progress in organic Coatings, 2003.

[78] 张有天. 岩石水力学与工程. 北京: 中国水利水电出版社, 2005.

[79] Pihlajavaara S E, Pihlman E. Effect of Carbonation on Microstructural Properties of Cement Stone. Cement & Concrete Research, 1974(4):149-154.

[80] Agnew N, Demas M, Maekawa S, et al. A Systematic Methodology for Sustainable Visitation at the Mogao Grottoes, China. Los Angeles: Getty Conservation Institurte, 2012.

[81] Demas M, Agnew N, Jinshi F. Strategies for Sustainable Tourism at the Mogao Grottoes of Dunhuang, China. New York: Springer, 2015.

[82] 李红寿, 汪万福, 张国彬, 等. 影响莫高窟小气候的环境因子对比分析. 干旱气象, 2008(2).

[83] Astm. D6473-10 Standard Test Method For Specific Gravity And Absorption of Rock For Erosion Control[S]. 2015.

[84] 张文刚. 雾的遥感监测与物理特性模拟研究[硕士学位论文]. 南京: 南京信息工程大学, 2011.

[85] 王方. 故宫古建筑内温湿度问题初探. 文物保护与考古科学, 2014,26(3):85-93.

[86] 杨善龙. 敦煌莫高窟崖体中水、盐分布现状初步研究[硕士学位论文]. 兰州: 兰州大学, 2009.

[87] 蔡增基. 流体力学泵与风机. 北京: 中国建筑工业出版社, 2009.

[88] 李哲伟. 莫高窟洞窟前室对窟内热湿环境调控机理研究[硕士学位论文]. 西安: 西安建筑科技大学, 2014.

[89] 李忠堂. 彬县大佛寺石窟研究与保护. 西安: 三秦出版社, 2010.

[90] 许谈英. 文物环境的监测、评估与控制方法探讨: 第八届全国考古与文物保护（化学）学术会议, 2004[C].

[91] Thomson Garry. 博物馆环境. 北京: 科学出版社, 2007.
[92] 张晋平. 博物馆环境监测控制技术. 北京: 中国旅游出版社, 2013.
[93] 唐玉民, 孙儒僩. 敦煌莫高窟大气环境质量与壁画保护. 敦煌研究, 1988(3).
[94] 中国国家标准化管理委员会. GB/T 50452—2008 古建筑防工业振动技术规范[S]. 2008.
[95] 周西华, 梁茵, 王小毛, 等. 饱和水蒸气分压力经验公式的比较. 辽宁工程技术大学学报, 2007,26(3):331-333.
[96] 姚仁太, 郭栋鹏. 计算流体力学基础与STAR-CD工程应用. 北京: 国防工业出版社, 2015.
[97] Council N R. Conservation of historic stone buildings and monuments: report of the Committee on Conservation of Historic Stone Buildings and Monuments. National Materials Advisory Board, Commission on Engineering and Technical Systems, 1982.
[98] Fidler. Stone building materials, construction and associated component systems : their decay and treatmen. Sterling: Earthscan, 2006.
[99] Schaffer R J. The weathering of natural building stones. London: Building Research Establishment, 1972.
[100] Siegesmund S. Natural Stone, Weathering Phenomena, Conservation and Case Studies. Bath: Geological Society Special Publication, 2002.
[101] 中国国家标准化管理委员会. GB/T 9966.3—2001 天然饰面石材试验方法[S]. 2001.
[102] Jones M S, Wakefield R D. Aspects of stone weathering, decay and conservation. London: Imperial College Press, 1999.
[103] 张鹏, 赵铁军, Wittmann F. H., 等. 基于中子成像的水泥基材料毛细吸水动力学研究. 水利学报, 2011,42(1):81-87.
[104] 荣冠. 岩石裂隙非饱和水力模型及其模拟计算. 岩土工程学报, 2010,32(10):1551-1556.
[105] 杨刚亮. 也谈保护性建筑于石窟寺背景环境之关系[N]. 中国文物报.

附　　录

第三章第一节“（二）”中第一部分，对孔隙率定义进行优化完善的数学过程：

将岩体在 x 点的体积孔隙率 $P(x)$ 定义为，当 $\Delta V \to \Delta V_0$ 时，比值 P_i 的极限，即：

$$P(x)=\lim_{\Delta V_i \to \Delta V_0} n_i\left[\Delta V_i(x)\right]=\lim_{\Delta V_i \to \Delta V_0}\frac{(\Delta V_p)_i(x)}{\Delta V_i} \tag{3.1}$$

其中，ΔV_p 为孔隙的体积。

对于 $\Delta V_i < \Delta V_0$ 的情况，实际上没有能代表 x 点孔隙率的单一数值。也就是说，体积 ΔV_0 就是岩体在数学点 x 处的表征性体积单元，即将其视为宏观上的连续介质时的物理点或物质点。

从数学运算上，可以假定 ΔV_0 和 ΔV_p 在 x 点附近的变化是光滑的，于是有：

$$P(x)=\lim_{x' \to x} P(x') \tag{3.2}$$

也就是说，被视作多孔介质的岩体内 P 是 x 点位置的连续函数。进而通过引入表征性体积单元，将岩体转化为了假想的连续介质。

第六章第四节“（三）”中第七部分，毛细吸水“平方根定律”的理论推导：

$$i=S\sqrt{t} \tag{1}$$

$$\sigma_{g-z}-\sigma_{l-z}=\sigma_{g-l}\cos\theta \tag{2}$$

其中，σ_{g-z} 为气固界面张力，σ_{l-z} 为液固界面张力，σ_{g-l} 为气液界面张力。

因此，根据拉普拉斯方程可以得到液面附近的附加压力 ΔP：

$$\Delta P=\frac{2\sigma_{g-l}}{R}=\frac{2\sigma_{surface}\cos\theta}{r} \tag{3}$$

其中，R 为水面平均曲率半径，r 为假设的毛细管模型中毛细管的半径，$\sigma_{surface}$ 为表面张力后文将其简写为 σ。

根据达西定律，以及毛细管迁移系数公式，可以得到液态水侵入速度 u 的表达式：

$$u=\frac{r^2}{8}\cdot\frac{\Delta P}{xv} \tag{4}$$

其中，x 为液态水侵入了的深度，v 为水的黏滞系数。

假设毛细管半径、接触角、表面张力以及水的黏滞系数不随时间而改变，而侵入速度等于侵入深度对时间求导，故而可以得到侵入深度随时间变化的微分公式：

$$\frac{\mathrm{d}x}{\mathrm{d}t}=\frac{r^2}{8}\cdot\frac{\Delta P}{xv}=\frac{r\sigma\cos\theta}{4xv} \tag{5}$$

将上式分别对液态水侵入深度和时间积分，即可得到侵入深度随时间变化的一般公式：

$$x=\sqrt{\frac{r\sigma\cos\theta}{2v}}\cdot t^{1/2} \tag{6}$$

上式为一维情况下的（1）式，即“侵入深度为时间的平方根乘以常数”这一规律。

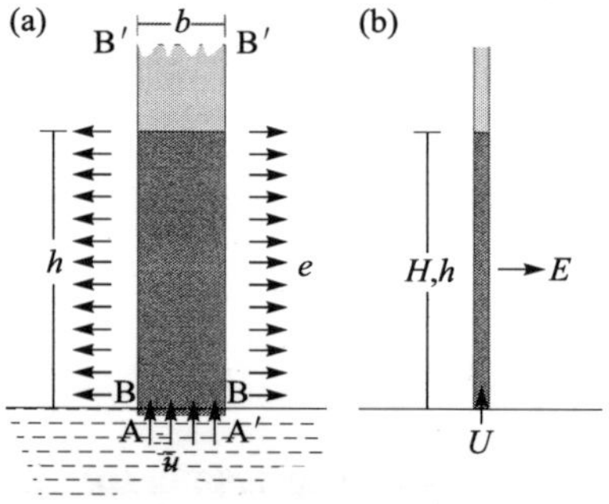

附图 1　C.Hall 毛细吸水模型

第六章第四节“（三）”中第七部分，毛细吸水“C. Hall 定律”的理论推导：

为与文物保护实践中一般考虑的三维多孔介质吻合，下列推导过程的简要介绍中将原文中的二维模型扩充为三维，但基本逻辑不变。

均匀多孔介质对于不考虑重力的情况而言，可以认为研究对象含水量应满足如下控制方程：

$$\frac{\mathrm{d}Q}{\mathrm{d}t}=U-E \tag{7}$$

其中，Q 为模型内含水量（m^3），U 为模型与水的接触面吸水的速率（m^3/s），E 为模型蒸发失水速率（m^3/s）。

根据附图 1，可以对上述公式中各参数分别进行推导分析。

对于含水量 Q 而言，可以认为所考察的多孔介质模型具有某一平均有效孔隙率。根据针对不同类型石材含水情况的研究，可以认为石材在毛细吸水作用发生时其含水大多以液态集中于孔隙内，如下图所示。

因此，可以认为式（7）中的含水量满足如下关系：

$$Q = A \cdot \theta_w h \qquad (8)$$

其中，A 为模型的截面积，θ_w 为表征被毛细作用润湿的区域中水所占体积比例大参数，与有效孔隙率正相关，h 为模型中毛细吸水作用达到的高度。

对式（7）中吸水速率 U 利用基础的平方根定律（1）进行代入，可得如下关系：

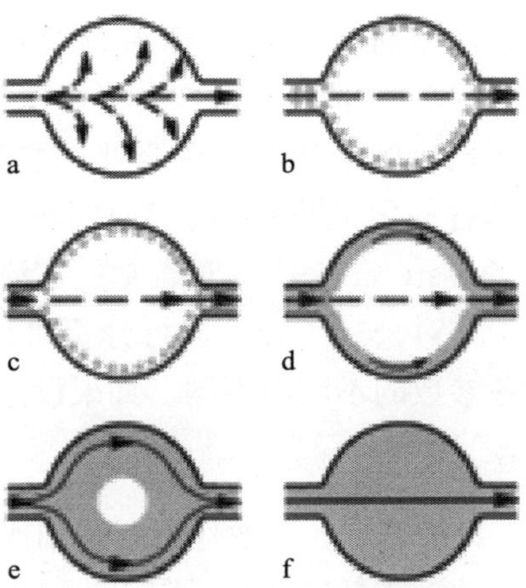

附图 2　石材吸水过程示意图

$$U = A \cdot \frac{\mathrm{d}i}{\mathrm{d}t} = \frac{1}{2} A \cdot St^{-1/2} = A \cdot \frac{S^2}{2i} \qquad (9)$$

同样考虑到水以液态大量集中于孔隙内这一假设，可以将（9）进一步整理为：

$$U = A \cdot \frac{S^2}{2\theta_w h} \qquad (10)$$

除此之外，认为蒸发量 E 为单位面积平均蒸发量 e（m/s）与竖直截面积的乘积，并与（8）、（9）一并代入（7），可以得到补充了蒸发作用影响后的平方根定律微分形式方程：

$$h\frac{\mathrm{d}h}{\mathrm{d}t} = \frac{S^2}{2\theta_w^2} - \frac{eh^2}{b\theta_w} = -ah^2 + c \qquad (11)$$

其中，b 为模型的厚度。a 与 c 是为便于运算而设定的参数：$a = e/\theta_w b$；$c = S^2/2\theta_w^2$。

可以看出，a 实际上表征了蒸发作用影响的强弱，而 c 则表征了毛细吸水作用影响的强弱。

通过积分运算可以将式（11）转化为最终的方程：

$$h = \sqrt{\frac{c}{a}(1 - e^{-2at})} \qquad (12)$$

当时间较小时，上式基本接近于原始的时间平方根定律。而当时间趋近于无穷时，式（12）则会趋近于一个稳定的极限值：$h_\infty = S(b/2e\theta_w)^{1/2}$。

通过比较考虑与不考虑重力两种情况，C.Hall 认为重力在毛细吸水过程中起到的作用很小，在分析中可以忽略，如下图所示：

和前文未修正到平方根定律（1）相比，C.Hall 公式（12）最大的优势在于其明确给出了快速吸水阶段在何时结束，以及吸水最终在何处达到平衡。而在合理选取参数的前提下，这一估算得到的平衡点具有一定的准确性，如根据罗马环境情况选取数据后的估算结果与 Massari 于 1993 等对教堂的实地勘测结果基本相符。

对公式（12）进行分析可以发现，液态水侵入文物这一过程随着各参数的不同而不同。如果设定一个标志文物吸水特征的参数 α，满足 $\alpha = h_\infty^2 \dfrac{a}{c}$。

α 越大，蒸发作用与毛细作用相比效果越显著，文物会在越短的时间达到越低的吸水极限；α 越小，文物将会用更长的时间达到一个更大的饱和状态。

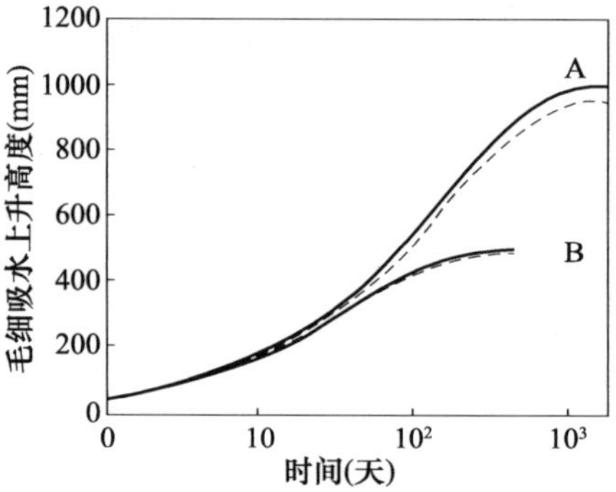

附图 3　C.Hall 公式考虑与忽略重力情况的比较
（A、B 为不同石材，虚线为考虑重力，实线为忽略重力情况，笔者翻译）

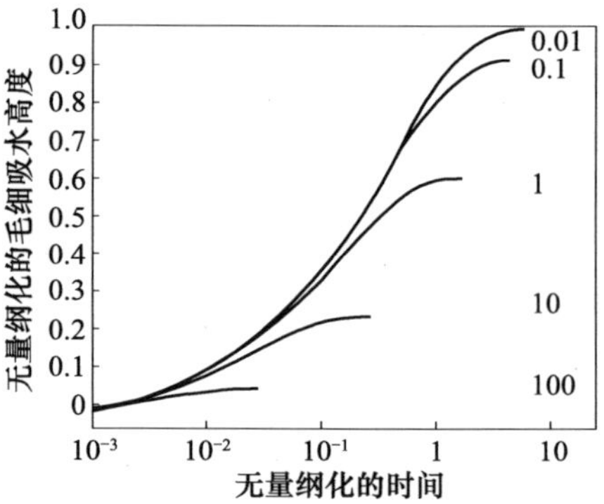

附图 4　以 α 刻画的不同类型石质文物毛细吸水特征
（图中不同曲线为不同石材特性导致 α 值不同时吸水情况，笔者翻译）

第六章第四节“（三）”中第七部分，毛细吸水数值计算模拟程序代码：

```
clear
M=101；% 确定空间步数
N=3601；% 确定时间步数
A=zeros（M）;
U=zeros（N，M）;
u（M）=0;
u（1）=1；% 边界条件赋值
uc（M–1）=0；% 中间值存储空间
```

```
dt=1；% 时间步长
dx=2；% 空间步长
r=dt/dx^2；
U（1，：）=u；
for j=2：N
for i=1：（M–1）
uc（i）=（u（i）+u（i+1））/2；
End
for i=1；（M–1）
D（i）=0.0123*exp（6*uc（i））；% 单位为 mm^2/s
end
for i=1：M
K（i）=0.333/60*（u（i））^0.5*（1–（1–（u（i））^2）^0.5）
^2；% 单位为 mm/s
end
for i=2：（M–1）
A（i，i–1）=-r*D（i–1）；
A（i，i+1）=–r*D（i）；
A（i，i）=1+r*D（i–1）+r*D（i）；
end
A（1，2）=-r*D（1）；
A（1，1）=1+r*D（1）；
A（M，M–1）=–r*D（M–1）；
A（M，M）=1+r*D（M–1）；
B=inv（A）；
for i=2：（M–1）
h（i）=u（i）+dt/（2*dx）*（K（i+1）–K（i–1））；
End
h（1）=u（1）+dt/（2*dx）*K（2）；
h（M）=u（M）–dt/（2*dx）*K（M–1）；
u1=B*h'；
for i=2：M
u（i）=ul（i）；
end
U（j，：）=ul；
```

```
end
for i=1：M
x（i）=（i*dx–2）/10;
end
plot（x（1：101），U（3601，1：101），' –b'）;
xlabel（' x（mm）'）;
Ylabel（' reduced water content（\Theta）'）;
```